全国咨询工程师（投资）职业资格考试专用教材



# 现代咨询方法与实务

全国咨询工程师（投资）职业资格考试用书编写组 组编

**编写组成员**


主 编 韩明超 杨 植 王志冬

主 审 张 谦 蔺 敏

参 编 付宗伟 孙海玲 郭 琼 郑先超

贾凯华 李 辉 程 磊 高保彬

苏勇博 刘继东 张丙钦 柴泽江


哈尔滨工程大学出版社
Harbin Engineering University Press

**图书在版编目(CIP)数据**

现代咨询方法与实务 / 全国咨询工程师(投资)职业资格考试用书编写组组编. — 哈尔滨 : 哈尔滨工程大学出版社,2019.7(2024.12 重印)
全国咨询工程师(投资)职业资格考试专用教材
ISBN 978-7-5661-2352-7

Ⅰ. ①现… Ⅱ. ①全… Ⅲ. ①投资 - 咨询服务 - 资格考试 - 自学参考资料 Ⅳ. ①F830.59

中国版本图书馆 CIP 数据核字(2019)第 124918 号

**责任编辑**:王俊一
**责任校对**:李惊宇
**封面设计**:天 一

---

**出版发行** 哈尔滨工程大学出版社
**社　　址** 哈尔滨市南岗区南通大街 145 号
**邮政编码** 150001
**发行电话** 0451-82519328
**传　　真** 0451-82519699
**经　　销** 新华书店
**印　　刷** 新乡市华夏印务有限责任公司
**开　　本** 787 mm×1 092 mm 1/16
**印　　张** 18.5
**字　　数** 474 千字
**版　　次** 2019 年 7 月第 1 版
**印　　次** 2024 年 12 月第 6 次印刷
**书　　号** ISBN 978-7-5661-2352-7
**定　　价** 60.00 元
http://www.hrbeupress.com
E-mail:heupress@hrbeu.edu.cn

# 出版说明

Impressum

为了满足广大考生的应试复习要求，便于考生明悉现行考试考情，并能在有限的时间内科学、有效地掌握知识要点，更好地备战全国咨询工程师（投资）职业资格考试，全国咨询工程师（投资）职业资格考试用书编写组结合考试实际情况，并参考高校相关专业讲师的意见，精心编排了本系列图书。

## 图书说明

本系列图书共包含四个科目：

《宏观经济政策与发展规划》——主要通过对宏观经济管理、投融资体制与政策、财税体制与财政政策、金融体系与金融政策、产业政策、社会政策、主体功能区规划等专业知识要点的讲解，使考生能够尽快掌握咨询工程师应具备的基础知识。

《工程项目组织与管理》——主要以工程项目组织与管理为核心，从实践出发，在紧扣大纲的基础上，通过对工程项目管理的组织、工程项目招标投标管理、工程项目合同管理、工程项目进度管理、工程项目投资控制等专业知识要点的讲解，使考生能够尽快掌握咨询工程师应具备的基础知识。

《项目决策分析与评价》——主要通过对项目决策分析与评价的任务及前期咨询成果、项目规划报告的编制、项目可行性研究报告的编制、项目申请报告和资金申请报告的编制、项目评估、建设方案研究与比选等专业知识要点的讲解，使考生能够尽快掌握咨询工程师应具备的基础知识，提升考试综合运用工程咨询的知识、技术和方法，结合工程咨询实务，进行分析、运算、论证并作出判断的实际操作能力。

《现代咨询方法与实务》——主要通过对现代工程咨询方法、数据采集分析与知识管理、规划咨询、资源环境承载能力分析、市场分析、现金流量分析、工程项目投资估算、融资方案分析等专业知识要点的讲解，使考生能够尽快掌握咨询工程师应具备的基础知识，提升考试综合运用工程咨询的知识、技术和方法，结合工程咨询实务，进行分析、运算、论证并作出判断的实际操作能力。

## 增值服务

为更好地帮助考生复习备考，我们特向购买本系列图书的考生提供两大特色服务，让考生在进行本系列图书学习的同时可以通过观看视频课程、线上做题等方式，实现线上线下系统备考。

**增值服务一** 视频课程。本系列图书编写组诚邀多名具有教学和实践经验的老师，根据全新考情精心录制备考视频，讲解各个科目的考试主要知识点，帮助考生系统地学习，掌握核心考点，更好备战考试。

**增值服务二** 电子题库。本系列图书编写组结合历年真题考查形式及风格，精心挑选了一些常考点、易错点、重难点习题组成电子题库，以方便考生在学习内容的同时进行习题练习与巩固，提升学习效果。

您可以通过扫描图书封底处小程序码（刮开封面所贴涂层获得激活码），根据提示，输入激活码，获取视频课程和电子题库。激活成功后，可通过“天一网校”小程序、“天一网校”APP、“天一网校”网站（www. tianyiwangxiao. com）三种方式学习。

本系列图书可供参加全国咨询工程师（投资）职业资格考试的考生及相关院校的师生参考使用。

由于时间紧促，编者水平有限，书中难免有疏漏和不当之处，恳请广大读者批评指正。

如有与本图书相关的问题或建议，欢迎您致电 4006597013 或者通过 QQ：1400594158 与我们联系，我们将以优质、快捷的方式为您提供多层次的服务。

扫描小程序码
获取课程和题库

扫描二维码
获取天一网校APP

全国咨询工程师（投资）职业资格考试用书编写组

# 目 录

Contents

# 第一章　现代工程咨询方法

## 第一节　现代咨询方法体系

### 一、现代工程咨询概述

工程咨询是遵循独立、公正、科学的原则，综合运用多学科知识、工程实践经验、现代科学和管理方法，在经济社会发展、境内外投资建设项目决策与实施活动中，为投资者和政府部门提供阶段性或全过程咨询和管理的智力服务。

独立是工程咨询的第一属性，即咨询机构独立于客户而展开工作。独立性是社会分工要求咨询行业必须具备的特性，是其合法性的基础。咨询机构或个人不应隶属或依附于客户，而应是独立自主的，在接受客户委托后，应独立进行分析研究，不受外界因素的干扰或干预，向客户提供独立、公正、客观的咨询意见和建议。

公正是指工程咨询应该维护全局和整体利益，要有宏观意识，坚持可持续发展的原则。在调查研究、分析问题、做出判断和提出建议的时候要客观、公平和公正，遵守职业道德，坚持工程咨询的独立性和科学态度。

科学是指咨询机构以知识和经验为基础为客户提供解决方案的原则。工程咨询所需的是多种专业知识和大量的信息资料，包括自然科学、社会科学和工程技术知识。多种知识的综合应用是咨询科学化的基础。同时，经验是实现工程咨询科学性的重要保障，技术知识的开发和说明不是咨询服务，只有运用技术知识解决工程实际问题才是咨询服务。知识、经验、能力和信誉是工程咨询科学性的基本要素。

### 二、现代工程咨询服务范围

现代工程咨询服务范围包括规划咨询、项目咨询、评估咨询、全过程工程咨询四个方面。

### （一）规划咨询

规划咨询的内容包括总体规划、专项规划、区域规划及行业规划的编制。

### （二）项目咨询

项目咨询的内容包括项目投资机会研究、投融资策划、项目建议书（预可行性研究）、项目可行性研究报告、项目申请报告、资金申请报告、专题研究报告的编制，政府和社会资本合作（PPP）项目咨询、基础设施领域不动产投资信托基金（REITs）项目咨询等。

### （三）评估咨询

评估咨询的内容包括各级政府及有关部门委托的对规划、项目建议书、可行性研究报告、项目申请报告、资金申请报告、PPP 项目实施方案、初步设计的评估，规划和项目中期评价、后评价，项目概预决算审查，及其他履行投资管理职能所需的专业技术服务。

### （四）全过程工程咨询

全过程工程咨询是指对建设项目投资决策、工程建设和运营的全生命周期提供包含涉及组织、管理、经济和技术等各有关方面的局部或整体解决方案的智力服务活动。全过程工程咨询服务是指对建设项目全生命周期提供的组织、管理、经济和技术等各有关方面的工程咨询服务，包括项目的全过程工程项目管理以及投资咨询、勘察、设计、造价咨询、招标代理、监理、运行维护咨询、BIM 咨询及其他咨询等全部或部分专业咨询服务。

## 三、现代工程咨询方法的主要特点

现代工程咨询方法的主要特点：定量分析与定性分析相结合，以定量分析为主；静态分析与动态分析相结合，以动态分析为主；统计分析与预测分析相结合，以预测分析为主。

## 四、现代工程咨询方法体系

现代工程咨询方法体系是融合工程、技术、经济、管理、财务和法律等专业知识和分析方法，在工程咨询领域加以运用，并在实践中不断总结和创新而形成的方法体系。

现代工程咨询方法体系由三部分构成，即哲学方法、逻辑方法和专业方法（学科方法）。

哲学方法是关于认识世界、改造世界、探索实现主观世界与客观世界相一致的最一般的方法。

逻辑方法是用概念、判断、推理、假说等逻辑思维形式，对事物进行归纳、演绎和综合。

专业方法（学科方法）是各门学科中常用的研究方法，具有综合性、专业性、创新性的特点。专业方法（学科方法）包括市场分析方法、战略分析方法、方案比选方法、项目财务分析方法、经济分析方法、社会分析方法、风险分析方法、项目进度控制方法、项目费用控制方法、项目质量控制方法等。

现代工程咨询常用方法体系如图 1-1 所示。

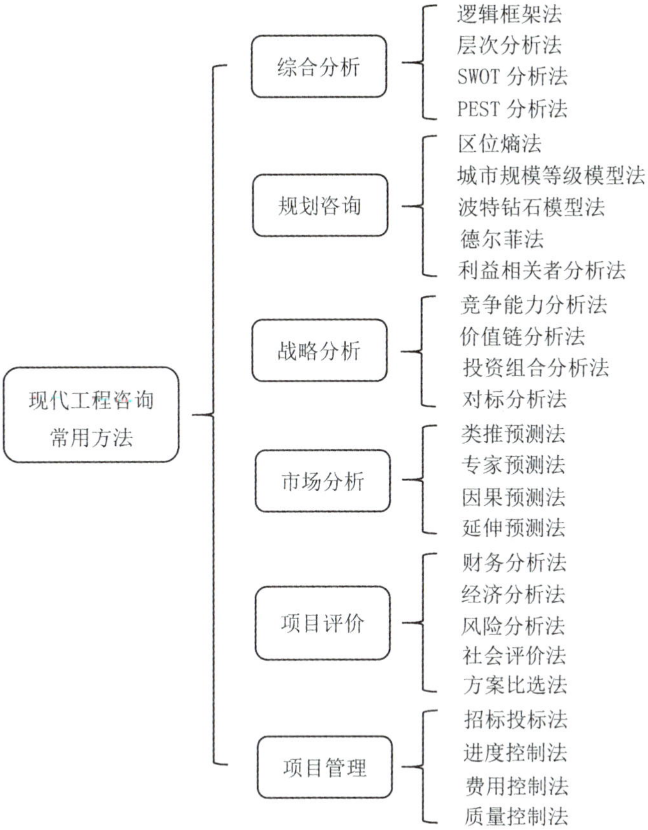


**图 1-1　现代工程咨询常用方法体系**

# 第二节　逻辑框架法

## 一、逻辑框架法基本概念

逻辑框架法（LFA）是由美国国际开发署（USAID）在 1970 年开发并使用的一种项目设计、计划和评价的工具。该方法从确定待解决的核心问题入手，向上逐级展开，得到其影响及后果，向下逐层推演找出其引起的原因，得到所谓的“问题树”。将问题树进行转换，即将问题树描述的因果关系转换为相应的“手段－目标”关系，得到所谓的目标树。目标树得到之后，进一步的工作要通过“逻辑框架矩阵（如表 1-1 所示）”来完成。

逻辑框架法是用一个逻辑框架矩阵来表达一个项目或活动的内涵和各种逻辑关系，其核心概念是事物的因果逻辑关系，即“如果”提供了某种条件或措施，“那么”就会产生某种结果，这些条件包括事物的内部因素和事物所需要的外部因素。通常用于规划编制、项目可行性研究、项目后评价和社会评价中。

逻辑框架矩阵是一个 4×4 矩阵,矩阵自下而上的四行分别代表项目的投入、产出、目的和目标的四个层次;自左而右四列则分别为各层次目标文字叙述、定量化指标、指标的验证方法和实现该目标的重要假定外部条件。目标树对应于规划矩阵的第一列,进一步分析填满其他列后,可以使分析者对项目的全貌有一个非常清晰的认识。

表 1-1 逻辑框架矩阵

| 目标层次 | 客观验证指标 | 客观验证方法 | 重要假定外部条件 |
|---|---|---|---|
| 宏观目标 | 宏观目标指标 | 监测和监督手段及方法 | 实现目标的主要条件 |
| 客观目的 | 客观目的指标 | 监测和监督手段及方法 | 实现目的的主要条件 |
| 产出结果 | 产出物定量指标 | 监测和监督手段及方法 | 实现产出的主要条件 |
| 投入/活动 | 投入物定量指标 | 监测和监督手段及方法 | 落实投入的主要条件 |

## 二、逻辑框架法四要素

### (一)逻辑框架法的目标层次

逻辑框架法的目标层次如表 1-2 所示。

表 1-2 逻辑框架法的目标层次

| 目标层次 | 含义及内容 |
|---|---|
| 目标 | 项目的宏观目标,一般是指国家、地区、部门或投资组织的整体目标,与政策、规划、方针挂钩 |
| 目的 | 项目的直接目标,一般是指项目的直接成果、效益和作用,主要是社会和经济方面,确定者是项目实施机构和独立的评价机构 |
| 产出 | 项目的直接结果,即"产出物",指项目"干了些什么",如实际完成了什么工程,改善了投资机构制度、政策法规等(项目提供的服务和就业机会不属于产出,属于项目的目的或目标) |
| 投入和活动 | 项目的实施过程及内容,主要包括资源的投入量和时间等 |

### (二)客观验证指标

对于逻辑框架中垂直的各层次目标,每个层次目标都应有客观且可以被验证的指标,如数量、质量、人员、时间等,作为层次目标结果的说明,以验证各层次目标实现的程度。

### (三)客观验证方法

客观验证方法包括资料信息来源方法和验证所采用的方法。对于各目标层次,方法也各不相同。

### (四)重要假定外部条件

四个目标层次之间的限制条件,属于外部的项目管理者无法控制的条件。

## 三、逻辑框架的编制

### (一)编制逻辑框架矩阵的一般顺序

编制逻辑框架矩阵的一般顺序如表 1-3 所示。

**表 1-3 编制逻辑框架矩阵的一般顺序**

| 项目描述 | 指标 | 信息源 | 假设 |
|---|---|---|---|
| 总体目标(1) | (8) | (9) | — |
| 目的(2) | (10) | (11) | (7) |
| 结果(3) | (12) | (13) | (6) |
| 活动(4) | (14) | (15) | (5) |

### (二)逻辑关系

#### 1. 垂直逻辑关系

垂直逻辑关系,即因果关系,从下往上或从上往下进行四个层次的分析,其中关键在于层次纲要与假定条件的关系分析,其目的是阐述各层次的目标内容及其上下层次间的因果关系。垂直逻辑关系示意图如图 1-2 所示。

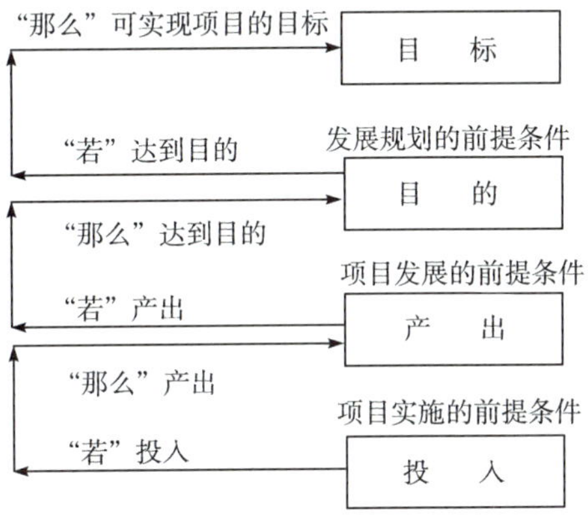


**图 1-2 垂直逻辑关系示意图**

#### 2. 利用垂直逻辑关系分析重要的假定条件

重要的假定条件主要是指可能对项目的进展或成果产生影响,而项目管理者又无法控制的外部条件,即风险或制约条件。例如农业项目,管理者无法控制的一个主要外部因素是气候,还有政府政策(农产品定价)、管理体制等问题。

项目的假定条件很多,一般应选定其中几个最主要的因素作为假定的前提条件。通常项目的原始背景和"投入/产出"层次间的假定条件较少。"产出/目的"层次间所提出的不确定因素往往会对"目的/目标"层次产生重要影响。

由于宏观目标的成败取决于一个或多个项目的成败,因此最高层次的前提条件是十分重要的。以某农业项目为例,其垂直逻辑关系图如图1-3所示。

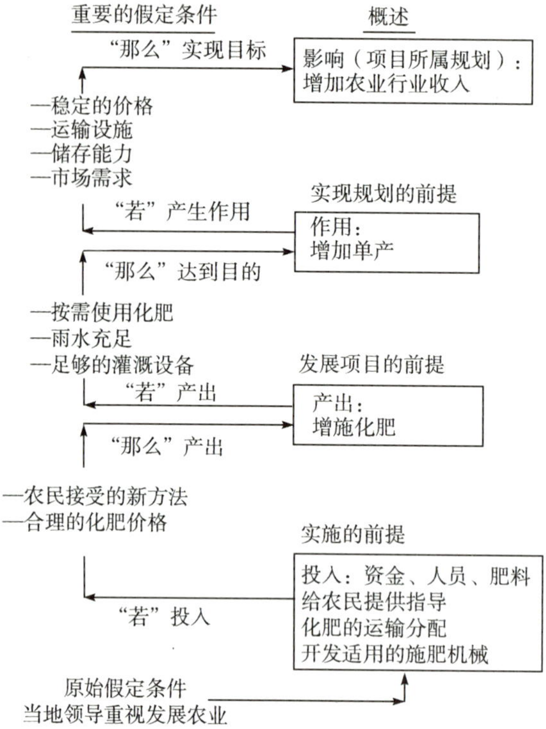


图1-3 某农业项目垂直逻辑关系图

### 3. 水平逻辑关系

水平逻辑关系由验证指标、验证方法和重要的假定条件构成,其目的是通过主要验证指标和验证方法来衡量一个项目的资源和成果,与垂直逻辑关系结合形成了逻辑框架法的4×4的逻辑框架。

### 4. 利用水平逻辑关系来客观验证指标

逻辑框架垂直各层次目标,应有相对应的客观且可度量的验证指标来说明层次目标的结果。为了证明层次目标实现的程度(成功度),逻辑框架采用的验证指标应具备下列条件:

(1)清晰的量化指标,以测定项目的成功程度(如表1-4所示)。

表1-4 量化指标清晰性要求

| 目标 | 验证指标 |
|---|---|
| 增加产品在市场的销售份额 | 运到市场新鲜产品的数量从2015年9月的800吨增加到2019年9月的2 000吨 |
| 建成的公路 | 到2011年9月建成省会与15个乡村连通的5米宽、双车道公路500千米 |

(2)必须针对项目主要目的,突出重点指标。

(3)验证指标与对应目标的关系明确合理。

(4)验证指标与层次目标一一对应,而且是唯一的。

(5)验证指标必须是完整的、充分的。

(6)验证指标必须是客观具体的,不是人为变动的。

(7)有时项目很难找到直接的验证指标,需要采用间接指标。间接指标与验证对象的关系必须是明确的。

(8)准确的指标应该包括明确的定义、定量的数据和定性的表述及确定的时间,如表1-5 所示。

表 1-5　验证指标的准确性要求

| | |
|---|---|
| **第一步:特征** | 指标的定义:雇佣的毕业生 |
| **第二步:定量** | 数量:200 名 |
| **第三步:定性** | 哪一类:化学专业毕业 |
| **第四步:日期** | 时间:2021 年 7 月 |

## (三)项目逻辑框架分析

逻辑框架法在项目研究中分为分析阶段和计划阶段(如图 1-4 所示)。

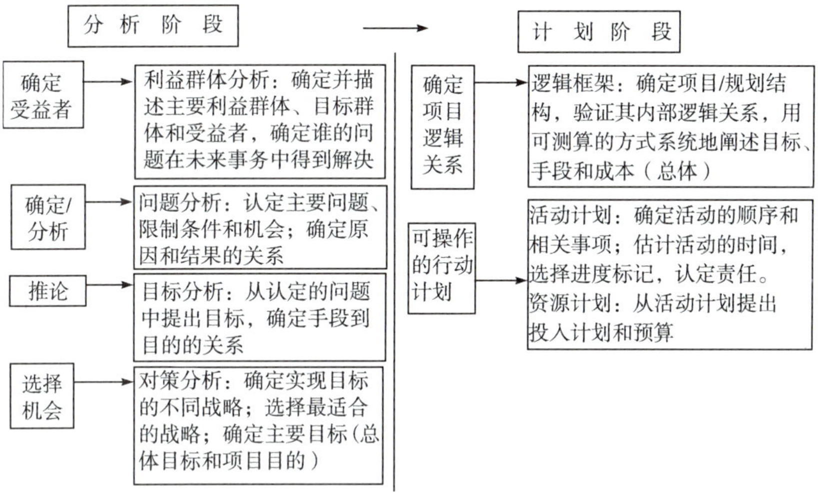


图 1-4　逻辑框架法在项目研究中的分段

逻辑框架的分析分为四步,具体内容如下。

(1)利益群体分析。

利益群体分析的目的是通过对投资活动所有相关者(个人、单位)的利益分析(直接、间接、正面、负面),来确定规划或项目的长远目标和宏观影响,明确项目的最高目标和主要受益群体。

在利益群体分析中要研究项目应采纳谁的目标,即谁的利益和观点应该优先。多数情况下采用集中主要群体利益为主导的方法。要认真考虑引起的对立是否可以避免或缓解,如果不能避免或缓解,分析受损者(如征地搬迁等)的赔偿或补偿政策和措施,以及会对项目带来什么样的影响。

利益群体分析的另一个主要方面是对项目可能带来的环境生态和社会影响的分析,一般应是规划和投资机会研究必须包含的重点内容，因为环境生态和社会影响是项目地区长远的、可持续发展目标的核心，而政策调整则可能是影响全局的宏观问题。

（2）问题分析（反映实际情况），建立“问题树”。

在项目利益群体分析的基础上所进行的“问题分析”，是要找出项目主要目标群体的核心问题，即需要项目解决的核心问题是什么？

问题分析要把所有问题汇集起来，通过专家集体讨论，建立“问题树”，确定目标利益群体的核心问题、形成原因和产生的后果。

问题分析程序：分析现状并从中找出主要问题（即现存负面状态）；在“树型”结构/层次中建立问题间的因果关系。

下列以“河水水质恶化”作为案例进行说明。

如图 1-5 所示，在“问题树”中，需要项目解决的核心问题是“河水水质恶化”。上部分是现在的主要问题“河水水质恶化”所带来的后果，下部分是“河水水质恶化”产生的原因。

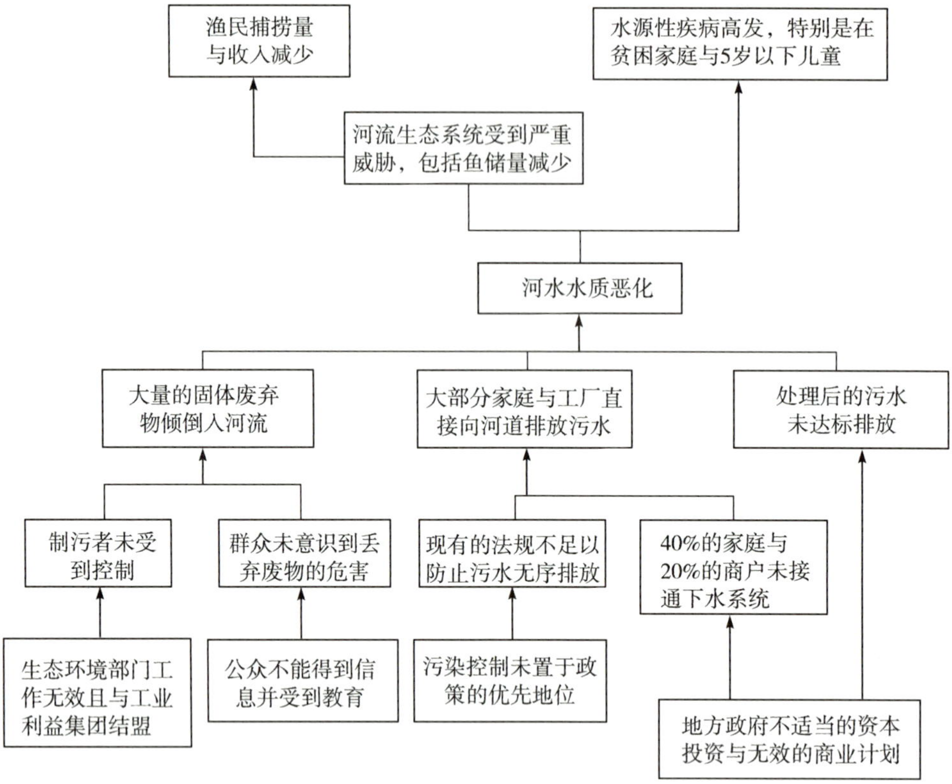


**图 1-5　河水水质恶化问题树**

（3）目标分析（提出未来改善的情形），建立“目标树”。

目标分析是针对问题分析找出的“核心问题”，通过研究提出拟建项目所需实现的最终目标，包括宏观目标和直接目的。

目标分析是用一种方式来表述在问题解决后未来达到的状态，确定在一定的条件下可能的解决方式，将负面影响转化成正面（期望的或实际的）影响。

分析方法和步骤：

①重新系统地把问题分析的所有负面状态转变成正面状态，包括可以期望的和实际可能实现的。

②检查“手段－目的”关系，保证层次的真实和完整（因果关系转换成“手段－目的”的连接）。

③必要时还需修改说明、增加一些新目标，以使之更加切题，并强调更高层面上目标实现的必要性，去掉那些不合适、不便利或没必要的目标。

图 1-6 是目标树分析过程，从产生不同层次问题的原因入手，提出微观、中观和宏观的层次纲要目标，针对核心问题提出项目的直接目的，并分析项目可能产生的作用和影响。

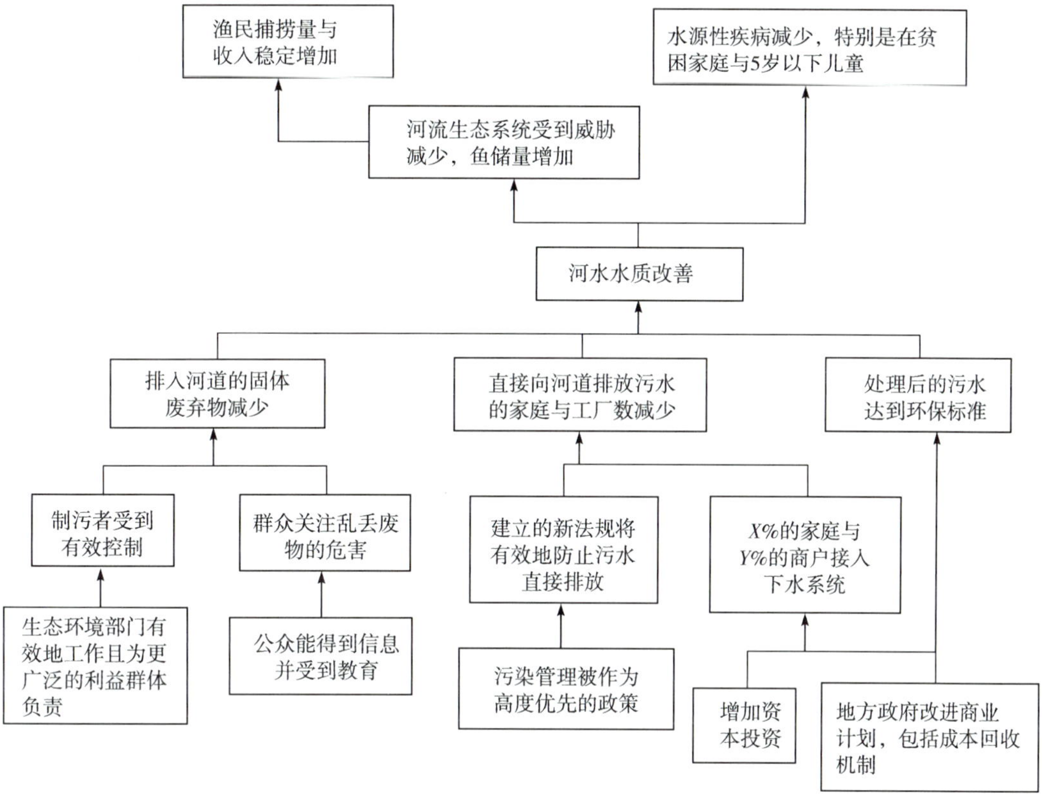


**图 1-6　目标树**

（4）对策分析（针对特定状态，比较不同的选择）建立“对策树”。

对策树示例如图 1-7 所示。

对策分析也称策略分析，是研究解决问题、实现目标的对策方案。

对策分析要求达到：确定可以构架一个项目策略的方法；选择一项或多项对策方案；决定对策，形成项目。

研究对策的基本准则包括：目标群体的重点和吸引力，主要有受益的时间和可利用资源；目标群体的现有潜力和能力；行业产业政策及对整体政策目标的贡献；与其他行动（规划、项目）的关系和协调；社会的可接受性；对消除不平等的贡献；紧迫性等。

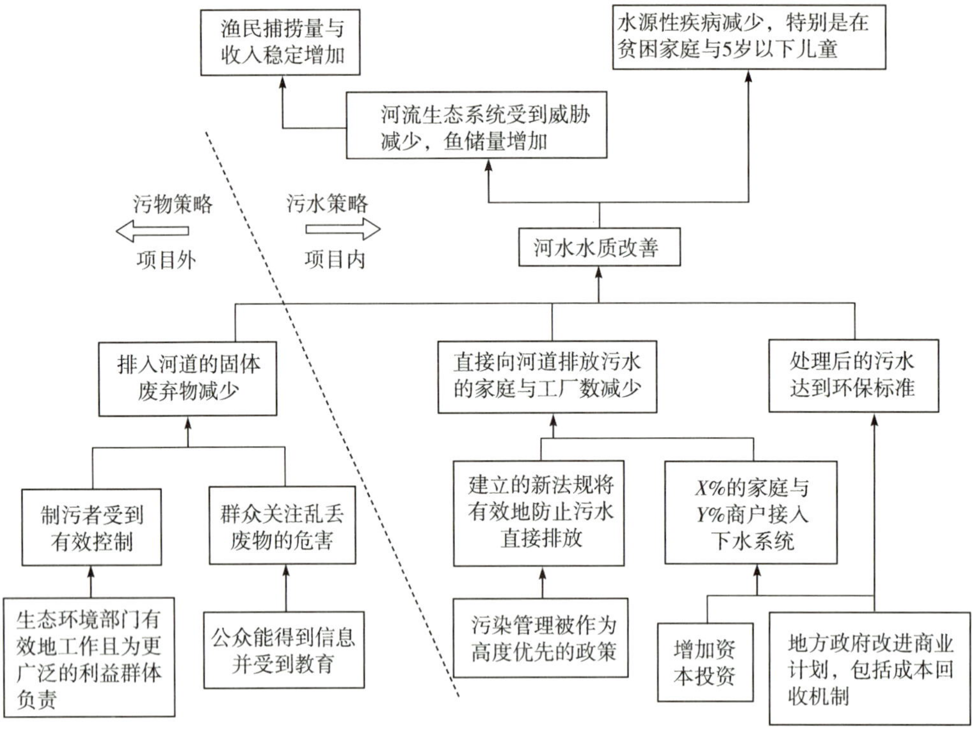


图 1-7　对策树

通过上述利益群体分析、问题分析、目标分析和对策分析，分清了项目逻辑产出、直接目的和总目标的层次和相应的内容，再把需要投入的内容和指标确定下来，就可以形成项目的逻辑框架。

## 典型例题

【背景】

某市根据中央“十三五”规划建议中提出的共享发展理念，着力改善低收入群体和农业转移人口的居住条件，编制完成该市城镇保障性住房建设“十三五”规划。按照规划要求，2016 年拟在农民工相对集中的开发区北侧建设某廉租房小区，以解决 2 000 户低收入居民的住房和 1 800 名农民工的宿舍问题。项目总占地面积 7.5 万平方米，其中建筑物和构筑物占地 6 万平方米，道路和绿化等占地 1.5 万平方米，总建筑面积 15 万平方米。项目建设投资主要来源于中央政府投资和地方政府配套资金。

甲工程咨询公司承担了该廉租房建设项目的可行性研究工作，并采用逻辑框架法进行了项目分析。

**问题：**

1. 列出该项目的垂直逻辑框架层次的具体内容。
2. 采用逻辑框架法分析本项目时，产出层次的客观验证指标有哪些？

【答案】

1. 投入和活动：中央政府投资和地方政府配套资金，可行性研究报告。

产出：建设成某廉租房小区和相关绿化设施。

目的：解决 2 000 户低收入居民的住房和 1 800 名农民工的宿舍问题。

目标：落实共享发展理念，改善低收入群体和农业转移人口的居住条件。

2. 产出层次的客观验证指标有项目总占地面积、建筑物和构筑物占地面积、道路和绿化等占地面积、总建筑面积等。

# 第三节　层次分析法

## 一、层次分析法概述

### （一）基本概念

层次分析法（AHP）是在 20 世纪 70 年代提出的一种定性与定量相结合的多准则决策方法。具体地说，它是在对决策问题的有关元素分解成目标、准则、方案等层次进行分析的基础上，用一定标度对人的主观判断进行客观量化，在此基础上进行定性或定量分析的一种决策方法。

应用层次分析法分析问题时，首先把问题层次化。根据问题的性质和要达到的总目标，将问题分解为不同组成因素，并按照因素间的相互关系影响及隶属关系将因素按不同层次聚集组合，形成一个多层次的分析结构模型。并最终将系统分析归结为最低层因素（供决策的方案、措施）相对于最高层的相对重要性权值的确定或相对优劣次序的排序问题。综合评价问题就是排序问题。在排序计算中，每一层次的因素相对于上一层以某一因素的单排序问题又可简化为一系列成对因素的判断比较。为此引入 1 ~ 9 级标度法，并写成判断矩阵形式。形成判断矩阵后，可以通过计算判断矩阵的最大特征值及相应的特征向量，计算出某一层相对于上一层某一个因素的相对重要性权值。在计算出某一层相对于上一层各个因素的单排序权值后，用上一层因素本身的权值加权综合，即可计算出层次总排序权值。总之，由上而下即可计算出最低层因素相对于最高层的相对重要性权值或相对优劣次序的排序值。

### （二）层次分析法的优点和局限性

层次分析法的优点具体表现在以下几个方面：

（1）系统性。层次分析法把研究对象作为一个系统，按照分解、比较判断、综合的思维方式进行决策，成为继机理分析、统计分析之后发展起来的系统分析的重要工具。

（2）实用性。层次分析法把定性和定量方法结合起来，能处理许多用传统的最优化技术无法着手的实际问题，应用范围很广，同时，这种方法使得决策者与决策分析者能够相互沟通，决策者甚至可以直接应用它，这就增加了决策的有效性。

(3)简洁性。具有中等文化程度的人既可以了解层次分析法的基本原理并掌握该法的基本步骤,计算也非常简便,并且所得结果简单明确,容易被决策者了解和掌握。

层次分析法的局限性主要表现在以下几个方面:

(1)只能从原有的方案中优选一个出来,没有办法得出更好的新方案。

(2)该法应用过程中的比较、判断及结果的计算过程都是粗糙的,精确计算难度较大。

(3)从建立层次结构模型到给出成对判断矩阵,人的主观因素对整个过程的影响很大,这就使得结果难以让所有的决策者接受。当然采取专家群体判断的办法是克服这个缺点的一种途径。

## 二、层次分析法基本步骤

### (一)建立层次结构模型

在深入分析实际问题的基础上,将有关的各个因素按照不同属性自上而下地分解成若干层次,同一层的诸因素从属于上一层的因素或对上层因素有影响,同时又支配下一层的因素或受到下层因素的作用。最高层为目标层,通常只有一个因素;最低层通常为方案或对象层;中间可以有一个或几个层次,通常为准则或指标层。当准则层过多时(譬如多于 9 个)应进一步分解出子准则层。比如现在想选择一个最佳旅游景点,当前有三个选择标准(分别是景色、门票和交通),并且对应有三种选择方案。现通过旅游专家打分,希望结合三个选择标准,选出最佳方案,该景点的层次结构模型如图 1-8 所示。

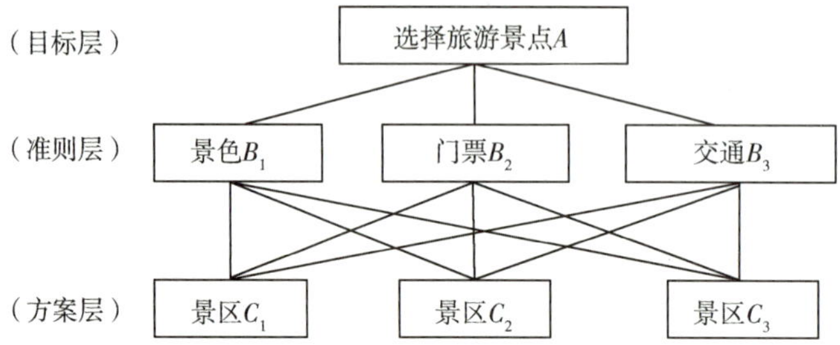


图 1-8　该景点的层次结构模型

### (二)构造判断矩阵

层次分析法的一个重要特点就是用两两重要性程度之比的形式表示出两个方案的相应重要性程度等级。如对某一准则,对其下的各方案进行两两对比,并按其重要性程度评定等级。创建评价指标的判断矩阵 $A$(如图 1-9 所示),以两两比较的方式确定矩阵因素,$a_{ij}$表示因素 $i$ 与 $j$ 比较的重要程度,而 $a_{ij}$的评价尺度一般采用 1 ~9 级标度法,按表 1-6 来确定。

$$A=\begin{bmatrix} a_{11} & a_{12} & \cdots & a_{1n} \\ a_{21} & a_{22} & \cdots & a_{2n} \\ \vdots & \vdots & & \vdots \\ a_{n1} & a_{n2} & \cdots & a_{nn} \end{bmatrix}$$

图 1-9　判断矩阵

判断矩阵应符合 $a_{ij}>0, a_{ji}=1/a_{ij}, a_{ii}=1$。

表 1-6 1~9 级标度法

| 标度 | 含义 |
|---|---|
| 1 | 表示两个因素相比,具有同等重要性 |
| 3 | 表示两个因素相比,一个因素比另一个因素稍微重要 |
| 5 | 表示两个因素相比,一个因素比另一个因素较重要 |
| 7 | 表示两个因素相比,一个因素比另一个因素很重要 |
| 9 | 表示两个因素相比,一个因素比另一个因素极重要 |
| 2,4,6,8 | 上述两相邻判断的中值 |
| 倒数 | 因素 $i$ 与因素 $j$ 比较判断为 $a_{ij}$,则因素 $j$ 与 $i$ 比较判断为 $1/a_{ij}$ |

以图 1-8 中所示的准则层为例,根据景色 $B_1$,门票 $B_2$,$B_3$ 基于景点 $A$ 确定的标度,可以得到以下比较判断矩阵(如表 1-7 所示)。

表 1-7 比较判别矩阵

| 准则层 | $B_1$ | $B_2$ | $B_3$ |
|---|---|---|---|
| $B_1$ | 1 | 5 | 3 |
| $B_2$ | 1/5 | 1 | 1/3 |
| $B_3$ | 1/3 | 3 | 1 |

## (三)确定指标权重

得到上述判断矩阵后,可通过判断矩阵进而计算出矩阵的权重向量和最大特征值。权重向量和最大特征值的计算方法通常包括和法和根法。

和法较为简单,主要步骤包括列向量归一,求行和,再归一,求最大特征值四步。和法的计算过程如下:

$$A-B:\begin{pmatrix}1 & 5 & 3\\ 1/5 & 1 & 1/3\\ 1/3 & 3 & 1\end{pmatrix}\longrightarrow\begin{pmatrix}0.652 & 0.556 & 0.692\\ 0.130 & 0.111 & 0.077\\ 0.217 & 0.333 & 0.231\end{pmatrix}\xrightarrow{\text{按行求和}}\begin{pmatrix}1.900\\ 0.318\\ 0.781\end{pmatrix}\xrightarrow{\text{归一化得特征向量}}$$

$$W=\begin{pmatrix}0.633\\ 0.106\\ 0.260\end{pmatrix}$$

$$AW=\begin{pmatrix}1 & 5 & 3\\ 1/5 & 1 & 1/3\\ 1/3 & 3 & 1\end{pmatrix}\begin{pmatrix}0.633\\ 0.106\\ 0.260\end{pmatrix}\xleftrightarrow{\text{如 }1\times 0.633+5\times 0.106+3\times 0.260}\begin{pmatrix}1.943\\ 0.319\\ 0.789\end{pmatrix}$$

$A$ 的最大特征值 $\lambda=\frac{1}{n}\Sigma\frac{(AW)_i}{w_i}=\frac{1}{3}\times\left(\frac{1.943}{0.633}+\frac{0.319}{0.106}+\frac{0.789}{0.260}\right)=3.038$。

根法的计算过程如下：

(1)将判断矩阵 $A$ 每一行元素相乘，可得 $M_i$。

$$M_i = \prod_{j=1}^{n} a_{ij}(i = 1,2,\cdots,n)$$

(2) 对 $M_i$ 开 $n$ 次方根，得$\overline{w_i}$。

$$\overline{w_i} = \sqrt[n]{M_i}(i = 1,2,\cdots,n)$$

(3) 对向量 $\overline{W} = (\overline{w_1},\overline{w_2},\cdots,\overline{w_n})^T$ 进行归一化处理，可得 $w_i$。

$$w_i = \frac{\overline{w_i}}{\sum_{j=1}^{n} \overline{w_j}}$$

由此可得 $W = (w_1,w_2,\cdots,w_n)^T$，该向量便是所求的特征向量。最大特征值的计算方法与上述和法一致。

## （四）单层次一致性检验

对应于判断矩阵最大特征根 $\lambda_{max}$ 的特征向量，经归一化(使向量中各元素之和等于1)后记为 $W$。

$W$ 的元素为同一层次因素对于上一层次因素某因素相对重要性的排序权值，这一过程称为层次单排序。能否确认层次单排序，需要进行一致性检验，所谓一致性检验是指对 $A$ 确定不一致的允许范围。

定义一致性指标 $CI$：

$$CI = \frac{\lambda_{max} - n}{n - 1}$$

$$\lambda_{max} = \frac{1}{n}\sum_{i=1}^{n}\frac{(AW)_i}{W_i}$$

$$CR = \frac{CI}{RI}$$

平均随机一致性指标 $RI$ 如表 1-8 所示。

表 1-8　平均随机一致性指标 $RI$

| $n$ | 1 | 2 | 3 | 4 | 5 | 6 | 7 | 8 | 9 |
|---|---|---|---|---|---|---|---|---|---|
| $RI$ | 0 | 0 | 0. 58 | 0. 94 | 1. 12 | 1. 24 | 1. 32 | 1. 41 | 1. 45 |

$CI$ 越小，说明一致性越大。考虑到一致性的偏离可能是由于随机原因造成的，因此在检验判断矩阵是否具有满意的一致性时，还需将 $CI$ 和平均随机一致性指标 $RI$ 进行比较，得出检验系数 $CR$，如果 $CR < 0.1$，则认为该判断矩阵通过一致性检验，否则就不具有一致性。其中，随机一致性指标 $RI$ 和判断矩阵的阶数有关，一般情况下，矩阵阶数越大，则出现一致性随机偏离的可能性也越大。

## （五）总层次一致性检验

计算某一层次所有因素相对于最高层(总目标)相对重要性的权值，称为层次总排序。

这一过程是从最高层次到最低层次依次进行的。

层次结构模型如图 1-10 所示。$A$ 层 $m$ 个因素 $A_1,A_2,\cdots,A_m$ 对总目标 $Z$ 的排序权重为 $a_1,a_2,\cdots,a_m$；$B$ 层 $n$ 个因素对上层 $A$ 中因素为 $A_j$ 的层次单排序权重为 $b_{1j},b_{2j},\cdots,b_{nj}(j=1,2,\cdots,m)$。

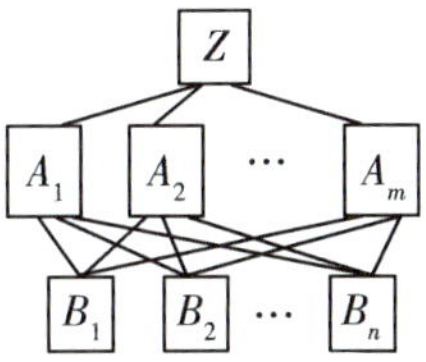


图 1-10　层次结构模型

确定各因素的权重如表 1-9 所示。

表 1-9　各因素的权重

| 层 A / 层 B | $A_1, A_2, \cdots, A_m$ <br> $a_1, a_2, \cdots, a_m$ | B 层的层次总排序 |
|---|---|---|
| $B_1$ | $b_{11},b_{12},\cdots,b_{1m}$ | $\sum_{j=1}^{m} a_j b_{1j} = b_1$ |
| $B_2$ | $b_{21},b_{22},\cdots,b_{2m}$ | $\sum_{j=1}^{m} a_j b_{2j} = b_2$ |
| … | … | … |
| $B_n$ | $b_{n1},b_{n2},\cdots,b_{nm}$ | $\sum_{j=1}^{m} a_j b_{nj} = b_n$ |

设 $B$ 层因素 $B_1,B_2,\cdots,B_n$ 对上层（$A$ 层）中因素 $A_j(j=1,2,\cdots,m)$ 的层次单排序一致性指标为 $CI_j$；随机一致性指标为 $RI_j$；（$CI_j$ 和 $RI_j$ 已在单排序时求得）则层次总排序的一致性比率为：

$$CR=\frac{a_1CI_1+a_2CI_2+\cdots+a_mCI_m}{a_1RI_1+a_2RI_2+\cdots+a_mRI_m}$$

当 $CR<0.1$ 时，认为层次总排序通过一致性检验，层次总排序具有满意的一致性，否则需要重新调整那些一致性比率高的判断矩阵的因素取值。

到此，根据最低层（方案层）的层次总排序做出最后决策。

层次之间因素的支配关系不一定是完全的，即可以存在这样的因素，它并不支配下一层所有的因素。每一层因素一般不超过九个。

# 第四节　SWOT 分析法

## 一、SWOT 分析法基本概念

SWOT 分析法为态势分析法，即优势（Strengths）、劣势（Weakness）、机会（Opportunities）、威胁（Threats）分析，是基于内外部竞争环境和竞争条件下的态势分析，主要结合内部的优势与劣势（SW）、外部的机会与威胁（OT），把各种因素相互匹配联结起来加以分析，从中得出结论。

运用这种方法，可以对研究对象所处的情景进行全面、系统、准确的研究，从而根据研究结果制定相应的发展战略、计划以及对策等。SWOT 分析法常常被用于制定集团发展战略和分析竞争对手情况，在战略分析中，它是最常用的方法之一。

与其他的分析方法相比较，SWOT 分析法从一开始就具有显著的结构化和系统性的特征。就结构化而言，首先在形式上，SWOT 分析法表现为构造 SWOT 结构矩阵，并对矩阵的不同区域赋予了不同分析意义。其次内容上，SWOT 分析法的主要理论基础也强调从结构分析入手对企业的外部环境和内部资源进行分析。

SWOT 方法的优点在于分析直观、使用简单、考虑问题全面，是一种系统思维，而且可以把对问题的“诊断”和“开处方”紧密结合在一起，条理清楚，便于检验。但在没有精确数据支持和专业化分析工具的前提下，不可避免地存在精确不足的局限性，所以在使用过程中，要考虑到这种局限性，尽量使用真实、客观、准确的信息作为参考资料。

## 二、SWOT 分析图

根据企业优势和劣势（SW）分析与机会和威胁（OT）分析，可以绘制出 SWOT 分析图（如图 1-11 所示），并根据 SWOT 分析图中企业所在的不同位置，采取不同的战略措施。

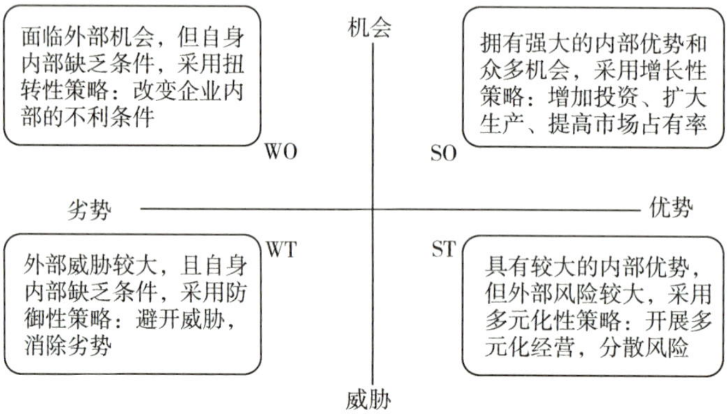


**图 1-11　SWOT 分析图**

## 三、SWOT 分析法实际应用步骤

### （一）分析环境因素

环境因素包括外部因素和内部因素。机会与威胁是外部环境对公司的发展直接有影响的有利和不利因素，属于客观因素；优势和劣势是公司在其发展中自身存在的积极和消极因素，属于主观因素。所以在分析这些因素的时候，除了要考虑现状，还要注重未来发展。

优势因素具体包括：有利的竞争态势；充足的资金来源；良好的企业形象；强大的技术力量；规模经济；优良的产品质量；较大的市场份额；成本优势；广告优势等。

劣势因素具体包括：设备老化；管理混乱；缺少关键技术；研究开发落后；资金短缺；经营不善；产品积压；竞争力差等。

机会因素具体包括：新产品；新市场；新需求；外国市场壁垒解除；竞争对手失误等。

威胁因素具体包括：新的竞争对手；替代产品增多；市场紧缩；行业政策变化；经济衰退；客户偏好改变；突发事件等。

### （二）构造 SWOT 矩阵

对所调查出来的因素根据轻重缓急或影响程度排序，以此构造 SWOT 矩阵。在此过程中，优先排列那些对公司发展有直接的、重要的、大量的、迫切的、久远的影响因素，对公司有间接的、次要的、少许的、不急的、短暂的影响因素考虑排到后边。

### （三）制定行动计划

当构造好 SWOT 矩阵之后，我们便可以考虑制定相应的战略。而制定战略的主要立足点是：发挥优势因素，克服劣势因素，利用机会因素，化解威胁因素；考虑过去，立足当前，着眼未来。

**提示**

本节学习应抓住以下四方面内容：理清并区分四个重点要素；掌握并学会绘制 SWOT 分析图；确定企业所在象限；提出相应的做法。

**典型例题**

**【背景】**

某大型国有炼油企业具有较强的研发能力、独特的生产技术和雄厚的技术人才实力，生产多种石油化工产品。其中润滑油产品独具特色，培育了一批稳定的客户群体，产品质量一直受到好评，产品在当地有一定的影响。但是该企业作为生产型国有老企业，在传统体质影响下，产品的销售渠道比较单一，专门负责市场销售的人员不足，销售人员没有真正面向市场，难以适应竞争激烈的市场环境。

企业目标市场润滑油需求量均为每年一万吨，主要有 A，B 两种润滑油产品，两种产品所处产品生命周期的位置如图 1-12 所示。而竞争对手的这两种润滑油销量占市场份额的 70% 以上。造成这种局面的原因除体制外，还有：企业的产品生产成本高；没有像其他企业一样进行全方位、大规模的广告宣传；产品代销点设置也明显不足；单一规格的产品包装不能满足中小用户对适量油品购买的需求等。

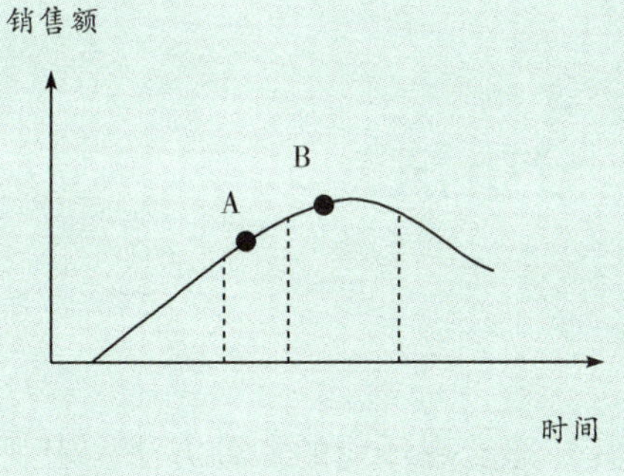


图 1-12　产品生命周期示意图

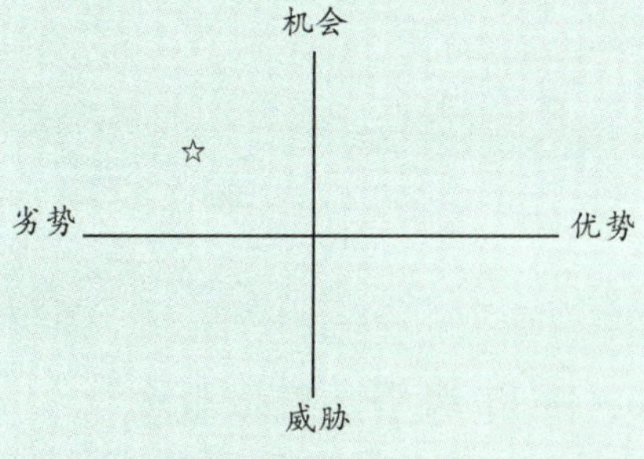


图 1-13　该企业的 SWOT 分析图

**问题：**

1. 运用 SWOT 分析法，分析该企业在目标市场中的优势、劣势、机会和威胁。

2. 若该企业在 SWOT 分析图中所处位置如图 1-13 所示，说明企业针对目标应采取的战略选择和实施措施。

3. 根据图 1-12，判断 A，B 两种润滑油产品各处于生命周期的哪个阶段，请拟定相应的产品战略。

【答案】

1. 优势：具有较强的研发能力、独特的生产技术和雄厚的技术人才实力。

劣势：产品的销售渠道比较单一；专门负责市场销售的人员不足，销售人员没有真正面向市场；产品生产成本高；没有进行全方位、大规模的广告宣传；产品代销点设置不足。

机会：润滑油产品独具特色，并且有稳定的客户群体，产品质量深受好评，在当地有一定的影响。

威胁：企业作为生产型国有老企业，在传统体制下，销售人员没有真正面向市场，难以适应竞争激烈的市场环境；竞争对手两种润滑油销量占市场份额 70% 以上；单一规格的产品包装不能满足中小用户对适量油品购买的需求。

2. 企业应采取扭转性战略。在有外部有利机会的情况下，改变企业内部不利条件。企业需要对市场的份额进行分析，对其中市场份额较低的地区，增加代销点数量；统筹管理，降低企业生产成本；增加不同的包装规格，满足不同用户群的需求；对企业进行全方位的定位，利用广告进行宣传，打破传统推销方式。

3. A 产品处于生命周期中的成长期。行业处于生命周期中的成长期，产品有发展潜力，企业有竞争实力。所以企业应采用通用发展策略，具体采取的措施为继续投资，进一步扩大业务。

B 产品处于生命周期中的成熟期。行业处于生命周期中的成熟期，企业生产规模较大，有大量稳定的现金收益。企业应当采取的产品策略是使用稳定战略，不追加投资，维持稳定生产以保持市场份额，为企业挣得大量的现金，回收资金，获取利润。

# 第五节　PEST 分析法

## 一、PEST 分析法基本概念

PEST 分析是战略咨询顾问用来帮助企业检阅其外部宏观环境的一种方法。宏观环境又称一般环境，是指影响一切行业和企业的各种宏观因素。对宏观环境因素作分析，不同行业和企业根据自身特点和经营需要，分析的具体内容会有差异，但一般都应对政治（Politics)、经济(Economy)、社会(Society)和技术(Technology)这四大类影响企业的主要外部环境因素进行分析。通过对上述四个方面进行分析,企业可以对自身的发展前景有一个整体把握,但由于只考虑了外部宏观环境,而忽略了企业自身条件,因此具有一定的局限性,通常与SWOT分析法及其他方法一起使用。

## 二、PEST分析的内容

### (一)政治环境

政治环境是指一个国家的社会制度,执政党的制度,政府的方针、政策、法令等。

不同的国家有着不同的社会性质,不同的社会制度对组织活动有着不同的限制和要求。

即使社会制度不变的同一国家,在不同时期,由于执政党的不同,其政府的方针特点、政策倾向对组织活动的态度和影响也是不断变化的。

### (二)经济环境

经济环境主要分为宏观和微观两个部分。

宏观经济环境主要包括:一个国家的人口数量及其增长趋势;国民收入、国民生产总值及其变化情况。

微观经济环境主要包括:地区的消费者的收入水平、消费偏好、储蓄情况、就业程度等因素。

总的来说,宏观经济环境表示国民经济水平,微观经济环境意味着今后市场大小。

### (三)社会自然环境

社会环境所蕴含的因素主要有社会阶层、家庭结构、风俗习惯、宗教信仰、价值观念、消费习俗、审美观念等。在企业面临的诸方面环境中,社会环境是较为特殊的,它不像其他环境因素那样显而易见与易于理解,却又无时不在地深刻影响着企业的营销活动。无数事例说明,无视社会环境的企业营销活动必然会陷于被动或归于失败。

自然环境是社会环境的基础,而社会环境又是自然环境的发展。自然环境是指环绕人们周围的各种自然因素,如大气、水、植物、动物、土壤、岩石矿物等。

### (四)技术环境

技术环境除了要考察与企业所处领域的活动直接相关的技术手段的发展变化外,还应及时了解:

(1)国家对科技开发的投资和支持重点。

(2)该领域技术发展动态和研究开发费用总额。

(3)技术转移和技术商品化速度。

(4)专利及其保护情况等。

## 三、PEST分析法应用案例

基于PEST分析法的装配式建筑发展制约因素研究。

2016 年我国新建装配式建筑面积为 1.14 亿平方米，占城镇新建建筑面积的比重为 4.9%。2017 年 1 月至 10 月，我国装配式建筑已完成新建项目约 1.27 亿平方米，同比增长 11.4%。装配式建筑的发展已经初见成效，但是增速较缓慢，如何实现装配式建筑健康、稳定、快速发展已经成为迫切需要解决的重要问题。

### （一）政治环境分析

#### 1. 政策不完善

政策可以引导企业直接准确地了解政府导向和市场情况，生产满足市场需求的产品。然而现阶段促进装配式建筑发展的相关政策并不完善，不能良好地引导和推进装配式建筑发展。其一，装配式建筑的经济政策未能有效落实与推进。目前关于装配式建筑的政策扶持力度明显不足，对企业缺乏吸引力，其中一些补助政策需要满足的基本条件要高于我国装配式建筑的实际发展水平，激励措施无法落实到实际。其二，装配式建筑的监管机制不健全。在建筑项目筹建阶段，政府对土地征用、招投标等阶段没有采取有效的措施倒逼企业发展装配式建筑。在装配式建筑项目建设初期，政府对项目设计情况、预制构配件质量、安装质量、施工工艺及安全质量责任制的监督管理不到位。可见相关部门在装配式建筑发展的全过程中，没能充分发挥自身的监管职能，建立高效的监督管理体制。

#### 2. 相关法律法规不健全

装配式建筑市场需要健全完善的法律法规对装配式建筑产业链上所有主体统一规范和约束，从而有效保障装配式建筑健康稳定地发展。目前我国从法律层面推进装配式建筑发展的意识还很薄弱，并且装配式建筑相关的法规及标准制度仍不完善。现有的国家及地方装配式建筑标准涉及评价标准、图集、设计规程、技术规程等，但装配式建筑标准制度仍存在很大缺口。装配式建筑及其配套产业相关的法律法规及标准制度不健全，各地发展不均衡且发展水平差异较大，严重制约了我国装配式建筑的规模化发展。因此，急需在国家统一框架下制定符合地方特色的装配式建筑相关法规和制度标准。

### （二）经济环境分析

#### 1. 成本障碍

装配式建筑的发展是一个长期的创新过程，短期内无法实现经济效益，这与企业追求利益最大化目标相悖，导致企业缺乏参与装配式建筑的积极性。技术研发费用大、预制构件无法标准化和模块化批量生产、物流系统不完善等多方面因素致使前期投入大、成本高。中小型企业大多迫于承担不起高额的前期投入、人才储备不足等因素，最终停止发展装配式建筑。仅依靠国家科研机构和大企业很难形成规模经济效益，装配式建筑的发展将陷入“成本壁垒”的漩涡中，严重制约装配式建筑的发展。

#### 2. 经费投入不足

创新的科学技术是装配式建筑发展的灵魂，是区别其与传统建筑的重要标志。现实情况是有意愿有能力研究装配式建筑技术的企业屈指可数，中小型企业或限于自身研发能力不足或受制于企业资金链薄弱，对装配式建筑技术创新贡献的力量微乎其微。而国家层面对装配式建筑科技研发给予的财政措施相对于装配式建筑庞大的经济缺口来说显得十分微弱。另外，国家没有针对装配式建筑人才培养的专项资金，高校没有开设装配式建筑相关课程，也没有制定专门的装配式建筑人才培养方案和培养机制的积极性，从根源上造成装配式建筑人才缺失。

### （三）社会环境分析

#### 1. 供需关系不均衡

我国装配式建筑尚处于起步阶段，发展规模小，体系不成熟，宣传推广力度不够，导致社会大众对装配式建筑的认识存在很大误区，建筑业相关企业对装配式建筑也不完全了解。一方面，现阶段装配式建筑的建造范围主要在公共建筑领域，如商场、医院及学校等，住宅领域应用少，装配式住宅的市场供应量严重不足，企业和商家也不愿意提前花费过多的成本宣传和推广装配式住宅。另一方面，社会大众对装配式建筑的信任度低，对装配式建筑没有购买意愿，导致装配式建筑的市场需求低。企业预测不到装配式建筑的潜在利益，缺乏转型发展装配式建筑的动机。最终导致装配式建筑市场供需关系不均衡，且过低的供应量和市场需求量对装配式建筑的发展都是反拉动作用，严重制约了装配式建筑的发展。

#### 2. 未形成完整的装配式建筑产业链

装配式建筑主体间关系比传统建筑复杂，对全局性的掌控要求高，任何一个环节的缺失都会严重影响装配式建筑的发展。现阶段国家把主要精力都放在推动装配式建筑发展上，对其相关的配套产业的关注度和扶持力度很小，很少有企业愿意主动发展装配式建筑配套产业，使得装配式建筑配套产业不完备。到目前为止，我国尚未形成完整的装配式建筑产业链，无法有效解决装配式建筑发展过程中存在的各主体协同效应差、企业间信息不共享等诸多问题，导致装配式建筑发展效率低，延缓了装配式建筑前进的步伐。

### （四）技术环境分析

#### 1. 技术体系不健全

装配式建筑技术体系包括最基本的模数体系及部品部件体系。目前，企业对模数体系协调性的认识不足，标准的模数协调的数量严重缺失，没有统一模数指导生产的构件与实际应用脱节，构件生产和安装没有依据，致使模数体系无法充分发挥作用。模数体系的不协调严重影响了部品部件的标准化和集成度。数据显示，我国住宅通用部品部件所占比例为20%左右，而发达国家达到80%。可见，我国部品部件标准化和集成度过低，很难满足装配式建筑生产科技含量高和安装精度高的要求。在达不到标准化、通用化、系列化和规模化的情况下，装配式建筑的发展无从谈起，产业化也难以实现。

#### 2. 信息技术应用不足

装配式建筑作为建筑业未来发展的必然趋势，其发展一定离不开信息技术的助力。目前与装配式建筑的发展紧密联系的有 BIM 技术、云平台、无线网络和物联网技术等。新兴的信息技术给传统建筑行业带来新的发展机遇，同时也是一个巨大的冲击。一方面，BIM 技术、RFID 技术等在装配式建筑中的应用面临诸多问题和挑战，致使装配式建筑不能充分借力信息技术实现全过程、全参与方数字化的、智能化的发展。另一方面，急需既精通信息技术，又具备统筹全局、熟练掌握装配式建筑全产业链各个环节的复合型人才。

# 第六节 现代工程咨询信息数据与知识管理

## 一、工程咨询信息管理

工程咨询需要的信息众多，包括国家政策、发展规划、法律法规、技术标准、自然环境、气候、水文地质、资源条件、市场情况、项目投入与产出等。

工程咨询行业是一个以智力、技术为支撑的行业，是典型的知识密集型的智力服务行业，信息资源是工程咨询行业的核心资源，通过获取海量有效的信息，依靠信息、知识和智慧、先进科技手段进行服务。信息爆炸的社会要求工程咨询行业服务机构拥有获取信息、处理信息的能力和手段。

信息管理是以信息为管理对象的管理，其中信息是指客观存在的所有事物通过物质载体发出的所有信号、指令、数据、情况、消息中包含的所有可供传递交换的知识或者简述成“环境事实的可通信知识”。信息管理的内容除包含各相关岗位对信息的收集、筛选、分析、整理和储存外，还包括作为以上具体管理工作基础对信息流程的设计和整个信息管理系统的建立、监控、调整。

工程咨询项目管理信息化是结合行业业务特点，以信息资源开发利用为核心，以体制机制为保障，以管理模式为基础，利用现代信息技术、网络技术等现代科技，强化大数据、GIS、BIM、人工智能等前沿技术在业务中的渗透，在工程咨询项目各环节中推广应用信息技术，以提高工程咨询机构管理决策能力，提升咨询工作效率，增强机构行业竞争力，提高工程咨询决策技术水平。

## 二、工程咨询信息的类型与来源

### （一）工程咨询信息类型

为了便于识别、分析、储存和管理，可以将信息从不同角度分类。工程咨询行业通常根据属性将信息分为法律信息、规划与政策信息、标准与规范信息、自然与资源信息、行业统计信息、投资与项目信息、区域社会与经济状况信息七类。此外，信息还可以通过以下方式进行分类。

#### 1. 按负载形式不同

文献性信息：指以文字、图像、符号、声频、视频等形式所负载的各种信息。具体表现为统计报表、市场调查报告、电视、广播、录音、录像等。

物质性信息：指各种物质形式所负载的信息。如商品展览、模型、样品等。

思维性信息：人头脑所负载的，对市场活动进行分析、综合、推理所得到的市场信息。

#### 2. 按市场信息的产生过程不同

原始信息：又称初级信息、第一手资料。它是在实地调查中根据消费者的回答直接收集到的资料；或是市场中所产生的各种文字和数据资料。原始信息是市场信息的基础。

二手资料信息：又称次级信息。它是根据市场活动的需要，对原始信息进行加工、处理和分析后所形成的信息。

#### 3. 按市场信息的范围不同

宏观市场信息：关于企业外部环境的各种信息。

微观市场信息：反映企业生产、经营状况的各种信息。

#### 4. 按市场信息的时间不同

动态信息：反映市场现象在不同时期的发展变化的信息。

静态信息：对某一时刻市场活动的说明。

### （二）工程咨询活动对信息的要求

现代工程咨询所需信息和数据必须满足以下基本要求：

(1)信息源必须客观、真实、可靠。

(2)信息和数据必须全面或比较全面地反映客观事物。

(3)信息和数据必须满足或基本满足咨询方法的需要。

### （三）工程咨询信息来源

工程咨询信息来源如下：

(1)来自网络和现有出版物，如国家法律、相关规范和标准等。

(2)从其他单位和专门的信息机构购买或借阅，如向水文、气象部门采购气象资料；向测量部门购买卫星图片；购买国家或地方统计局出版的综合与行业统计年鉴等。

(3)其他由企业自行组织建立的资料数据库，来自企业积累的各类报告、资讯、图文报表等。

## 三、工程咨询信息的采集方法

### （一）文案调查法

文案调查法也称间接调查法、二手资料调查法，属于最简单、最常用的方法，是通过各种媒体，如报刊、图书、杂志、政府公告、互联网、各类机构的信息管理系统等，收集企业内部原有档案资料和企业外部各种相关文书、档案、研究报告及公布报告资料，加以整理、衔接、调整及融合之后，使用归纳、演绎等方法分析文献资料，为项目设计与决策提供翔实的辅助资料。

文案调查法的特点：收集已加工过的文案，而不是对原始资料的收集；以收集文献性信息为主，具体表现为各种文献资料；所收集的资料包括动态和静态两个方面，尤其偏重于动态角度，收集各种反映市场变化的历史与现实资料。

文案调查法的优点：不受时空限制；收集容易，成本低；所收集资料的可靠性和准确性较强。

文案调查法的缺点：资料的适应性差；文献资料不足；要求更多的专业知识、实践经验和技巧。

文案调查的方法包括查找法、索取法、收听法、咨询法、采集法、互换法、购买法、委托法等。

### （二）问卷调查法

项目咨询单位针对行业特点、项目特点、项目阶段，围绕着一个特定的调查目的，设计出一系列问题，组成一个问卷，向社会公众或特定群体发放，以征求社会公众对某项目或事件的看法。反馈回来的问卷经过整理可以使调查人员了解公众的意向。这种调查法多在项目立项过程和社会评价中使用，一般是一次性完成的。

### （三）实验调查法

实验调查法通常被用于市场调查，是指调查者通过有目的、有意识地改变一个或几个影响调查问题的因素，将它们置于一定条件下进行小规模的实验，来观察市场现象在这些因素影响下的变动情况，以认识市场现象的本质特征和发展规律的方法。

### （四）实地调查法

实地调查法是指项目咨询单位确定搜集第一手资料的方法后，调查人员直接把调查触角深入现场即调查事实的发生地，对调查对象进行调查研究，并对调查获取的第一手资料、信息进行分析得出结论的一种方法。

实地调查法主要调查对象包括：消费者、行人等目标人群；专家、媒体及其他定向人群。

实地调查法便于进行各种定性和定量分析。实地调查法主要有访问调查法、观察法、实验法、网络调查法等。

另外，可采用搜索引擎查询网络资料，通常有关键词索引和逐步缩小范围两种方式。

## 四、工程咨询数据分析及挖掘

### （一）信息分析

信息分析是一项内容广泛的信息深加工处理和情报提炼活动，通过对已搜集到的信息进行系列化加工过程，形成新的、增值的信息产品，最终为不同层次的科学决策服务的一项具有科研性质的活动。

信息分析的方法包括定量分析法、定性分析法、定量与定性结合的方法。由于信息越来越复杂，定性和定量的界限越来越模糊，在信息分析中两者已经高度结合使用，相关主要方法包括对比与类比、分析推理、综合抽象、因果关系、趋势外推类、变量变换类、定性－定量转化类、定量－定性转化类等。

### （二）数据分析

数据分析属于信息分析的一部分，是指用适当的统计分析方法对收集来的大量数据进行分析以及对数据加以详细研究和概括总结的过程。这一过程也是质量管理体系的支持过程。数据分析是通过建立数据模型，对数据中隐含的规律、趋势等信息进行提取。数据分析属于定量分析，具体包括数据统计分析、时间数据分析和空间数据分析。

分析数据常用方法有：老七种工具，即排列图、因果图、分层法、调查表、散布图、直方图、控制图；新七种工具，即关联图、系统图、矩阵图、KJ 法、计划评审技术、PDPC 法、矩阵数据图。

### 1. 数据统计分析

数据统计分析是研究如何收集、整理、分析数据的一门科学，用于寻找、预测、确定随机现象中所呈现的统计规律，被称为数字的科学。数据统计分析应建立适当的模型，便于做出预测。

数据统计分析的过程如下：

(1)确定合理的数据特征。

(2)搜集数据，保证数据搜集的及时，搜集过程得到有效组织。

(3)整理数据，注重样本总量与质量，计算数据特征。

(4)建立数学模型，充分利用计算机软件工具建模。

(5)数学模型校验。运用数学模型、统计方法及分析对象的有关知识开展统计分析，从定量与定性的结合上进行研究。

(6)利用模型进行预测。

(7)对统计结果和预测结果进行评价。

统计分析可以把数据、情况、问题、建议等融为一体，是发挥统计的信息、咨询、管理、监督和决策功能的重要内容。

### 2. 时间数据分析

时间数据（时间序列）是把反映现象发展水平的统计指标数值，按照时间先后顺序排列起来所形成的统计数列。

时间序列分析法是指将时间序列上的构成波动的不同因素分离开来，对各因素分别进行分析。常用于短期市场分析和长期经济问题分析，特别是用季节指数辅助模型进行短期预测。

时间序列值的影响因素包括：

(1)趋势因素，某种倾向是影响时间序列值的主导因素。

(2)规则变动因素，是周期不固定的波动变化产生的原因。

(3)季节变动因素，是周期相对固定（如一年四季）的波动变化产生的原因。

(4)不规则变动因素，外生的不易控制的因素。

时间序列可以分为平稳序列和非平稳序列。平稳序列：基本上不存在趋势的序列，各观察值基本上在某个固定的水平上波动或虽有波动，但并不存在某种规律，而其波动可以看成是随机的序列。非平稳序列：有趋势的序列，或有趋势、季节性和周期性的复合型序列。

时间序列分析也可称为是一个建模的过程，主要的过程为：取得时间序列样本→将样本点画成图→进行相关分析→模式识别与拟合→预测未来。常用的时间序列模型包括回归模型和 ARMA 模型。

### （三）数据挖掘

数据挖掘一般是指从大量的数据中通过算法搜索隐藏于其中信息的过程。数据挖掘通常与计算机科学有关，并通过统计、在线分析处理、情报检索、机器学习、专家系统（依靠过去的经验法则）和模式识别等诸多方法来实现上述目标。

#### 1. 数据挖掘步骤

从数据本身来考虑，数据库与数据仓库的挖掘通常需要有数据收集、数据集成、数据规约、数据清理、数据变换、数据挖掘、模式评估、知识表示八个步骤。网络信息挖掘通常需要有确定目标样本、提取特征信息、获取网络信息、匹配信息特征等步骤。

数据库与数据仓库挖掘的步骤如下（条件充足的情况下，部分步骤可省略）：

（1）数据收集。从对象数据中提取有效数据，纳入数据库。

（2）数据集成。多种数据源可以组合在一起。

（3）数据规约。简化数据库中已有数据集的表示。

（4）数据清理。消除噪音或不一致数据，补缺。

（5）数据变换。变换成适合挖掘的形式。

（6）数据挖掘。使用智能方法提取数据模式。

（7）模式评估。验证数据挖掘结果的合理性和可用性。

（8）知识表示。可视化和知识表示技术。

#### 2. 数据挖掘与数据分析的关系

数据挖掘过程是一个反复循环的过程，每一个步骤如果没有达到预期目标，都需要回到前面的步骤，重新调整并执行。数据挖掘和数据分析有所不同，主要区别如表 1-10 所示。

表 1-10　数据挖掘与数据分析对比

| 不同之处 | 数据挖掘 | 数据分析 |
|---|---|---|
| 处理对象 | 对象类型繁多，如图像、文本、声音等 | 主要是数字型信息 |
| 处理结果 | 结果不易解释 | 结果可解释 |
| 处理工作量 | 工作量极大 | 工作量较小 |
| 制约条件 | 自动建立方程 | 从假设出发建立方程或模型 |

## 五、工程咨询知识管理

工程咨询知识管理就是遵循积累、共享、交流的原则，把知识作为管理对象的管理，其成效可通过人资、创新成果、客户态度进行评估。其中知识是一个宽泛的概念，包括科学、技术、技能、技巧以及管理知识等。科学又包括自然科学和社会科学，特别是观念和思维方式等。工程咨询知识的种类庞杂、数量较多，对于保密性要求高，且隐形知识（如经验等）较难提炼。

### （一）工程咨询知识管理体系构建的基本原则

工程咨询知识管理体系的构建应遵循如下基本原则：

(1)工程咨询体系的完整性原则。工程咨询项目具有回溯性,项目的准备、分析、设计和实施以及后续的维护工作是相互制约的过程,因此知识的完善程度尤为重要。

(2)知识管理流程的合理性原则。管理流程是否顺畅,直接影响着知识的使用效率。工程咨询企业是以项目为导向、以矩阵式组织结构为核心的组织。知识管理流程和企业业务流程的匹配程度,影响知识管理流程的合理性。建立合理的知识流程内部协调机制以解决知识管理流程内部协调的复杂性以及流程内部信息和知识传递效率等问题是知识管理系统着重研究的问题之一。

(3)知识管理流程的连续性。为保证知识流程定义完整性、流程触发机制的合理性,知识管理系统应该对工程咨询过程进行全过程跟踪,缺一不可。

(4)知识流程的执行效率。知识管理系统应该具备咨询人员、知识管理人员等系统各类用户知识需求的能力,实现对相关知识的获取能力,避免不必要的重复工作。

(5)知识创新能力。知识管理系统应该具备判断知识价值的能力以及知识创造的能力。

### (二)工程咨询知识管理体系的构建过程

从以下五个方面分析工程咨询企业知识管理系统的构建过程:

(1)认知。主要任务是统一认识、评价现状、提出策略。

(2)制定计划。认知的基础上,制定详细的实施计划。

(3)试点。选取适当的部门和业务试行知识管理。

(4)全面推广。试点通过的情况下,全面推广。

(5)建立新制度。建立适合于知识管理与企业发展的新制度。

## 六、新技术

此处主要介绍 ChatGPT。

ChatGPT 是美国人工智能研究实验室 OpenAI 新推出的一种人工智能技术驱动的自然语言处理工具,拥有语言理解和文本生成能力,尤其是它会通过连接大量的语料库来训练模型,这些语料库包含了真实世界中的对话,使得 ChatGPT 具备上知天文下知地理,还能根据聊天的上下文进行互动的能力,做到与真正人类几乎无异的聊天场景进行交流。ChatGPT 不单是聊天机器人,还能进行撰写邮件、视频脚本、案翻译、代码等任务。

在工程咨询中,ChatGPT 的优势在于它可以在短时间内生成具有一定完整度的项目可行性研究报告的初稿。此外,ChatGPT 还可以随时根据咨询工程师的要求进行修改和调整,以满足不同的需求。这不仅提高了咨询工程师的工作效率,还可以减少咨询工程师的工作量。ChatGPT 的应用,可以推广到工程咨询行业的各个领域,包括建筑、土木、水利、交通、环保等。

# 第二章 规划咨询主要理论方法

## 第一节 区域发展基础理论

### 一、城镇和产业的空间分布理论

#### （一）中心地理论

中心地理论是指阐述一个区域中各中心地的分布及其相对规模的理论。中心地是指在一定区域范围内能为周围地区提供服务和货物的地方，如一个城市区域内的中心商业圈，市域范围内的中心城镇、中心城市等。根据其规模和功能的不同，中心地有高低等级之分，高等级中心地可以为低等级中心地提供商品和服务。

#### （二）梯度转移理论

梯度转移理论认为，区域经济的发展取决于其产业结构的状况，而产业结构的状况又取决于地区经济部门，特别是其主导产业在工业生命周期中所处的阶段。如果其主导产业部门由处于创新阶段的专业部门所构成，则说明该区域具有发展潜力，因此将该区域列入高梯度区域。该理论认为，创新活动是决定区域发展梯度层次的决定性因素，而创新活动大都发生在高梯度地区。随着时间的推移及生命周期阶段的变化，生产活动逐渐从高梯度地区向低梯度地区转移，而这种梯度转移过程主要是通过多层次的城市系统扩展开来的。在全国范围（大区域范围）内，由于地理环境、发展条件、历史基础等原因，区域间的经济发展是不平衡的，客观上存在经济梯度。经济创新活动所包含的新兴产业、新产品、新工艺、新技术和新管理方法的创建和运用先发源于高梯度地区，然后随着时间的推移逐步向低梯度地区转移。

当然，该理论也有一定的局限性，主要是难以科学划分梯度，实践中容易扩大地区间的发展差距。该理论忽视了高梯度地区有落后地区，落后地区也有相对发达地区的事实，人为限定按梯度推进，这样做就有可能把不同梯度地区发展的位置凝固化，把差距进一步扩大，使发达的地方更发达，落后的地方更落后。

除上述两种城镇和产业空间分布理论以外，其他的如增长极理论、点轴开发理论、中心－外围理论等也可以在一定程度上分析城镇和产业的空间分布。

### 二、人口和产业相关基础指标

#### （一）区位熵

区位熵又称专门化率。区位熵考察的是国民经济各行业在空间上分布的相对集中程度，能够反映某一产业部门的专业化程度，以及某一区域在高层次区域的地位和作用。以分析区域专业化部门为例，区位熵的计算公式为：

$$LQ=\frac{\frac{e_i}{e_t}}{\frac{E_i}{E_t}}(i=1,2,\cdots,n)$$

式中　$LQ$——某区域 $i$ 产业在全国的区位熵；

$e_i$——该区域中 $i$ 产业的总量指标（通常用增加值、产值、产量、就业人数等表示）；

$e_t$——该区域所有产业对应的总量指标；

$E_i$——全国 $i$ 产业的总量指标；

$E_t$——全国所有产业对应的总量指标。

通过计算某一区域产业的区位熵值，可以找出该区域在全省或全国具有一定地位的优势产业，并根据区位熵值的大小来衡量其产业优势强弱。一般来讲，若产业的区位熵大于 1，则该产业在当地就具有明显的比较优势；反之则表示该产业在当地比较优势较弱。

**典型例题**

【背景】

为指导产业合理有序发展，推动区域产业优势组合，A 市委托某咨询公司提供产业发展规划咨询服务。通过实地调查，咨询公司了解到，该市主要产业包括非金属采矿业、农副产品加工业、纺织业、木材加工业、金属制造业和汽车制造业，并测算了这些产业的区位熵。A 市主要产业区位熵如表 2-1 所示。

**表 2-1　A 市主要产业区位熵**

| 产业 | 非金属采矿业 | 农副产品加工业 | 纺织业 | 木材加工业 | 金属制造业 | 汽车制造业 |
|---|---|---|---|---|---|---|
| 区位熵 | 0.68 | 0.97 | 6.63 | 0.50 | 1.12 | 3.05 |

**问题：**

1. 除了“指导产业合理有序发展，推动区域产业优势组合”的作用外，产业发展规划还有哪些作用？

2. 除实地调查法外，规划咨询常用的调查方法还有哪些？

3. 咨询公司对 A 市产业分析的重点内容包括哪些？

4. 根据区位熵计算结果，判定 A 市哪些产业具有比较优势，哪些产业具有较高的工业水平，并说明理由。

5. 区位熵方法有哪些局限？

【答案】

1. 产业发展规划的作用还有：引导和约束投资方向；促进资源合理配置；优化完善产业结构；为专项规划提供基础和依据。

2. 规划咨询常用的调查方法还有文献法、问卷调查法、访谈法。

3. 产业分析的重点内容包括外部环境分析、产业基础分析、产业政策分析和自身优劣势分析。

4. A 市纺织业、金属制造业和汽车制造业具有比较优势，其中纺织业和汽车制造业具有较高的工业水平。

理由：区位熵大于1的产业，一般是在当地具有比较优势的产业，且区位熵越大，则该产业的专业化水平越高，也就具备较高的工业水平。

5. 区位熵方法的局限性如下：

(1) 区位熵方法是静态分析方法，难以反映产业优势的动态变化情况和产业之间的互动关联。

(2) 区位熵方法应用的前提是每一个产业在国家和区域层面具有相同劳动生产率，但实际中各产业的劳动生产率肯定存在差别。

(3) 区位熵方法未考虑企业规模因素的影响。

### （二）城市首位度

城市首位度是马克·杰斐逊在1939年对国家城市规模分布规律的一种概括。首位城市的概念已经被普遍使用，国家最大城市与第二位城市人口的比值，即首位度，已成为衡量城市规模分布状况的一种常用指标，首位度大的城市规模分布，就叫首位分布。首位度在一定程度上代表了城镇体系中的城市发展要素在最大城市的集中程度。

为了计算简化和易于理解的需要，杰斐逊提出了"两城市指数"，即用首位城市与第二位城市的人口规模之比的计算方法：

$$S_2 = \frac{P_1}{P_2}$$

两城市指数尽管容易理解和计算方便，但难免以偏概全。为了提升首位度两城市指数的准确性，在上述基础上又有人提出了四城市指数和十一城市指数。

四城市指数的计算方法：

$$S_4 = \frac{P_1}{(P_2 + P_3 + P_4)}$$

十一城市指数的计算方法：

$$S_{11} = \frac{2P_1}{(P_2 + P_3 + \cdots + P_{11})}$$

按照位序－规模的原理，所谓正常的二城市指数应该在2以上，正常的四城市指数和十一城市指数应该是1左右。此时表明结构正常，集中适当；当指数过大时，表明结构失衡和城市过度集聚，大城市病突出，首位城市压力明显；当指数过小时，集聚效应不明显，不能体现大城市的引领作用。尽管四城市或十一城市指数更能全面反映城市规模的特点，但有些研究也表明了它们并不比两城市指数有显著优势。事实上，两种方法的结果有很大的相关性，一般情况下选用两城市指数方法，显得更为简单实用。

需注意的是，城市指数可以用人口或者GDP表示，但在我国用GDP来衡量城市首位度比用人口衡量城市首位度更符合我国国情。

### 典型例题

**【背景】**

西部某省为承接东部地区产业转移，推动区域协调发展，拟从具有相关产业均衡和配套条件的A市和B市中选择一个区县重点布局产业集聚发展区，并委托一咨询公司开展相关研究。经过初步分析，咨询公司从A市和B市各筛选出前两位区县G，H和

K,M,在此基础上进行进一步比选。为研究经济发展的集聚程度,该咨询公司拟从城市首位度分析开展研究,收集和整理相关信息如表 2-2 所示。

**表 2-2　2018 年某省 GDP 前六位城市的 GDP 及人口数据**

| 城市 | A | B | C | D | E | F |
|---|---|---|---|---|---|---|
| GDP/亿元 | 8 241 | 1 326 | 1 143 | 1 032 | 927 | 918 |
| 人口/万人 | 1 443 | 349 | 308 | 276 | 263 | 289 |

**问题:**

1. 计算 A 市的二城市首位度指数和四城市首位度指数。

2. 结合计算的首位度指数,分析该省的区域结构和城市集聚状况。

3. 基于区域协调发展要求,应选择哪个市布局产业集聚发展区,说明理由。

【答案】

1. A 市的二城市首位度指数 =8 241/1 326 =6.215;

A 市的四城市首位度指数 =8 241/(1 326 +1 143 +1 032) =2.354。

2. A 市的二城市首位度指数为 6.215,四城市首位度指数为 2.354。正常的二城市指数应在 2 以上,正常的四城市指数应为 1 左右,计算得到的 A 市二城市首位度指数和四城市首位度指数过大,表明 A 市的区域结构可能过度集聚,大城市病突出,首位城市压力明显,对该省的经济具有较强的引领作用。

3. 基于区域协调发展要求,应选择 B 市布局产业集聚发展区。

理由:A 市城市首位度指数过大,区域结构过度集聚,大城市病突出,首位城市压力明显,经济发展水平不平衡,应区域协调发展,多注重其他城市的发展,选择 B 市布局产业集聚发展区。

### (三)人口密度

人口密度在工程咨询过程中使用频率非常高,主要用于衡量人口的集中程度,通常以人/平方公里或人/公顷为单位,在规划咨询中具有重要的意义。常用的计算公式:

人口密度 = 人口数量/土地面积

## 三、竞争优势理论与波特钻石模型

波特钻石模型是由美国哈佛商学院著名的战略管理学家迈克尔 · 波特于 1990 年提出的,用于分析一个国家如何形成整体优势,并因此在国际上具有较强竞争力。该模型总结出一个国家或地区行业的竞争力主要由四个决定性因素(生产要素、需求条件、相关与支持性产业及企业战略、结构和同业竞争)和两个辅助因素(政府和机会)决定。波特认为,这几个要素具有双向作用,形成钻石体系,如图 2-1 所示。

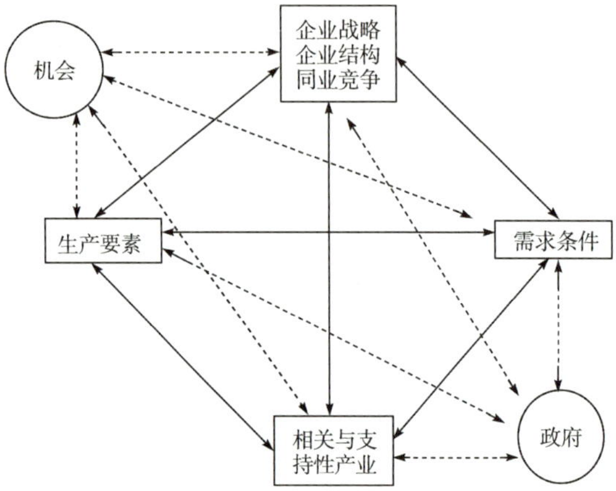


图 2-1　**波特钻石模型**

## (一)生产要素

生产要素通常被划分为初级生产要素和高级生产要素。初级生产要是指一些可以通过被动继承或简单投资就可获得的资源,如天然资源、气候、地理位置、非技术工人、资金等。高级生产要素是指需要在前期投入人力和资本才能获得的资源,如现代通信、信息、交通等基础设施、受过高等教育的人力、研究机构等。

波特同时指出:在实际竞争中,一方面,丰富的资源或廉价的成本因素往往造成没有效率的资源配置;另一方面,人工短缺、资源不足、地理气候条件恶劣等不利因素反而刺激一国的产业创新,促进产业升级和形成竞争优势。

## (二)需求条件

需求条件主要侧重于国内市场的需求。本地客户的本质是一个非常重要的方面,特别是内行而挑剔的客户。假如本地客户对产品、服务的要求或挑剔程度在国际数一数二,就会激发出该国企业的竞争优势。另一个重要方面是预期性需求。如果本地的顾客需求领先于其他国家,这也可以成为本地企业的一种优势。国家政策也会影响预期性需求,如汽车的环保和安全法规、节能法规、税费政策等。

需求条件主要包括需求结构、需求规模和需求成长,其中需求结构对企业竞争力的形成有着重要的作用。

## (三)相关与支持性产业

相关与支持性产业主要是指原材料、零部件等上下游产业及其他相关产业。上游产业可以为下游产业提供足够的、高质量的原材料和零部件。国际竞争力强的上游产业可以为下游产业提供新想法、新创意,而下游产业也成为上游产业新技术、新产品的试验。上下游产业的紧密联系,会增强双方产业的国际竞争力。相关与支持性产业方面,产业链的形成提高了产业竞争力,实现了资源在区域内各企业间的优化配置。当一个国家能够提供比其国际竞争对手更加健全的相关与支持性产业,则会有助于形成产业或国家竞争优势。

## (四)企业战略、结构和同业竞争

企业战略、企业结构和同业竞争是治理企业的三个重要方面,与企业竞争力的形成息息相关。而影响这些的因素有政府设定的目标、企业自身定位、个人事业发展方向、民族文化带来的诱因等。

### （五）政府

政府并不能凭空创造出有竞争力的产业，但可以通过影响其他因素来影响企业竞争力。

从政府对四大要素的影响看，政府对于生产要素需要的是对教育的投资，创造专业性的高级生产要素；政府对需求的影响主要是政府采购，但是政府采购必须有严格的标准，扮演挑剔型的顾客；在形成"产业集群"方面，政府不能无中生有，但是可以强化它；政府在企业发展中最重要的角色莫过于保证国内市场处于活泼的竞争状态，制定竞争规范，避免垄断状态。波特认为，保护会延迟产业竞争优势的形成，使企业停滞在缺乏竞争的状态。

**链接**

产业集群即产业聚集，是指在产业的发展过程中，处在一个特定领域内相关的企业或机构，由于相互之间的共性和互补性等特征而紧密联系在一起，形成一组在地理上集中的相互联系、相互支撑的产业群的现象。这些产业基本上处在同一条产业链上，彼此之间是一种既竞争又合作的关系，呈现横向扩展或纵向延伸的专业化分工格局，通过相互之间的溢出效应，使得技术、信息、人才、政策以及相关产业要素等资源得到充分共享，聚集于该区域的企业因此而获得规模经济效益，进而大大提高整个产业群的竞争力。

### （六）机会

机会往往可以影响四大要素发生变化。对企业发展而言，形成机会的可能情况大致有以下几种：科技的变革；传统技术的流失；外因导致生产成本的提高（如石油危机）；金融市场的变化；剧增的市场需求；政府的重大决策；战争等。

机会的作用是双向的，它往往在新的竞争者获得优势的同时，使原有的竞争者优势丧失，只有能满足新需求的厂商才能有发展"机遇"。

# 第二节　区域发展阶段理论

## 一、钱纳里标准模型及工业化发展阶段理论

### （一）钱纳里标准模型

关于工业化发展阶段主要理论很多，目前比较主流的是以人均 GDP 为核心指标进行分析的钱纳里标准模型。

钱纳里从经济发展的长期过程中考察了制造业内部各产业部门的地位和作用的变动，揭示制造业内部结构转换的原因，即产业间存在着产业关联效应，为了解制造业内部的结构变动趋势奠定了基础，另外通过深入考察，还发现了制造发展受人均 GDP、需求规模和投资率的影响大，而受工业品和初级品输出率的影响小。

据此，钱纳里提出了经济发展的"标准模型"，该模型根据人均 GDP 将工业化发展阶段划分为初级产品生产阶段、工业化阶段、发达经济阶段三个阶段，其中工业化阶段分为初期、中期、后期三个时期，发达经济阶段分为初级和高级两个时期，具体内容如表 2-3 所示。从

任何一个发展阶段向更高一个阶段的跃进都是通过产业结构转化来推动的。

表 2-3 工业化发展阶段划分

| 阶段 | | 人均 GDP（1970 年美元） |
|---|---|---|
| 初级产品生产阶段 | | 140～280 |
| 工业化阶段 | 初期 | 280～560 |
| | 中期 | 560～1 120 |
| | 后期 | 1 120～2 100 |
| 发达经济阶段 | 初级 | 2 100～3 360 |
| | 高级 | 3 360～5 040 |

人均 GDP 是发展经济学中衡量经济发展状况的指标，是最重要的宏观经济指标之一，它是人们了解和把握一个国家或地区的宏观经济运行状况的有效工具。常用的计算公式：

人均 GDP＝地区生产总值（总 GDP）/总人口

### 1. 初级产业

初级产业，是指经济发展初期对经济发展起主要作用的制造业部门，例如食品、皮革、纺织等部门。

第一时期是初级产品生产阶段，即不发达经济阶段。产业结构以农业为主，没有或极少有现代工业，生产力水平很低。

第二时期是工业化初期阶段。产业结构由以农业为主的传统结构逐步向以现代化工业为主的工业化结构转变，工业中则以食品、烟草、采掘、建材等初级产品的生产为主。这一时期的产业主要是以劳动密集型产业为主。

### 2. 中期产业

中期产业，是指经济发展中期对经济发展起主要作用的制造业部门，例如非金属矿产品、橡胶制品、木材加工、石油、化工、煤炭制造等部门。

第三时期是工业化中期阶段。制造业内部由轻型工业的迅速增长转向重型工业的迅速增长，非农业劳动力开始占主体，第三产业开始迅速发展，也就是所谓的重化工业阶段。重化工业的大规模发展是支持区域经济高速增长的关键因素，这一阶段产业大部分属于资本密集型产业。

第四时期是工业化后期阶段。在第一产业、第二产业协调发展的同时，第三产业开始由平稳增长转入持续高速增长，并成为区域经济增长的主要力量。这一时期发展最快的领域是第三产业，特别是新兴服务业，如金融、信息、广告、公用事业、咨询服务等。

### 3. 后期产业

后期产业，是指在经济发展后期起主要作用的制造业部门，例如服装和日用品、印刷出版、粗钢、纸制品、金属制品和机械制造等部门。

第五时期是发达经济初级阶段，即后工业化社会。制造业内部结构由资本密集型产业为主导向以技术密集型产业为主导转换，同时生活方式现代化，高档耐用消费品被推广普及。技术密集型产业的迅速发展是这一时期的主要特征。

第六时期是发达经济高级阶段，即现代化社会。第三产业开始分化，知识密集型产业开始从服务业中分离出来，并占主导地位；人们消费的欲望呈现出多样性和多变性，追求个性。

## （二）产业结构、就业结构与工业化进程

### 1. 产业结构

根据《三次产业划分规定》，国民经济三次产业划分为：

（1）第一产业是指农、林、牧、渔业（不含农、林、牧、渔专业及辅助性活动）。

（2）第二产业是指采矿业（不含开采专业及辅助性活动），制造业（不含金属制品、机械和设备修理业），电力、热力、燃气及水生产和供应业，建筑业。

（3）第三产业即服务业，是指除第一产业、第二产业以外的其他行业。第三产业包括：批发和零售业，交通运输、仓储和邮政业，住宿和餐饮业，信息传输、软件和信息技术服务业，金融业，房地产业，租赁和商务服务业，科学研究和技术服务业，水利、环境和公共设施管理业，居民服务、修理和其他服务业，教育，卫生和社会工作，文化、体育和娱乐业，公共管理、社会保障和社会组织，国际组织，以及农、林、牧、渔业中的农、林、牧、渔专业及辅助性活动，采矿业中的开采专业及辅助性活动，制造业中的金属制品、机械和设备修理业。

产业结构的变化反映了某个国家和地区经济发展的状况，对城市工业化阶段的判定有一定的意义。

产业结构优化主要表现为产业结构的合理化和产业结构的高度化。产业结构合理化是指产业之间协调能力和关联水平的提高，使产业发展与国民经济发展水平相适应。产业结构高度化是指产业结构从低层次向高层次发展的过程。产业结构优化具体体现在产业的高加工度、高集约化、高技术化、高附加值化等方面。要做好产业结构优化，可从经济、环境、制度、人口等方面进行。

### 2. 就业结构

就业结构是指社会劳动力在国民经济各部门、各行业、各地区、各领域的分布、构成和联系。产业结构的变化会直接导致就业结构的变化。

### 3. 新型工业化阶段划分

根据产业结构和就业结构的情况，一般将工业化阶段划分为前工业化、工业化初期、工业化中期、工业化后期和后工业化五个阶段：

（1）前工业化阶段，第一产业的比重较高，第二产业的比重较低。

（2）工业化初期阶段，第一产业的比重下降，第二产业的比重迅速上升，但第一产业比重还是高于第二产业，且第一产业比重高于20%，第二产业比重高于第三产业。

（3）工业化中期阶段，第一产业的比重降到20%以下，第二产业比重高于第三产业并逐步成为主要产业。

（4）工业化后期阶段，第一产业的比重降到10%以下，第二产业的比重进一步上升并高于第三产业，占据主导地位。

（5）后工业化阶段，第三产业发展迅速，比重大于第二产业，占据主导地位。

不同发展阶段第一产业就业人员占比如表2-4所示。

表2-4　不同阶段第一产业就业人员占比

| 发展阶段 | 前工业化阶段 | 工业化初期阶段 | 工业化中期阶段 | 工业化后期阶段 | 后工业化阶段 |
| --- | --- | --- | --- | --- | --- |
| 就业结构（第一产业就业人员占比） | 60%以上 | 45%～60% | 30%～45% | 10%～30% | 10%以下 |

## 二、城镇化发展阶段理论

城镇化发展阶段的划分依据一般为城镇化率,城镇化率 = 城镇人口/总人口。

目前国际上通用的城镇化发展阶段一般是由诺瑟姆曲线(如图 2-2 所示)表示,该曲线表明所有发达国家的城镇化的历史进程大体上都经历了类似正弦波线上升阶段的过程。此过程包括三个时期:即初期的准备阶段(曲线平缓),中期的快速发展阶段(曲线陡升),后期的成熟阶段(曲线再次平缓)。城镇化水平 30% 以下代表发展势头较为平缓的初期阶段;30% ~70% 之间代表发展势头极为迅猛的加速阶段;超过 70% 代表发展势头再次趋于平缓的后期阶段。因此从图上可以看出,该曲线有两个临界点:30% 和 70%。

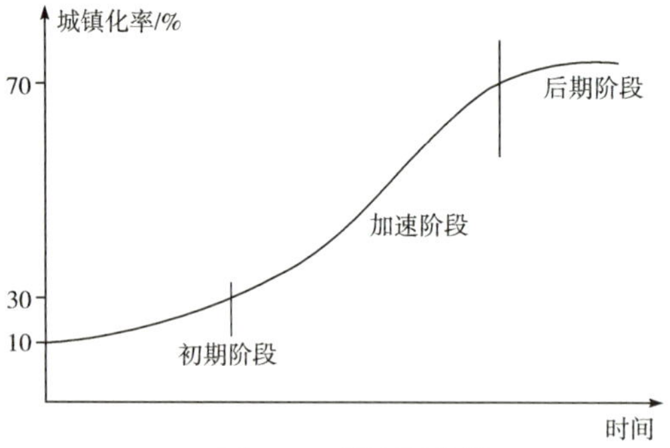


**图 2-2　诺瑟姆曲线**

## 三、经济成长阶段理论

“罗斯托模型”将经济成长阶段分为传统社会阶段、准备起飞阶段、起飞阶段、走向成熟阶段、大众消费阶段、超越大众消费阶段。此部分内容简单了解即可。

### 典型例题

**【背景】**

某市为编制“十四五”规划,委托一家咨询机构开展研究工作,咨询人员收集了该市近 10 年的地区生产总值(GDP),三次产业增加值及比重,城镇人口数量及比重数据(如表 2-5 所示),在此基础上分析当前该市经济发展阶段。

**表 2-5　“十四五”规划三次产业增加值及比重、城镇人口数量及比重**

| 年份 | 地区生产总值/亿元 | 第一产业 | | 第二产业 | | 第三产业 | | 城镇人口占比 | |
|---|---|---|---|---|---|---|---|---|---|
| | | 增加值/亿元 | 比重/% | 增加值/亿元 | 比重/% | 增加值/亿元 | 比重/% | 数量/万人 | 比重/% |
| 2010 | 1 180.13 | 46.03 | 3.9 | 688.02 | 58.3 | 446.09 | 37.8 | 117.70 | 42.6 |
| 2011 | 1 217.48 | 47.48 | 3.9 | 700.05 | 57.5 | 469.95 | 38.6 | 118.32 | 43.2 |
| 2012 | 1 282.05 | 44.87 | 3.5 | 721.79 | 56.3 | 515.38 | 40.2 | 118.93 | 43.8 |
| 2013 | 1 350.02 | 45.9 | 3.4 | 747.91 | 55.4 | 556.21 | 41.2 | 119.84 | 44.5 |
| 2014 | 1 408.12 | 45.09 | 3.2 | 763.2 | 54.2 | 599.86 | 42.3 | 120.96 | 45.8 |
| 2015 | 1 485.27 | 43.07 | 2.9 | 790.17 | 53.2 | 652.04 | 43.9 | 122.29 | 46.8 |
| 2016 | 1 534.61 | 38.37 | 2.5 | 799.53 | 52.1 | 696.71 | 45.4 | 125.04 | 47.4 |
| 2017 | 1 584.37 | 34.83 | 2.2 | 804.86 | 50.8 | 744.65 | 47.0 | 126.62 | 48.2 |
| 2018 | 1 647.06 | 31.29 | 1.9 | 823.53 | 50.0 | 790.59 | 48.0 | 127.84 | 48.9 |
| 2019 | 1 709.79 | 29.07 | 1.7 | 853.19 | 49.9 | 827.54 | 48.4 | 128.86 | 49.6 |

**问题：**

1. 分别计算2010年和2019年的人均GDP。

2. 从产业结构角度出发，说明该市处于工业化的什么阶段？理由是什么？

3. 该城市的城镇化率处于什么水平？理由是什么？

4. 产业结构优化的影响因素有哪些？第三产业发展对于城镇化人口有何影响？

**【答案】**

1. 2010年的人均GDP＝1 180.13/(117.70/42.6%)＝4.27(万元/人)；

2019年的人均GDP＝1 709.79/(128.86/49.6%)＝6.58(万元/人)。

2. 2019年该市处于工业化阶段的后期。

理由：第一产业产值比重不足10%，且第二产业产值比重大于第三产业产值比重。

3. 该城市的城镇化率处于城镇化的快速发展阶段。

理由：该城市10年间城镇化率的取值在30%～70%范围内。

4. 产业结构优化的影响因素包括经济、人口、环境、制度等方面，其中经济发展水平的高低是决定产业结构的最基本因素，包括生产力发展水平、社会分工和专业化程度、经济总量规模和增长程度等。劳动力是影响产业结构的重要因素。

第三产业的发展程度与城镇化水平高低密不可分，第三产业发展水平越高，就业人数越多，城镇化水平也就越高。

# 第三节　规划预测与分析的常用方法

## 一、德尔菲法

德尔菲法也称专家调查法，是一种采用通信方式分别将所需解决的问题单独发送到各个专家手中，征询意见，然后回收汇总全部专家的意见，并整理出综合意见，随后将该综合意见和预测问题再分别反馈给专家，再次征询意见，各专家依据综合意见修改自己原有的意见，然后再汇总，这样多次反复，逐步取得比较一致的预测结果的决策方法。

**提示**

德尔菲法是在专家会议法和专家个人判断法的基础上发展起来的一种专家调查法，它广泛应用于规划咨询、市场预测、技术预测、方案比选、社会评价等众多领域。

### (一)德尔菲法的优缺点

#### 1. 德尔菲法的优点

德尔菲法具有匿名性、反馈性、收敛性、广泛性的优点，具体表现如下：

(1)各专家能够在不受干扰的情况下,独立、充分地表明自己的意见。

(2)预测值是根据各位专家的意见综合而成的,能够发挥集体的智慧,取各家之长,避各家之短。

(3)应用面比较广,费用比较节省。

### 2. 德尔菲法的缺点

德尔菲法的缺点具体如下:

(1)过程比较复杂,花费时间较长。

(2)缺少沟通交流,易忽略少数人的意见。

(3)根据各专家的主观判断,缺乏客观标准,而且显得强求一致。

## (二)德尔菲法的适用范围

正如上文所述,德尔菲法具有比较明显的优点,但也存在一定的缺陷,因此适用条件有限,在一定范围内能够体现其优越性,适用的情况如下:

(1)影响预测事件的因素较多。

(2)掌握的资料有限。

(3)主观因素对预测事件影响较大。

(4)长远规划或大趋势预测。

**提示**

最后一点常作为考点出现,请务必牢记。

## (三)德尔菲法的具体实施步骤

### 1. 组成预测工作组

组织相关人员成立预测工作组,负责调查预测的组织工作,工作组成员应具备一定的统计和数据分析能力。

### 2. 选择确定专家

按照课题所需要的知识范围,确定专家。专家人数的多少,可根据预测课题的大小和涉及面的宽窄而定,一般为20人左右。

所选择专家应对预测的目标比较了解,有丰富的实践经验或理论水平,富于创造性和判断力。

### 3. 设计调查表

调查表是德尔菲法的工具,既是组织者与专家们之间交流信息的媒介与桥梁,也是专家们之间进行沟通的桥梁,而且专家们将根据调查表的要求发表自己的意见,做出自己的评价和预测。调查表设计的质量好坏直接关系到评价、预测的成败和质量优劣,因此是德尔菲法成功与否的关键。组织者应紧紧围绕课题,从各个不同的角度提出若干个符合课题要求的或直接有关的、有针对性的问题向专家咨询。

### 4. 组织专家调查

组织专家调查的具体步骤如下:

(1)向所有专家提出所要预测的问题及有关要求,并附上有关这个问题的所有背景材料,同时请专家提出还需要什么材料。然后,由专家做书面答复。

(2)各个专家根据他们所收到的材料,提出自己的预测意见,并说明自己是怎样利用这些材料并提出预测值的。

(3)将各位专家第一次判断意见汇总,列成图表,进行对比,再分发给各位专家,让专家比较自己同他人的不同意见,修改自己的意见和判断。也可以把各位专家的意见加以整理,或请身份更高的其他专家加以评论,然后把这些意见再分送给各位专家,以便他们参考后修改自己的意见。

(4)将所有专家的修改意见收集起来,汇总,再次分发给各位专家,以便做第二次修改。逐轮收集意见并为专家反馈信息是德尔菲法的主要环节。收集意见和信息反馈一般要经过2~3轮。在向专家进行反馈的时候,只给出各种意见,但并不说明发表各种意见的专家的具体姓名。这一过程重复进行,直到每一个专家不再改变自己的意见为止。

需注意的是,上述调查不是简单的重复,而是一种螺旋上升的过程,每循环和反馈一次,专家都吸收了新的信息,并对预测对象有了更深刻、更全面的认识,预测结果的精确性也逐轮提高。

#### 5. 对专家的意见进行综合处理

汇总调查结果并进行进一步的统计分析和数据处理。专家意见不统一时也可以用平均值、中位数和上下四分点来作结论。

### (四)德尔菲法应用实例

某农业大省A省2019年手扶拖拉机市场需求变化趋势预测。

#### 1. 确定预测主题

根据历年农机产品的销售实绩,手扶拖拉机是该公司的拳头产品,因此,按照"ABC分析法"的原理,把手扶拖拉机作为主要预测对象。

#### 2. 选择专家

对2019年手扶拖拉机需求变化趋势做出预测,一方面要求预测参与者必须要有丰富的业务经验,掌握大量的市场信息,同时要有一定的表达能力。另一方面,为了取得比较全面的信息,确定以全省87个地区、县农机公司的业务经理组成预测专家小组。

#### 3. 准备背景材料

为了使专家在预测过程中能全面了解有关手扶拖拉机的历史和现状,使预测更加准确,预测组织者准备了有关的背景材料,主要有:

(1)2010至2018年全省手扶拖拉机历史销量和逐年的增长率,并把各年的销量用表格和曲线图两种形式直观表达出来,使预测者一目了然。

(2)根据组织者掌握的信息,列出了2019年对手扶拖拉机的销售有利的影响因素(四个方面)和不利的影响因素(五个方面)。

#### 4. 设计调查表

根据预测对象的要求设计调查表。因预测主题比较单一,故调查表较为简单,如表2-6所示。

表2-6　2019年A省手扶拖拉机需求量调查表　　单位:%

<table>
<tr><td colspan="2">根据全省的资料,请在下面栏目中填写全省2019年所有手扶拖拉机需求量,估计2019年比2018年上升或下降的百分比</td></tr>
<tr><td>上升:</td><td>下降:</td></tr>
<tr><td colspan="2">请简要分析手扶拖拉机需求量2019年同2018年相比可能上升或下降的原因(可以从有利因素和不利因素两个方面进行分析)</td></tr>
</table>

### 5. 组织专家调查

(1)第一轮征询。

在 2019 年初,预测组织者把背景材料和调查表寄给了 87 位预测专家,在规定的时间内有 59 位专家寄回了调查表,回收率为 68%。预测组织者将调查表进行了汇总统计分析(如表 2-7 所示),又将影响因素进行了综合(有利因素七个方面,不利因素九个方面)。

表 2-7　2019 年 A 省手扶拖拉机需求量升降幅度专家预测统计(第一轮)

| 需求变化情况 | | 专家人数/人 | 所占比例/% |
|---|---|---|---|
| 下降幅度 | 50% 以上 | 5 | 8.47 |
| | 41% ~50% | 2 | 3.39 |
| | 31% ~40% | 2 | 3.39 |
| | 21% ~30% | 9 | 15.25 |
| | 11% ~20% | 8 | 13.56 |
| | 1% ~10% | 7 | 11.86 |
| 不变 | — | 2 | 3.39 |
| 增长幅度 | 30% 以上 | 0 | 0 |
| | 21% ~30% | 1 | 1.69 |
| | 11% ~20% | 1 | 1.69 |
| | 1% ~10% | 11 | 18.64 |
| 不能确定 | — | 11 | 18.64 |
| 合计 | — | 59 | 100 |

(2)第二轮征询。

预测组织者把上轮的预测结果的综合资料以及第二轮的调查表寄给了专家(第一轮回答的 59 位)。第二轮调查表的内容和形式与第一轮的完全相同。在规定的时间内,有 44 位专家寄回了第二轮调查表,回收率为 75%。预测组织者将第二轮的调查表汇总统计(如表 2-8 所示)。考虑到专家的意见已基本趋于一致,结果比较明朗,就不再进行第三轮征询,就此结束这次预测工作。同时预测组织者又将专家提出的有关影响手扶拖拉机需求的影响因素进行了综合概括(此处略)。

表 2-8　2019 年 A 省手扶拖拉机需求量升降幅度专家预测统计(第二轮)

| 需求变化情况 | | 专家人数/人 | 所占比例/% |
|---|---|---|---|
| 下降幅度 | 50% 以上 | 2 | 4.55 |
| | 41% ~50% | 3 | 6.82 |
| | 31% ~40% | 5 | 11.36 |
| | 21% ~30% | 11 | 25 |
| | 11% ~20% | 8 | 18.18 |
| | 1% ~10% | 5 | 11.36 |
| 不变 | — | 0 | 0 |

（续表）

| 需求变化情况 | | 专家人数/人 | 所占比例/% |
|---|---|---|---|
| 增长幅度 | 11% ~20% | 1 | 2.27 |
| | 1% ~10% | 4 | 9.09 |
| 不能确定 | — | 5 | 11.36 |
| 合计 | — | 44 | 100 |

### 6. 处理最终预测结果

因轮番征询仅进行了两轮，故第二轮的专家意见即作为预测的最终结果。该预测对象属数量预测，在此采用算术平均法进行处理。取各组距中的中值为各组的代表值（如31% ~40%的中值为35%），则：

平均升降幅度 = ∑升降幅度中值 × 专家人数/总人数（剔除不能确定数值专家人数）

= [5% ×4 +15% ×1 -（55% ×2 +45% ×3 +35% ×5 +25% ×11 +15% ×8 +5% ×5）]/（44 -5）

= -20.64%

上述结果表明，2019 年 A 省手扶拖拉机市场需求量可能比 2018 年下降 20.64%。

## 典型例题

**【背景】**

某咨询机构受一汽车销售公司的委托，对某地区家用轿车消费市场进行分析预测，该咨询机构从委托单位得到了该地区每万人家用轿车销售量数据，并通过其他途径采集了人均收入有关信息，如表 2-9 所示。

**表 2-9　某地区人均收入与每万人家用轿车销售数据表**

| 年份 | 人均收入/元 | 每万人车辆销售量/辆 |
|---|---|---|
| 2016 | 39 800 | 61.38 |
| 2017 | 41 800 | 64.83 |
| 2018 | 43 750 | 68.62 |
| 2019 | 45 870 | 72.26 |
| 2020 | 47 800 | 76.34 |

为了预测 2021 年该地区家用轿车的销售量，咨询单位拟采用德尔菲法对 2021 年人均收入预测。邀请了 5 位专家会议，专家对不同的人均收入水平预测的概率，如表 2-10所示。已知 2020 年该地区人口为 229.5 万人，年人口增长率为 0.6%。

表 2-10　专家会议调查预测概率表/%

| 人均收入水平/元 | A | B | C | D | E |
|---|---|---|---|---|---|
| 49 000 | 20 | 15 | 20 | 25 | 5 |
| 50 200 | 40 | 50 | 55 | 50 | 45 |
| 50 600 | 35 | 30 | 25 | 20 | 45 |
| 51 175 | 5 | 5 | 0 | 5 | 5 |

**问题：**

1. 咨询信息的来源除了由委托单位提供外，还有哪些采集途径？

2. 根据专家会议调查所得到的概率数据，计算该地区 2021 年人均收入的期望值。

3. 采用德尔菲法对该地区 2021 年人均收入预测是否适宜？说明理由。该咨询机构组织的专家会议是否属于德尔菲法？说明原因。

【答案】

1. 咨询信息还可以通过文案调查、实地调查、问卷调查和实验调查等途径来采集。

2. 人均收入水平为 49 000 元的概率 =（20% +15% +20% +25% +5%）/5 =17%；

人均收入水平为 50 200 元的概率 =（40% +50% +55% +50% +45%）/5 =48%；

人均收入水平为 50 600 元的概率 =（35% +30% +25% +20% +45%）/5 =31%；

人均收入水平为 51 175 元的概率 =（5% +5% +0% +5% +5%）/5 =4%；

2021 年该市的人均预期收入 =49 000 ×17% +50 200 ×48% +50 600 ×31% +51 175 ×4% =50 159（元）。

3. 采用德尔菲法对该地区 2021 年人均收入预测并不适宜。

理由：德尔菲法适用于长远规划或大趋势的预测。

该咨询机构组织的专家会议不属于德尔菲法。因为德尔菲法邀请的专家应该是背靠背作答，且人数一般在 20 人左右。

## 二、利益相关者分析法

利益相关者是指“组织行为、决策、政策、活动或目标的影响者或被影响者”。利益相关者能够影响组织，他们的意见一定要作为决策时需要考虑的因素。但是，所有利益相关者不可能对所有问题保持一致意见，其中一些群体要比另一些群体的影响力更大，这时如何平衡各方利益成为战略制定考虑的关键问题。

除了对战略制定产生影响以外，利益相关者分析也是评价战略的有力工具。战略评价可以通过确定持反对意见的股东和他们对一些有争议的问题的影响力来完成。

## 三、情景分析法

情景分析是通过分析系统中的驱动力以及相互联系来探究未来的可能性，而不是通过对过去资料及活动的推断来预测将来，即情景分析是一种预测，但这种预测并不是为了预测将来，而是通过探究未来发展的多种可能路径，检查可能的选择，为未来决策提供框架。具体包括以下步骤。

### （一）明确决策焦点

明确所要决策的内容项目，以凝聚情景发展的焦点。所谓决策焦点，是指为达成企业使命在经营领域所必须做的决策。焦点应当具备两个特点：重要性和不确定性。管理者的注意力必须集中在有限的几个最重要的问题上，而且既然情景分析法是一门预测未来动荡环境的重要技术，焦点问题必须难以预测，带有一定的不确定性，它们会产生不同的结果。如果问题十分重要但结果是能够确定的，则不能作为焦点。

### （二）识别关键因素

确认所有影响决策成功的关键因素，即直接影响决策的外在环境因素，如市场需求、企业生产能力和政府管制力量等。

### （三）分析外在驱动力量

确认重要的外在驱动力量，包括政治、经济、社会、技术各层面，以决定关键决策因素的未来状态。某些驱动因素如人口、文化价值不能改变，但至少应将它们识别出来。在这一过程中多采用 SWOT 分析法（态势分析法）。

### （四）选择不确定的轴向

将驱动力量以冲击水平程度与不确定程度按高、中、低加以归类。在属于高冲击水平、高不确定的驱动力量群组中，选出两到三个相关构面，称之为不确定轴面，以作为情景内容的主体构架，进而发展出情景逻辑。

### （五）发展情景逻辑

选定两到三个情景，这些情景包括所有的焦点。针对各个情景进行各细节的描绘，并对情景本身赋予血肉，把故事梗概完善为剧本。情景的数量不宜过多，实践证明，管理者所能应对的情景最大数目是三个。

### （六）分析情景的内容

可以通过角色试演的方法来检验情景的一致性，这些角色包括本企业、竞争对手、政府等。通过这一步骤，管理者可以根据自己的观点进行辩论并达成一致意见，更重要的是管理者可以看到未来环境里各角色可能做出的反应，最后认定各情景在管理决策上的含义。

在规划咨询中，采用情景分析法的主要步骤包括确定产业面临的关键问题、识别产业的影响因素、构建未来情景、开展情景分析、确定各情景对应的发展战略。

## 第四节　规划编制工作流程

规划编制工作一般可分为前期准备、规划调研、规划草案编制、规划衔接论证及送审四个阶段，具体内容如图 2-5 所示。

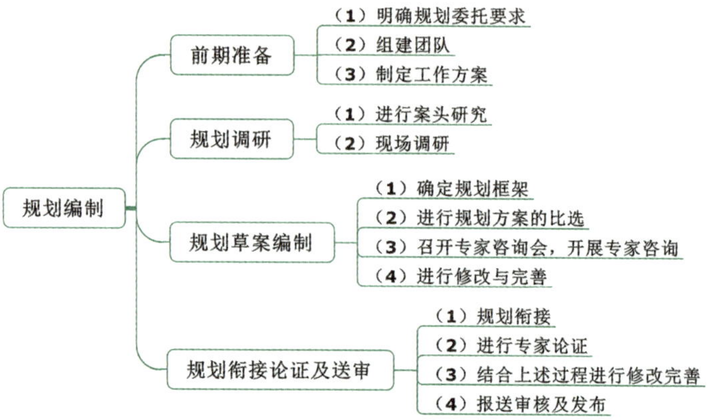


图 2-5　规划编制

规划编制工作的最终成果应包括文本、附表、附图、专题研究和论证报告、编制说明等。

**提示**

规划调研中的现场调研方式一般包括现场踏勘、问卷调查、召开座谈会、深度访谈等。

# 第五节　规划评估方法

## 一、规划评估的提出

规划编制部门要组织开展规划实施年度监测分析、中期评估和总结评估，鼓励开展第三方评估，强化监测评估结果应用。国家发展规划中期评估要结合国内外发展环境的新变化新要求，重点评估实施进展情况及存在问题，提出推进规划实施建议，评估报告报国务院审定后提请全国人民代表大会常务委员会审议。国家级专项规划、区域规划、空间规划的评估结果向审批主体报告的同时，抄送国务院发展改革部门。

## 二、规划实施中期评估工作方法

下面以某省“十四五”规划实施中期评估为例，介绍规划实施中期评估工作方法的相关内容。

### （一）总体要求

#### 1. 指导思想

以习近平新时代中国特色社会主义思想为指导，全面贯彻落实党的二十大精神，深入落实习近平总书记对省工作重要指示要求，坚持以人民为中心的发展思想，立足新发展阶段，完整、准确、全面贯彻新发展理念，主动服务和融入新发展格局，着力推动高质量发展，锚定“走在前、开新局”，以建设绿色低碳高质量发展先行区为总抓手，全面评估省“十四五”规划实施情况，持续推动各项任务顺利实施，为加快建设新时代社会主义现代化强省奠定更加坚实基础。

### 2. 评估原则

(1)系统全面。着眼推进中国式现代化实践,统筹把握好全局和局部、当前和长远、省内和省外、宏观和微观、主要矛盾和次要矛盾,以更高站位、更宽视角开展评估工作。

(2)突出重点。聚焦主要目标指标实现情况,重大战略任务、重大改革举措、重大工程项目推进情况。

(3)远近结合。既要聚焦"十四五"时期经济社会发展主要目标,又要兼顾2035年远景目标,推动实现发展质量、结构、规模、速度、效益、安全相统一。

(4)科学严谨。积极借鉴以往好经验好做法,密切关注省内外发展环境变化,准确把握时代性和规律性,更新评估理念,完善评估工具体系,提升评估专业性、科学性和严肃性。

(5)实事求是。深化上下联动、横向互动和多方参与,准确把握评估标准和发展态势,不回避矛盾和问题,精准找出落实"十四五"规划的难点堵点,研究提出破解路径。

### 3. 评估方式方法

坚持自评估和第三方评估相结合,以政府系统自评估为主,以咨询机构、高校等第三方评估为辅,不能简单以第三方评估代替自评估。

坚持综合评估和专题评估相结合,深入开展规划实施综合性、系统性评估,选取若干重大问题部署开展专题评估。

坚持目标导向和问题导向相结合,聚焦规划目标任务,对照时间进度逐项评估,提出对策建议;聚焦规划实施堵点难点,明确破解路径办法。

坚持过程评估和效果评估相结合,加强实地调研访谈,强化前后情景对照、成本收益分析,全面评估主要目标、重点任务以及重大工程项目落实情况。

坚持客观评价和主观感受相结合,加强目标任务完成情况定性评价和定量分析,充分运用大数据分析,开展问卷调查、专家座谈,广泛听取社会各方面意见建议。

## (二)评估重点

"十四五"规划实施中期评估,要从宏观、中观、微观三个层面,总结成绩、查找短板、分析原因、提出对策,注重挖掘深层次矛盾和风险隐患,及时发现新情况新问题,做好应对更为复杂困难局面的各项工作准备。主要包括六个方面:

(1)主要目标指标实现情况。主要目标指标是规划的重要导向。全面检查主要目标进展,重点评估主要指标,特别是约束性指标和体现高质量发展的指标实现情况。

(2)重大战略任务推进情况。重大战略任务是规划实施的主要内容。在全面评估规划提出的重大任务举措贯彻落实情况的基础上,重点评估实施创新驱动发展战略、发展现代产业体系、实施扩大内需战略、纵深推进黄河国家战略、全面推进乡村振兴、加快建设海洋强省、增进民生福祉、防范化解重大风险等方面重大战略任务推进情况。

(3)重大工程项目进展情况。重大工程项目是规划实施的关键抓手。全面评估规划中重大工程项目实施进展情况,深入研究分析重大工程项目对扩内需、稳投资、促增长、保安全以及重大战略任务落地的支撑作用,以评估促项目加快工作进度。

(4)专项规划实施情况。省级专项规划是"十四五"规划分领域落实的重要支撑。全面评估各领域"十四五"省级专项规划实施进展,重点评估省级重点专项规划的实施情况,以及对省规划《纲要》相关领域目标任务的支撑情况。

(5)推动高质量发展贯彻落实情况。高质量发展是"十四五"规划明确的发展主题。重点评估完整、准确、全面贯彻新发展理念,转变发展方式、深化改革开放、畅通经济循环,主动服务和融入新发展格局的进展情况。

(6)发展形势环境变化和推动规划实施的对策建议。对标对表党的二十大提出的新目标新部署新要求，深入分析研判国内外形势对"十四五"中后期全省经济社会发展的影响，研究提出进一步推动规划实施的对策建议，包括是否需要对规划相关内容进行调整和修订等。

### （三）责任分工

"十四五"规划实施中期评估工作，由省发展改革委会同省有关部门、各设区市按照职能分工共同推进。

### （四）报送要求

各项评估材料和报告请按通知要求及时报送省发展改革委。

### （五）中期评估报告框架示例

#### 1. 规划实施总体进展情况

（1）主要目标指标进展。本地区或本单位承担的主要指标的实现进度、预期展望及相关说明等。

（2）重大战略任务进展。本地区或本单位承担的重大战略、重大任务、重大改革举措的实施进展，取得的主要成绩等。

（3）重大工程项目进展。本地区或本单位承担的重大工程项目的实现进度、预期展望及相关说明等。

#### 2. 规划实施面临的主要问题和风险挑战

（1）外部环境变化情况。分析研判国内外形势对本地区或本单位承担任务的影响。

（2）完成本地区或本单位承担任务面临的主要问题和挑战。

#### 3. 进一步推进规划实施的对策建议

根据具体情况编制。

## 三、规划实施总结评估工作方法

规划实施总结评估主要从规划实施的全过程、达到的效果、对相关区域各方面的影响等方面进行评估，还应在前述评估的基础上进行综合评估。

规划实施总结评估的其余内容可参照规划实施中期评估进行。

**链接**

发展规划编制完成后、实施前通常也需要进行评估，以论证规划的战略性、前瞻性、科学性、系统性、综合性、针对性、指导性和操作性。

# 第三章 资源环境承载力分析

## 第一节 能耗与碳排放分析

### 一、能耗与碳排放相关政策

#### (一)政策一

《中华人民共和国国民经济和社会发展第十四个五年规划和2035年远景目标纲要》中提出,积极应对气候变化。落实2030年应对气候变化国家自主贡献目标,制定2030年前碳排放达峰行动方案。完善能源消费总量和强度双控制度,重点控制化石能源消费。实施以碳强度控制为主、碳排放总量控制为辅的制度,支持有条件的地方和重点行业、重点企业率先达到碳排放峰值。推动能源清洁低碳安全高效利用,深入推进工业、建筑、交通等领域低碳转型。加大甲烷、氢氟碳化物、全氟化碳等其他温室气体控制力度。提升生态系统碳汇能力。锚定努力争取2060年前实现碳中和,采取更加有力的政策和措施。

#### (二)政策二

2023年12月召开的全国发展和改革工作会议强调,扎实做好明年发展改革重点工作。进一步加强综合统筹和综合平衡,推动统筹高质量发展和高水平安全、协同推进降碳减污扩绿增长等取得新成效。强化粮食、能源资源、产业链供应链、数据等领域安全保障。在高质量发展中增进民生福祉,持续巩固拓展脱贫攻坚成果。加强资源节约集约循环高效利用,积极稳妥推进碳达峰碳中和,做好能耗双控工作,加快推动节能改造,扩大可再生能源消费,推动能耗“双控”逐步向碳排放“双控”转变。

#### (三)政策三

2024年8月,为贯彻落实党中央、国务院决策部署,建立能耗双控向碳排放双控全面转型新机制,加快构建碳排放总量和强度双控(以下简称碳排放双控)制度体系,积极稳妥推进碳达峰碳中和、加快发展方式绿色转型,国务院办公厅印发《加快构建碳排放双控制度体系工作方案》,工作方案的主要内容如下。

碳达峰后,实施以总量控制为主、强度控制为辅的碳排放双控制度,建立碳中和目标评价考核制度,进一步强化对各地区及重点领域、行业、企业的碳排放管控要求,健全产品碳足迹管理体系,推行产品碳标识认证制度,推动碳排放总量稳中有降。

(1)完善碳排放相关规划制度。包括:推动将碳排放指标纳入规划;制定碳达峰碳中和有关行动方案;完善碳排放双控相关法规制度。

(2)建立地方碳排放目标评价考核制度。包括:合理分解碳排放双控指标;建立碳达峰碳中和综合评价考核制度；推动省市两级建立碳排放预算管理制度。

（3）探索重点行业领域碳排放预警管控机制。包括：完善重点行业领域碳排放核算机制；建立行业领域碳排放监测预警机制。

（4）完善企业节能降碳管理制度。包括：健全重点用能和碳排放单位管理制度；发挥市场机制调控作用。

（5）开展固定资产投资项目碳排放评价。包括：完善固定资产投资项目节能审查制度；完善建设项目环境影响评价制度。

（6）加快建立产品碳足迹管理体系。包括：制定产品碳足迹核算规则标准；加强碳足迹背景数据库建设；建立产品碳标识认证制度。

## 二、能耗分析

能耗即能源消耗或能源消费。在项目节能分析评价时，应进行能源消费情况核算、能源消费影响分析。

### （一）能源消费情况核算

计量年综合能源消费量、年能源消费增量。依据采取节能措施后的项目用能情况，测算项目年综合能源消费量。计算方法可参考下文。

### （二）能源消费影响分析

根据项目所在地能耗总量和强度"双控"目标要求，合理分析和判断项目对所在地的影响。具体包括：

（1）对所在地完成能耗增量控制目标的影响分析。将测算得出的项目年能源消费增量与所在地能耗增量控制目标进行对比，分析判断项目对所在地完成能耗增量控制目标的影响，计算方法可参考下文。

（2）对所在地完成能耗强度降低目标的影响分析。计算项目单位增加值能耗指标，分析项目对所在地完成能耗强度降低目标的影响，计算方法可参考下文。

（3）对所在地完成煤炭消费减量替代目标的影响分析。

### （三）综合能源消费量计算方法

综合能源消费量 = 各种能源消费（包括能源加工转换的投入量和回收能消费量，折标准煤）的合计 - 能源加工转换产出量（折标准煤）的合计 - 回收能利用量（折标准煤）的合计

### （四）对所在地完成能耗总量和强度目标的影响分析

项目对所在地完成能耗增量控制目标的影响分析，可通过定量计算项目年能源消费增量占所在地能耗增量控制目标的比重，定性分析其影响程度。

项目对所在地完成能耗强度降低目标的影响分析，可通过定量计算项目增加值能耗影响所在地单位 GDP 能耗的比例，定性分析影响程度。

项目能源消费中对超出规划部分可再生能源消费量，不纳入能耗总量和强度目标考核。

详细计算及判定方法如下。

（1）$m$ 值计算公式如下：

$$m = \frac{i_p}{i_s} \times 100$$

式中　$m\%$——项目年能源消费增量占所在地能耗增量控制目标的比例；

$i_p$——项目年能源消费增量（等价值或当量值）；新建项目为年综合能源消费量，改扩建项目为建成投产后年综合能源消费增量；

$i_s$—— 所在地能耗增量控制目标;建议考虑已通过节能审查项目带来的能源消费增量,综合判断项目对所在地的影响;对于预期在下一个五年规划期建成投产的项目,可暂按本规划期类比。

(2)$n$ 值计算公式如下:

$$n = \frac{\frac{(a+d)}{(b+e)} - c}{c} \times 100$$

式中　$n\%$—— 项目增加值能耗对所在地能耗强度的影响比例;

$a$—— 上一个五年计划末年项目所在地能源消费总量(吨标准煤);

$b$—— 上一个五年计划末年项目所在地生产总值(万元);

$c$—— 上一个五年计划末年项目所在地单位 GDP 能耗;

$d$—— 项目年综合能源消费量(等价值,吨标准煤)。

$e$—— 项目年增加值(万元)。

(3)判定方法如表 3-1 所示。

表 3-1　判定方法

| 项目年能源消费增量与所在地能耗增量控制目标的对比分析($m\%$) | 项目增加值能耗与所在地能耗强度降低目标的对比分析($n\%$) | 影响程度 |
|---|---|---|
| $m \leqslant 1$ | $n \leqslant 0.1$ | 影响较小 |
| $1 < m \leqslant 3$ | $0.1 < n \leqslant 0.3$ | 一定影响 |
| $3 < m \leqslant 10$ | $0.3 < n \leqslant 1$ | 较大影响 |
| $10 < m \leqslant 20$ | $1 < n \leqslant 3$ | 重大影响 |
| $m > 20$ | $n > 3$ | 决定性影响 |

## 三、碳排放分析

### (一)碳强度控制分析

碳强度即碳排放强度,是指每单位国民生产总值所带来的二氧化碳排放量,碳排放强度 = 碳排放总量/GDP。该指标主要是用来衡量一国经济同碳排放量之间的关系,如果一国在经济增长的同时,每单位国民生产总值所带来的二氧化碳排放量在下降,那么说明该国就实现了一个低碳的发展模式。与整体碳排放目标不同,碳排放强度目标是一个相对指标,即相对于经济增长来说,碳排放会增加或减少多少;而整体碳排放目标是一个绝对的指标,是一个国家在一定的时间里碳排放量应控制在什么水平。

### (二)碳排放核算或计算方法

#### 1. 发电企业碳排放核算方法

发电企业的全部排放包括化石燃料燃烧产生的二氧化碳排放、脱硫过程的二氧化碳排放、企业购入电力产生的二氧化碳排放。发电企业的温室气体排放总量按下式计算:

$$E = E_{燃烧} + E_{脱硫} + E_{电}$$

式中　$E$—— 报告主体(即具有温室气体排放行为的法人企业或视同法人的独立核算单位)的二氧化碳排放总量,单位为吨二氧化碳($tCO_2$);

$E_{燃烧}$—— 报告主体的化石燃料燃烧排放量,单位为吨二氧化碳($tCO_2$);

$E_{脱硫}$—— 脱硫过程产生的二氧化碳排放量,单位为吨二氧化碳($tCO_2$);

$E_{电}$—— 企业购入的电力消费的排放量,单位为吨二氧化碳($tCO_2$)。

#### 2. 建筑碳排放计算方法

建筑碳排放是指建筑物在与其有关的建材生产及运输、建造及拆除、运行阶段产生的温室气体排放的总和,以二氧化碳当量表示。

碳排放计算应包含《IPCC 国家温室气体清单指南》中列出的各类温室气体。

### (三)项目对所在地完成碳排放总量和强度目标的影响分析

项目对所在地完成碳排放总量和强度目标的影响分析可参照上述对所在地完成能耗总量和强度目标的影响分析的相关内容。

**链接**

碳排放绩效评价以国家和省级公开发布碳排放强度基准(标准)作为评价依据,评价建设项目碳排放水平,评价指标包括单位工业增加值碳排放 $Q_{工增}$、单位工业总产值碳排放 $Q_{工总}$、单位产品碳排放 $Q_{产品}$、单位能耗碳排放 $Q_{能耗}$。

# 第二节　资源环境承载力的特征与分析类型

## 一、资源环境承载力概述

### (一)基本概念

资源环境承载力是指基于特定发展阶段、经济技术水平、生产生活方式和生态保护目标,一定地域范围内资源环境要素能够支撑农业生产、城镇建设等人类活动的最大合理规模。其主要的衡量指标是在维持人与自然关系协调和可持续的前提下,区域人口规模和经济规模的最大值。

相对资源承载力指通过选定资源承载力的理想状态作为参照区,以该参照区人均资源拥有量为标准,将研究区与参照区的资源存量进行对比,从而确定研究区内资源相对可承载的适度人口数量。

### (二)资源环境承载力要素

资源环境承载力的提出和资源承载力、环境承载力有着密切的内在联系,是指在一定的时期和一定的区域范围内,在维持区域资源结构符合可持续发展需要,区域环境功能仍具有维持其稳态效应能力的条件下,区域资源环境系统所能承受人类各种社会经济活动的能力。

资源环境承载力是一个包含了资源、环境要素的综合承载力概念,如图 3-1 所示。

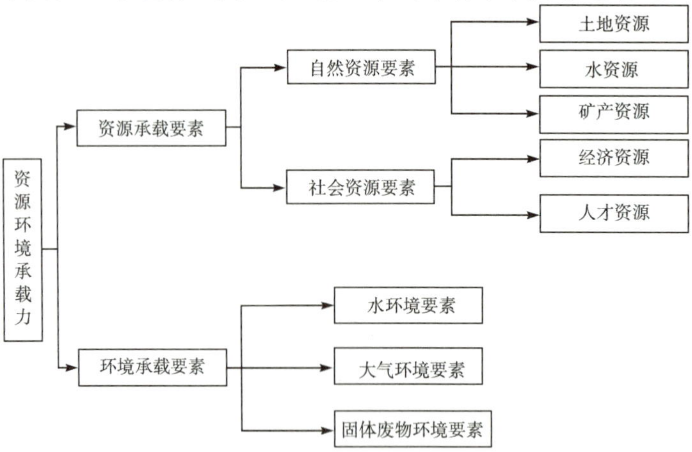


图 3-1　资源环境承载力要素

资源环境承载力研究的实质就是在土地资源承载力研究基础上叠加了环境容量部分，试图通过评价包括环境容量资源在内的资源观，探讨人类活动与环境之间的协调程度。

提示

资源环境承载力要素根据作用不同可分为支撑要素、约束要素和压力要素。支撑要素主要是指水资源、土地资源、矿产资源、能源等各类资源型要素，主要为供给能力；约束要素是指水环境容量、大气环境容量、生态容量等各类生态环境类要素，主要为限定环境的容纳能力；压力要素是指人口增长、经济社会发展等给自然资源和生态环境造成压力的要素，主要为经济系统、社会系统的运行与发展需求。

## 二、资源环境承载力的主要内容和特征

### （一）资源环境承载力的主要内容

#### 1. 区域环境承载力

区域环境承载力是指在一定的时期和一定的区域范围内，在维持区域环境系统结构不发生质的改变，区域环境功能不朝恶性方向转变的条件下，区域环境系统所能承受的人类各种社会经济活动的能力，它可看作是区域环境系统结构与区域社会经济活动的适宜程度的一种表示。

区域资源环境承载力的分析实质上就是寻求在特定时空条件下，对区域资源环境进行深入研究，以定性和定量相结合的方法来表征区域资源环境系统对社会经济的承受能力。目前人类所依存的有两个系统，一个是资源系统，一个是环境系统，资源环境承载力就是这两种系统的复合承载力。

区域资源环境综合承载力的评价核心是区域社会经济条件，因此实际评价时，应该从三个维度出发，资源维度，如水资源、土地资源、矿产资源等可以为社会经济发展提供支持的自然资源等；社会经济维度，包括区域产业结构、发展水平、交通状况、相关政策等对资源配置和生态环境有影响的因素；生态环境维度，包括水、气、土壤的自净能力，以及为人提供服务、支持、调和等功能的能力。

#### 2. 资源环境综合承载力

资源环境综合承载力可由一系列相互制约又相互对应的发展变量和制约变量构成。具体如下：

（1）自然资源变量，如水资源、土地资源、矿产资源、生物资源的种类、数量和开发量。

（2）社会条件变量，如工业产值、能源、人口、交通、通信等。

（3）环境资源变量，如水、气、土壤的自净能力。

计算资源环境综合承载力时可采用专家咨询法针对大气、水质、生物、水资源、土地资源五个要素分别选取发展变量和制约变量组成发展变量集和制约变量集，然后将发展变量集的单要素与相对应的制约变量集中的单要素相比较，得到单要素环境承载力，再将各要素进行加权平均，即得到资源环境综合承载力值。

#### 3. 资源环境要素承载力

从要素构成的角度对区域资源环境承载力进行分析，可以从两个方面来入手，即资源承

载力要素系统和环境承载力要素系统。其中,资源承载力要素系统和环境承载力要素系统又是由各个要素子系统组成的。目前,关于资源承载力要素系统的研究有:土地资源承载力、矿产资源承载力、水资源承载力等;关于环境承载力要素系统的研究有:大气环境承载力、水环境承载力、旅游环境承载力等。

### (二)资源环境承载力的特征

资源环境承载力是人类社会与环境系统之间的纽带,既有资源环境系统的某些特点,又与资源环境系统的其他属性不完全相同;既适度接受人类社会的人为改造,又不可能任其随心所欲,具体如下:

(1)客观性:资源环境本身对于人的活动有约束作用,可以衡量和评价。

(2)区域性:不同区域的资源环境禀赋条件不同,承载力也不同。

(3)动态性:随着科学技术和生产力水平的不同而有所变化。

(4)有限性:资源是有限的,人类活动必须在有限的阈值内。

(5)可控性:在一定的限度内,可由人类活动加以控制。

(6)层次性:资源环境承载分为多个层次。

## 三、资源环境承载力分析的类型

### (一)土地资源承载力分析

土地资源承载力是指在一定时期、一定空间区域和一定的经济、社会、资源、环境等条件下,土地资源所能承载的人类各种活动的规模和强度的限度。土地资源不仅仅是指耕地,还包含建设用地等在内;承载对象不仅是人口,还包括人类的各种经济、社会活动,如承载的城市建设规模、经济规模、生态环境质量等。

当前土地资源承载力研究的发展趋势正由静态分析走向动态预测,日趋模式化;且由传统的粮食单一指标走向综合指标体系研究等,如基于生态环境敏感性的土地资源承载力分析方法正是这一趋势的典型代表。

### (二)水资源承载力分析

水资源承载能力是指某一地区的水资源,在一定社会历史和科学技术发展阶段,在不破坏社会和生态系统时,最大可承载(容纳)的农业、工业、城市规模和人口的能力,是一个随着社会、经济、科学技术发展而变化的综合目标。影响水资源承载能力大小的主要因素,大致可以分为三大类。

#### 1. 水资源系统本身特性

水资源系统是水资源承载能力的主体,水资源系统的可利用水资源量大小是其承载能力的内因。也就是说,水资源承载能力大小首先是由水资源系统所能提供的水资源量决定的。在城市区,一般本地水资源满足不了用水的需求,需要考虑流域(或更大区域)一定的水资源条件。

#### 2. 人类活动能力及意识形态

人类是水资源承载能力的客体,在很大程度上影响着水资源承载能力。具体分析如下:

(1)水资源利用率。这是决定单位水资源量能够养活多少人口或带来多大经济效益的重要指标,是水资源承载能力计算的关键指标。

(2)科技进步。通过提高水资源利用率、重复利用率、污水处理率等提高水资源承载能力。科学技术能促进经济增长,提高资源利用效率,降低污染处理成本,改善人类生存环境。

随着科技的进步,原来不能治理的污染现在可以治理了,原来需要花费很大代价才能治理的污染现在需要花费较小的代价,这些变化都有可能促进水资源承载能力的提高。

(3)本区域发展战略。它反映一个国家或地区的发展规划或发展模式,对水资源的分配和利用有重要影响,从而影响到水资源承载能力。

(4)管理体制和法制。它反映了人们用水、治水、保护水资源的基本思路。有些管理体制或法制对水资源的利用和保护有积极作用,有些甚至有消极作用。这在很大程度上影响着水资源承载能力。

#### 3. 定义“是否可承载”的目标差异

这是关系到水资源承载能力计算的一个关键问题,也就是,要人为确定“达到什么样的标准时的最大承受能力才是水资源的承载能力”。前文在定义“水资源承载能力”概念时,是以“维系生态系统良性循环”为判断目标。另外,也可以制定一些判断目标,计算得到人为干预下的水资源承载能力。肯定会因为确定的目标差异而导致计算结果的不一致。

### (三)矿产资源承载力分析

矿产资源承载力是随着矿产资源供需矛盾问题的日益突出,由我国学者在 20 世纪 90 年代提出的。

矿产资源承载力是一个描述矿产资源支持人类生存或人类社会经济活动能力阈值(极限值)的概念,矿产资源承载力可定义为在可以预见的时期内,在当时的科学技术、自然环境和社会经济条件下,矿产资源存量用直接或间接的方式表现的所能持续供养的人口数量和经济总量。

### (四)环境承载力分析

环境承载力由承载力和环境容量概念进一步发展而来,其中环境容量是指区域自然环境和环境要素对人为干扰或污染物容纳的承受量或负荷量。目前为止,大量环境承载力的理论及实例研究见诸文献,但对于环境承载力仍未给予统一的定义。《中国大百科全书·环境科学》给出了关于环境承载力的定义,认为环境承载力指的是“在维持环境系统功能与结构不发生变化的前提下,整个地球生物圈或某一区域所能承受的人类作用在速度、规模和强度的限值”。此外,承载力还拓展到与人类息息相关的其他领域,如旅游承载力、资源环境承载力、城市承载力、社会承载力等研究领域。

人类生存和发展的环境是一个大系统,既为人类活动提供空间和载体,又为人类活动提供资源并容纳废弃物。狭义的环境承载力,通常被认为是环境容量承载力,即“某一时期,某状态或条件下,某地区的自然环境所能承受的人类排放污染物的阈值”。环境承载力是人类生态学视角下的生态承载力,环境承载力作为环境系统自身的一种客观属性,能够表征系统结构和功能,包括其对资源需求、环境需求和生态需求的支持能力。因此,环境承载力具有资源、环境、社会、生态等多维内涵。

### (五)综合承载力分析

资源环境综合承载力由资源承载力与环境承载力构成,遵循综合性、可操作性、可比性、区域性等原则,根据区域资源状况、环境条件和社会经济等方面与区域资源环境承载能力密切相关因素,从资源、环境、社会、经济、效率五个方面构建资源环境承载力评价指标体系,将资源、环境合并为资源环境子系统,将社会、经济合并为社会经济子系统,效率单独为一个子系统。

如果根据承载主体的涵盖范围来划分，可将承载力分为两类：一类是以某一具体的自然要素作为研究对象，又称为单要素承载力研究，如土地资源、水资源、矿产资源承载力等；另一类是从区域整体的角度出发进行的综合承载力研究，诸如区域承载力、生态承载力等。单要素承载力是综合承载力研究的前提，综合承载力研究是对单要素承载力在区域尺度上的系统集成，因而必须是在作为其组成要素的主要资源环境承载力问题已经基本解决的基础上才能进行，如图 3-2 所示。鉴于目前单要素资源环境承载力研究的基本问题尚未完全解决，综合承载力的研究只能停留在概念泛化层面，很难进行精细量化的深入研究。

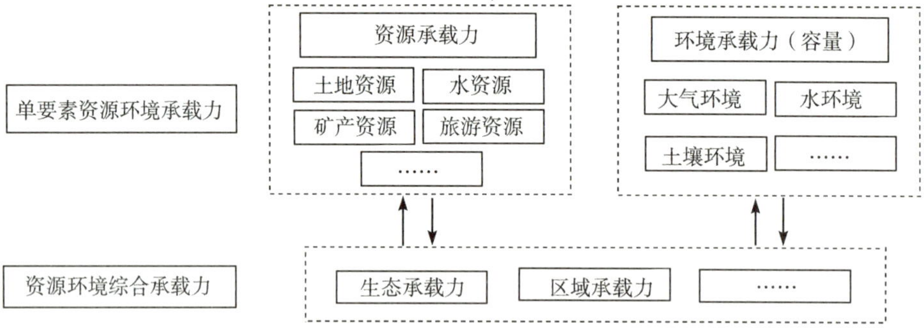


图 3-2　单要素资源环境承载力与资源环境综合承载力的关系

反映区域资源环境综合承载力的生态承载力分析的主要对象包括生态脆弱地区、城市地区、流域等典型生态系统。

# 第三节　资源环境承载力分析方法

## 一、资源环境承载力的分析框架

资源环境承载力分析的逻辑框架是：以某一区域为评价单元，通过区域资源环境要素的全面评价和符合区域功能定位的专项评价，分析区域资源禀赋、环境本底和生态条件；通过影响因素识别，选择合适的评价指标和分析评价方法，集成资源环境要素单项评价结果，得出区域资源环境承载力综合评价结论，全面反映评价单元的资源环境承载状况。资源环境承载力分析逻辑框架如图 3-3 所示。

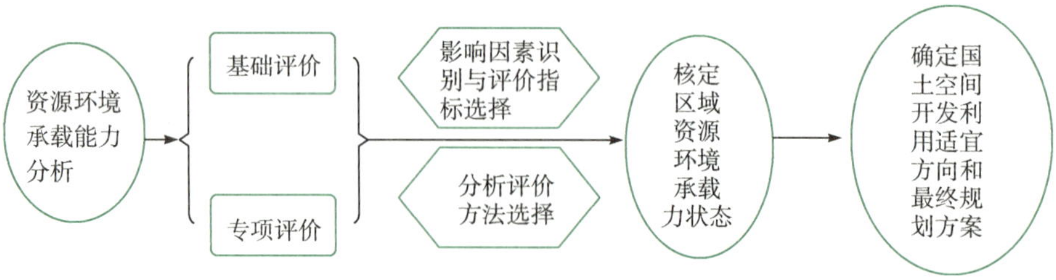


图 3-3　资源环境承载力分析逻辑框架

资源环境承载能力分析中，基础评价应对资源环境要素进行全面性评价，包括对土地资源、水资源、矿产资源、生态、环境等要素的评价；专项评价则是指对功能区功能定位进行的符合性评价。通过基础评价和专项评价，分析和判断区域资源的禀赋、环境本底和生态条件。

区域资源环境承载力状态主要分为超载、临界超载、不超载三种情况，若发生超载，应分析超载的原因，并根据政策预研，制定差异化的产业发展和资源环境政策。

## 二、资源环境承载力分析方法体系

资源环境承载力计算和评价模型与计算和评价方法一样具有多样性的特点，既有像物流增长模型、神经网络模型等传统模型，又有几何相对资源承载力模型等基于资源承载力自身构建的改进或创新模型。

安海忠、李华姣在《资源环境承载力研究框架体系综述》一文中提出了资源环境承载力分析方法体系，如图 3-4 所示。

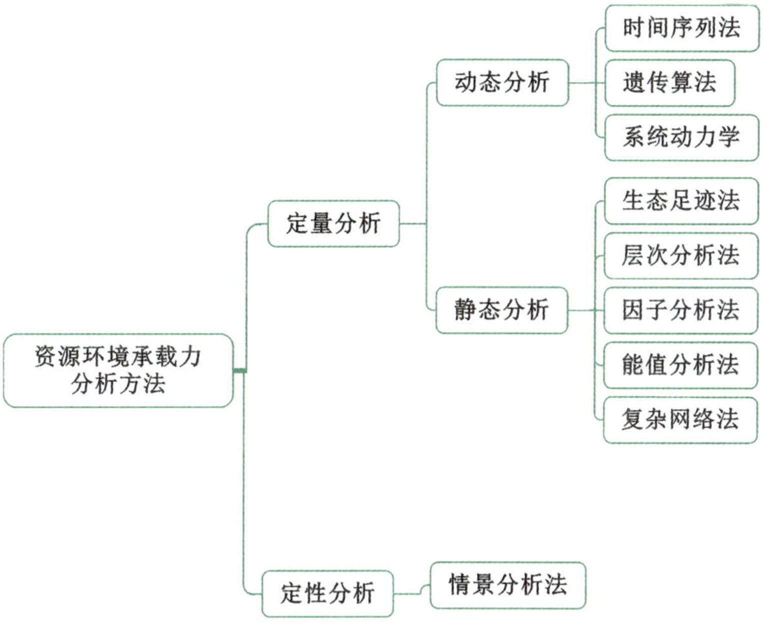


图 3-4 资源环境承载力分析方法体系

资源环境承载力的评价方法和模型的特点及其发展趋势如下：

(1) 从定性到定性与定量相结合。已由最初的综合阐述承载力、生态环境、可持续发展、自然资源等概念和相互联系的定性分析基础上，逐步发展成定性与定量相结合的模式。

(2) 从单一到综合。对各种承载力评价方法及构建评价模型的使用，从开始的土地、人口、水资源等单一变量或少数变量及要素的分析，逐步过渡到多变量及多要素的综合分析，以及各变量和要素之间的内在动力关系和相互作用机制研究。

(3) 从静态到动态。对于某一国家或地区的资源环境承载力的评价，从早期的基于切面数据（静态）逐步发展成为基于时间序列、系统动力学等动态分析预测模型和方法，增强了分析的动态性和系统性。

# 第四节　生态足迹法

## 一、生态足迹法基本概念及特点

生态足迹法是指通过定量分析的方式对环境进行量化评价，是国内外学者在研究和评价各地区资源环境承载力时最常用的评价方法之一。

生态足迹通常被定义为生产人口消费的所有资源和吸纳人口产生的所有废物所需要的生态生产性土地的总面积和水资源量。生态生产性土地包括可耕地、牧草地、森林、建设用地、海洋、化石能源地等六类。

生态足迹法是一种综合影响分析分析方法，其采用单一的时间尺度，使用六类土地利用空间，使用全球平均产量作为产量因子，并引入当量因子进行综合，在固定生产与消费条件下进行确定性研究，反映了区域生产与消费的综合信息。其具有所需资料容易获取，计算方法可操作性和可重复性强的优点。

但该方法也具有一定的局限性，主要体现在以下方面：

(1)评价指标单一，只衡量了生态可持续程度，忽视人类对现有消费模式的满意程度。

(2)难以进行动态模拟与预测。

(3)难以反映人类活动方式、管理水平的提高和技术进步等的影响。

## 二、生态足迹法计算流程

生态足迹法的环境评价指标主要包括生态承载力、人类负荷与生态足迹、生态赤字/盈余这三种。其核心思想是分别计算某一地区的生态足迹与生态承载力，进行当量因子折算，最后对比分析生态足迹和生态承载力的大小，判断该地区资源环境现状。

### (一)生态足迹

生态足迹的计算公式如下：

$$EF = N \times ef = N \times \sum_{i=1}^{6} (\lambda_i \times A_i)$$

式中　$EF$——区域总生态足迹；

$ef$——人均生态足迹；

$N$——区域人口总数；

$\lambda_i$——第 $i$ 类生物生产性土地的均衡因子；

$A_i$——第 $i$ 类生物生产性土地的人均面积($hm^2$/人)

6——六类生物生产性土地。

$\lambda_i$ 的计算公式如下：

$$\lambda_i = \frac{k_i}{k}$$

式中　$k_i$——第 $i$ 类生物生产性土地的全球平均生产力（$kg/hm^2$）；

$k$——全球所有类别生物生产性土地的平均生产力（$kg/hm^2$）。

$A_i$ 的计算公式如下：

$$A_i = \sum_{j=1}^{n} aa_j = \sum_{j=1}^{n} \left(\frac{c_j}{p_j}\right)$$

式中　$j$——消费项目类型；

$aa_j$——人均第 $j$ 种消费项目折算的生物生产性土地（$hm^2$/人）；

$c_j$——第 $j$ 种消费品的人均消费量（kg/人）；

$p_j$——第 $j$ 种消费品的平均生产能力（$kg/hm^2$）。

### （二）生态承载力

生态承载力的计算公式如下：

$$EC = N \times ec = N \times \sum_{i=1}^{6} (a_i \times \lambda_i \times \gamma_i)$$

式中　$EC$——总生态承载力；

$ec$——人均生态承载力；

$a_i$——第 $i$ 类生物生态生产性土地的人均面积（$hm^2$/人）；

$\lambda_i$——第 $i$ 类生物生产性土地的均衡因子；

$\gamma_i$——第 $i$ 类生物生产性土地的产量因子。

$\gamma_i$ 的计算公式如下：

$$\gamma_i = \frac{t_i}{T_i}$$

式中　$t_i$——某地区第 $i$ 类生物生产性土地的平均生产力（$kg/hm^2$）；

$T_i$——全球第 $i$ 类生物生产性土地的平均生产力（$kg/hm^2$）。

实际应用分析中，最终生态承载力应在原基础上扣除 12% 以保护生态多样性。即最终生态承载力 = (1 − 12%) $EC$。

### （三）生态盈亏

生态盈亏的计算公式如下：

$$ED(\text{生态盈亏}) = EC(\text{生态承载力}) - EF(\text{生态足迹})$$

计算生态承载力和生态足迹的差值，当差值为正值时，表示生态承载力大于生态足迹，即区域生态处于盈余状态；当差值为负值时，表示生态足迹大于生态承载力，即生态需求超出了生态的承受能力，区域生态处于赤字状态。

## 三、足迹模型

以下内容借鉴了吕光明、何强在《生态承载力综合测度方法的系统分析》一文中的分析成果。

### （一）动态改进－时间序列足迹模型

生态足迹基本模型只是一种静态测算方法，未能反映未来变化发展的趋势。为此，出现了很多动态改进的模型。当前该类模型处理产量因子和当量因子的方法主要包括：

（1）采用区域真实产量，舍弃采用当量因子。

（2）采用逐年全球产量和分段当量因子。

（3）采用全球产量和逐年区域实际产量，不采用当量因子。

（4）采用最大可持续产量。

可以看出，该模型能够反映区域生态服务消费水平的结构变化，真实生态空间消费及其定位，以及产量因子和当量因子对足迹测算的影响。

### （二）过程改进－投入产出足迹模型

由于生态足迹基本模型缺乏结构性因素，没有考虑产业间的相互依赖，无法识别哪些生产和消费部门应对区域综合影响负责，比克内尔、克劳斯·胡巴塞克等学者结合投入产出方法对此提出了改进。其中比克内尔通过里昂惕夫逆矩阵得到产品与其物质投入之间的转换关系，反映各部门生产的生态影响细节。其主要计算步骤可以归纳为：

（1）计算完全需求系数矩阵。

（2）计算最终使用包含的非能源足迹。

（3）计算能源消费的生态足迹。

（4）计算进口贸易和其他来源产品包含的生态空间。

（5）分别按生产部门和最终使用部门汇总生产和消费的生态足迹。

可以看出，这类模型能反映部门间的足迹流动，揭示生态影响的真实发生方位以及某一特定部门的完全生态消费状况。

### （三）成分法生态足迹模型

以上模型均为综合方法模型，为了进一步测度综合生态状况中的个体情况，成分法模型以人类的衣食住行为出发点，核算人口具体行为的生态影响，其典型代表是西蒙斯等人提出的模型。它分两步测算生态足迹：

（1）把研究区域的生态足迹分解成直接能源消费、原材料、废弃物、食物、私人交通、水和建筑用地七类成分。

（2）采用资源流分析技术收集数据，研究资源在不同部门、人口与环境之间的流动，从而将消费数据转化为成分影响。

该模型的特点是：关注人口的衣食住行细节行为，采用生命周期技术，适用于国家、地方、企业、家庭乃至个人生态环境影响评估。

整体上看,生态足迹方法的不足主要有:不能完整测度以可持续理论为基础的区域生态承载力状况,它侧重考虑资源与环境,很少涉及经济、社会和技术等层面,具有指标选择的生态偏向性;注重于资源消耗,对废弃物的污染关注不够,也没能把自然生态系统提供资源、吸纳废弃物的功能描述完全,忽略了地下资源和水资源的估算,也没有考虑污染的生态影响;采用当量因子与产量因子进行地区之间比较时,在将各区域产量调整为全部地区平均产量的同时丢掉了许多区域信息,导致生态足迹指标过分简化,对区域制定有效的可持续发展决策的直接政策意义并不明确等。

## 四、利用生态足迹模型进行资源环境影响力分析

2020 年 C 市生态足迹的完整计算过程,包括各土地类型在这一年的产量因子。

### (一) 2020 年生态承载力计算

2020 年,C 市总人口为 3 144.23 万人。各生物生产性土地面积及人均面积,如表 3-2 所示。

表 3-2　2020 年 C 市各生物生产性土地面积及人均面积

| 生物生产性土地类型 | 土地面积/$hm^2$ | 人均土地面积/($hm^2$·人$^{-1}$) |
|---|---|---|
| 耕地 | 2 287 400 | 0.072 75 |
| 林地 | 3 251 300 | 0.103 41 |
| 果园 | 123 163.267 | 0.003 92 |
| 茶园 | 36 396.11 | 0.001 16 |
| 桑园 | 31 552.87 | 0.001 00 |
| 牧草地 | 238 100 | 0.007 57 |
| 水域 | 281 600 | 0.008 96 |
| 建设用地 | 558 900 | 0.017 78 |
| 化石能源用地 | 0 | 0 |

注:表中计算后得出的数据为 excel 自动进行四舍五入的结果,以下同(如无特殊说明)。

2020 年各生物生产性土地类型的产量因子计算时,粮食单产数据直接来源于《C 市统计年鉴》。具体计算结果,如表 3-3 所示。

表 3-3　2020 年 C 市土地产量因子

| 生物生产性土地类型 | 土地面积/$hm^2$ | 生物总产量/kg | 单产/($kg\cdot hm^{-2}$) | 世界平均产量/($kg\cdot hm^{-2}$) | 产量因子 |
|---|---|---|---|---|---|
| 耕地 | — | — | 4 511 | 2 744 | 1.643 95 |
| 林地 | — | — | — | — | 2.18 |
| 果园 | 123 163.267 | 1 372 000 000 | 11 139.685 | 3 500 | 3.182 767 |

（续表）

| 生物生产性土地类型 | 土地面积/$hm^2$ | 生物总产量/kg | 单产/（$kg \cdot hm^{-2}$） | 世界平均产量/（$kg \cdot hm^{-2}$） | 产量因子 |
|---|---|---|---|---|---|
| 茶园 | 36 396.11 | 16 000 000 | 439.607 38 | 566 | 0.776 691 |
| 桑园 | 31 552.87 | 29 000 000 | 919.092 21 | 900 | 1.021 214 |
| 牧草地 | 238 100 | 91 000 000 | 382.192 356 | 33 | 11.581 59 |
| 水域 | 281 600 | 239 255 000 | 849.627 1 | 29 | 29.297 486 |
| 建设用地 | — | — | — | — | 1.643 95 |
| 化石能源用地 | 0 | 0 | 0 | 0 | 0 |

下面用均衡因子和产量因子对各生物生产性土地的人均面积进行标准化处理，从而计算出生态承载力，如表 3-4 所示。

**表 3-4　2020 年 C 市生态承载力计算账户**

| 生物生产性土地类型 | 人均土地面积/（$hm^2 \cdot 人^{-1}$） | 均衡因子 | 产量因子 | 调整后的人均生态承载力/（$hm^2 \cdot 人^{-1}$） | 所占比例/% |
|---|---|---|---|---|---|
| 耕地 | 0.072 75 | 2.83 | 1.643 95 | 0.338 46 | 42.324 96 |
| 林地 | 0.103 41 | 1.14 | 2.18 | 0.256 99 | 32.137 01 |
| 果园 | 0.003 92 | 1.14 | 3.182 767 | 0.014 22 | 1.778 23 |
| 茶园 | 0.001 16 | 1.14 | 0.776 691 | 0.001 03 | 0.128 80 |
| 桑园 | 0.001 00 | 1.14 | 1.021 214 | 0.001 16 | 0.145 06 |
| 牧草地 | 0.007 57 | 0.54 | 11.581 59 | 0.047 34 | 5.919 94 |
| 水域 | 0.008 96 | 0.22 | 29.297 486 | 0.057 75 | 7.221 73 |
| 建设用地 | 0.017 78 | 2.83 | 1.643 95 | 0.082 72 | 10.344 27 |
| 化石能源用地 | 0 | 0 | 0 | 0 | 0 |
| 人均生态承载力总量/（$hm^2 \cdot 人^{-1}$） | | | 0.799 67 | | |
| 扣除面积 12%（用于生态多样性保护） | | | 0.095 960 | | |
| 可用的人均生态承载力总量/（$hm^2 \cdot 人^{-1}$） | | | 0.703 710 | | |

### （二）2020 年生物资源项目的生态足迹计算

将 2020 年 C 市的生物量消费分别折算为相应的生物生产性土地面积，具体计算过程如表 3-5 所示。但是，表 3-5 中显示的总生态足迹和人均生态足迹计算结果，是一种初始结果，即生态足迹分量；只有乘以各面积类型对应的均衡因子，经标准化处理换算成以世界平均生产力（全球性公顷）统一表述的生态足迹后，才能进行加总和比较分析。

表 3-5　2020 年 C 市生物资源的生态足迹计算账户

| 资源类别 | 全球平均产量/（kg·hm$^{-2}$） | C 市生物量/万 t | 总生态足迹/hm$^2$ | 人均生态足迹/（hm$^2$·人$^{-1}$） | 生物生产性土地类型 |
|---|---|---|---|---|---|
| 谷物 | 2 744 | 828.2 | 3 018 221.574 | 0.095 992 392 | 耕地 |
| 豆类 | 1 856 | 38.1 | 205 280.172 4 | 0.006 528 79 | 耕地 |
| 薯类 | 12 607 | 278.2 | 220 671.055 8 | 0.007 018 286 | 耕地 |
| 油料 | 1 856 | 41.8 | 225 215.517 2 | 0.007 162 819 | 耕地 |
| 麻类 | 1 500 | 1 | 6 666.666 667 | 0.000 212 029 | 耕地 |
| 甘蔗 | 18 000 | 11.8 | 6 555.555 556 | 0.000 208 495 | 耕地 |
| 烟叶 | 1 548 | 8.5 | 54 909.560 72 | 0.001 746 36 | 耕地 |
| 蔬菜 | 18 000 | 863.57 | 479 761.111 1 | 0.015 258 461 | 耕地 |
| 猪肉 | 74 | 137.1 | 18 527 027.03 | 0.589 238 924 | 耕地 |
| 禽肉 | 457 | 22.1 | 483 588.621 4 | 0.015 380 192 | 耕地 |
| 禽蛋 | 400 | 36.6 | 915 000 | 0.029 100 925 | 耕地 |
| 水产品 | 29 | 23.925 5 | 8 250 172.414 | 0.262 390 869 | 水域 |
| 蚕茧 | 900 | 2.9 | 32 222.222 22 | 0.001 024 805 | 桑园 |
| 茶叶 | 566 | 1.6 | 28 268.551 24 | 0.000 899 061 | 茶园 |
| 水果 | 3 500 | 137.2 | 392 000 | 0.012 467 281 | 果园 |
| 木材 | 1.99（m$^3$·hm$^{-2}$） | 0.27（万 m$^3$） | 1 356.78 392 | 4.315 151 548E-05 | 林地 |
| 机制纸及纸板 | 0.53（t·hm$^{-2}$） | 30.77 | 580 566.037 7 | 0.018 464 49 | 林地 |
| 松脂 | 3 900 | 0.103 | 264.102 564 1 | 8.399 594 3E-06 | 林地 |
| 油桐籽 | 1 600 | 2.836 5 | 17 728.125 | 0.000 563 83 | 林地 |
| 油茶籽 | 3 000 | 0.167 9 | 559.666 666 7 | 1.779 98E-05 | 林地 |
| 核桃 | 3 000 | 0.408 3 | 1 361 | 4.328 563 8E-05 | 林地 |
| 牛肉 | 33 | 5.7 | 1 727 272.727 | 0.054 934 681 | 草地 |
| 羊肉 | 33 | 3.4 | 1 030 303.03 | 0.032 768 055 | 草地 |
| 奶类 | 502 | 8.6 | 171 314.741 | 0.005 448 544 | 草地 |
| 绵羊毛 | 15 | 0.004 | 2 666.666 667 | 8.481 143 8E-05 | 草地 |
| 山羊毛 | 15 | 0.002 | 1 333.333 333 | 4.240 571 9E-05 | 草地 |
| 蜂蜜 | 50 | 0.6 | 120 000 | 0.003 816 515 | 草地 |

### （三）2020 年能源消费项目和建设用地生态足迹计算

采用 1 t 标准煤产生 29.31 GJ 热量，将 C 市 2020 年的煤炭、天然气、油料及电力消费量折算为相应的化石能源用地面积及建设用地面积；计算结果如表 3-6 所示（SCE 为标准煤）。

表 3-6　2020 年 C 市能源消费和建设用地的生态足迹计算账户

| 项目分类 | 煤炭 | 天然气 | 油料 | 电力 |
|---|---|---|---|---|
| 平均能源足迹/(GJ·hm$^{-2}$) | 55 | 93 | 71 | 1 000 |
| 生物生产性土地类型 | 化石燃料用地 | 化石燃料用地 | 化石燃料用地 | 建设用地 |
| 消费量/万 t SCE | 1 832.71 | 351.03 | 373.73 | 379.84 |
| 总生态足迹/hm$^2$ | 9 766 678.2 | 1 106 310.677 | 1 542 820.606 | 111 331.104 |
| 人均足迹/(hm$^2$·人$^{-1}$) | 0.310 622 257 | 0.035 185 425 | 0.049 068 313 | 0.003 540 807 |

从表 3-6 可以看出,2020 年的能源消费以煤炭为主,占化石燃料用地足迹总量的 77.96%;而天然气和油料分别仅占 8.83%、12.32%。

## (四)2020 年贸易部分的生态足迹计算

生态足迹模型理论和计算分析中,要求评估当地的净消费量,即当地生物生产量与进口量的总和,再减去出口量总量;因此,计算区域的生态足迹时,必须考虑研究区域的对外贸易状况。针对生态足迹有主要影响的生物资源部分进行了调整,如表 3-7 所示。

表 3-7　2020 年 C 市生态足迹的贸易调整

| 资源类别 | 全球平均产量/(kg·hm$^{-2}$) | 数量/t | 总生态足迹/hm$^2$ | 人均生态足迹/(hm$^2$·人$^{-1}$) | 生物生产性土地类型 |
|---|---|---|---|---|---|
| 食用植物油(进口) | 431 | 13 022 | 30 213.457 08 | 0.000 960 918 | 耕地 |
| 机制纸及纸板(进口) | 0.53/(t·hm$^{-2}$) | 3 244 | 6 120.754 717 | 0.000 194 666 | 林地 |
| 茶叶(出口) | 566 | 12 354 | 21 826.855 12 | 0.000 694 188 | 茶园 |
| 猪肉(出口) | 74 | 9 738 | 131 594.594 6 | 0.004 185 273 | 耕地 |
| 蔬菜(出口) | 18 000 | 7 648 | 424.888 888 9 | 1.351 328 9E-05 | 耕地 |
| 药材(出口) | 900 | 340 | 377.777 78 | 1.201 495 4E-05 | 耕地 |

## (五)2020 年 C 市生态足迹计算结果汇总与评价

将各生态足迹分量乘以相应的土地均衡因子,从而转化为统一的、可比较的生物生产性土地面积,根据以上表格数据,即可换算得到 2020 年 C 市生态足迹与生态承载力的计算结果汇总表(如表 3-8 所示)。

表 3-8　2020 年生态足迹计算结果汇总

| 生态足迹 | | | | | 生态承载力 | | | | | 生态盈余(生态赤字)/(hm$^2$·人$^{-1}$) |
|---|---|---|---|---|---|---|---|---|---|---|
| 生物生产性土地类型 | 人均生态足迹/(hm$^2$·人$^{-1}$) | 均衡因子 | 调整后的人均生态足迹/(hm$^2$·人$^{-1}$) | 构成比例/% | 生物生产性土地类型 | 产量因子 | 人均面积/(hm$^2$·人$^{-1}$) | 调整后的人均生态承载力/(hm$^2$·人$^{-1}$) | 构成比例/% | |
| 耕地 | 0.767 | 2.83 | 2.171 | 78.09 | 耕地 | 1.644 | 0.073 | 0.338 | 42.32 | -1.833 |

（续表）

| 生态足迹 | | | | | 生态承载力 | | | | | 生态盈余（生态赤字）/($hm^2$·人$^{-1}$) |
|---|---|---|---|---|---|---|---|---|---|---|
| 生物生产性土地类型 | 人均生态足迹/($hm^2$·人$^{-1}$) | 均衡因子 | 调整后的人均生态足迹/($hm^2$·人$^{-1}$) | 构成比例/% | 生物生产性土地类型 | 产量因子 | 人均面积/($hm^2$·人$^{-1}$) | 调整后的人均生态承载力/($hm^2$·人$^{-1}$) | 构成比例/% | |
| 建设用地 | 0.004 | 2.83 | 0.011 | 0.396 | 建设用地 | 1.644 | 0.018 | 0.083 | 10.34 | 0.072 |
| 牧草地 | 0.097 | 0.54 | 0.052 | 1.87 | 牧草地 | 11.582 | 0.008 | 0.047 | 5.92 | -0.005 |
| 林地 | 0.019 | 1.14 | 0.022 | 0.79 | 林地 | 2.18 | 0.103 | 0.257 | 32.137 | 0.235 |
| 化石能源用地 | 0.395 | 1.14 | 0.450 | 16.187 | 化石能源用地 | 0 | 0 | 0 | 0 | -0.450 |
| 果园 | 0.012 | 1.14 | 0.014 | 0.504 | 果园 | 3.183 | 0.004 | 0.014 | 1.778 | 0 |
| 桑园 | 0.001 | 1.14 | 0.001 | 0.036 | 桑园 | 1.021 | 0.001 | 0.001 | 0.145 | 0 |
| 茶园 | 0.000 9 | 1.14 | 0.001 | 0.036 | 茶园 | 0.777 | 0.001 | 0.001 | 0.122 | 0 |
| 水域 | 0.262 | 0.22 | 0.058 | 2.086 | 水域 | 29.297 | 0.009 | 0.058 | 7.222 | 0 |
| 人均生态足迹总量/($hm^2$·人$^{-1}$) | | 2.78 | | | 人均生态承载力总量/($hm^2$·人$^{-1}$) | | | 0.800 | — | -1.981 |
| 全市生态足迹总量/$hm^2$ | | 87 409 594（是全市面积的12.838倍） | | | 生物多样性保护面积/$hm^2$，扣除12% | | | 0.096 | — | — |
| | | | | | 可利用的人均生态承载力/($hm^2$·人$^{-1}$) | | | 0.704 | — | — |

从表3-8可知，2020年C市全市生态足迹总量是87 409 594 $hm^2$，是全市土地面积的12.838倍；人均生态足迹总量是2.78 $hm^2$，可利用人均生态承载力总量是0.704 $hm^2$，人均生态赤字高达1.981 $hm^2$。由此可见，人们经济社会活动对本市生态经济系统的影响力已远远超过了其生态承载力，其当前的发展是不可持续的。具体分析结果如下：

（1）全市生态生产性土地面积供需总量失衡，矛盾突出。人均生态足迹总量几乎是可利用人均生态承载力的4倍；而生态足迹计算中的低估现象是不可避免的，因此实际生态赤字会比计算结果还要大。

(2)生态赤字一般是靠贸易和消耗自然资源来弥补,而全市的进出口贸易量却未能弥补生态赤字,因此大部分靠消耗自然资源存量来弥补地区生态承载力的不足,这可能会加大生态赤字。

(3)2020 年全市生态足迹需求主要为耕地(占总生态足迹需求的 78.09%),其次为化石能源用地(占总生态足迹需求的 16.187%);而水域、牧草地足迹需求位列第三、四位,比重分别仅占 2.086%、1.87%;林地、建设用地、果园、桑园、茶园的生态足迹需求也太小。

(4)2020 年全市生态足迹供给方面,耕地和林地所占比例最大,分别为 42.32%、32.137%;其次是建设用地、水域和牧草地,分别占 10.34%、7.222%、5.92%。

(5)2020 年全市生态赤字主要来源于耕地和化石能源用地,尤其是耕地赤字占全市生态赤字的 92.53%。林地有生态盈余且最大,为 0.235 $hm^2 \cdot 人^{-1}$;其次是建设用地,为 0.072 $hm^2 \cdot 人^{-1}$。

(6)建设用地的开发强度(生态足迹需求与供给的比值)不够,仅有 13.25%,说明城镇化潜力很大。林地开发强度也不大,为 8.56%,说明一方面生态退耕政策落实有力和林地保护工作做得好;另一方面在此基础上也要加强林业建设,调整林地内部结构,提高经济林比重。

(7)C 市牧草地和水域的生产能力比较强,分别几乎为世界平均水平的 12 倍和 30 倍,但在 2020 年的生产状况下,牧草地和水域开发强度已分别达到 110.64%、100%,原有的畜牧养殖业和水产养殖业的生产方式已不适合现在的社会发展需要,若要进一步提高草场和水域的生态承载能力,则必须对草种和鱼种等进行改良,并对生产力布局进行调整。

## 典型例题

**【背景】**

为衡量 B 市可持续发展水平,某咨询公司应用生态足迹法对 B 市资源环境承载力进行评价,相关数据如表 3-9 所示。

表 3-9　B 市人均消费和现存的生物生产性土地面积

| 土地类型 | 人均消费生物生产性土地面积($A_i$,$hm^2$/人) | 人均现有生物生产性土地面积($a_i$,$hm^2$/人) | 均衡因子 $\lambda_i$ | 产量因子 $\gamma_i$ |
|---|---|---|---|---|
| 耕地 | 180 | 325 | 2.39 | 1.86 |
| 草地 | 325 | 159 | 0.51 | 0.12 |
| 林地 | 1 250 | 508 | 1.25 | 1.50 |
| 水域 | 43 | 125 | 0.41 | 0.20 |
| 建设用地 | 14 | 1 | 2.39 | 5.8 |
| 化石燃料 | 603 | 0 | 1.25 | 0 |

**问题：**

1. 分别计算 B 市的人均生态足迹和人均生态承载力。

2. 计算 B 市的生态盈亏，并据此进行判断和分析。

【答案】

1. B 市的人均生态足迹 $=180\times2.39+325\times0.51+1\,250\times1.25+43\times0.41+14\times2.39+603\times1.25=2\,963.29(\mathrm{hm}^2/人)$。

B 市的人均生态承载力 $=325\times2.39\times1.86+159\times0.51\times0.12+508\times1.25\times1.50+125\times0.41\times0.20+1\times2.39\times5.8+0=2\,431.10(\mathrm{hm}^2/人)$。

B 市可利用的人均生态承载力 $=2\,431.10\times(1-12\%)=2\,139.37(\mathrm{hm}^2/人)$。

2. B 市的生态盈亏 $=2\,139.37-2\,963.29=-823.92(\mathrm{hm}^2/人)$。

B 市的生态盈亏为负值，表明 B 市处于生态赤字，该地区人类负荷已经超过了其生态容量，正面临着不可持续的发展局面。从资源环境承载力的角度分析，B 市的人类活动过于密集，对资源环境产生了巨大压力。B 市需要在当前经济技术条件下，按照生态系统容量空间范围，提高资源和能源效率，逐步建立与生态系统容量相适应的绿色发展模式。

# 第五节　其他分析方法

## 一、层次分析法

### （一）基本内容

层次分析法的基本原理及计算方法已在本书第一章详细讲解，本部分内容主要介绍层次分析法应用于资源环境承载力分析的主要模型。

生态环境承载力综合评价一般将评价体系分成以下三个等级：

（1）一级评价指标体系反映生态系统的弹性度。

（2）二级评价指标体系反映资源—环境承载力。

（3）三级评价指标体系反映生态系统压力度。

每个等级的评价体系指标又需要分为目标层、准则层、指标层和分指标层，与层次分析法相嵌套。

通过计算三级评价指标体系的结果，最终对生态承载力进行综合评价。

以上三个等级评价指标体系的结果分值越高，则表示生态系统的承载稳定性越高、现实承载力越高、所受压力越大。

**链接**

根据生态承载力定义，生态可持续承载需满足三个条件：压力作用不超过生态系统的弹性度；资源供给能力大于需求量；环境对污染物的消化容纳能力大于排放量。

### （二）应用层次分析法进行资源环境承载力分析

镇江市位于31°37′～32°19′N、118°58′～119°58′E，毗邻南京、常州，与扬州、泰州隔江相望，是长江三角洲地区、太湖流域的核心腹地。气候类型属亚热带季风气候，夏季高温炎热，冬季温和湿润，降水丰沛，四季分明。镇江地处江南平原与丘陵山地间的过渡地带，丘陵岗地面积占比63.4%，圩区、洲地占19.5%，平原占17.1%，地形地貌较为复杂。2016年，镇江市下辖京口、润州、丹徒3个区，代管句容、丹阳、扬中3个市。据2016年数据资料显示，镇江市全市土地总面积3 848 $km^2$，约占全国土地总面积的0.04%；总人口311万人，人均土地面积0.001 2 $km^2$，仅为全国人均土地面积0.007 0 $km^2$ 的17%，人地矛盾突出。2016年，镇江市人均及地均生产总值分别为12.1万元和1亿元，为同年国内人均及地均生产总值5.4万元和775万元的224%与1 290%。与此同时，据2016年《镇江市环境状况公报》显示，镇江市空气环境、水环境、声环境等虽有所改善，但7个辖市区环境空气质量仍均未达到2级标准要求，地表水环境质量仍总体处于轻度污染状态，主要内陆河流底栖动物物种多样性评价等级均为贫乏，且全年接报10起突发环境污染事故。由此可见，镇江市社会经济的发展仍以对资源环境的过度占用为代价。

#### 1. 指标体系构建

资源环境承载力作为一个综合性的概念，涵盖了资源、环境、社会和经济等多方面的因素。基于资源环境承载力的内涵，本研究中资源环境承载力评价指标体系中指标的选取除应遵循科学性、系统性、可操作性3项普适性特征外，还应考虑镇江市资源、环境与社会、经济发展的自身特点以及数据的可获得性特征。

基于“长江经济带”与“宁镇扬一体化”等区域发展战略实施背景，参照历年《镇江市统计年鉴》《环境质量状况公报》，本研究构建了镇江市资源环境承载力评价指标体系。该指标体系将目标层资源环境承载力 $A$ 分为准则层四项指标：资源承载力（$B_1$）、环境承载力（$B_2$）、社会承载力（$B_3$）和经济承载力（$B_4$）；指标层八项指标：资源状况承载力（$C_1$）、水环境承载力（$C_2$）、大气承载力（$C_3$）、固废承载力（$C_4$）、生活水平承载力（$C_5$）、人口承载力（$C_6$）、基础设施承载力（$C_7$）、经济发展承载力（$C_8$）；共涵盖指标层（$D_1$～$D_{47}$）四十七个具体指标（如表3-10所示）。

表3-10　镇江市资源环境综合承载力评价指标体系

| $A$ 层目标层及其权重 | $B$ 层准则层及其权重 | $C$ 层指标层及其权重 | 分指标层 | 指标权重 | 指标性质 |
|---|---|---|---|---|---|
| 资源环境承载力 $A$(1) | 资源子系统承载力（$B_1$）（0.244 1） | 资源状况（$C_1$）(0.244 1) | $D_1$ 市区人均日生活用水量/L | 0. 048 83 | 负向指标 |
| | | | $D_2$ 全社会人均用电量/(kW·h) | 0. 048 83 | 负向指标 |
| | | | $D_3$ 耕地总面积/$km^2$ | 0. 048 83 | 正向指标 |
| | | | $D_4$ 市区人均园林绿地面积/$hm^2$ | 0. 024 41 | 正向指标 |
| | | | $D_5$ 市区人均公园绿地面积/$m^2$ | 0. 024 41 | 正向指标 |
| | | | $D_6$ 人均原煤消耗量/t | 0. 048 83 | 负向指标 |

（续表）

| A层目标层及其权重 | B层准则层及其权重 | C层指标层及其权重 | 分指标层 | 指标权重 | 指标性质 |
|---|---|---|---|---|---|
| 资源环境承载力A(1) | 环境子系统承载力($B_2$)(0.345 3) | 水环境($C_2$)(0.129 5) | $D_7$单位工业产值工业废水排放量/(t/元) | 0.003 55 | 负向指标 |
| | | | $D_8$污水处理厂集中处理率/% | 0.003 55 | 正向指标 |
| | | | $D_9$城市污水COD去除量/t | 0.010 82 | 正向指标 |
| | | | $D_{10}$城市污水氨氮去除量/t | 0.026 60 | 正向指标 |
| | | | $D_{11}$城市生活污水处理量/t | 0.026 60 | 正向指标 |
| | | | $D_{12}$城市工业污水处理量/t | 0.026 60 | 正向指标 |
| | | | $D_{13}$饮用水源水质达标率/% | 0.013 68 | 正向指标 |
| | | | $D_{14}$城市地面水质达标率/% | 0.010 99 | 正向指标 |
| | | | $D_{15}$工业重复用水率/% | 0.003 48 | 正向指标 |
| | | | $D_{16}$(工业)废水治理设施处理能力/(t/d) | 0.003 60 | 正向指标 |
| | | 大气环境($C_3$)(0.129 5) | $D_{17}$单位工业产值工业二氧化硫排放量/(t/元) | 0.004 95 | 负向指标 |
| | | | $D_{18}$单位工业产值工业烟(粉)尘排放量/(t/元) | 0.004 95 | 负向指标 |
| | | | $D_{19}$城市空气质量优良率/% | 0.015 70 | 正向指标 |
| | | | $D_{20}$工业废气排放量/($Nm^3$) | 0.016 59 | 负向指标 |
| | | | $D_{21}$二氧化氮平均值/($mg/m^3$) | 0.005 25 | 负向指标 |
| | | | $D_{22}$二氧化硫日平均值/($mg/m^3$) | 0.013 43 | 负向指标 |
| | | | $D_{23}$可吸入颗粒物(PM10)日平均值/($mg/m^3$) | 0.015 43 | 负向指标 |
| | | | $D_{24}$区域环境噪声平均值(昼)/dB | 0.014 40 | 负向指标 |
| | | | $D_{25}$汽车尾气达标率/% | 0.005 01 | 正向指标 |
| | | | $D_{26}$(工业)废气治理设施处理能力/($Nm^3/h$) | 0.033 77 | 正向指标 |
| | | 固废环境($C_4$)(0.086 3) | $D_{27}$生活垃圾无害化处理率/% | 0.039 70 | 正向指标 |
| | | | $D_{28}$工业废物综合利用率/% | 0.019 09 | 正向指标 |
| | | | $D_{29}$工业危险废物处置率/% | 0.027 53 | 正向指标 |

（续表）

| A层目标层及其权重 | B层准则层及其权重 | C层指标层及其权重 | 分指标层 | 指标权重 | 指标性质 |
|---|---|---|---|---|---|
| 资源环境承载力A(1) | 社会子系统承载力($B_3$)(0.205 3) | 生活水平($C_5$)(0.051 3) | $D_{30}$人均社会消费品总额/元 | 0.010 19 | 正向指标 |
| | | | $D_{31}$在岗职工平均工资/元 | 0.017 80 | 正向指标 |
| | | | $D_{32}$恩格尔系数/% | 0.023 33 | 负向指标 |
| | | 人口($C_6$)(0.051 3) | $D_{33}$人口自然增长率/% | 0.017 11 | 正向指标 |
| | | | $D_{34}$市区人口密度/(人/$km^2$) | 0.017 11 | 正向指标 |
| | | | $D_{35}$城镇化率/% | 0.017 11 | 正向指标 |
| | | 基础设施($C_7$)(0.102 6) | $D_{36}$市区每万人拥有公共汽车(标台)/辆 | 0.008 45 | 正向指标 |
| | | | $D_{37}$市区建成区绿化率/% | 0.016 21 | 正向指标 |
| | | | $D_{38}$人均固定资产投资/元 | 0.028 67 | 正向指标 |
| | | | $D_{39}$人均货运量/t | 0.008 45 | 正向指标 |
| | | | $D_{40}$人均客运量/人 | 0.008 45 | 正向指标 |
| | | | $D_{41}$城市燃气普及率/% | 0.016 21 | 正向指标 |
| | | | $D_{42}$地方节能环保财政支出/元 | 0.016 21 | 正向指标 |
| | 经济子系统承载力($B_4$)(0.205 3) | 经济发展($C_8$)(0.205 3) | $D_{43}$人均GDP/元 | 0.080 88 | 正向指标 |
| | | | $D_{44}$规模以上人均工业总产值/元 | 0.025 45 | 正向指标 |
| | | | $D_{45}$人均地方财政收入/元 | 0.048 06 | 正向指标 |
| | | | $D_{46}$人均研究与试验(R&D)经费支出/元 | 0.025 45 | 正向指标 |
| | | | $D_{47}$城镇常住居民人均可支配收入/元 | 0.025 45 | 正向指标 |

## 2. 数据标准化

由于原始数据的量纲和数量级的不同，为保证各指标在综合分析中的可比性和分析结果的准确性，本研究采用Min－Max标准化方法对原始数据进行标准化处理，标准化后指标值介于0～1。

正向指标处理：

$$I_{ij}=\frac{R_{ij}-R_{j,\min}}{R_{j,\max}-R_{j,\min}}$$

负向指标处理：

$$I_{ij}=\frac{R_{j,\min}-R_{ij}}{R_{j,\max}-R_{j,\min}}$$

式中 $I_{ij}$——经过标准化处理后的数据；

$R_{ij}$——原数据；

$R_{j,\max}$——指标数据$R_j$的最大值；

$R_{j,\min}$——指标数据$R_j$的最小值。

### 3. 评价指标权重

指标权重作为该指标对评价结果影响力的定量表达,对评价结果有着重要影响。确定评价指标权重的方法众多,层次分析法因其原理简单、有较严格的数学依据,而被广泛应用于复杂系统的分析与决策。具体步骤如下:

(1)建立层次结构。在镇江市的环境承载力指标中,按照指标性质及其所反映的问题,将指标分类,纳入 $A$(目标层),$B$(准则层),$C$(指标层),$D$(分指标层)的递阶层次结构中,建立指标体系层次模型。

(2)构造各层次判断矩阵。根据递阶层次结构,将每一层次的各要素相对于上一层次的各要素按相对重要性程度赋予其相应的权重。层次分析法使用 1 ~9 标度法,将各指标按重要性程度进行两两比较,建立判断矩阵。计算判断矩阵的最大特征值及其特征向量,进行层次单排序。

(3)一致性检验。根据(2)的计算结果及下列公式,检验一致性。对于未通过一致性检验的判断矩阵进行调整。

$$CR = \frac{CI}{RI} = \frac{\sum_{i=1}^{n} B_i CI_i}{\sum_{i=1}^{n} B_i RI_i}$$

$$\frac{CI = \lambda_{max} - n}{n - 1}$$

(4)层次总排序利用层次单排序的计算结果,进行层次总排序,即进一步综合出各层要素相对于上一层某要素的重要性排序,通过判断矩阵的一致性检验明确该指标体系中各指标的绝对权重。

### 4. 评价模型

基于构建的评价指标体系以及数据、方法的选择按照加权法,将镇江市资源环境承载力评价指标体系层次总排序结果与标准化后的原始数据矩阵相乘,即得到 2009 ~2016 年各指标的资源环境承载力值。根据各层子系统的权重进行计算整理后进一步得到各准则层、指标层子系统和目标层综合系统的承载力数值。具体计算公式如下:

$$V = \sum I_{ij} \cdot W_j。$$

式中　$V$——承载力值计算结果;

$I_{ij}$——经过标准化处理的指标数据;

$W_j$——该指标权重。

### 5. 资源环境承载力评价及结果分析

2009 ~2016 年镇江市 8 项指标层承载力评价结果如表 3-11 所示。

表 3-11　指标层承载力值计算结果

| 指标 | 不同年份指标层承载力值 | | | | | | | |
|---|---|---|---|---|---|---|---|---|
| | 2009 年 | 2010 年 | 2011 年 | 2012 年 | 2013 年 | 2014 年 | 2015 年 | 2016 年 |
| 资源状况($C_1$) | 0.113 4 | 0.125 9 | 0.162 8 | 0.116 8 | 0.104 6 | 0.104 5 | 0.159 4 | 0.122 7 |
| 水环境($C_2$) | 0.025 0 | 0.046 8 | 0.069 4 | 0.085 8 | 0.099 8 | 0.111 9 | 0.109 6 | 0.115 1 |
| 大气环境($C_3$) | 0.070 4 | 0.055 1 | 0.080 1 | 0.090 7 | 0.036 9 | 0.035 2 | 0.053 9 | 0.062 5 |

（续表）

| 指标 | 不同年份指标层承载力值 | | | | | | | |
|---|---|---|---|---|---|---|---|---|
| | 2009 年 | 2010 年 | 2011 年 | 2012 年 | 2013 年 | 2014 年 | 2015 年 | 2016 年 |
| 固废环境($C_4$) | 0.072 8 | 0.071 4 | 0.082 8 | 0.081 4 | 0.081 2 | 0.084 1 | 0.086 3 | 0.067 2 |
| 生活水平($C_5$) | 0.004 6 | 0.002 9 | 0.011 2 | 0.016 1 | 0.024 9 | 0.042 6 | 0.046 3 | 0.050 8 |
| 人口($C_6$) | 0.004 6 | 0.020 6 | 0.017 0 | 0.037 8 | 0.027 2 | 0.028 0 | 0.032 2 | 0.034 3 |
| 基础设施($C_7$) | 0.008 4 | 0.032 5 | 0.038 6 | 0.053 0 | 0.059 0 | 0.058 7 | 0.065 4 | 0.083 2 |
| 经济发展($C_8$) | 0.000 0 | 0.033 1 | 0.074 5 | 0.098 5 | 0.138 3 | 0.162 3 | 0.187 2 | 0.205 1 |

(1)2016 年，各指标承载力按从大到小排序依次为：经济发展 > 资源状况 > 水环境 > 基础设施 > 固废环境 > 大气环境 > 生活水平 > 人口。

(2)与 2009 年相比，2016 年 8 项承载力中排序上升的是经济发展承载力、水环境承载力和基础设施承载力；排序下降的是资源状况承载力、固废环境承载力和大气环境承载力；承载能力较低且排名靠后的是生活水平承载力和人口承载力。

(3)8 年间，承载能力持续增加的是水环境承载力、生活水平承载力、基础设施承载力及经济发展承载力，增加值分别为 0.090 1，0.046 2，0.074 8 和 0.205 1；按增长程度排序依次表现为经济发展(2009 年标准化后基数为 0) > 生活水平(11 倍) > 基础设施(9 倍) > 水环境(4 倍)。其中，经济发展系统中人均 GDP、规模以上人均工业总产值、人均地方财政收入、人均 R&D 经费支出及城镇常住居民人均可支配收入的持续增长，是经济发展承载力增加的主要原因；城市工业污水处理量，城市污水 COD、氨氮去除量及城市生活污水处理量的大幅、持续增长是水环境承载力增加的主要原因；生活水平承载力的增加主要得益于人均社会消费品总额及在岗职工平均工资两项分指标；基础设施承载力的增加得益于人均固定资产投资、市区建成区绿化率及城市燃气普及率三项分指标。

(4)8 年间，人口承载力除 2011 ~ 2013 年间出现波动外，总体呈现持续增加的趋势。市区人口密度与城市化率是促使人口承载力持续增加的主要原因，而人口自然增长率的变动则导致 2012 年人口承载力拐点的出现。

(5)8 年间，资源状况、大气环境及固废环境承载力呈现出波动变化。其中，资源状况承载力总体增加 0.009 3，大气环境和固废环境承载力总体下降 0.007 9 和 0.005 6。分析发现：市区人均日生活用水量、耕地总面积、市区人均园林绿地面积、市区人均公园绿地面积的波动增加，是驱使资源状况承载力总体上升的主要原因；城市空气质量优良率、工业废气排放量、(工业)废弃治理设施处理能力以及工业危险废物处置率不同程度的波动下降则使得大气环境和固废环境承载力总体下降。

### 6. 准则层承载力评价

2009 ~ 2016 年镇江市四项准则层承载力评价结果如图 3-5 所示。

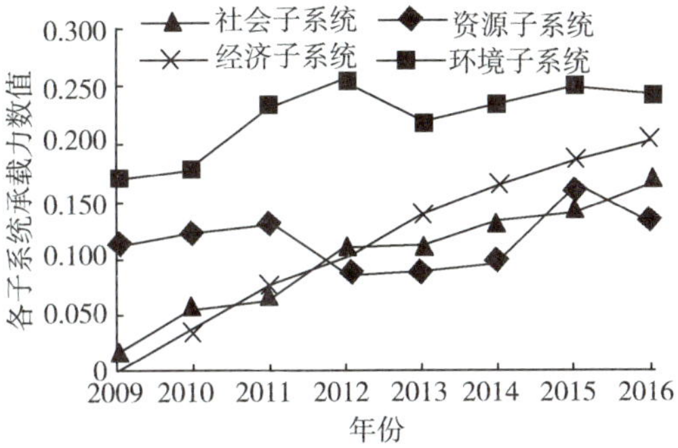


图 3-5 不同年份镇江市各子系统承载力

(1)2009 年,准则层承载能力从大到小排序依次为:环境子系统 > 资源子系统 > 社会子系统 > 经济子系统;2016 年则表现为环境子系统 > 经济子系统 > 社会子系统 > 资源子系统。与 2009 年相比,2016 年经济、社会子系统承载能力排序上升,而资源子系统排序下降,环境子系统排序不变。

(2)整体而言,资源子系统承载力从 2009 年的 0.113 4 增加至 2016 年的 0.122 7,增加值为 0.009 3,增长率为 8.2%,年均增长率 1.13%,呈现出先上升、后下降、再上升、再下降的波动变化趋势。如前所述,驱使资源子系统承载力增长的主要原因为市区人均日生活用水量、耕地总面积、市均人均园林绿地面积、市均人均公园绿地面积四个分指标;而全社会人均用电量及人均原煤消耗量的变化,是驱使该系统承载力波动变化的主要原因。

(3)环境子系统承载力从 2009 年的 0.168 2 增加至 2016 年的 0.244 7,增加值为 0.076 5,增长率为 45.48%,年均增长率 5.51%,同样呈现出先上升、后下降、再上升、再下降的波动变化趋势。水环境承载力的持续增加是环境子系统承载能力提升的主要贡献者,而大气环境与固废环境承载能力的变化是环境子系统承载能力呈现波动变化的主要原因。

(4)社会子系统承载力从 2009 年的 0.017 6 增加至 2016 年的 0.168 3,增加值为 0.150 7,年均增长率达到 38.15%,总体增长接近 9 倍,且呈现持续增长态势。生活水平($C_5$)与基础设施($C_7$)的持续增长以及人口($C_6$)的波动上升是社会子系统承载力变化的主要原因。

(5)经济子系统承载力呈现大幅上升趋势,其所有分指标均呈持续上升态势。

### 7. 目标层承载力评价

镇江市资源环境承载力计算结果如图 3-6 所示。

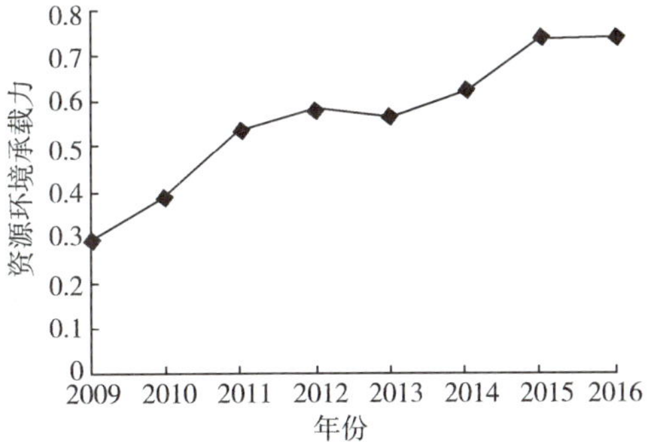


图 3-6 不同年份镇江市资源环境承载力

图 3-6 显示:镇江市资源环境承载力从 2009 年的 0.299 0 增长至 2016 年的 0.740 8,增加值为 0.441 8,总体增长 1.4 倍,呈现出波动上升态势。综合分析发现,镇江市资源环境承

载力的整体提升主要得益于社会、经济子系统及水环境指标承载力的持续增加，而其波动变化主要受资源系统承载力及大气、固废环境指标承载力变化影响所致。分析发现，镇江市资源环境与社会经济的发展主要存在如下问题：

（1）四大子系统承载力发展不均。经济、社会子系统承载力的增长速率明显高于同期环境、资源子系统。资源、环境子系统发展的相对滞后凸显了镇江市资源、环境与社会、经济发展的不相适应问题。

（2）指标子系统及各分指标承载力同样发展不均。在环境子系统中，大气、固废环境承载力的年均增长率分别为 -1.69% 和 -1.13%，相对于水环境承载力年均增长率 24.37% 发展偏缓。社会子系统中，生活水平、基础设施承载力年均增长率分别为 41.09%、38.75%，其增幅明显大于人口承载力年均增长率 33.41%。针对资源状况，市区人均日生活用水量、耕地总面积、市区人均园林绿地面积、市区人均公园绿地面积四个分指标的发展变化优于全社会人均用电量、人均原煤消耗量的变化。针对水环境，城市工业污水处理量，城市污水 COD、氨氮去除量及城市生活污水处理量的进步显著优于该系统中其他分指标的发展等。

（3）资源子系统发展的相对滞后引发资源枯竭。相较于其他子系统的发展，资源子系统的增加值、增长速度和增长幅度均相对缓慢。伴随镇江市 GDP 从 $1.672\times10^{11}$ 元增加至 $3.843\times10^{11}$ 元，万元 GDP 能耗虽从 0.557 4 t 标准煤降至 0.543 9 t 标准煤，但综合能源消费总量却从 $9.32\times10^{6}$ t 标准煤迅速升至 $2.09\times10^{7}$ t，能源消耗依然以原煤、石油等不可再生资源为主，清洁能源所占比重有待提高。随着工业化、城市化进一步推进，镇江市资源能源约束不断加剧。

（4）大气环境与固废环境指标发展的相对滞后引发环境污染。如镇江市的城市空气质量优良率从 2009 年的 89% 波动下降至 2016 年的 76%，工业废气排放量（$D_{20}$）同期从 $1.894\times10^{11}$ $m^3$/N增加至 2016 年的 $2.439\times10^{11}$ $m^3$/N，（工业）废气治理设施处理能力（$D_{26}$）则在增加至 $0.61\times10^{4}$ $m^3$/N 后又持续降至 2016 年的 $0.28\times10^{4}$ $m^3$/N。在经济总量持续增长、煤炭用量和污染物产生量持续增加的情况下，污染物排放强度和能耗强度下降的速度难以维持，低效能高污染的工业发展仍然是镇江环境污染的主要来源之一。

## 二、能值分析法

“能值分析法”是目前国内外较为普遍运用的资源环境承载力评价方法。能值是“某种流动或储存的能量所包含的另一种类别能量的数量”，“产品或劳务形成过程中，直接或间接投入应用的一种有效能总量，就是其所具有的能值”。能值分析目前主要集中于基于这一方法对某一地区或城市的资源环境承载力及可持续发展的评价。

能值分析法采用能值作为统一量纲，简化了生态过程，以 ESI（能值可持续指标）的大小来评价生态环境系统的超载情况。但该方法存在着一些缺点，主要体现在以下方面：

（1）对于特定地区的计算方式略显粗糙，大多数情况只用于国家或国际范围内的分析。

（2）计算因子较少，难以体现复杂系统的非线性特征。

（3）对于指标临界值的选取缺乏科学的依据。

## 三、系统动力学方法

系统动力学法由麻省理工学院弗雷斯特创立，用以研究信息反馈系统。此方法通过建立模型，研究各个变量的相互作用关系。在环境承载力的研究中，通过调整指标体系，运用系统动力学模型对拟定的不同发展模式进行模拟和预测，寻找最低承载力所对应的最佳发展模式。在量化环境承载力的各类方法中，系统动力学应用较多。该法主要用于对系统进行的动态模拟和预测，关注系统内部各因子之间的各种反馈关系，适用于空间尺度大、系统较为复杂的区域资源与环境承载力分析评估。

其主要应用步骤如下：

(1)系统流图设计。根据系统内部各因素之间的关系设计系统流图，目的是反映各因素因果关系、不同变量的性质和特点。流图中一般包含两种重要变量：状态变量和变化率。

(2)主要状态方程描述与模型构建。根据环境承载能力及系统要素之间的反馈关系，建立描述各类变量的数学方程，通常包括状态方程、常数方程、速率方程、表函数、辅助方程等。

(3)模型的仿真计算。将各规划方案确定的不同输入变量，通过仿真运算，得出不同规划方案下的资源环境承载力、国内生产总值、人口数、资源条件、环境质量等指标，并通过对比分析进行方案比选。

## 四、模糊评价法

模糊数学是用数学方法研究和处理客观存在的模糊现象的一门新兴学科，是利用模糊集理论进行评价的一种方法。自美国加利福尼亚大学的查得教授于 1965 年发表《模糊集合论》一文之后，模糊数学便作为一门新兴的数学学科而诞生了。

模糊评价法的优点是：数学模型简单，容易掌握，对多因素、多层次的复杂问题评判效果比较好，是别的数学分支和模型难以代替的方法。这种模型应用广泛，在许多方面，采用模糊综合评判的实用模型取得了很好的经济效益和社会效益。

模糊评价方法的步骤：

(1)建立评价对象的因素集。

(2)建立权重集。

(3)确定隶属关系，建立评价矩阵。

(4)模糊综合评价。

(5)计算每个评价对象的综合分值。

## 五、TOPSIS 法

TOPSIS 法是根据有限个评价对象与理想化目标的接近程度进行排序的方法，是在现有的对象中进行相对优劣的评价。TOPSIS 法是一种逼近于理想解的排序法，该方法只要求各效用函数具有单调递增(或递减)性就行，可评估区域资源环境承载力，并能够全面客观地反映区域资源环境承载力的动态及变化趋势。

TOPSIS 法的基本原理是通过检测评价对象与最优解、最劣解的距离来进行排序，若评价对象最靠近最优解同时又最远离最劣解，则为最好；否则不为最优。其中最优解的各指标值都达到各评价指标的最优值。最劣解的各指标值都达到各评价指标的最差值。

TOPSIS 法的步骤：

(1)构建评价指标体系。

(2)构建标准化评价矩阵。

(3)构建评价矩阵。

(4)确定正负理想解。

(5)计算距离。

(6)计算评价对象与理想解的贴近度。

## 六、供给需求差量法

王中根、夏军在《区域生态环境承载力的量化方法研究》一文中认为,区域生态承载力体现了一定时期、一定区域的生态环境系统,对区域社会经济发展和人类各种需求(生存需求、发展需求和享乐需求)在量(各种资源)与质(生态环境质量)方面的满足程度。

因此,区域生态环境承载力分析与评价可以从该地区现有的各种资源量($P_i$)与当前发展模式下社会经济对各种资源的需求量($Q_i$)之间的差量关系[如$(P_i - Q_i)/Q_i$],以及该地区现有的生态环境质量($CBPI_i$)与当前人们所需求的生态环境质量($CBQI_i$)之间的差量关系[如$(CBPI_i - CBQI_i)/CBPI_i$]入手。

## 七、主成分分析法

主成分分析也称主分量分析,旨在利用降维的思想,把多指标转化为少数几个综合指标。在实证问题研究中,为了全面、系统地分析问题,我们必须考虑众多影响因素。这些涉及的因素一般称为指标,在多元统计分析中也称为变量。因为每个变量都在不同程度上反映了所研究问题的某些信息,并且指标之间彼此有一定的相关性,因而所得的统计数据反映的信息在一定程度上有重叠。在用统计方法研究多变量问题时,变量太多会增加计算量和增加分析问题的复杂性,人们希望在进行定量分析的过程中,涉及的变量较少,得到的信息量较多。主成分分析正是适应这一要求产生的,是解决这类问题的理想工具,其主要目的是希望用较少的变量去解释原来资料中的大部分变量,将我们手中许多相关性很高的变量转化成彼此相互独立或不相关的变量。通常是选出比原始变量个数少,能解释大部分资料中变量的几个新变量,即所谓主成分,并用以解释资料的综合性指标。由此可见,主成分分析实际上是一种降维方法。

该方法的优点主要体现在两个方面:

(1)权重确定的客观性。

(2)评价结果真实可靠。

主成分分析研究的是变量之间的相关关系,通过变量相关矩阵内部结构的研究,找出控制所有变量的几个主成分,它的一般步骤为:

(1)确定分析变量,收集数据资料。

(2)对原始数据进行标准化处理,主要是为了消除量纲不同带来的影响。

(3)对标准化后的数据进行相关系数矩阵计算。

(4)计算相关系数矩阵的特征值和特征向量,并按照特征值大小排序。

(5)计算各主成分的贡献率和累积贡献率。

(6)确定主成分个数,一般选取累积贡献率85%以上的主成分。

(7)以各主成分的贡献率为权重进行综合评价。

**提示**

学习本节时,需重点掌握层次分析法的内容,其他方法的内容简单了解即可。

# 第四章 战略分析

## 第一节 市场战略类型

市场战略是指企业为实现其经营目标,在复杂的市场环境下制定的一定时期内的市场营销总体规划。市场战略一般分为三个层次,分别为总体战略、基本竞争战略和职能战略。

### 一、总体战略

总体战略的主要目的是确定企业的发展方向和目标,明确企业应该进入或退出哪些领域,选择或者放弃哪些业务。常见的总体战略包括以下三种战略。

#### (一)稳定战略(防御型)

限于经营环境和内部条件,只能基本保持在战略起点和范围的战略,含无变化战略和利润战略等。

#### (二)撤退战略(退却型)

在没有发展或发展潜力极小的领域退出,含紧缩战略、转向战略和放弃战略。

#### (三)发展战略(进攻型、增长型)

充分利用外部机会,挖掘企业内部优势资源,以求更高层次的发展,是大多数企业的基本选择。

发展战略的实现方式有内部发展(产品开发、直接投资等)和外部发展(并购、战略联盟)。

发展战略根据侧重点不同,可细分为:

(1)新领域进入战略。为摆脱现有产业困境或发现了新的产业成长机会而采取的产业和市场拓展战略。

(2)一体化战略。一体化战略分为纵向(垂直)一体化和横向(水平)一体化。纵向一体化战略实现的主要方式是联合企业产品的上下游生产企业,以此来实现共同发展。横向一体化战略实现的主要方式是联合同行业企业,实现规模的扩大化,以降低生产成本,巩固市场地位。

(3)多元化战略。多元化战略分为相关多元化战略和不相关多元化战略。相关多元化战略是基于企业现有技术和设备水平,发展与现有产品和服务不同的新产品和新服务;不相关多元化战略则是指发展与现有产品完全不相关的新产品的战略。

提示

企业总体战略的选择一般基于竞争能力分析后进行,在实际考试当中,与竞争能力分析会同时考查。

## 二、基本竞争战略

基本竞争战略有三种,即成本领先战略、差异化战略、集中化战略。企业必须从这三种战略中选择一种,作为其主导战略。要么把成本控制到比竞争者更低的程度;要么在企业产品和服务中形成与众不同的特色,让顾客感觉到你提供了比其他竞争者更多的价值;要么企业致力于服务于某一特定的市场细分、某一特定的产品种类或某一特定的地理范围。这三种战略架构上差异很大,成功地实施它们需要不同的资源和技能,由于企业文化混乱、组织安排缺失、激励机制冲突,夹在中间的企业还可能因此而遭受更大的损失。

### (一)成本领先战略

成本领先战略也称为低成本战略,是指企业通过有效途径降低成本,使企业的全部成本低于竞争对手的成本,甚至是在同行业中最低的成本,从而获取竞争优势的一种战略。根据企业获取成本优势的方法不同,我们把成本领先战略概括为如下几种主要类型:

(1)简化产品型成本领先战略:就是使产品简单化,即将产品或服务中添加的花样全部取消。

(2)改进设计型成本领先战略。

(3)材料节约型成本领先战略。

(4)人工费用降低型成本领先战略。

(5)生产创新及自动化型成本领先战略。

### (二)差异化战略

所谓差异化战略,是指为使企业产品与竞争对手产品有明显的区别,形成与众不同的特点而采取的一种战略。这种战略的核心是取得某种对顾客有价值的独特性。企业要突出自己产品与竞争对手之间的差异性,主要有以下四种基本的途径:

(1)产品差异化战略,产品差异化的主要因素有特征、工作性能、一致性、耐用性、可靠性、易修理性、式样和设计。

(2)服务差异化战略,服务的差异化主要包括送货、安装、顾客培训、咨询服务等因素。

(3)人事差异化战略,训练有素的员工应能体现胜任、礼貌、可信、可靠、反应敏捷、善于交流六大特征。

(4)形象差异化战略。

### （三）集中化战略

集中化战略也称为聚焦战略，是指企业或事业部的经营活动集中于某一特定的购买者集团、产品线的某一部分或某一地域市场上的一种战略。这种战略的核心是瞄准某个特定的用户群体，某种细分的产品线或某个细分市场。具体来说，集中化战略可以分为产品线集中化战略、顾客集中化战略、地区集中化战略、低占有率集中化战略。

采用集中化战略，要求具备下列四种条件：

（1）具有完全不同的用户群，这些用户或有不同的需求，或以不同的方式使用产品。

（2）在相同的目标细分市场中，其他竞争对手不打算实行重点集中战略。

（3）企业的资源不允许其追求广泛的细分市场。

（4）行业中各细分部门在规模、成长率、获利能力方面存在很大差异，致使某些细分部门比其他部门更有吸引力。

### （四）三种基本战略的特征和要求

三种基本战略的特征和要求如表 4-1 所示。

**表 4-1 三种基本战略的特征和要求**

| 特征和要求 | 成本领先战略 | 差别化战略 | 集中化战略 |
|---|---|---|---|
| 产品多样化 | 较低 | 较高 | 围绕特定目标 |
| 市场分割 | 面向大众和普通顾客 | 市场细分 | 一个或少数几个市场分割 |
| 基本能力要求 | 持续的资本投资和良好的融资能力；工艺加工技能高；生产管理严格；产品易于制造和大批量生产；低成本的分销系统 | 强大的营销、产品加工、创新能力；销售渠道高度配合；强调品牌、设计、服务和质量 | 针对具体目标，确定相应的各项能力组合 |
| 特殊能力需求 | 制造、物料管理能力 | 研发能力 | 集中战略下的各种能力 |
| 基本组织要求 | 组织职责明确、严格的定量目标激励；严格成本控制 | 研发、销售部门密切配合；重视主观评价和激励；宽松的工作氛围 | 针对具体战略目标，确定相应的组织要求 |

## 三、职能战略

职能战略是企业内部职能部门针对如何为企业总体战略提供服务而制定的战略，是实现企业目标的途径和方法。通常包括研发战略、人力资源战略、投资战略、生产战略、财务战略、营销战略等。

# 第二节　产品生命周期

## 一、产品生命周期基本概念

产品生命周期,亦称商品生命周期,是指产品从投入市场到更新换代和退出市场所经历的全过程,是产品或商品在市场运动中的经济寿命,也是在市场流通过程中由于消费者的需求变化以及影响市场的其他因素所造成的商品由盛转衰的周期,主要是由消费者的消费方式、消费水平、消费结构和消费心理的变化所决定的。

## 二、产品生命周期阶段划分

典型的产品生命周期一般可分为如下四个阶段:

(1)导入期。新产品投入市场,便进入导入期。此时,顾客对产品还不了解,只有少数追求新奇的顾客可能购买,销售量很低。为了扩展销路,需要大量的促销费用,对产品进行宣传。在这一阶段,由于技术方面的原因,产品不能大批量生产,因而成本高,销售额增长缓慢,企业不但得不到利润,反而可能亏损。产品也有待进一步完善。

(2)成长期。这时顾客对产品已经熟悉,大量的新顾客开始购买,市场逐步扩大。产品大批量生产,生产成本相对降低,企业的销售额迅速上升,利润也迅速增长。竞争者看到有利可图,将纷纷进入市场参与竞争,使同类产品供给量增加,价格随之下降,企业利润增长速度逐步减慢,最后达到生命周期利润的最高点。

(3)成熟期。市场需求趋向饱和,潜在的顾客已经很少,销售额增长缓慢直至转而下降,标志着产品进入了成熟期。在这一阶段,产品定型,技术成熟,行业增长速度减慢,竞争逐渐加剧,进入门槛较高,产品成本降低,促销费用增加,企业利润高。

(4)衰退期。随着科学技术的发展,新产品或新的代用品出现,将使顾客的消费习惯发生改变,转向其他产品,从而使原来产品的销售额和利润额迅速下降。于是,产品又进入了衰退期。

产品生命周期各阶段的特点和产品生命周期各阶段的战略特点如表 4-2 和表 4-3 所示。

**表 4-2　产品生命周期各阶段的特点**

| 因素 | 导入期 | 成长期 | 成熟期 | 衰退期 |
| --- | --- | --- | --- | --- |
| 市场容量 | 小 | 逐步扩大 | 逐渐饱和 | 迅速下降 |
| 生产规模 | 小 | 逐步提高,<br>生产能力不足 | 大规模生产,<br>生产能力剩余 | 生产能力严重<br>过剩,规模缩小 |
| 生产成本 | 高 | 逐步降低 | 最低 | 提高 |

（续表）

| 因素 | 导入期 | 成长期 | 成熟期 | 衰退期 |
| --- | --- | --- | --- | --- |
| 市场价格 | 高 | 不断降低 | 由竞争策略而定 | — |
| 产品质量 | 技术不稳定、技术相互竞争、质量低 | 技术趋于稳定、标准化、质量改进 | 技术稳定、标准化、质量稳定 | 便利品 |
| 市场竞争 | 少数企业 | 企业数量增加 | 企业众多，竞争激烈 | 企业逐步退出 |
| 消费者认知 | 认知度低，面向高收入人群 | 逐步提高向大众扩散 | 全面认同产品替代 | 逐渐放弃，新产品替代 |

表 4-3　产品生命周期各阶段的战略特点

| 因素 | 导入期 | 成长期 | 成熟期 | 衰退期 |
| --- | --- | --- | --- | --- |
| 投资策略 | 加强研发 | 重视市场开发 | 盈利最大化 | 回收投资 |
| 市场策略 | 广告宣传、开辟销售渠道 | 建立商标信誉、拓展销售渠道 | 市场份额竞争 | 选择市场区域、改善企业形象 |
| 生产经营 | 提高生产效率、开发标准产品 | 改进产品质量、增加产品品种 | 加强客户关系、降低成本 | 缩减生产能力、保持价格优势 |
| 财务 | 利用金融杠杆 | 支持生产改进 | 控制成本 | 提高管理效率 |
| 人事 | 促进员工适应生产和市场 | 发展生产/技术能力 | 提高生产效率 | — |
| 研发 | 掌握技术秘密 | 提高产品质量 | 降低成本、开发新品种 | 面向新的经济增长领域 |
| 成功关键点 | 产品创新市场培育 | 生产工艺创新、创立品牌、建立销售网络 | 规模经济生产、提高产品质量 | 缩减生产能力、压缩开支、缩小市场 |

## 三、产品生命周期曲线（PLC）的特点

在产品开发期间该产品销售额为零，公司投资不断增加；在导入期，销售缓慢，初期通常利润偏低或为负数；在成长期销售快速增长，利润也显著增加；在成熟期利润在达到顶点后逐渐走下坡路；在衰退期产品销售量显著衰退，利润也大幅度滑落。产品生命周期曲线如图 4-1 所示。

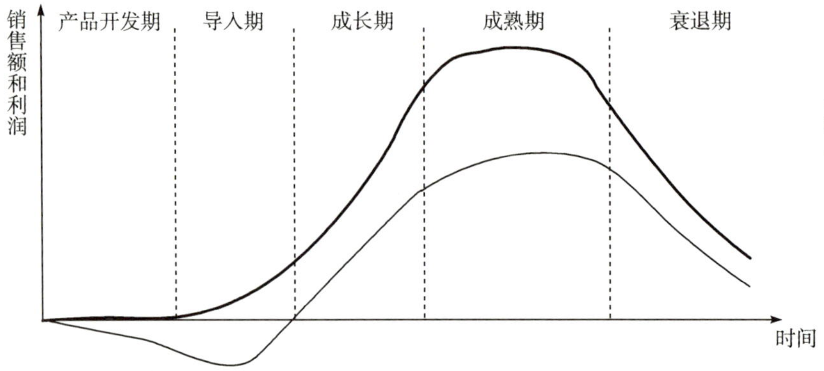


图 4-1　产品生命周期曲线

# 第三节　行业竞争结构分析

## 一、行业竞争结构分析概述

迈克尔·波特在行业竞争五力分析的基础上制定了行业竞争结构分析模型，从而可以使管理者从定性和定量两个方面分析行业竞争结构和竞争状况，以达到以下两个目的：

(1)分析确定五力中影响企业成败的关键因素。

(2)企业高层管理者从与这一集团因素相关的各因素中找出需要立即对付或处理的威胁，以便及时采取行动。

## 二、行业的竞争结构

不同行业存在不同的竞争结构，这种结构又主要由其市场形态所决定，我们可以借用经济学中市场形式的区分来分析行业的竞争结构。

根据竞争或垄断程度，市场可以分为完全竞争、寡头垄断、双头垄断和完全垄断 4 种形式。不同的行业可以归入不同的市场形式，它们也代表了不同的竞争结构。对比各类竞争结构，可以得出表 4-4 所示结论。

表 4-4　四种竞争结构对比

| 项目 | 完全竞争 | 寡头垄断 | 双头垄断 | 完全垄断 |
|---|---|---|---|---|
| 信息 | 完全的信息 | 信息不能完全获得 | | |
| 产品差异 | 同质产品 | 可能存在潜在的差异 | | |
| 市场集中度 | 大量公司 | 一些公司 | 两家公司 | 一家公司 |
| 进入和退出障碍 | 无障碍 | 明显障碍 | | 严重障碍 |

根据表 4-4 可以得出，判断竞争结构的类型主要可以通过市场集中度、进入和退出障碍两个方面统筹考虑。

完全竞争市场特点：存在大量买者和卖者，产品同质性、资源流动性、信息完全性较高。寡头垄断市场特点：厂商数目一般，互不依存，产品同质或异质，进出不易。双头垄断市场特点：厂商数目仅有两家，相互依存，产品同质或异质，进出不易。完全垄断市场特点：厂商数目唯一，一家厂商控制了某种产品的全部供给；完全垄断企业是市场价格的制定者；完全垄断企业的产品不存在任何相近的替代品；其他任何厂商进入该行业都极为困难或不可能，要素资源难以流动。

## 三、五力竞争模型

五力竞争模型是由美国著名战略管理专家迈克尔·波特提出的。

五种竞争力量：他认为，一个行业的竞争状况取决于五种基本竞争力量，即现有同行竞争者、潜在进入者、替代品、客户和供应商。其相互关系如图 4-2 所示。

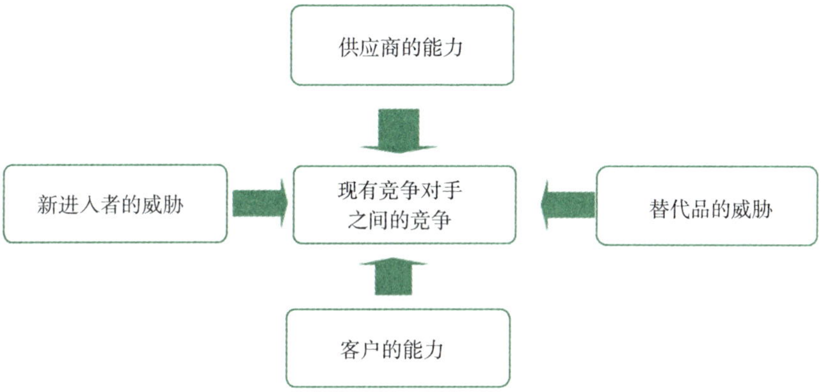


**图 4-2　波特五力竞争模型**

### （一）现有同行竞争对手

现有同行竞争对手是五因素中最重要的竞争力量，其决定了行业内竞争的激烈程度，分析问题时，应考虑下列因素影响：

（1）行业的发展阶段（增长情况）。

（2）行业内企业的数量（市场集中度）。

（3）行业内垄断程度（竞争程度）。

（4）产品的差异度。

（5）退出障碍。

（6）固定成本与库存成本。

同时，在分析竞争对手时，还应考虑到竞争者的当下和未来、竞争者的核心竞争力、竞争者应对风险的态度等因素。

### （二）新进入者

行业的新进入者一般会挤占现有企业一定的市场份额，减轻市场的集中程度，引起行业

成本的普遍增加,利润下降。分析问题时,应考虑以下威胁因素:

(1)规模经济。

(2)成本优势。

(3)销售渠道。

(4)政府限制。

(5)转换成本。

(6)资本需求。

(7)差异化。

### (三)替代品

替代品是指与本企业产品具有相同或类似功能的产品。让需求者有了更多的选择,是买方的福音,却是供方企业的一种竞争威胁,会影响现有企业产品的定价水平和能力。分析问题时,主要考虑以下因素:

(1)价格上的竞争力。

(2)质量和性能的满意度。

(3)客户转向替代品的难易程度。

### (四)供应商

影响企业与供应商的关系及其竞争优势的主要因素包括供应商数量、供应商的品牌、产品特色、价格,企业在供应商的战略地位,供应商之间的关系和转换成本,买方之间是否联合等。

### (五)客户

客户要求企业降低价格、提高产品或服务质量都会导致行业盈利水平的降低。影响客户对企业讨价还价能力的因素主要包括客户获得的信息、客户的集中程度、客户自身垂直整合能力、市场供求能力、产品供应集中程度等。

## 四、行业吸引力分析

行业吸引力是企业进行行业比较和选择的价值标准,也称为行业价值。行业吸引力取决于行业的发展潜力、平均盈利水平等因素,同时也取决于行业的竞争结构。

行业吸引力是由影响企业生存一系列外部因素组成,经过判断决策,行业吸引力可以分为高吸引力、中吸引力和低吸引力。经营实力是由影响企业生存和发展的一系列内部因素组成,经过判断决策可以定出企业的经营实力是高、是中、还是低。行业吸引力是决定企业盈利能力的基本因素,行业选择是企业市场竞争战略选择遇到的首要问题,因而竞争战略必须从对决定行业吸引力的竞争规律的深刻理解中产生。

行业吸引力分析主要步骤:

(1)找出关键性的行业因素,如市场规模、市场竞争强度、技术要求、市场增长率、资金需求、环境影响等。

(2)从上述因素中再次找出关键因素,然后根据每个因素的相对重要程度定出各自的权重。

(3)对每个因素按其对企业某项业务经营的影响程度进行评价,其中非常不利为1、不利为2、无利害为3、有利为4、非常有利为5,最后加权得出行业的吸引力值。

行业吸引力评价还应将行业本身特征和宏观环境变化而出现的机会和威胁结合起来分析,才能最终为企业战略的决定服务。

## 第四节 企业竞争能力分析

企业竞争能力分析的工具有竞争态势矩阵、核心竞争能力分析等。

企业竞争能力分析需要考虑如下因素:

(1)企业战略对企业市场位置的影响。

(2)在竞争关键因素及竞争强势和资源能力的每一指标上,企业与关键竞争对手的比较。

(3)企业相对竞争对手所处的地位。

(4)在行业变革驱动因素、竞争压力下,企业对抗竞争对手、巩固市场地位的能力。

具体评价指标包括成本、产品质量、客户服务、顾客满意度、财务强势、技术技能、新产品研发周期及是否拥有对竞争有重要意义的资源和能力。

### 一、竞争态势矩阵

竞争态势矩阵是通过行业内关键战略因素的评价比较,分析企业的主要竞争对手及相对于企业的战略地位、所面临的机会与风险大小,为企业制定战略提供竞争优势分析工具。

分析步骤如下:

(1)首先确定行业中的关键战略因素。

(2)根据每个因素对在该行业中成功经营的相对重要程度,确定每个因素的权重。

(3)筛选出主要竞争对手,按每个指标对企业进行评分。

(4)将各要素的评价值与相应的权重相乘,得出各竞争者在相应战略要素上的相对竞争力强弱的加权评分值。

(5)汇总得到总加权分,比较总加权分就可以确定处于竞争能力最强和最弱地位的公司,找出被评价公司之间的竞争优势的差异。

## 典型例题

**【背景】**

A企业委托甲咨询机构协助研究制定企业长远发展战略。甲咨询机构在咨询意见中提出,A企业的长远发展战略应基于图4-3所示三个维度的分析来制定。

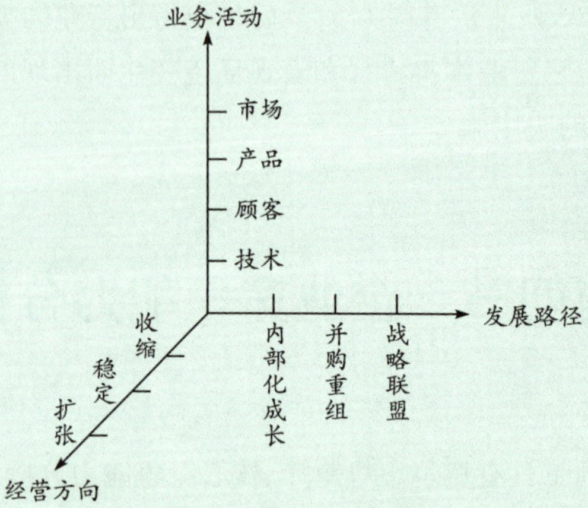


图4-3　企业长远发展战略分析维度

在对A企业业务活动的战略研究中,为了分析A企业的竞争能力,甲咨询机构组织专家对A企业及其主要竞争对手B企业和C企业评估打分,构建了如表4-5所示的竞争态势矩阵。

表4-5　A,B,C企业竞争态势矩阵

| 序号 | 关键竞争因素 | 权重 | 企业得分 | | |
|---|---|---|---|---|---|
| | | | A | B | C |
| 1 | 市场占有率 | 0.15 | 5 | 4 | 3 |
| 2 | 产品品牌、质量 | 0.25 | 4 | 4 | 5 |
| 3 | 产品性能、成本 | 0.25 | 4 | 5 | 5 |
| 4 | 顾客忠诚度 | 0.15 | 3 | 3 | 2 |
| 5 | 技术壁垒 | 0.20 | 5 | 4 | 5 |

甲咨询机构了解到A企业主要产品的市场占有率和市场增长率都较高,这类产品极具发展潜力,A企业是高速增长市场中的领先者之一,具有较强的竞争力。

甲咨询机构采用PEST分析方法分析了A企业所面临的税收政策、产业政策、投资政策以及民众的政治参与度等政治环境,认为该环境对A企业的发展非常有利,建议A企业对同类产品生产企业采取并购重组、战略联盟等方式实施一体化战略。

**问题:**

1. 根据表4-5竞争态势矩阵,计算各企业的加权强势得分,并说明与B,C企业相比,A企业是否具有竞争优势。

2. A 企业的主要产品处于产品生命周期的哪个阶段？甲咨询机构应建议该企业在经营方向上采取什么战略？A 企业应采取的相应措施是什么？

3. 甲咨询机构采用的 PEST 分析方法，除了进行政治环境分析外，还需进行哪几个方面的分析？具体的分析内容是什么？该分析方法有什么局限性？

4. 甲咨询机构建议的一体化战略属于哪种类型的一体化战略？实施该一体化战略可能给 A 企业带来哪些益处？

【答案】

1. A 企业的加权强势得分 $=5\times0.15+4\times0.25+4\times0.25+3\times0.15+5\times0.20=4.20$；

B 企业的加权强势得分 $=4\times0.15+4\times0.25+5\times0.25+3\times0.15+4\times0.20=4.10$；

C 企业的加权强势得分 $=3\times0.15+5\times0.25+5\times0.25+2\times0.15+5\times0.20=4.25$。

根据综合得分分析，C 企业 > A 企业 > B 企业。所以 C 企业最具有竞争优势；A 企业相对于 B 企业具有竞争优势，但不如 C 企业竞争优势大。

2. A 企业的主要产品目前处于成长期。

甲咨询机构应建议 A 企业采取发展战略。

A 企业应采取追加投资、扩大规模、增加市场占有率等措施。

3. 甲咨询机构采用的 PEST 分析方法，还需进行经济、社会和技术环境的分析。

经济环境分析的内容包括宏观经济环境和微观经济环境。社会自然环境分析的内容包括社会环境和自然环境。技术环境分析是要分析本企业的产品有关的科学技术的现有水平、发展趋势及发展速度，跟踪掌握新技术、新材料、新工艺、新设备，分析对产品生命周期、生产成本以及竞争格局的影响。

PEST 分析法的局限性在于只考虑了宏观环境因素，需要与 SWOT 方法等其他综合分析法结合使用。

4. 该战略属于横向一体化战略。

该战略可以帮 A 企业扩大生产规模，降低生产成本，巩固企业市场地位，提高综合竞争力。

## 二、核心竞争能力分析

### （一）基本概念

核心竞争能力具有竞争对手难以模仿、不可移植、不随员工的离开而流失等特点，它对公司的竞争力、市场地位和盈利能力起着至关重要的作用。其意义在于，它是企业形成竞争优势的基础，是制定战略的核心依据。

核心竞争能力可能是优秀技能、技术诀窍、企业的知识管理体系或能产生很大竞争价值的生产能力的一系列具体技能的组合。核心竞争能力的产生是组织各个不同部分有效组合的结果，是个体资源整合的结果，植根于技巧、知识和个人的能力。

### (二)分析竞争成功关键因素

竞争成功关键因素,是指影响企业在市场上盈利能力的主要因素,是企业在特定市场获利所必须拥有的技能、条件或资产。其目的主要是为明确以下信息:

(1)顾客选择产品的因素。

(2)企业获得持续竞争优势的因素。

(3)企业竞争成功具备的资源和能力。

图4-4列举了不同行业竞争成功关键因素,但在同一行业不同发展时期,可能也会发生变化。

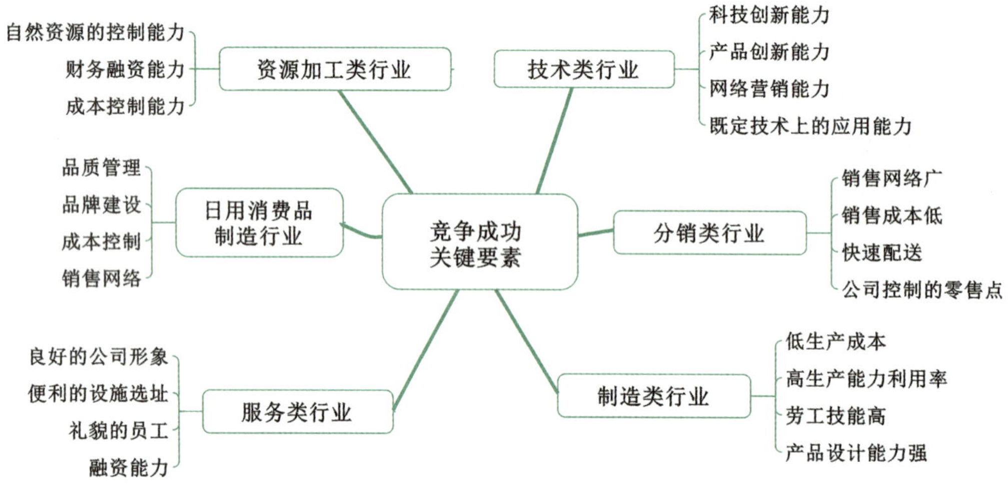


图4-4 不同行业竞争成功关键因素

# 第五节 价值链分析

## 一、价值链分析概述

### (一)基本概念

价值链分析法是由美国哈佛商学院教授迈克尔·波特提出来的,是一种寻求确定企业竞争优势的工具,可用于企业管理的各环节。即运用系统性方法来考察企业各项活动和相互关系,从而找寻具有竞争优势的资源。

价值链是指企业组织和管理与其生产和销售的产品与劳务相关的各种价值增值行为的链节总和,每一价值增值行为构成了价值链上的一个链节。

### (二)五种基本活动类型

原料供应。与接收、存储和分配相关联的各种活动,如原材料搬运、仓储、库存控制、车辆调度和向供应商退货。

生产制造。与将投入转化为最终产品形式相关的各种活动，如机械加工、包装、组装、设备维护、检测等。

发货运输。与集中、存储和将产品发送给买方有关的各种活动，如产成品库存管理、原材料搬运、送货车辆调度等。

销售。与提供买方购买产品的方式和引导它们进行购买相关的各种活动，如广告、促销、销售队伍、渠道建设等。

售后服务。与提供服务以增加或保持产品价值有关的各种活动，如安装、维修、培训、零部件供应等。

### （三）四种辅助活动类型

采购管理。指购买用于企业价值链各种投入的活动，采购既包括企业生产原料的采购，也包括支持性活动相关的购买行为，如研发设备的购买等；另外亦包含物料的管理作业。

研发与开发。每项价值活动都包含着技术成分，无论是技术诀窍、程序，还是在工艺设备中所体现出来的技术。

人力资源管理。包括各种涉及所有类型人员的招聘、雇佣、培训、开发和报酬等各种活动。人力资源管理不仅对基本和支持性活动起到辅助作用，而且支撑着整个价值链。

企业整体活动。企业整体活动支撑了企业的价值链条，如财务、行政等。

## 二、价值链分析原理和分析步骤

### （一）价值链分析原理

企业各项活动之间都有密切联系，如原材料供应的计划性、及时性和协调性与企业的生产制造有密切的联系；每项活动都能给企业带来有形或无形的价值，如售后服务这项活动，如果企业密切注意顾客所需或做好售后服务，就可以提高企业的信誉，从而带来无形价值；价值链不仅包括企业内部各链式活动，而且更重要的是，还包括企业外部活动，如与供应商之间的关系，与顾客之间的关系。

### （二）价值链分析步骤

价值链分析步骤如下：

(1)识别价值活动。企业的经营活动包括基本活动和辅助活动。基本活动直接创造价值，辅助活动不直接创造价值，但支持整个价值链。这两类活动已在前文介绍，此处不再单独分析。

(2)确定活动的价值。对每一项活动进行评价，确定进行该项活动所消耗的成本与产生的价值，分析该活动在整个价值链上的价值。

(3)改进价值链活动。在第(2)步的基础上，对价值链上的活动进行重新配置和改善，形成更加高效的价值链。

## 三、价值链分析应用

价值链分析是企业为一系列的输入、转换与输出的活动序列集合，每个活动都有可能相对于最终产品产生增值行为，从而增强企业的竞争地位，其主要分为企业内部价值链分析和行业价值链分析，较多应用于资源、战略、成本管理中。企业通过信息技术和关键业务流程的优化是实现企业战略的关键。企业通过在价值链过程中灵活应用信息技术，发挥信息技术的使能作用、杠杆作用和乘数效应，可以增强企业的竞争能力。

# 第六节　投资组合分析

常见的投资组合分析方法包括波士顿矩阵、通用矩阵等。

## 一、波士顿矩阵

### （一）概述

波士顿矩阵由美国著名的管理学家、波士顿咨询公司创始人布鲁斯·亨德森于1970年首创。波士顿矩阵，又称市场增长率－相对市场份额矩阵、波士顿咨询集团法、四象限分析法、产品系列结构管理法等。波士顿矩阵原理图如图4-5所示。

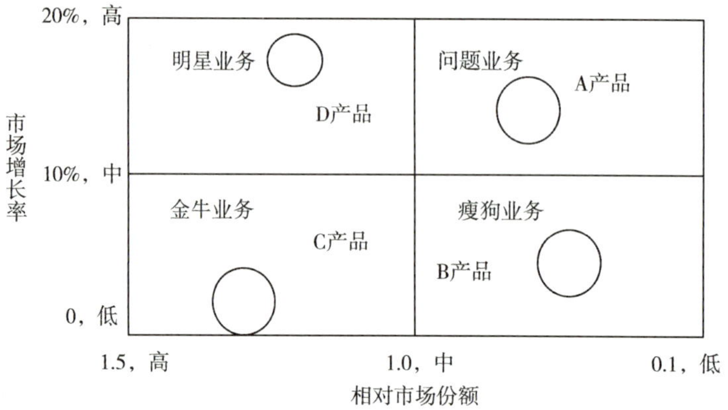


**图4-5　波士顿矩阵原理图**

波士顿矩阵认为一般决定产品结构的基本因素有两个：即市场引力与企业实力。

市场引力包括整个市场的销售量（额）增长率、竞争对手强弱及利润高低等。其中最主要的是反映市场引力的综合指标——市场增长率，这是决定企业产品结构是否合理的外在因素。

企业实力包括相对市场份额，技术、设备、资金利用能力等，其中相对市场份额是决定企业产品结构的内在要素，它直接显示出企业竞争实力。

### （二）基本原理

波士顿矩阵将企业所有产品从市场增长率和相对市场份额角度进行再组合。在坐标图上，以纵轴表示产品所在行业的市场增长率，以10%作为高、低的区分点；横轴表示企业该产品在市场所占的相对市场份额，以1.0作为区分高、低的中点。将坐标图划分为四个象限，分别将企业现有业务划分为“金牛”“明星”“问题”“瘦狗”四种业务。

其目的在于通过产品所处不同象限的划分，使企业采取不同决策，以保证其不断地淘汰无发展前景的产品，保持“问题”“明星”“金牛”业务的合理组合，实现产品及资源分配结构的良性循环。

### （三）波士顿矩阵区分出四种业务

#### 1.明星型业务（Stars，指高增长、高市场份额）

这个领域中的产品处于快速增长的市场中并且占有支配地位的市场份额，但也许会或也许不会产生正现金流量，这取决于新工厂、设备和产品开发对投资的需要量。明星型业务是由问题型业务继续投资发展起来的，可以视为高速成长市场中的领导者，它将成为公司未来的金牛型业务。

此类业务一般处于产品生命周期中的成长期，适合采用发展战略。企业针对此类业务应当采取追加投资、扩大业务，使其保持领先地位的措施。

#### 2.问题型业务（Question Marks，指高增长、低市场份额）

处在这个领域中的是一些投机性业务，带有较大的风险。这些业务可能利润率很高，但占有的市场份额很小，往往属于企业拓展的新业务。“问题”非常贴切地描述了公司对待这类业务的态度，因为这时公司必须慎重考虑“是否继续投资，发展该业务”的问题。

此类业务具有较高的发展潜力，但由于企业相对市场份额不高，产生的资金回报有限，企业投资带来的风险较大。因此，对待该类业务，企业应深入分析该类业务的发展前景，是否有无成为“明星”业务的可能，最后决定采取发展战略，或者稳定和撤退战略。

只有那些符合企业发展长远目标、企业具有资源优势、能够增强企业核心竞争力的业务适合于采用发展战略，目的是扩大市场份额，甚至不惜放弃近期收入来达到这一目标。否则，应当采取稳定或撤退战略。

**提示**

如何选择问题型业务是用波士顿矩阵制定战略的重中之重，也是难点，这关乎企业未来的发展。对于增长战略中各种业务增长方案来确定优先次序，波士顿也提供了一种简单的方法。通过权衡选择总投资收益率（*ROI*）相对高然后需要投入的资源占的宽度不太多的方案。

#### 3.金牛型业务（Cash Cows，指低增长、高市场份额）

处在这个领域中的业务产生大量的现金，但未来的增长前景是有限的。由于市场已经成熟，企业不必大量投资来扩展市场规模，同时作为市场中的领导者，该业务享有规模经济和高边际利润的优势，因而给企业带来大量现金流。

此类业务往往处于产品生命周期中的成熟期，能够带来大量稳定的现金收益，适合采用稳定战略。

4. 瘦狗型业务（Dogs，指低增长、低市场份额）

处在这个领域中的业务既不能产生大量的现金，也不需要投入大量现金，这些产品没有希望改进其绩效。一般情况下，这类业务常常是微利甚至是亏损的，瘦狗型业务存在的原因更多的是由于感情上的因素，虽然一直微利经营，但如同人养了多年的狗一样恋恋不舍而不忍放弃。

此类业务一般处于产品生命周期中的成熟期或衰退期，适合采取稳定战略或撤退战略。若该业务还能继续维持经营，则可以采取缩小规模的措施；若该业务处于持续亏损状态，则应采取撤退战略，进行业务整合。

波士顿矩阵的精髓在于把战略规划和资本预算紧密结合了起来，把一个复杂的企业行为用两个重要的衡量指标来分为四种类型，用四个相对简单的分析来应对复杂的战略问题。该矩阵帮助多种经营的公司确定哪些产品宜于投资，宜于操纵哪些产品以获取利润，宜于从业务组合中剔除哪些产品，从而使业务组合达到最佳经营成效。

## （四）产品的战略组合

应用波士顿矩阵，最好的产品战略组合模型如图 4-6 所示。

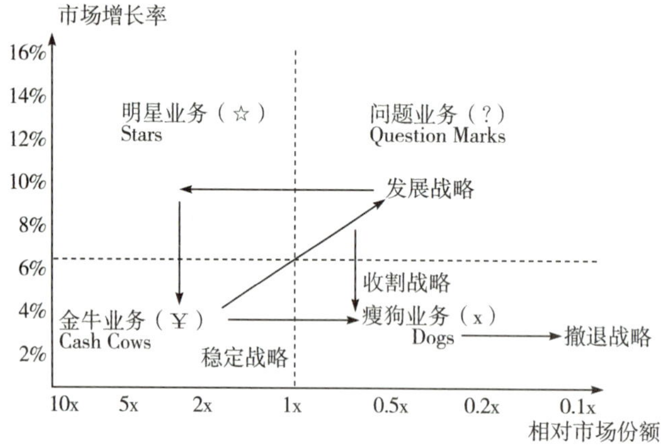


**图 4-6　波士顿矩阵产品战略组合模型**

由图 4-6 可以看出，对于“金牛”“问题”“明星”业务，可以形成一个良好的产品组合：“金牛”业务产生的大量现金流可用于支持“问题”业务，使其扩大市场份额从而转化成“明星”业务；“明星”业务进入成熟期后，市场增长率下降，从而变成了能够提供现金流的“金牛”业务，又反过来支持新的“问题”业务，从而形成一个良性的循环。

对于可能因既定战略而逐步转化为“瘦狗”业务的“金牛”和“问题”业务，最好的方案是采取撤退战略。

## （五）波士顿矩阵分析在实际案例中的运用

上海和达汽车零部件有限公司是由某国内上市公司与外商合资经营的生产汽车零部件的企业。公司于 1996 年正式投产。配套厂家有上海大众发、一汽大众、上海通用、东风柳汽、吉利、湖南长风、武汉神龙等。

和达公司的主要产品分成五类，一是挤塑和复合挤塑类（密封条、侧嵌条、车顶饰条等）；二是滚压折弯类（车门导槽、滑轨、车架管梁等）；三是普通金属焊接类（汽车仪表板横梁模块);四是激光焊接类(铝镁合金横梁模块);五是排挡杆类(手动排挡总成系列)。

和达公司产品波士顿矩阵分析如图 4-7 所示。

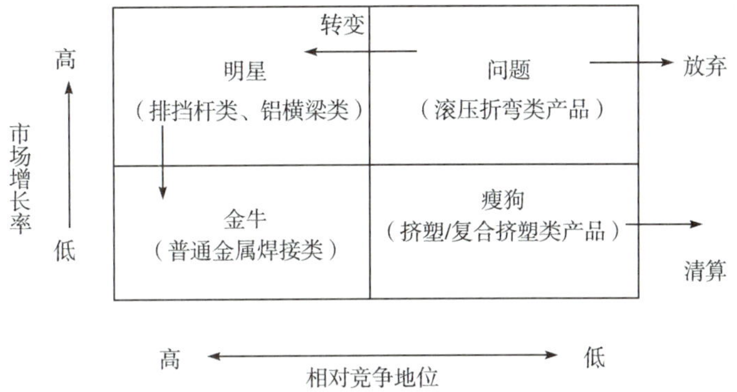


图 4-7 波士顿矩阵分析

各类产品分析如下:

(1)问题型业务。

从和达公司的情况来看,滚压折弯类产品由于技术含量不高、门槛低,未来市场竞争程度必然加剧,所以对于这类产品,最好就是舍弃。由于目前还能带来利润,不必迅速退出,只要目前保持必要的市场份额,公司不必再增加投入。当竞争对手大举进入时,可以舍弃。

(2)明星型业务。

对于和达公司来说,铝横梁的真空电子束焊接系统是国内第一家,具有技术上的领先优势,因此企业应该加大对这一产品的投入,以继续保持技术上的领先地位。对于排挡杆类产品,由于国内在这个领域的竞争程度还不太激烈,因此可以考虑进入。和达公司应该把这类产品作为公司的明星业务来培养,要加大对这方面的资金支持。在技术上应充分利用和寻找国外已具有同等类似产品的厂商进行合作。

(3)金牛型业务。

对于和达公司来说,其普通金属焊接类产品即是金牛类产品。由于进入市场的时机较早,产品价格不错,每年能够给企业带来相当的利润。因此对于和达公司来说,对于金属焊接类产品,应该保持住目前的市场份额,把从这个产品中获取的利润投入到铝横梁和排挡杆的产品中去。

(4)瘦狗型业务。

对于和达公司来说,普通塑料异型挤出和异型体复合挤出类产品因设备陈旧等原因,在国内已落后于主要竞争对手。从公司战略的角度出发,应该不断对这一块进行收缩,不必再投入更大的精力和财力,逐渐把注意力集中在激光焊接和排挡杆的业务上去。

通过运用波士顿矩阵分析,使和达公司明确了产品定位和发展方向,对于企业投资的选择起到了举足轻重的作用。但波士顿矩阵仅仅是一个工具,问题的关键在于要解决如何使企业的产品品种及其结构适合市场需求的变化,只有这样企业的生产才有意义。同时,如何将企业有限的资源有效地分配到合理的产品结构中去,以保证企业收益,是企业在激烈竞争中能否取胜的关键。

## 典型例题

【背景】

受甲企业委托，某咨询公司为其生产经营的 A，B，C，D，E5 类家电产品进行市场分析，调研发现：

(1)A，B 产品是经营了多年的老产品，其业务量占总业务量的 70%，是企业 75% 的利润来源，在区域市场占主导地位，但从 2018 年开始市场销售增长率已呈下降趋势，数据变化情况与该时期家电行业 A，B 产品的市场变化趋势相符。

(2)C 产品是新兴业务，2019 年销售增长 20%，且在该区域内尚未有同类产品出现。

(3)D 产品是高端产品，利润率高，销售年增长不低于 10%，但该区域竞争激烈，两家主要竞争对手的市场份额占 70% 以上，而甲企业只占 10% 左右。

(4)E 产品市场竞争激烈，甲企业需要通过低价竞争作为主要的竞争策略。该产品近 5 年的销售资料如表 4-6 所示。

**表 4-6　E 产品 2015 ~ 2019 年销售资料**

| 年份 | 价格/元 | 销量/万台 |
|---|---|---|
| 2015 | 2 800 | 55 |
| 2016 | 2 560 | 59 |
| 2017 | 2 188 | 64 |
| 2018 | 1 960 | 68 |
| 2019 | 1 700 | 70 |

**问题：**

1. 产品生命周期分为哪几个阶段？

2. 分析 A，B 产品属于产品生命周期的哪个阶段，该阶段具有什么特点？

3. 根据波士顿矩阵原理，A，B，C，D 产品分别属于什么业务类型，该企业应分别采取什么措施？

4. 如果该区域 2020 年 E 产品的平均价格将下降到 1 500 元/台，用价格弹性系数法预测该区域 2020 年 E 产品的销售量。

【答案】

1. 产品生命周期分为导入期、成长期、成熟期、衰退期四个阶段。

2. A，B 产品处于成熟期。

该阶段的特点有：产品已经定型，技术成熟，成本下降，利润水平高；行业增长速度减慢，竞争日趋激烈，企业进入门槛高。

3. A，B 产品相对市场份额高、增长率下降，属于金牛业务，应采取稳定战略，维持其稳定生产，不再追加投资，以便尽可能地收回资金，获取利润。

C产品增长率高，且区域内没有同类产品，属于明星业务，应采取发展战略，追加投资，扩大业务。

D产品增长率高，相对市场份额低，属于问题业务，企业可根据情况采用发展、稳定或撤退战略，要深入分析企业是否具有发展潜力和竞争力优势，决定是否追加投资，扩大企业生产规模。

4.2016年相对2015年弹性系数＝[(59－55)/55]/[(2 560－2 800)/2 800]＝－0.85；

2017年相对2016年弹性系数＝[(64－59)/59]/[(2 188－2560)/2 560]＝－0.58；

2018年相对2017年弹性系数＝[(68－64)/64]/[(1 960－2 188)/2 188]＝－0.60；

2019年相对2018年弹性系数＝[(70－68)/68]/[(1 700－1 960)/1 960]＝－0.22；

2020年相对2019年弹性系数＝(－0.85－0.58－0.60－0.22)/4＝－0.56；

2020年E产品的价格较2019年增长为：(1 500－1 700)/1 700＝－11.76%；

2020年E产品的需求量：70×[1＋(－0.56)×(－11.76%)]＝74.61(万台)。

## 二、通用矩阵

### (一)基本概念

通用矩阵法又称行业吸引力矩阵、九象限评价法，是美国通用电气公司设计的一种投资组合分析方法，是对波士顿矩阵的一种改良，其在两个坐标轴上增加了中间等级及分析考虑因素。它运用加权评分方法分别对企业各种产品的行业吸引力(包括市场增长率、市场容量、市场价格、利润率、竞争强度等因素)和企业实力(包括生产能力、技术能力、管理能力、产品差别化、竞争能力等因素)进行评价，按加权平均的总分划分为大(强)、中、小(弱)，从而形成9种组合方格以及3个区域，如图4-8所示。

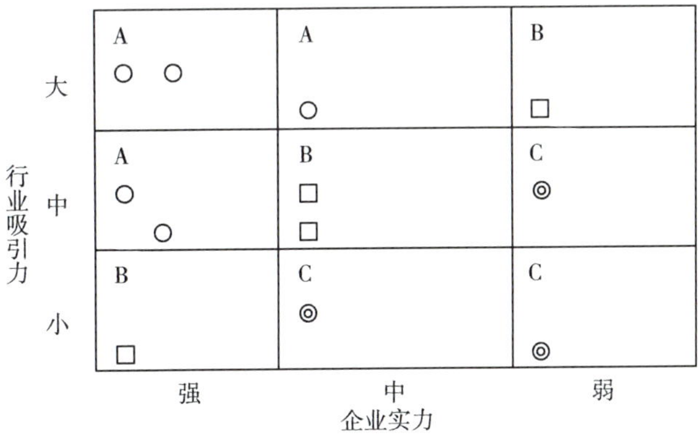


图4-8 通用矩阵原理图

### (二)基本步骤

在战略规划过程中，应用通用矩阵必须经历以下五个步骤：

(1)确定战略业务单位，并对每个战略业务单位进行内外部环境分析。根据企业的实际情况，或依据产品（包括服务），或依据地域，对企业的业务进行划分，形成战略业务单位，并根据针对每一个战略业务单位进行内外部环境分析。

（2）确定评价因素及每个因素权重。确定行业吸引力和企业实力的主要评价指标，以及每一个指标所占的权重。行业吸引力和企业实力的评价指标没有通用标准，必须根据企业所处的行业特点和企业发展阶段、行业竞争状况进行确定。但是从总体上讲，行业吸引力主要由行业的发展潜力和盈利能力决定，企业实力主要由企业的财务资源、人力资源、技术能力和经验、无形资源与能力决定。确定评价指标的同时还必须确定每个评价指标的权重。

（3）进行评估打分。根据行业分析结果，对各战略业务单位的行业吸引力和企业实力进行评估和打分，并加权求和，得到每一项战略业务单元的行业吸引力和企业实力最终得分。

（4）将每个战略单位标在通用矩阵上。根据每个战略业务单位的行业吸引力和企业实力总体得分，将每个战略业务单位用圆圈标在通用矩阵上。在标注时，注意圆圈的大小表示战略业务单位的市场总量规模。有的还可以用扇形反映企业的市场占有率。

（5）对各战略单位策略进行说明。根据每个战略业务单位在通用矩阵上的位置，对各个战略业务单位的发展战略指导思想进行系统说明和阐述。

### （三）通用矩阵应用应该注意的问题

在应用通用矩阵时，必须注意以下几个问题，否则可能无法客观准确确定每项业务的定位和策略：

（1）评价指标尽量定量化。对于每项评价指标尽量定量化，没法定量化的要划分量级，对每个量级的得分进行统一规定。

（2）不同业务之间每个评价指标的权重可以不同。由于每一项战略业务单元所处的生命周期不同，每一项业务的特点也不同，企业关注每项业务的侧重点也不同，比如对于成长型的业务，企业可能更关注该业务的增长潜力和发展速度；对于成熟型的业务，企业可能更关注市场总量和盈利能力。因此，评价指标权重的确定，必须根据每一项业务的特点进行确定。不同业务单元之间，企业实力评价指标的权重也不相同，因为对于不同的战略业务单元，企业所处的市场地位不同，企业关注和追求的目标也不相同，所以评价指标的权重也不同。

### （四）通用矩阵的应用

对于处在九个象限内的不同产品，企业应采用不同的经营战略，如图 4-9 所示：企业应将发展重点中集在第一、二、四象限区域，采取积极发展战略，重点投资、重点经营；对于行业吸引力和企业实力相对一般的第三、五、七象限区域，企业应采取区别对待战略，适当盈利策略；对于行业吸引力和企业实力都较弱的第六、八、九象限区域，企业应采取利用或退出战略。

| 行业吸引力 \ 企业实力 | 高 | 中 | 低 |
| --- | --- | --- | --- |
| 高 | 投资发展 | 选择重点投资发展 | 区别对待 |
| 中 | 选择重点投资发展 | 区别对待 | 利用或退出 |
| 低 | 区别对待 | 利用或退出 | 退出 |

**图 4-9　企业战略的选择**

### （五）通用矩阵与波士顿矩阵的比较

针对波士顿矩阵所存在的很多问题，美国通用电气公司于70年代开发了新的投资组合分析方法——通用矩阵。通用矩阵相比波士顿矩阵，通用矩阵也提供了行业吸引力和企业实力之间的类似比较，但不像波士顿矩阵用市场增长率来衡量吸引力，用相对市场份额来衡量实力，只是单一指标；而通用矩阵使用数量更多的因素来衡量这两个变量，纵轴用多个指标反映行业吸引力，横轴用多个指标反映企业实力，同时增加了中间等级。也由于通用矩阵使用多个因素，可以通过增减某些因素或改变它们的重点所在，很容易地使通用矩阵适应经理的具体意向或某产业特殊性的要求。

通用矩阵比波士顿矩阵在以下三个方面表现得更为成熟：

(1)行业吸引力代替了市场增长率被吸纳进来作为一个评价维度。行业吸引力较之市场增长率显然包含了更多的考量因素。

(2)企业实力代替了相对市场份额作为另外一个维度，由此对每一个事业单元的竞争地位进行评估分析。同样，企业实力较之相对市场份额亦包含了更多的考量因素。

此外，通用矩阵有九个象限，而波士顿矩阵只有四个象限，使得通用矩阵结构更复杂、分析更准确。

#### 典型例题

**【背景】**

某咨询企业接受A企业委托，对该企业2018年在目标市场空调产品的销售量进行预测，并制定其产品业务发展战略。

该咨询公司对A企业2011～2017年目标市场空调产品的销售情况进行了调研，相关数据如表4-7所示。根据市场信息，预计2018年空调平均售价为2 000元/台。

**表4-7　A企业2011～2017年目标市场空调销售量和平均售价**

| 年份 | 平均售价/(元/台) | 销售量/万台 | 价格弹性系数 |
|---|---|---|---|
| 2011 | 4 500 | 41 | |
| 2012 | 4 000 | 48 | -1.54 |
| 2013 | 3 600 | 51 | -0.63 |
| 2014 | 3 200 | 54 | -0.53 |
| 2015 | 2 900 | 58 | -0.79 |
| 2016 | 2 600 | 62 | -0.67 |
| 2017 | 2 300 | 66 | -0.56 |
| 2018 | 2 000(预计) | | |

A企业还生产经营食物料理机、洗衣机、手机、冰箱等产品。咨询公司运用通用矩阵分析，给出的相关评价分值如表4-8所示。

**表 4-8　相关评价分值**

| 产品类型 | 食物料理机 | 洗衣机 | 手机 | 空调 | 冰箱 |
|---|---|---|---|---|---|
| 该产品所在行业吸引力 | 4.36 | 2.86 | 4.13 | 2.14 | 1.67 |
| 企业实力 | 4.28 | 3.32 | 3.12 | 1.84 | 4.13 |

**问题：**

1. 基于 2011 年以来的数据，用价格弹性系数法预测 A 企业 2018 年目标市场空调的销售量。

2. 说明该咨询公司选用弹性系数法而不选用简单移动平均法进行需求预测的理由。

3. 绘出通用矩阵，在图中标出 A 企业各产品业务的位置。

4. 说明 A 企业对各产品业务应采取的发展战略及措施。

**【答案】**

1. 从表 4-7 可以看出，2011 ~ 2017 年该地区空调的价格弹性系数在 −1.54 ~ −0.53之间变化，则取 2011 ~ 2017 年平均价格弹性系数作为 2018 年价格弹性系数。

2018 年价格弹性系数 = ( −1.54 − 0.63 − 0.53 − 0.79 − 0.67 − 0.56)/6 = −0.79。

2018 年价格变化率 = (2 000 − 2 300)/2 300 × 100% = −13.04%。

2018 年空调销量增长率 = −0.79 × ( −13.04% ) = 10.30%。

2018 年空调销量 = 66 × (1 + 10.30% ) = 73(万台)。

2. 该公司选用弹性系数法而不选用简单移动平均法进行需求预测是因为简单移动平均法只适用于短期市场需求预测，不适用于长期需求预测，而弹性系数法适用于中长期需求预测。

3. 根据题干信息，可得通用矩阵如图 4-10 所示。

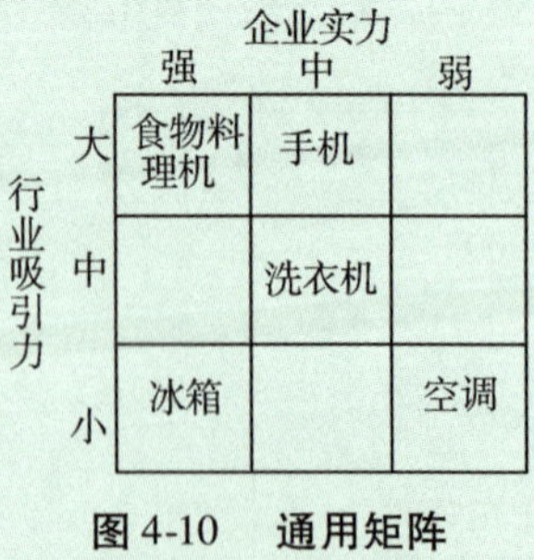


**图 4-10　通用矩阵**

4. A 企业应该对空调采用退出策略，放弃空调业务，以便迅速获利，收回投资。

A 企业应该对冰箱和洗衣机采用区别对待，适当盈利策略。A 企业应该对冰箱和洗衣机进一步分析，如果有盈利和发展潜力，可采取继续投资策略，扩大其市场份额；若没有盈利和发展潜力，应采取快速回收资金，保障盈利前提下逐步退出市场的策略。

对食物料理机应该采取投资发展策略，对手机采取重点投资发展策略。A 企业应该对食物料理机加大研发投资力度，迅速扩大其市场份额。

# 第七节 对标分析

对标分析也称为对标管理、标杆管理、基准管理、标杆分析。

## 一、对标管理的简介

通俗讲，对标就是通过“比(行业比对)、学(标杆学习)、赶(寻找差距、追赶目标)、帮(对标伙伴)、超(追求卓越)”，以帮助企业适应迅速变化的环境，建立全新的竞争优势的工作方法。

结合我国的实践，对标管理就是通过比较，不断发现企业内外、行业内外的最佳理念或实践，不断解析卓越绩效产生的重要因子，将本企业结果指标、过程指标，与最佳部门、竞争对手或者行业内外的一流企业，持续进行对照分析、寻找差距、改进提高的过程。

## 二、对标管理的类型

按照对标学习对象的不同，可以把对标管理分为内部对标管理、竞争对标管理、职能对标管理和流程对标管理四种类型。

(1)内部对标管理，是指以企业内部其他部门的优秀之处为基准的标杆管理，是最简单且易操作的对标管理方式。

(2)竞争对标管理，是指以竞争对象的优秀之处为基准的对标管理。

(3)职能对标管理，是指以同行业领先者或是某些企业的优秀职能为基准进行的对标管理。

(4)流程对标管理，是指以最佳工作流程为基准进行的对标管理。对标管理对象是工作流程，而不是某项业务、操作职能或实践。

## 三、对标指标体系的建立

对标指标体系的建立应遵循 SMART 原则，即：

(1)对标指标必须是具体的(Specific)：易识别、易判断，具有明确的结果。

(2)对标指标必须是可以衡量的(Measurable):可评价、可量化。

(3)对标指标必须是可以达到的(Attainable):付出努力的情况下具有可行性、可实现性,不是异想天开的指标。

(4)对标指标必须和指标保持相关性(Relevant):和战略或目的相关,和职能与职责相关,有价值有意义。

(5)对标指标必须具有明确的时间限制(Time - based):有时间区间,以年度、月度还是其他为单位。

**链接**

对标分析的综合评价包括的步骤如下:

(1)标准化处理指标,统一量纲。对于正向数据,其数据值越大越好,比如收入增长率、资产收益率等,计算公式:$D_i = \frac{v_i - v_{\min}}{v_{\max} - v_{\min}}$;对于负向指标,其数据值越小越好,比如安全事故率、资产负债率等,计算公式:$D_i = \frac{v_{max} - v_i}{v_{\max} - v_{\min}}$。其中,$v_{\max}$为指标 $v$ 在行业或获取数据中的最大值;$v_{\min}$为指标 $v$ 在行业或获取数据中的最小值;$v_i$ 为企业 $i$ 的指标 $v$ 的数值。当行业最优或最不满意数据不可获取时,可以运用对标企业的有限数据来计算:对于正向数据,计算公式:$D_i = \frac{v_i}{v_{\max}}$;对于负向指标,计算公式:$D_i = \frac{v_{\min}}{v_i}$。

(2)对指标进行加权汇总,得出综合实力的对标结果。综合评价采用加权平均方法,计算公式:$D = \sum_{i}^{n} d_i a_j$。其中,$D$ 为企业的综合得分;$d_i$ 为第 $j$ 个大类指标的得分;$a_j$ 为第 $j$ 个大类指标的权重。

(3)对标行业标杆,评价对标结果。

## 四、实施对标管理的步骤

对标管理的实施可分为三个步骤:

(1)立标,即确定标杆产品。

(2)对标,即设定各个子功能的基准。

(3)达标和创标。通过设计有效的解决方案来达到基准,然后通过不断迭代解决方案成为更好的解决方案,成为新的行业标杆。

## 五、实施对标管理对企业的作用

对企业而言,通过对标管理以把企业生产过程、管理流程、管理方法和基础建设等工作,从上而下地进行梳理和规范,使企业做到有完善的指标体系,科学的考核办法,平衡的分配模式,能够客观地评价工作,实施合理有效的办法进行管理控制,通过对标管理,企业可将管理精细化,持续改善企业生产经营模式,使企业具备核心竞争力。

# 第五章　市场分析

## 第一节　市场预测主要方法和特点

市场预测是指通过对消费者的购买心理和消费习惯的分析，以及对国民收入水平、收入分配政策的研究，推断出社会的市场总消费水平。市场预测是市场研究中最重要的一部分，也是最复杂的一部分。

### 一、市场预测的主要方法

市场预测方法一般分为定性预测和定量预测两大类。

常见的市场预测方法如图 5-1 所示。

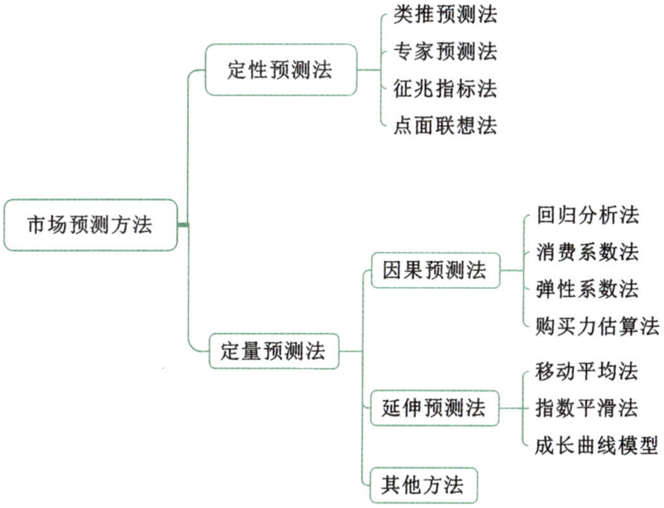


图 5-1　常见的市场预测方法

### （一）定性预测

定性预测是建立在经验判断的基础上，并对判断结果进行有效处理的预测方法，适用于预测对象受到各种因素的影响，又无法对其影响因素进行定量分析的情况。定性预测的基本原理是运用逻辑学的方法，来推断预测对象未来的发展趋势。定性预测受个人经验判断的影响，具有一定的局限性。

### （二）定量预测

定量预测是建立在历史数据和统计资料的基础上，通过合适的数学模型，进行分析和计算，推断出未来的经济发展和市场变化情况。

由于影响事物的因素是多方面的，很多因素的变化是不可预知的、难以量化的，比如国家政策的变化、人们消费偏好的改变等，因此定量预测的结果也存在一定误差，需要进行修正。

## 二、市场预测方法的特点

不同的市场预测方法具有不同的条件、应用范围和预测精度。可根据预测周期、产品生命周期、预测对象、数据资料、精度要求、时间与费用限制等因素，选择适当的方法。也可以采用几种方法，进行组合预测，相互验证或修正。在实践中，多采用定性预测与定量预测方法进行组合。常用市场预测方法的特点如表 5-1 所示。

**表 5-1　常用市场预测方法的特点**

| 市场预测方法 | 适用范围 | 数据资料需求 | 精确度 |
|---|---|---|---|
| 类推预测法 | 长期预测 | 多年历史资料 | 尚好 |
| 专家预测法 | | | 较好 |
| 征兆预测法 | | | 较好 |
| 点面联想法 | — | | 较好 |
| 回归分析法 | 短、中长期预测 | 多年的数据 | 很好 |
| 消费系数法 | | | 很好 |
| 弹性系数法 | 中长期预测 | | 较好 |
| 购买力估算法 | 短、中长期预测 | | 较好 |
| 移动平均法 | 近期或短期预测 | 最少要 5 ~ 10 个数据 | 尚好 |
| 指数平滑法 | | | 较好 |
| 成长曲线模型 | 短、中长期预测 | 至少 5 年数据 | 较好 |

# 第二节 定性预测法

## 一、类推预测法

类推预测方法也称类比预测法，是利用相似性原理和类比方法由一已知先导事物推测另一迟发事物发展趋势的一种预测方法。万物之间都存在着若干相似之处，我们通常可利用某一事物的变化特征和发展过程来类推另一个类似事物的发展趋势。如利用发达国家的工业化过程来类推发展中国家的工业化发展趋势，利用旧材料技术的发展过程来类推新材料技术的发展趋势，利用父母的生长过程来类推其子女的生长过程等。

类推预测法具有灵活性和广泛性的特点，可用于对新产品、新行业和新市场的需求预测。根据预测目标和市场范围的不同，类推预测法可以分为产品类推预测、行业类推预测、地区类推预测三种。

(1)产品类推预测法：产品类推预测法是依据产品在功能、结构、原材料、规格等方面的相似性，推测产品市场的发展可能出现的某些相似性。

(2)行业类推预测法：行业类推预测法是依据相关和相近行业的发展轨迹，推测行业的发展需求趋势。

(3)地区类推预测法：通常产品的发展和需求经历了从发达国家和地区，逐步向欠发达的国家和地区转移的过程。类推结果存在非必然性，运用类推预测法需要注意类别对象之间的差异性，特别是地区类推时，要充分考虑不同地区政治、社会、文化、民族和生活方面的差异，并加以修正，才能使预测结果更接近实际。

## 二、专家预测法

专家预测法是运用专家的知识和经验，考虑预测对象的社会环境，直接分析研究和寻求其特征规律，并推测未来的一种预测方法。其形式主要包括以下几种。

### (一)专家会议法

专家会议法又称专家会议调查法，是根据市场预测的目的和要求，向一组经过挑选的有关专家提供一定的背景资料，通过会议的形式对预测对象及其前景进行评价，在综合专家分析判断的基础上，对市场趋势做出量的推断。

采用专家会议法进行市场预测应特别注意以下两个问题：

(1)选择的专家要合适。专家要具有代表性，要具有丰富的知识和经验，专家的人数要适当。

(2)预测的组织工作要合理。专家会议组织者最好是市场预测方面的专家，有较丰富的组织会议的能力。会议组织者要提前向与会专家提供有关的资料和调查提纲，讲清所要研究的问题和具体要求，以便使与会者有备而来。精心选择会议主持人，使与会专家能够充分发表意见。要有专人对各位专家的意见进行记录和整理，要注意对专家的意见进行科学的归纳和总结，以便得出科学的结论。

专家会议法包括头脑风暴法、交锋式会议法、混合式会议法等。此处重点介绍头脑风暴法的相关内容。

头脑风暴法是指组织各类专家相互交流意见，无拘无束地畅谈自己的想法，敞开思想发表自己的意见，在头脑中进行智力碰撞，产生新的思想火花，使预测观点不断集中和深化，从而提炼出符合实际的预测方案的方法。

采用头脑风暴法进行预测，其开会的方法与普通会议的根本区别在于它有四条规则：

(1)不批评别人的意见。

(2)提倡自由奔放地思考。

(3)提出的方案越多越好。

(4)提倡在别人方案的基础上进行改进或与之结合。

头脑风暴法的类型包括：

(1)直接头脑风暴法。就是按照头脑风暴法的规则，通过一组专家会议，对所预测的问题进行创造性思维活动，从而得出满意方案的一种方法。

(2)质疑头脑风暴法。这种方法是同时召开由两组专家参加的两个会议进行集体讨论，其中一个专家组会议按直接头脑风暴法提出设想，另一个专家组会议则是对第一个专家组会议的各种设想进行质疑为止，从而形成一个更科学、更可行的预测方案。

### (二)德尔菲法

德尔菲法实际上就是专家小组法，或专家意见征询法。这种方法是按一定的程序，采用背对背的反复函询的方式，征询专家小组成员的意见，经过几轮的征询与反馈，使各种不同的意见渐趋一致，经汇总和用数理统计方法进行收敛，得出一个比较合理的预测结果供决策者参考。该方法在本书第二章中有详细叙述。

### (三)个人判断法

个人判断法是用规定程序对专家个人进行调查的方法。这种方法是依靠个别专家的专业知识和特殊才能来进行判断预测的。

其优点是能利用专家个人的创造能力，不受外界影响，简单易行，费用也不多。但是，依靠个人的判断，容易受专家的知识面、知识深度、占有资料是否充分以及对预测问题有无兴趣所左右，难免带有片面性。专家的个人意见往往容易忽略或贬低相邻部门或相邻学科的研究成果，专家之间的当面讨论又可能产生不和谐。因此，这种方法最好与其他方法结合使用，让被调查的专家之间不发生直接联系，并给时间让专家反复修改个人的见解，才能取得较好的效果。

### (四)集体判断法

这种方法是在个人判断法的基础上，通过会议进行集体的分析判断，将专家个人的见解综合起来，寻求较为一致的结论的预测方法。这种方法参加的人数多，所拥有的信息量远远大于个人拥有的信息量，因而能凝集众多专家的智慧，避免个人判断法的不足，在一些重大问题的预测方面较为可行可信。但是,集体判断的参与人员也可能受到感情、个性、时间及利益等因素的影响,不能充分或真实地表明自己的判断。

因此,运用集体判断法,会议主持人要尊重每一位与会者,鼓励与会者各抒己见,使与会者在积极发言的同时要保持谦虚恭敬的态度,对任何意见都不应带有倾向性。同时还要掌握好会议的时间和节奏,既不能拖得太长,也不要草草收场;当话题分散或意见相持不下时,能适当提醒或调节会议的进程等。

## 三、征兆指标法

### (一)基本概念

征兆指标法就是根据事物的这种指标联系,从征兆指标判断可能引起的某种事物的出现和变化。

### (二)征兆指标确定

征兆指标确定通常从三个层次来进行分析。

#### 1. 内在因果关系

内在因果关系是指影响事物发生变化的内在因果联系的因素指标,这些因素指标往往能带来预测事件的必然性。如与企业当期利润存在着内在联系的征兆指标:产品的制造成本、销售量和销售价格等。

#### 2. 外在现象关系

根据经验总结和现象归纳的现象关系,只能带来预测事件的可能性。如根据城市建设预测其富裕文明的程度,根据出口产品的多少判断一国产业的竞争力等。

#### 3. 外在因果关系

外在因果关系是指影响事物发生变化的外在影响指标。促成我国对外贸易额持续高速发展,外贸顺差再创新高的外在因果关系包括中国改革开放、全球经济一体化、产业分工等多种因素。因此这类指标是预测事物的影响因素,而非构成因素。

## 四、点面联想法

点面联想法是指以某一企业的调查资料或某一地区抽样调查资料为基础,进行分析、判断、联想,从而预测某一行业或某一商品市场的销售量的方法。

由于主客观条件的限制,企业不可能对整个市场进行全面普查,只能是局部普查或抽样调查。因此,在许多情况下,运用局部普查资料或抽样调查资料,经过分析、判断,对整个行业或整个市场进行联想,就成为客观需要。运用点面联想法,其关键在于局部普查资料应具有典型性,抽样调查的样本应是总体的缩影,即能反映总体的面貌。

点面联想法适用于相似、接近事件以及具有其他某种关系事件的定性预测,拓展了调查数据资料的应用范围。在新兴领域、历史数据资料缺失或不足的情况下,采用点面联想法进行预测具有一定的优势。

## 第三节　因果预测法

### 一、回归分析法

回归分析法，是研究变量之间的统计相关关系的一种统计方法，需要依据多年数据，预测结果精确度很好，适用于短、中长期经济发展趋势预测。它从自变量和因变量的一组或多组观测数据出发，寻找一个函数式，将变量之间的统计相关关系近似地表达出来。这个能够近似表达自变量与因变量之间关系的函数式，称为回归方程或者回归函数。在回归方程中，只有一个自变量的称为一元回归，有多个自变量的称为多元回归。

一元线性回归是最简单的回归关系，即一个变量 $y$ 在一个变量 $x$ 上的回归关系，称 $x$ 为自变量，$y$ 为因变量（或称响应变量、依赖变量）。其预测流程为：输入历史统计数据→计算回归参数→回归检验→计算→对预测结果进行分析→输出预测结果。

如果两个变量 $x$,$y$ 之间存在线性回归关系，则有回归模型：

$$\text{总体}: y_i = \alpha + \beta x_i + \varepsilon_i$$

$$\text{样本}: y_i = a + bx_i + \varepsilon_i$$

$$\text{回归方程}: \hat{y} = a + bx$$

式中　$\alpha$ 和 $a$——回归截距；

$\beta$ 和 $b$——回归系数；

$\varepsilon_i$——随机误差。

#### （一）回归参数的计算——最小二乘法

期望拟合的线性回归方程与试验资料的误差最小，拟合的误差也称作回归平方和或残差，可以利用数学中求极值的方法解出 $a$ 和 $b$ 而使得误差平方和为最小。

误差平方和：

$$Q = \sum_{i=1}^{n}(y_i - \hat{y}_i)^2 = \sum_{i=1}^{n}(y_i - a - bx_i)^2$$

分别求 $Q$ 对 $a$ 和 $b$ 的偏导数，令其等于 0：

$$\frac{\partial Q}{\partial a} = -2\sum(y - a - bx) = -2(\sum y - na - b\sum x) = 0$$

$$\frac{\partial Q}{\partial b} = -2\sum(y - a - bx)x = -2(\sum xy - a\sum x - b\sum x^2) = 0$$

整理得正规方程组：

$$na + b\sum x = \sum y$$

$$a\sum x + b\sum x^2 = \sum xy$$

解正规方程组：

$$na + b\sum x = \sum y \quad (1)$$

$$a\sum x + b\sum x^2 = \sum xy \quad (2)$$

（1）式除以 $n$ 得：

$$a + b(\sum x/n) = \sum y/n \quad (3)$$

于是：

$$a = \sum y/n - b(\sum x/n) = \hat{y} - bx \quad (4)$$

(3)式各项乘$\sum x$：　　$a\sum x + b(\sum x)^2/n = \sum x \sum y/n$　　(5)

(2)－(5)式得：　　$b[\sum x^2 - (\sum x)^2/n] = \sum xy - \sum x \sum y/n$　　(6)

即：　　$b\sum(x-\bar{x})^2 = \sum(x-\bar{x})(y-\bar{y})$　　(7)

于是：　　$b = \sum(x-\bar{x})(y-\bar{y})/\sum(x-\bar{x})^2 = SP_{xy}/SS_x$　　(8)

线性回归方程便已求出为：　　$\hat{y} = a + bx$　　(9)

如果在模型 $y_i = \alpha + \beta x_i + \varepsilon_i$ 中，$\beta = 0$，这就意味着不管 $x_i$ 值为多少，$y_i$ 都不发生实质性变化；换言之，$x$ 与 $y$ 之间没有实质性的回归关系。

检验线性回归关系是否存在，就是检验建立回归模型的样本是否来自存在回归关系的总体，即 $H_0:\beta=0$ VS $H_A:\beta\neq0$。

只有在此检验结果为显著时，用 $a$ 估计 $\alpha$，用 $b$ 估计 $\beta$，用 $\hat{y}$ 估计 $y$ 才是有意义的。

## (二)回归检验方法

### 1. F 检验法

$F$ 检验法的基本原理如图 5-2 所示。

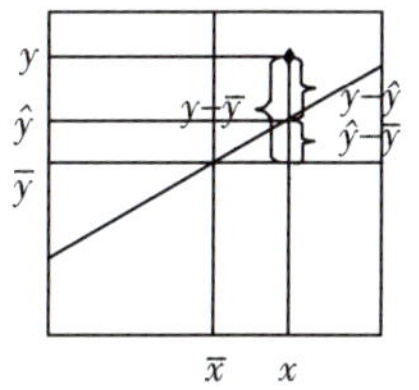


**图 5-2　F 检验法的基本原理**

当自变量为 $x$，对应的因变量的实测值为 $y$，因变量的预测值为 $\hat{y}$。于是 $y$ 的离均差 $y-\bar{y}$ 可分解为两部分：

$$y-\bar{y} = (y-\hat{y}) + (\hat{y}-\bar{y})$$

其中，$y-\bar{y}$ 为离均差；$(y-\hat{y})$ 为随机误差；$(\hat{y}-\bar{y})$ 为回归引起的偏差。

对于任一个点有：

$$(y-\bar{y}) = (y-\hat{y}) + (\hat{y}-\bar{y})$$

两边平方得：

$$(y-\bar{y})^2 = (y-\hat{y})^2 + 2(y-\hat{y})(\hat{y}-\bar{y}) + (\hat{y}-\bar{y})^2$$

对数据资料所有点求和得：

$$\sum(y-\bar{y})^2 = \sum(y-\hat{y})^2 + 2\sum(y-\hat{y})(\hat{y}-\bar{y}) + \sum(\hat{y}-\bar{y})^2$$

证明上式右边的中间项为 0。

因为：$\hat{y} = a + bx = (\bar{y} - b\bar{x}) + bx = \bar{y} + b(x-\bar{x})$ 即 $(\hat{y}-\bar{y}) = b(x-\bar{x})$；

$y-\hat{y} = y-(\bar{y} - b\bar{x} + bx)$ 即 $(y-\hat{y}) = (y-\bar{y}) - b(x-\bar{x})$；

$(y-\hat{y})(\hat{y}-\bar{y}) = [(y-\bar{y}) - b(x-\bar{x})]b(x-\bar{x}) = b[(x-\bar{x})(y-\bar{y}) - b(x-\bar{x})^2]$。

对所有点求和得：

$$\sum(y-\hat{y})(\hat{y}-\bar{y}) = b[SP_{xy} - \frac{SP_{xy}}{SS_x}SS_x] = 0$$

于是 $y$ 的总平方和便分解为两部分：

$$\underbrace{\sum(y-\bar{y})^2}_{\substack{y\text{的总平方和}\\ T=SS_y}} = \underbrace{\sum(y-\hat{y})^2}_{\substack{\text{误差平方和}\\ Q=SS_e}} + \underbrace{\sum(\hat{y}-\bar{y})^2}_{\substack{\text{回归平方和}\\ U=SS_r}}$$

利用方差分析表如表 5-2 所示。

表 5-2　利用方差分析表

| 变异来源 | 自由度 | 平方和 | 均方 | F 值 | $F_{0.05}$ | $F_{0.01}$ |
|---|---|---|---|---|---|---|
| 回归误差 | 1<br>$n-2$ | $U$<br>$Q$ | ${S_U}^2$<br>${S_e}^2$ | ${S_U}^2/{S_e}^2$ | | |
| 总变异 | $n-1$ | $T$ | | | | |

检验结论：若 $F>F_{0.05}$，则存在显著的线性回归关系。

### 2. t 检验法

$$H_0:\beta=0 \text{ VS } H_1:\beta\neq 0$$

选择 $t$ 统计量：

$$t=\frac{b}{S_b}$$

其中回归系数为 $b$。

其标准误差为：

$$S_b=\frac{S_e}{\sqrt{SS_x}}=\frac{\sqrt{\dfrac{Q}{n-2}}}{\sqrt{SS_x}}=\frac{\sqrt{\dfrac{\sum(y-\hat{y})^2}{n-2}}}{\sqrt{\sum(x-\bar{x})^2}}$$

### （三）预测的点估计与区间估计

点估计的计算公式为：

$$\hat{y}_0=b+bx_0$$

由于现实情况存在多变性，再加上各种环境因素的影响，使得预测值与实际值之间存在偏离，因此不能仅根据一点的回归就做出预测结论，除了得出点预测值外，还应得出可能偏离的范围，即以一定的概率$(1-\alpha)$预测的 $\hat{y}_0$ 在 附近变动的范围。

当样本数量小于 30 时，对于点估计值 $\hat{y}_0$ 而言，置信水平为 $100(1-\alpha)\%$ 的区间估计值为：

其中，$t(a/2,n-2)$可以通过查 $t$ 检验表得出，一般显著性水平 $\alpha$ 的取值为 0.05。

当样本数量很大时，在置信水平为 68.2%，95.4%，99.7% 的情况下，区间估计值分别为：$(\hat{y}_0-S_e,\hat{y}_0+S_e)$，$(\hat{y}_0-2S_e,\hat{y}_0+2S_e)$，$(\hat{y}_0-3S_e,\hat{y}_0+3S_e)$。

## 二、消费系数法

消费系数法，是对某种产品在各个行业的消费数量进行分析，在了解各个行业规划产量的基础上，汇总各个行业的需求量，从而得出该产品的总需求量。消费系数是指某种产品在各个行业（或部门、地区、人口、群体等）的单位消费量。具体步骤有：

（1）分析产品 $x$ 的所有消费部门或行业（用途）。

（2）确定其在各部门或行业的消费系数。

某部门的消费系数 $e_i$ = 某部门产品消费量 $x_i$/该部门产量 $y_i$

（3）确定各部门或行业的规划产量，预测消费需求量。

部门需求量 $x'_i$ = 部门规划生产规模 $y'_i$ × 该部门消费系数 $e_i$

(4)汇总各部门的需求量。

$$产品需求总量 x' = \sum 各部门需求量 x'_i$$

## 三、弹性系数法

### (一)概述

弹性系数法是一种常用的预测方法,通过弹性系数的分析可以了解到,作为影响因素的自变量对某种求解的因变量的反应或影响程度。弹性系数是一个相对量,用于衡量某一变量发生改变时引起另一变量的相对变量。弹性值越大,表示两个变量之间的相关性越强,反之,相关性越弱。

弹性系数法具有简单易行、应用灵活、计算方便的优点,但也正由于其计算方便,忽略了一些其他影响因素,显得其计算结果在某些情况下比较粗糙,因此,进行预测时,常常需要分析弹性系数的变动趋势,对弹性系数进行修正。

### (二)价格弹性

价格弹性是产品购买量与产品价格之间关系的相对量,在某一地区收入水平不变的情况下,产品购买量的变化率与产品价格的变化率之比即为价格弹性系数。

价格弹性系数计算公式为:

价格弹性系数 = 购买量变化率/价格变化率

其中,购买量变化率 =(变动后购买量 - 变动前购买量)/变动前购买量;价格变化率 =(变动后价格 - 变动前价格)/变动前价格。

进行预测时,往往可知两个变量中的其中一个变量,结合已知的弹性系数,对另一变量进行预测。当弹性系数有多个时,往往采用求平均值的方法计算预测时的弹性系数。

**典型例题**

**【背景】**

甲家电生产企业委托乙咨询公司对本企业生产的某品牌家电产品在 A 地区的消费需求进行预测,并制定产品业务发展战略。2009 ~ 2016 年该品牌家电产品在 A 地区的销售价格与销售数据如表 5-3 所示。

表 5-3 2009 ~ 2016 年该品牌家电产品在 A 地区的销售价格和销量

| 年份 | 销售价格/(元/台) | 销量/万台 | 价格弹性系数 |
|---|---|---|---|
| 2009 | 2 000 | 32.8 | |
| 2010 | 1 900 | 35.6 | -1.71 |
| 2011 | 1 850 | 37.3 | -1.81 |
| 2012 | 1 800 | 39.2 | -1.88 |
| 2013 | 1 790 | 39.5 | -1.38 |
| 2014 | 1 780 | 39.8 | -1.36 |
| 2015 | 1 750 | 40.9 | |
| 2016 | 1 700 | 42.6 | |

乙咨询公司拟采用德尔菲法分析预测家电行业未来长期发展趋势，为甲企业制定家电产品业务发展战略提供数据。具体做法是：

(1)邀请15名技术专家召开一次座谈会。

(2)在座谈会上，由专家填写个人意见。

(3)整理汇总个人意见形成会议纪要及结论。

**问题：**

1. 计算该品牌家电产品2015年、2016年的价格弹性系数。

2. 如果甲企业决定在2017年将该品牌家电产品价格降至1 650元/台，基于表5-3给出的2009年以来的数据，用价格弹性系数法预测2017年A地区该品牌家电产品的销量。

3. 说明价格弹性系数的正负反映了指标间怎样的变动关系。

4. 指出乙咨询公司在德尔菲法具体做法上的不妥之处，并给出正确做法。

**【答案】**

1. 2015年的价格弹性系数为：[(40.9 − 39.8)/39.8]/[(1 750 − 1 780)/1 780] = −1.64。

2016年的价格弹性系数为：[(42.6 − 40.9)/40.9]/[(1 700 − 1 750)/1 750] = −1.45。

2. 2009～2016年该品牌家电产品在A地区的价格弹性在−1.88～−1.36之间，取2009～2016年价格弹性系数的平均值−1.60作为2017年的价格弹性系数，即价格每降低10%，销量增长16%。如果2017年价格降低到1 650元/台，较2016年价格降低了2.94%，那么该家电销量增长率为：价格下降率×价格弹性系数 = 2.94%×1.60 = 4.7%；则2017年该家电销量为：2016年该家电销量×2017年该家电销量增长率 = 42.6×(1 + 4.7%) = 44.60(万台)。

3. 价格弹性系数为负数反映了价格的变动方向与需求量变动方向相反。价格下降，需求量上升；价格上升，需求量下降。

4. 不妥之处一：邀请15名技术专家。正确做法：专家组一般由企业管理者、技术和宏观经济方面的专家等组成，人数在20人左右，可根据实际需要进行调整。

不妥之处二：由专家填写个人意见。正确做法：德尔菲法中应当设计调查表，然后组织调查实施，逐轮咨询和信息反馈，一般要经过好几轮。

不妥之处三：整理汇总个人意见形成会议纪要。正确做法：对专家的意见进行综合处理，采用统计分析方法对预测结果进行定量评价和表述。

### (三)收入弹性

收入弹性是产品购买量与消费者收入之间关系的相对量，在某一产品价格水平不变的情况下，产品购买量的变化率与消费者收入的变化率即为收入弹性系数。

收入弹性系数计算公式为：

$$收入弹性系数 = 购买量变化率/收入变化率$$

其中，购买量变化率 = (变动后购买量 − 变动前购买量)/变动前购买量；收入变化率 =

(变动后收入－变动前收入)/变动前收入。

进行预测时,预测方法与价格弹性预测法一致。

## 典型例题

【背景】

某咨询公司接受A公司委托,预测2019年A公司目标市场地区的手机消费量,并提出A公司的基本竞争战略。咨询公司成立了项目工作组,项目经理要求:近期咨询人员的工作重点是采用文案调查和实地调查方法收集信息资料,并采用网络信息挖掘技术获取信息,用于辅助决策。项目组收集到的2015～2018年A公司目标市场地区人均可支配收入和手机消费量同级数据如表5-4所示。

表5-4　A公司目标市场地区人均可支配收入和手机消费量同级数据

| 年份 | 人均可支配收入/(元/年) | 手机消费量/(万部/年) |
|---|---|---|
| 2015 | 21 300 | 165 |
| 2016 | 23 200 | 188 |
| 2017 | 25 000 | 210 |
| 2018 | 27 100 | 239 |

为给可支配收入和手机消费量同级数据提出基本竞争战略,咨询公司预测2019年该地区的人均可支配收入为29 200元/年,并邀请36位业内专家征询意见,对影响手机销售的质量、品牌、价格、外观和售后服务5项因素,按其重要性进行排序。咨询专家对5项因素的排序情况如表5-5所示。

表5-5　质量、品牌、价格、外观和售后服务5项手机销售影响因素重要性排序

| 因素<br>专家数量<br>排名 | 质量 | 品牌 | 价格 | 外观 | 售后服务 |
|---|---|---|---|---|---|
| 第一位 | 13 | 9 | 5 | 2 | 7 |
| 第二位 | 8 | 14 | 7 | 4 | 3 |
| 第三位 | 4 | 7 | 10 | 7 | 8 |
| 第四位 | | | | | |
| 第五位 | | | | | |

对各影响因素的评分标准为:第一位给3分,第二位给2分,第三位给1分,第四、五位不给分。

**问题:**

1. 除项目经理要求的信息资料收集方法外,通常还有哪些收集信息资料的方法?网络信息挖掘的具体步骤有哪些?

2. 用收入弹性系数法预测2019年的手机消费量。

3. 根据咨询专家的意见,通过计算确定影响手机销售量的5个因素的排序。

【答案】

1. 信息收集的方法通常还有问卷调查法和实验调查法。

网络信息挖掘的具体步骤：确定目标样本→提取特征信息→获取网络信息→匹配信息特征。

2. 2016 年收入弹性系数 = [(188 - 165)/165]/[(23 200 - 21 300)/21 300] = 1.56；

2017 年收入弹性系数 = [(210 - 188)/188]/[(25 000 - 23 200)/23 200] = 1.51；

2018 年收入弹性系数 = [(239 - 210)/210]/[(27 100 - 25 000)/25 000] = 1.64；

2019 年收入弹性系数 = (1.56 + 1.51 + 1.64)/3 = 1.57。

设 2019 年的手机消费量为 $X$，则：[($X$ - 239)/239]/[(29 200 - 27 100)/27 100] = 1.57；

解得 $X$ = 268.08(万部)。因此，用收入弹性系数法预测 2019 年的手机消费量为 268.08 万部。

3. 对各影响因素的评分标准为：第一位给 3 分，第二位给 2 分，第三位给 1 分，第四、五位不给分，则各因素的最后得分分别为：

质量得分 = 13 × 3 + 8 × 2 + 4 × 1 = 59；

品牌得分 = 9 × 3 + 14 × 2 + 7 × 1 = 62；

价格得分 = 5 × 3 + 7 × 2 + 10 × 1 = 39；

外观得分 = 2 × 3 + 4 × 2 + 7 × 1 = 21；

售后服务得分 = 7 × 3 + 3 × 2 + 8 × 1 = 35。

根据得分，影响手机销售量的 5 个因素的排序应为：品牌 > 质量 > 价格 > 售后服务 > 外观。

## 四、购买力估算法

购买力估算法是从预测全社会总购买力入手，通过分析购买力投向，进一步导出对某种产品的需求量。其具体步骤如下：

(1)预测居民的预期购买力。

(2)分析购买力投向，并计算某类产品在总产品购买力中所占的比重，以及某种产品在该类产品购买力中所占的比重。

(3)根据某种产品在某类购买力中所占比重，估算该产品的需求潜量。

购买力估算法的计算公式为：

预测期某种产品的需求潜量 = 居民的预期购买力 ×(购买某类产品的支出/购买产品总支出)×(购买某种产品的支出/购买某类产品的支出)

典型例题

【背景】

据预测，某地区居民消费品购买力在今后5年内每年递增6%，冰箱在消费量中的比重每年递增10%。目前，该地区居民消费购买力200亿元，冰箱在消费品中的比重为5%，冰箱价格2 000元/台，预计其在今后5年内无多大变动。

问题：

试预测该地区冰箱的需求潜量。

【答案】

第1年冰箱的需求潜量为：

$200\times10^{8}\times(1+6\%)\times5\%\times(1+10\%)/2\ 000=583\ 000$(台)。

第2年冰箱的需求潜量为：

$200\times10^{8}\times(1+6\%)^{2}\times5\%\times(1+10\%)^{2}/2\ 000=679\ 778$(台)。

依此类推，该地区第3～5年冰箱需求潜量分别为792 621台、924 196台和1 077 613台。

# 第四节　延伸预测法

## 一、移动平均法

移动平均法是用一组最近的实际数据值来预测未来一期或几期内公司产品的需求量、公司产能等的一种常用方法。移动平均法适用于近期或短期预测。当产品需求既不快速增长也不快速下降，且不存在季节性因素时，移动平均法能有效地消除预测中的随机波动，是非常有用的。移动平均法根据预测时使用的各元素的权重不同，可以分为简单移动平均和加权移动平均。

移动平均法是一种简单平滑预测技术，它的基本思想是：根据时间序列资料、逐项推移，依次计算包含一定项数的序时平均值，以反映长期趋势的方法。因此，当时间序列的数值由于受周期变动和随机波动的影响，起伏较大，不易显示出事件的发展趋势时，使用移动平均法可以消除这些因素的影响，显示出事件的发展方向与趋势（即趋势线），然后依趋势线分析预测序列的长期趋势。

### （一）简单移动平均法

简单移动平均法是一种利用某一时期数据的平均值作为预测值的方法。该方法主要是为了消除数据中的异常或周期性变动对预测值的影响，其适用于水平型的数据，即预测指标相对稳定的情形。

1. 计算公式

简单移动平均的各元素的权重都相等。简单的移动平均的计算公式如下：

$$F_t=(A_{t-1}+A_{t-2}+A_{t-3}+\cdots+A_{t-n})/n$$

式中 $F_t$——对下一期的预测值；

$n$——移动平均的时期个数；

$A_{t-1}$——前期实际值；

$A_{t-2}$，$A_{t-3}$和$A_{t-n}$——分别表示前两期、前三期和前 $n$ 期的实际值。

2. 应用案例

某类房地产某年各月的价格如表 5-6 所示。由于各月的价格受某些不确定因素的影响，时高时低，变动较大。如果不予分析，不易显现其发展趋势。如果把每几个月的价格加起来计算其移动平均数，建立一个移动平均数时间序列，就可以从平滑的发展趋势中明显地看出其发展变动的方向和程度，进而可以预测未来的价格。

在计算移动平均数时，每次应采用几个月来计算，需要根据时间序列的序数和变动周期来决定。如果序数多，变动周期长，则可以采用每 6 个月甚至每 12 个月来计算；反之，可以采用每 2 个月或每 5 个月来计算。对本案例中房地产该年的价格，采用每 5 个月的实际值计算其移动平均数。计算方法是：把 1 ~ 5 月的价格加起来除以 5 得 684 元/平方米，把 2 ~ 6 月的价格加起来除以 5 得 694 元/平方米，把 3 ~ 7 月的价格加起来除以 5 得 704 元/平方米，依此类推，详见表 5-6 中第三列。

**表 5-6　某类房地产某年各月的价格/(元/平方米)**

| 月份 | 房地产价格实际值 | 每 5 个月的移动平均数 |
|---|---|---|
| 1 | 670 | |
| 2 | 680 | |
| 3 | 690 | |
| 4 | 680 | |
| 5 | 700 | |
| 6 | 720 | 684 |
| 7 | 730 | 694 |
| 8 | 720 | 704 |
| 9 | 700 | 710 |
| 10 | 740 | 714 |
| 11 | 730 | 722 |
| 12 | 750 | 724 |

则可预测该类房地产下年 1 月的价格为：(704 + 710 + 714 + 722 + 724)/5 = 714.8(元/平方米)。

（二）加权移动平均法

加权移动平均法给固定跨越期限内的每个变量值以不同的权重。其原理是：历史各期产品需求的数据信息对预测未来期内的需求量的作用是不一样的。除了以 $n$ 为周期的周期性变化外，远离目标期的变量值的影响力相对较低，故应给予较低的权重。加权移动平均法的计算公式如下：

$$F_t = w_1 A_{t-1} + w_2 A_{t-2} + w_3 A_{t-3} + \cdots + w_n A_{t-n}$$

式中 $w_1$——第($t-1$)期实际销售额的权重；

$w_2$——第($t-2$)期实际销售额的权重；

$w_3$——第($t-3$)期实际销售额的权重；

$w_n$——第($t-n$)期实际销售额的权重；

$n$——预测的时期数。

在运用加权平均法时，权重的选择是一个应该注意的问题。经验法和试算法是选择权重的最简单的方法。一般而言，最近期的数据最能预示未来的情况，因而权重应大些。例如，根据前一个月的利润和生产能力比起根据前几个月能更好地估测下个月的利润和生产能力。但是，如果数据是季节性的，则权重也应是季节性的。

### （三）$n$ 的选择

$n$ 值越小，表明对近期观测值预测的作用越重视，预测值对数据变化的反应速度也越快，但预测的修匀程度较低，估计值的精度也可能降低。

$n$ 值越大，预测值的修匀程度越高，但对数据变化的反应程度较慢。$n$ 的值一般在 3 ~ 200 之间。

对于具有趋势性或阶跃型特点的数据，为提高预测值对数据变化的反应速度，减少预测误差，$n$ 值应取小一些。

### （四）优缺点

使用移动平均法进行预测能平滑掉需求的突然波动对预测结果的影响。但移动平均法运用时也存在着如下问题：

(1)加大移动平均法的期数(即加大 $n$ 值)会使平滑波动效果更好，但会使预测值对数据实际变动更不敏感。

(2)移动平均值并不能总是很好地反映出趋势。由于是平均值，预测值总是停留在过去的水平上而无法预计会导致将来更高或更低的波动。

(3)移动平均法要有大量的过去数据的记录。

## 二、指数平滑法

### （一）基本原理

指数平滑法由布朗提出，他认为时间序列的态势具有稳定性或规则性，所以时间序列可被合理地顺势推延；他认为最近的过去态势，在某种程度上会持续到最近的未来，所以将较大的权数放在最近的资料。

基本原理：指数平滑法是移动平均法的一种，其特点在于给过去的观测值不一样的权重，即较近期观测值的权数比较远期观测值的权数要大。根据平滑次数不同，指数平滑法分为一次指数平滑法、二次指数平滑法、三次指数平滑法和高次指数平滑法等。但它们的基本思想都是：预测值是以前观测值的加权和，且对不同的数据给予不同的权数，新数据给予较大的权数，旧数据给予较小的权数。

**链接**

一次指数平滑法适用于市场观测呈水平波动，无明显上升或下降趋势情况下的预测。一次指数平滑法与简单移动平均法的主要区别是：一次指数平滑法对先前预测结果的误差进行了修正，解决了移动平均法需要 $n$ 个观测值和不考虑 $(t-n)$ 前时期数据的缺点。

指数平滑法是生产预测中常用的一种方法，至少要依据 5～10 个数据资料，预测结果精度较高，适用于近期或短期经济发展趋势预测。其工作流程为：输入历史统计数据→建立并选择平滑模型→确定平滑系数→确定初始值→计算→对预测结果进行分析→输出预测结果。

### （二）基本公式

指数平滑法的基本公式为：

$$S_t=\alpha\times y_t+(1-\alpha)\times S_{t-1}$$

式中 $S_t$——时间 $t$ 的平滑值；

$y_t$——时间 $t$ 的实际值；

$S_{t-1}$——时间 $(t-1)$ 的平滑值；

$\alpha$——平滑系数，其取值范围为 $[0,1]$。

### （三）一次指数平滑预测

当时间数列无明显的趋势变化，可用一次指数平滑预测。其预测公式为：

$$y'_{t+1}=\alpha\times y_t+(1-\alpha)\times y'_t$$

式中 $y'_{t+1}$——$(t+1)$ 期的预测值，即本期（$t$ 期）的平滑值 $S_t$；

$y_t$——$t$ 期的实际值；

$y'_t$——$t$ 期的预测值，即上期的平滑值 $S_{t-1}$。

**典型例题**

**【背景】**

已知某种产品最近 15 个月的销售量如表 5-7 所示。

表 5-7 某种产品最近 15 个月的销售量

| 时间序号/$t$ | 1 | 2 | 3 | 4 | 5 | 6 | 7 | 8 | 9 | 10 | 11 | 12 | 13 | 14 | 15 |
|---|---|---|---|---|---|---|---|---|---|---|---|---|---|---|---|
| 销售量/$y_t$ | 10 | 15 | 8 | 20 | 10 | 16 | 18 | 20 | 22 | 24 | 20 | 26 | 27 | 29 | 29 |

**问题：**

试采用一次指数平滑值预测下个月的销售量。

**【答案】**

为了分析加权系数 $\alpha$ 的不同取值的特点，分别取 $\alpha=0.1$、$\alpha=0.3$、$\alpha=0.5$。计算一次指数平滑值，并设初始值为最早的三个数据的平均值，以 $\alpha=0.5$ 的一次指数平滑值计算为例，有：

$$S_0^{(1)}=\frac{y_1+y_2+y_3}{3}=11.0。$$

$S_1^{(1)} = \alpha y_1 + (1-\alpha) S_0^{(1)} = 0.5 \times 10 + 0.5 \times 11.0 = 10.5$。

$S_2^{(1)} = \alpha y_2 + (1-\alpha) S_1^{(1)} = 0.5 \times 15 + 0.5 \times 10.5 = 12.8$。

依次类推，求得 $\alpha = 0.5$、$\alpha = 0.1$ 和 $\alpha = 0.3$ 时的一次指数平滑值数列，计算结果如表 5-8 所示。

表 5-8 一次指数平滑值的计算表/万台

| 时间序号/$t$ | 1 | 2 | 3 | 4 | 5 | 6 | 7 | 8 | 9 | 10 | 11 | 12 | 13 | 14 | 15 |
|---|---|---|---|---|---|---|---|---|---|---|---|---|---|---|---|
| 销售量/$y_t$ | 10 | 15 | 8 | 20 | 10 | 16 | 18 | 20 | 22 | 24 | 20 | 26 | 27 | 29 | 29 |
| $S_i^{(1)}(\alpha=0.1)$ | 10.9 | 11.3 | 11.0 | 11.9 | 11.7 | 12.1 | 12.7 | 13.4 | 14.3 | 15.3 | 15.8 | 16.8 | 17.8 | 18.9 | 19.9 |
| $S_i^{(1)}(\alpha=0.3)$ | 10.7 | 12.0 | 10.8 | 13.6 | 12.5 | 13.6 | 14.9 | 16.4 | 18.1 | 19.9 | 19.9 | 21.7 | 23.3 | 25.0 | 26.2 |
| $S_i^{(1)}(\alpha=0.5)$ | 10.5 | 12.8 | 10.4 | 15.2 | 12.6 | 14.3 | 16.2 | 18.1 | 20.1 | 22.1 | 21.1 | 23.6 | 25.3 | 27.2 | 28.1 |

按上表可得时间第 15 个月对应的分别为 19.7，26.2 和 28.1，可以分别根据预测公式来预测第 16 个月的销售量。

以 $\alpha = 0.5$ 为例，可求得：$y_{16} = 0.5 \times 29 + (1-0.5) \times 28.1 = 28.6$（万台）。

### （四）二次指数平滑预测

指数平滑法对实际序列具有平滑作用，权系数（平滑系数）越小，平滑作用越强，但是对实际数据的变动反应较迟缓。

在实际序列的线性变动部分，指数平滑值序列出现一定的滞后偏差的程度随着加权系数（平滑系数）的增大而减少；但当时间序列的变动出现直线趋势时，用一次指数平滑法来进行预测仍将存在着明显的滞后偏差。因此，也需要进行修正。

修正的方法是在一次指数平滑的基础上再进行二次指数平滑，利用滞后偏差的规律找出曲线的发展方向和发展趋势，然后建立直线趋势预测模型，故称为二次指数平滑法。

在一次指数平滑的基础上得二次指数平滑的计算公式为：

$$S_t^{(2)} = \alpha S_t^{(1)} + (1-\alpha) S_{t-1}^{(2)}$$

式中 $S_t^{(2)}$——第 $t$ 周期的二次指数平滑值；

$S_t^{(1)}$——第 $t$ 周期的一次指数平滑值；

$S_{t-1}^{(2)}$——第 $(t-1)$ 周期的二次指数平滑值；

$\alpha$——加权系数（平滑系数）。

二次指数平滑法是对一次指数平滑值作再一次指数平滑的方法。它不能单独地进行预测，必须与一次指数平滑法配合，建立预测的数学模型，然后运用数学模型确定预测值。

二次指数平滑数学模型：

$$\hat{Y}_{t+T} = \alpha_t + b_t \cdot T$$

$$S_t^{(2)} = \alpha S_t^{(1)} + (1-\alpha) S_{t-1}^{(2)}$$

$$\begin{cases} \alpha t = 2S_t^{(1)} - S_t^{(2)} \\ b_t = \dfrac{\alpha}{1-\alpha}\left[ S_t^{(1)} - S_t^{(2)} \right] \end{cases}$$

### （五）三次指数平滑预测

若时间序列的变动呈现出二次曲线趋势，则需要采用三次指数平滑法进行预测。三次指数平滑是在二次指数平滑的基础上再进行一次平滑，其计算公式为：

$$S_t^{(3)} = \alpha S_t^{(2)} + (1-\alpha)S_{t-1}^{(3)}$$

三次指数平滑法的预测模型为：

$$\hat{y}_{t+T} = \alpha_t + b_t T + c_t T^2$$

$$\alpha_t = 3S_t^{(1)} - 3S_t^{(2)} + S_t^{(3)}$$

$$b_t = \frac{\alpha}{2(1-\alpha)^2}[(6-5\alpha)S_t^{(1)} - 2(5-4\alpha)S_t^{(2)} + (4-3\alpha)S_t^{(3)}]$$

$$c_t = \frac{\alpha^2}{2(1-\alpha)^2}[S_t^{(1)} - 2S_s^{(2)} + S_t^{(3)}]$$

### （六）平滑模型的建立

初始值的确定，即第一期的预测值。一般原数列的项数较多时（大于 15 项），可以选用第一期的观察值或选用比第一期前一期的观察值作为初始值。如果原数列的项数较少时（小于 15 项），可以选取最初几期（一般为前三期）的平均数作为初始值。指数平滑方法的选用，一般可根据原数列散点图呈现的趋势来确定。如呈现直线趋势，选用二次指数平滑法；如呈现抛物线趋势，选用三次指数平滑法。或者，当时间序列的数据经二次指数平滑处理后，仍有曲率时，应用三次指数平滑法。

### （七）平滑系数 α 的确定

指数平滑法的计算中，关键是 $\alpha$ 的取值大小，但 $\alpha$ 的取值又容易受主观影响，因此合理确定 $\alpha$ 的取值方法十分重要。一般来说，如果数据波动较大，$\alpha$ 值应取大一些，可以增加近期数据对预测结果的影响。如果数据波动平稳，$\alpha$ 值应取小一些。理论界一般认为有以下方法可供选择：

（1）经验判断法。这种方法主要依赖于时间序列的发展趋势和预测者的经验做出判断。当时间序列呈现较稳定的水平趋势时，应选较小的 $\alpha$ 值，一般可在 0.1 ~ 0.3 之间取值；当时间序列有波动，但长期趋势变化不大时，可选稍大的 $\alpha$ 值，常在 0.3 ~ 0.5 之间取值；当时间序列波动很大，长期趋势变化幅度较大，呈现明显且迅速的上升或下降趋势时，宜选择较大的 $\alpha$ 值，如可在 0.5 ~ 0.8 之间取值，以使预测模型灵敏度高些，能迅速跟上数据的变化。

（2）试算法。根据具体时间序列情况，参照经验判断法，来大致确定额定的取值范围，然后取几个 $\alpha$ 值进行试算，比较不同 $\alpha$ 值下的预测标准误差，选取预测标准误差最小的 $\alpha$。

在实际应用中预测者应结合对预测对象的变化规律做出定性判断且计算预测误差，并要考虑到预测灵敏度和预测精度是相互矛盾的，必须给予两者一定的考虑，采用折中的 $\alpha$ 值。

# 第六章　重大项目谋划

## 第一节　总 体 思 路

### 一、重大项目谋划工作的重要意义

重大项目谋划工作的重要意义包括：

(1)抓好重大项目是实现经济高质量发展的重要途径。

(2)抓好重大项目是社会主义现代化建设的宝贵经验。

(3)抓好重大项目是促投资保就业稳增长的重要手段。

链接

除上述意义外，重大项目谋划工作的重要意义还包括抓好重大项目是增进民生福祉的重要依托。

### 二、重大项目谋划工作存在的主要问题

重大项目谋划工作存在的主要问题包括：

(1)项目质量不高。

(2)项目要素不实。

(3)建设进展不快。

(4)项目储备不足。

### 三、重大项目谋划工作质量不高的主要原因

重大项目谋划工作质量不高的主要原因包括：

(1)项目谋划的认识还不到位。

(2)项目谋划的水平能力不高。

(3)项目谋划的经费投入不足。

(4)项目谋划的思路不够清晰。

### 四、重大项目谋划工作的思路理念

重大项目谋划工作的思路理念包括：

(1)把握前瞻性。

(2)坚持系统性。

(3)突出科学性。

(4)保持动态化。

### 四、重大项目谋划的各项基础工作

重大项目谋划的各项基础工作包括：

(1)坚持战略规划引领。

(2)系统谋划整体推进。

(3)动态优化项目储备。

(4)发挥专业机构作用。

## 第二节 原则逻辑

### 一、重大项目谋划的主要原则

重大项目谋划应遵循市场客观规律，符合政策规划要求，坚持技术安全可靠，确保要素供应保障，追求管理运营高效，努力实现合理的经济社会效益。

重大项目谋划的主要原则包括：

(1)市场需求有效。

(2)技术安全可靠。

(3)要素资源保障。

**链接**

要素资源是指企业实现生产和经营所必须具备的基本资源，可分为自然资源和社会资源两大类。前者包括水、土地、矿产、能源、森林、草原、动物等；后者包括人力资源、技术资源、资本资源、信息资源以及经过劳动创造的各种物质财富等。

(4)投资回报合理。

(5)运营管理高效。

(6)政策规划符合。

### 二、重大项目谋划的基本逻辑

重大项目谋划的基本逻辑包括：

(1)无中生有,重大项目的谋划应从创新思路方面着手。

(2)指啥干啥,重大项目的谋划应寻找相关政策的支持。

(3)缺啥干啥,重大项目的谋划应聚焦于弱项或短板项目。

(4)要啥干啥,重大项目的谋划应围绕需求目标展开。

(5)靠啥干啥,重大项目的谋划应立足区位优势展开。

(6)有啥干啥,重大项目的谋划应依托优势资源展开。

## 第三节 方法流程

### 一、重大项目谋划的方法

重大项目谋划的方法包括：

(1)坚持科技创新,根据科学发展观的要求来谋划项目。

(2)突出核心项目的劳动作用,根据各级各类规划、国家和省的资金投向和重点项目安排导向谋划项目。

(3)聚焦产业发展,根据国家发布的产业政策指导目录、特色、优势资源和优势产业来谋划项目。

(4)根据国内外市场需求导向来谋划项目。

(5)根据各类交流活动信息来谋划项目。

### 二、重大项目谋划的流程

重大项目谋划的主要流程如下：

(1)准备阶段。明确重大项目谋划的具体任务,根据任务要求组建相应团队并制定相应的研究计划。

(2)调研阶段。分析与所谋划项目相关的政策,并据此开展调查研究获取所需数据,与相关部门开展座谈会进行沟通交流,明确重大项目谋划的思路和方向。

(3)产出阶段。研究提出重大项目清单,进行项目预可行性研究,明确项目安排。

(4)优化阶段。根据实际情况对所谋划项目进行动态优化调整,在条件具备时进行深入的细化研究。

# 第四节 主要成果

重大项目谋划的主要成果包括重大项目策划研究报告、重大项目工程包、中长期重大项目计划表和近期推进重大项目表和产业空间布局图、产业链图、产业技术路线图和产业应用领域图以及发展政策清单、核心企业清单、配套企业清单和产业链风险清单等。

**提示**

重大项目策划研究报告简称“一报告”;中长期重大项目计划表和近期推进重大项目表简称“两表”;发展政策清单、核心企业清单、配套企业清单和产业链风险清单简称“四单”;产业空间布局图、产业链图、产业技术路线图和产业应用领域图简称“四图”。

基于不同的项目阶段,项目谋划的重点任务与成果形式表现各不相同,主要有以下几个方面。

(1)项目筛选阶段,主要任务是进行项目筛选,根据地方政府的委托要求,研究提出未来一段时期的重大项目清单、重点招引企业清单、产业链图、产业布局图等。

**链接**

产业链图的作用有:

(1)了解产业要素,辅助产业决策。通过绘制产业链图谱,可视化展现产业链上中下游及细分环节,了解产业要素的分布情况,研判产业发展前景,进行产业政策的效果评估及量化分析预测,辅助进行产业政策制定决策。

(2)产业优势对比,做大做强优势产业。绘制产业链图谱能切实了解产业的市场潜力以及产业配套程度,便于有计划地完善产业链,充分发挥集聚效应,进而降低成本、促进创新、改善产业布局,有利于区域比较优势的准确识别及充分发挥。

(3)识别产业发展障碍,规避产业风险。编制产业链图谱,能够有效识别产业发展中的技术壁垒和发展障碍,从而有利于有效规避产业发展过程中存在的潜在风险。

(4)梳理产业链上下游各环节,开展产业链招商。通过“链长制”实施产业链招商,围绕产业链“建链、延链、强链、补链”,靶向式精准招商。

(2)项目立项阶段,主要任务是开展预可行性研究,编写项目建议书或预可行性研究报告、商业计划书、项目策划书等。

(3)项目决策阶段,主要任务是开展项目可行性研究,按相关规定要求,选择开展环境影响评价、节能评价等专项评价,编制可行性研究报告、环境影响报告、节能评价报告。在此基础上,编制项目申请报告或资金申请报告。

# 第七章 现金流量分析

## 第一节 资金时间价值与等值换算

### 一、资金时间价值概述

#### (一) 资金时间价值的概念

把资金投入到生产和流通领域,随着时间的推移,会发生增值现象,所增值的部分称为资金的时间价值。资金时间价值是对放弃现期消费的损失所做的必要补偿。

对于资金的时间价值,我们从两方面加以理解:

(1)资金的价值随着时间的推移而增加,我们称之为资金增值。增值的原因是由于资金的投资和再投资,一定量的资金在不同时点上具有不同的价值,比如现在的1 000元比将来的1 000元更值钱。从投资者角度看,是将货币用于投资,通过资金的运动而使货币增值(利润)。

(2)资金一旦用于投资将不能用于现期消费。从消费者角度看,将货币存入银行,相当于个人失去了对这些货币的使用权,按时间计算这种牺牲的代价(利息)。

影响资金时间价值的主要因素有:

(1)资金的数量。在其他条件不变的前提下,资金的数量越多,其时间价值越多。

(2)资金的使用时间。在单位时间的资金增值率一定的前提下,资金的使用时间越长,其时间价值越大;反之,越小。

(3)资金投入和回收的特点。在总资金一定的前提下,前期投入的资金越多,资金的负效益越大;后期投入的资金越多,资金的负效益越小。在资金回收额一定的前提下,离现在越近的时间回收的资金越多,资金的时间价值就越大;离现在越远的时间回收的资金越多,资金的时间价值就越小。

(4)资金的周转速度。资金周转越快,资金的时间价值越大;反之,越小。

总之,资金的时间价值是客观存在的,讲究资金的时间价值,就是用动态的观点去看待资金的使用和占用,讲究资金运用的效果;而从投资角度来看,就要求人们加快资金周转,早日回收资金,使原有资金最大限度地获得高额回报。

### （二）衡量资金时间价值的尺度

衡量资金时间价值的尺度有绝对尺度和相对尺度。绝对尺度包括利息、收益等，反映资金的盈利能力；相对尺度包括利率、收益率等，反映资金随时间变化的增值速度。

#### 1. 利息

利息是资金所有者由于借出资金而取得的报酬，它来自生产者使用该笔资金发挥营运职能而形成的利润的一部分。其数量取决于使用的资金量、使用资金的时间长短、利率。

利息的计算公式为：

$$I = F - P$$

式中 $I$——利息；

$F$——还本付息总额，即本金与利息之和；

$P$——原借（贷）款金额，又称为本金。

在工程经济分析中，利息又可被看作是资金的一种机会成本。这是因为如果放弃资金的使用权利，相当于失去收益的机会，也就相当于付出了一定的代价。例如，资金一旦用于投资，就不能进行现期消费，而牺牲现期消费又是为了能在将来获得更大的收益，以便有更多消费的本钱，从这个意义上讲，利息是指占用资金所付出的代价或是放弃现期消费所得的补偿。

#### 2. 利率

利率是在一个周期内所得的利息额与借贷金额（即本金）之比，一般以百分数表示。

利率的计算公式为：

$$i = \frac{I}{P} \times 100\%$$

式中 $i$——利率；

$I$——一个周期内所得到的利息额；

$P$——原借（贷）款金额，又称为本金。

利率作为一种经济杠杆，在经济生活中起着十分重要的作用。在市场经济条件下，利率的高低由以下几种因素决定：

（1）社会平均利润率。在通常情况下，平均利润率是利率的最高界限。当其他条件不变时，平均利润率提高，利率也会相应提高；反之，则会相应下降。如果利率高于平均利润率，借款人投资后无利可图，也就不会发生借贷行为了。

（2）金融市场上借贷资本的供求情况。在平均利润率不变的情况下，借贷资本的供大于求时，利率会相应下调；反之，则升高。

（3）银行所承担的贷款风险。借出资本要承担一定的风险，风险的大小也影响着利率的波动。风险越大，利率也就越高。

（4）通货膨胀率。通货膨胀对利率的波动有直接影响，资金贬值通常使利息无形中成为负值。

（5）借出资本的期限长短。贷款期限越长，不可预见因素就越多，风险就越大，利率就越高。

### （三）利息计算的两种方法

#### 1. 单利

单利是指在计算利息时，以本金为基数计算利息，不将利息计入本金，即通常所说的“本金生息，利息不生息”的计息方法。

单利计息的计算公式为：

$$I = P \cdot i$$

单利计息的本利和计算公式为：

$$F = P + I_n = P(1 + n \cdot i)$$

式中　$I$——单个计算期的利息；

$P$——本金；

$i$——利率；

$F$——第 $n$ 期期末的本利和；

$I_n$——$n$ 个计息期的单利总利息；

$n$——计息期数（资金占用期内计算利息的次数）。

上式中要注意 $n$ 和 $i$ 反映的时期要一致。如 $i$ 为年利率，则 $n$ 应为计息的年数；若 $i$ 为月利率，则 $n$ 应为计息的月数。

#### 2. 复利

复利是指以本金和累计利息之和为基数来计算利息的方法。即通常所说的“本金生息，利息也生息”。

复利计息的计算公式为：

$$I_t = i \cdot F_{t-1}$$

复利计息的本利和计算公式为：

$$F_t = F_{t-1}(1 + i) = P(1 + i)^t$$

式中　$I_t$——第 $t$ 期的利息；

$i$——利率；

$F_{t-1}$——第（$t-1$）期期末的本利和；

$F_t$——第 $t$ 期期末的本利和；

$t$——计息期数（资金占用期内计算利息的次数）。

其推导公式如表 7-1 所示。

表 7-1　复利利息的本利和推导公式

| 计息期数 | 期初本金 | 期末利息 | 期末本利和 |
|---|---|---|---|
| 1 | $P$ | $P \cdot i$ | $F_1 = P + P \cdot i = P(1+i)$ |
| 2 | $P(1+i)$ | $P(1+i) \cdot i$ | $F_2 = P(1+i) + P(1+i) \cdot i = P(1+i)^2$ |
| 3 | $P(1+i)^2$ | $P(1+i)^2 \cdot i$ | $F_3 = P(1+i)^2 + P(1+i)^2 \cdot i = P(1+i)^3$ |
| … | … | … | … |

（续表）

| 计息期数 | 期初本金 | 期末利息 | 期末本利和 |
|---|---|---|---|
| $t-1$ | $P(1+i)^{t-2}$ | $P(1+i)^{t-2}\cdot i$ | $F_{t-1}=P(1+i)^{t-2}+P(1+i)^{t-2}\cdot i=P(1+i)^{t-1}$ |
| $t$ | $P(1+i)^{t-1}$ | $P(1+i)^{t-1}\cdot i$ | $F_t=P(1+i)^{t-1}+P(1+i)^{t-1}\cdot i=P(1+i)^t$ |

**典型例题**

【背景】

某人年初存入银行1 000元，年利率6%，存期5年。

**问题：**

分别用单利和复利法求本利和。

【答案】

单利法：$F=1\ 000\times(1+5\times6\%)=1\ 300$（元）。

复利法：$F=1\ 000\times(1+6\%)^5=1\ 338.23$（元）。

从本例可以看出，同一笔存款，在 $i$ 和 $n$ 均相同的情况下，用复利法计息的本利和比用单利法计息的本利和要多。本金越多，利率越高，计息期数越多，二者的差距就会越大。单利法计息由于没有考虑利息的增值因素，没有完全反映资金的时间价值，而复利法更能反映实际的资金运用情况。故在经济分析活动中一般采用复利法计息。

### （四）名义利率和实际利率

在实际经济活动中，计息周期可以是年、半年、季度、月、周、日等。当利率为年利率，而实际的计息周期小于一年时，会产生名义利率与实际利率的概念。例如，年利率为12%，按月计息，则这12%是名义利率，实际相当于月利率是1%。

#### 1. 名义利率

名义利率 $r$ 是指计息周期利率 $i$ 乘以一年内的计息周期数 $m$ 所得的年利率，通常所说的年利率都是名义利率。即：

$$r=i\cdot m$$

式中 $r$——名义利率；

$i$——计息周期利率；

$m$——计息周期数。

如季利率为2%，则年名义利率为2%×4=8%。显然，名义利率计算时与单利法计算思路相同，忽略了前面各期利息可再生利息的因素。

#### 2. 实际利率

实际利率 $i_{\text{eff}}$，是按每年的计息周期数用复利计算得到的利率，即考虑资金时间价值的年利率，又称有效利率。

实际利率的计算公式为：

$$i_{\text{eff}}=\frac{F-P}{P}=\left(1+\frac{r}{m}\right)^m-1$$

式中 $i_{eff}$——实际利率；

$F$——第 $m$ 期期末本利和；

$P$——本金；

$r$——名义利率；

$m$——计息周期数。

### 3. 名义利率与实际利率关系

名义利率与实际利率的换算如表 7-2 所示。

表 7-2 名义利率与实际利率的换算

| 年名义利率 | 计息期 | 年计息次数/$m$ | 年实际利率 | 半年实际利率 | 季实际利率 | 月实际利率 |
| --- | --- | --- | --- | --- | --- | --- |
| $r$ | 年 | 1 | $r$ | $(1+r)^{\frac{1}{2}}-1$ | $(1+r)^{\frac{1}{4}}-1$ | $(1+r)^{\frac{1}{12}}-1$ |
| | 半年 | 2 | $\left(1+\frac{r}{2}\right)^2-1$ | $\frac{r}{2}$ | $\left(1+\frac{r}{2}\right)^{\frac{1}{2}}-1$ | $\left(1+\frac{r}{2}\right)^{\frac{1}{6}}-1$ |
| | 季 | 4 | $\left(1+\frac{r}{4}\right)^4-1$ | $\left(1+\frac{r}{4}\right)^2-1$ | $\frac{r}{4}$ | $\left(1+\frac{r}{4}\right)^{\frac{1}{3}}-1$ |
| | 月 | 12 | $\left(1+\frac{r}{12}\right)^{12}-1$ | $\left(1+\frac{r}{12}\right)^6-1$ | $\left(1+\frac{r}{12}\right)^3-1$ | $\frac{r}{12}$ |

从以上分析可以看出，二者存在如下关系：

(1)名义利率指年利率，而实际利率并不一定是年利率，在没有特别说明的情况下，年利率一般指名义利率。

(2)当 $m=1$(即一年计息一次)时，名义利率等于实际年利率，实际计息周期短于一年时，实际年利率要高于名义利率。

(3)名义利率不能完全反映资金的时间价值，实际利率才真实地反映了资金的时间价值。

(4)名义利率越大，实际计息周期越短，实际年利率与名义利率的差值就越大。

**典型例题**

**【背景】**

设现有资金 100 元，名义利率为 12%。

**问题：**

分别按一年和半年计息来计算一年后的本利和，并计算年实际利率。

**【答案】**

按一年计息，$i=12\%$，$n=1$：

$F=P(1+i)^n=100\times(1+12\%)=112$(元)。

按半年计息，$i=6\%$，$n=2$：

$F=P(1+i)^n=100\times(1+6\%)^2=112.36$(元)。

年实际利率 $i_{eff}=(F-P)/P\times100\%=(112.36-100)/100\times100\%=12.36\%$。

## 二、现金流量

### (一)现金流量的基本概念

在进行工程经济分析时,可以把某个考察的对象视为一个系统,而投入的资金、花费的成本、获取的收益均可以看作以货币形式体现的该系统的资金流入或资金流出。这种在某一时点上发生的资金流入或资金流出称之为现金流量。具体概念如下:

(1)现金流出($CO_t$):相对某个系统,指在某一时点上流出系统的资金或货币量,如投资、成本费用等。

(2)现金流入($CI_t$):相对某个系统,指在某一时点上流入系统的资金或货币量,如销售收入等。

(3)净现金流量:同一时点上现金流入与流出之差,用$(CI-CO)_t$表示。即:

$$净现金流量(CI-CO)_t=现金流入(CI_t)-现金流出(CO_t)$$

### (二)现金流量的确定

确定现金流量应注意以下问题:

(1)应有明确的发生时点。

(2)投资决策中使用的现金流量,是投资项目的现金流量,是特定项目引起的。

(3)必须实际发生(如应收或应付账款就不是现金流量)。

(4)“现金”是广义的现金,它不仅包括货币资金,而且包括项目需要投入企业拥有的非货币资源的变现价值,即资源价值。

(5)不同的角度有不同的结果(如税收,从企业角度是现金流出;从国家角度不是)。

### (三)现金流量的表示方法

#### 1. 现金流量表

现金流量表是用表格的形式描述不同时点上发生的各种现金流量的大小和方向。如表 7-3 所示。

**表 7-3　现金流量表**

| 年序 | 0 | 1 | 2 | 3 | 4 | 5 | 6 |
|---|---|---|---|---|---|---|---|
| 现金流入/万元 | 0 | 0 | 100 | 200 | 200 | 200 | 300 |
| 现金流出/万元 | 200 | 200 | 0 | 0 | 0 | 0 | 0 |
| 净现金流量/万元 | -200 | -200 | 100 | 200 | 200 | 200 | 300 |

现金流量表应当分别对经营活动、投资活动和筹资活动列报现金流量。现金流量应当分别按照现金流入和现金流出总额列报。但是下列各项可以按照净额列报:

(1)代客户收取或支付的现金。

(2)周转快、金额大、期限短项目的现金流入和现金流出。

(3)金融企业的有关项目,包括短期贷款发放与收回的贷款本金、活期存款的吸收与支付、同业存款和存放同业款项的存取、向其他金融企业拆借资金,以及证券的买入与卖出等。

现金流量表的作用如下:

(1)现金流量表能够说明企业一定期间内现金流入和流出的原因。

(2)现金流量表能够说明企业的偿债能力和支付股利的能力。通常情况下,报表阅读者比较关注企业的获利情况,并且往往以获取利润的多少作为衡量标准,企业获利多少在一定程度上表明了企业具有一定的现金支付能力。但是,企业一定期间内获得的利润并不代表企业真正具有的偿债或支付能力。

(3)现金流量表能够用来分析企业未来获取现金的能力。通过应收、其他应收款以及投资产生的现金等都可以了解到。

(4)现金流量表能够用来分析企业投资和理财活动对经营成果和财务状况的影响。现金流量表提供一定时期现金流入和流出的动态财务信息,表明企业在报告期内由经营活动、投资活动和筹资活动获得现金,企业获得的这些现金是如何运用的,能够说明资产、负债、净资产的变动的原因,对资产负债表和利润表起到补充说明的作用。现金流量表是连接资产负债表和利润表的桥梁。

(5)现金流量表能够提供不涉及现金的投资和筹资活动的信息。现金流量表除了反映企业与现金有关的投资和筹资活动外,还通过附注方式提供不涉及现金的投资和筹资活动方面的信息,使会计报表使用者能够全面了解和分析企业的投资和筹资活动。

### 2. 现金流量图

现金流量图是表示某一特定经济系统现金流入、流出与其发生时点对应关系的数轴图形,如图 7-1 所示。

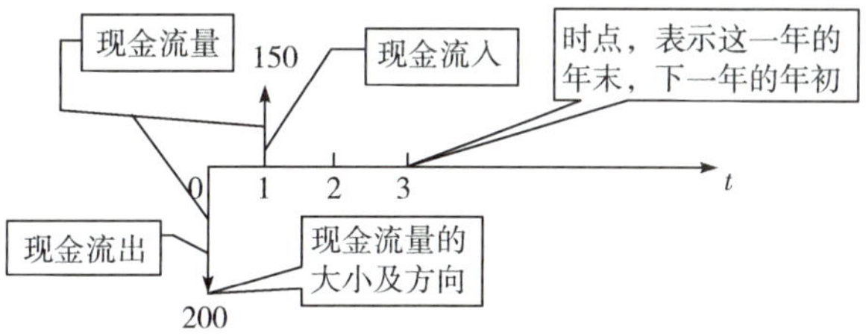


**图 7-1　现金流量图**

若无特别说明,时间单位均为年,投资一般发生在年初,销售收入、经营成本及残值回收等发生在年末。

现金流入和现金流出总是针对某一具体对象而言,贷款方的流入就是借款方的流出;反之亦然。现金流量图的构成要素为大小、流向、时点。即大小表示资金数额,流向表示项目资金的流入或流出,时点指现金的流入或流出发生的时间。现金流量图中的箭头长短与现金流量的大小有关,现金流量的方向与现金流量的性质有关。箭头向上表示现金流入,箭头向下表示现金流出。具体绘制方式如下:

(1)以横轴为时间坐标轴,时间坐标轴上的点称为时点,通常表示该时间周期末的时点。时间点可以是周、月、年等单位,视具体情况而选择(即期末标注法)。0 表示时间序列的起点。

(2)纵轴表示现金流量情况。

(3)现金流量大小用箭线长短体现即可。

(4)从理论上说,在时点计算期内,经济系统一直在发生着现金的流入以及流出,但绘制方法是通通在时点末绘制,也就是说该时点内的时间价值不予考虑。

## 三、资金等值

### (一)资金等值的概念

在资金时间价值的计算中,等值是一个十分重要的概念。资金等值是指在考虑时间因素的情况下,不同时点发生的绝对值不等的资金可能具有相等的价值。例如现在的 100 元,与一年后的 108 元,虽然绝对数量不等,但如果在年利率为 8% 的情况下,则这两个时点上的两笔绝对值不等的资金在价值上看是"等值"的。不同时点上数额不等的资金如果等值,则它们在任何相同时点上的数额必然相等。

利用资金等值的概念,把在不同时点发生的资金金额换算成同一时点的等值金额,这一过程叫作资金等值计算,如"折现""贴现"。决定资金等值的三要素是资金数额的大小、资金发生的时间、利率(或折现率)的大小。

### (二)资金等值的计算

在技术经济分析中,为了考察投资项目的经济效果,必须对项目寿命期内不同时间发生的全部费用和全部收益进行计算和分析。在考虑资金时间价值的情况下,不同时点的收入和支出不能简单地直接相加减,只能通过资金的等值计算将它们换算到同一时点上进行分析。资金等值计算公式和复利计算公式的形式是相同的。

#### 1. 资金等值计算的基本参数

资金等值计算时,一般现金流量图如图 7-2 所示。

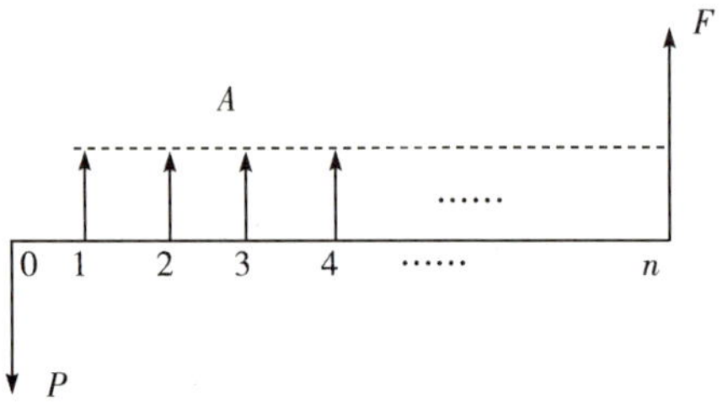


**图 7-2　一般现金流量图**

现值($P$):发生在时间序列起点、年初或计息期初的资金。求现值的过程称为折现,规定在期初。

终值($F$):发生在年末、终点或计息期末的资金,规定在期末。

等额年金或年值($A$):指各年等额支出或等额收入的资金,规定在期末。

利率、折现或贴现率、收益率($i$):每个计息周期的利率、折现或贴现率、收益率。

计息期数($n$):计算利息的周期。

#### 2. 一次支付类型

一次支付又称整付,是指所分析系统的现金流量,无论是流入还是流出,均在一个时点上一次发生。其典型的现金流量图如图 7-3 所示。

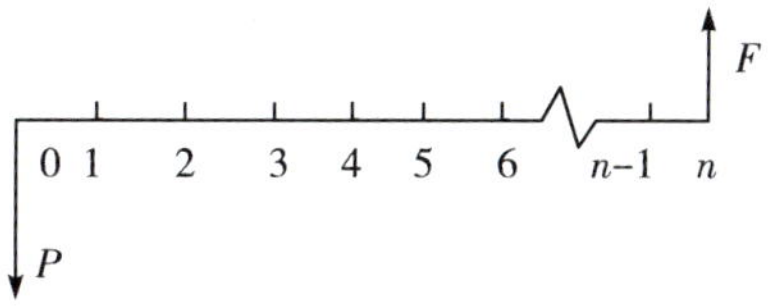


图 7-3　一次支付现金流量图

如上图所示，在分析期内，只有一次现金流量发生，即现值 $P$ 与将来值（终值）$F$ 之间的换算。它包括一次支付终值公式和一次支付现值公式。

（1）一次支付终值公式（已知 $P$，求 $F$）。

一次支付终值是指期初一次性投资（贷款）$P$ 元，利率为 $i$，$n$ 年末一次补偿（或偿还）本利和 $F$。其现金流量图如图 7-4 所示。

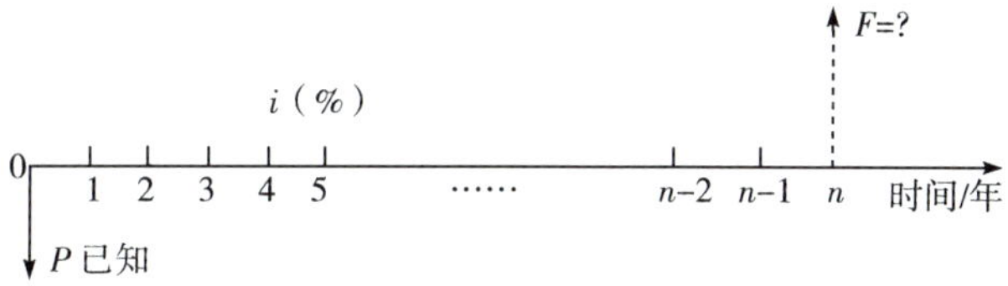


图 7-4　一次支付终值现金流量图

计算公式如下：

$$F=P(1+i)^{n}=P(F/P,i,n)$$

式中　$(1+i)^{n}$——一次支付终值系数，记为 $(F/P,i,n)$。

**典型例题**

**【背景】**

某人把 5 000 元存入银行，计划 5 年后全部提出。

**问题：**

若年利率为 3%，则 5 年后共可得多少元？

**【答案】**

按一次支付终值公式得：

$F=P(1+i)^{n}=5\,000\times(F/P,3\%,5)=5\,000\times1.159=5\,795$（元）。

（2）一次支付现值公式（已知 $F$，求 $P$）。

一次支付现值公式是指已知终值 $F$ 求现值 $P$ 的等值公式，是一次支付终值公式的逆运算。其现金流量图如图 7-5 所示。

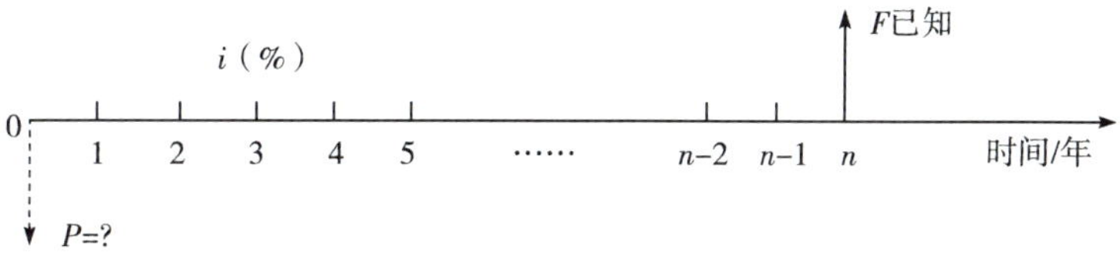


图 7-5　一次支付现值现金流量图

计算公式如下：

$$P=F(1+i)^{-n}=F(P/F,i,n)$$

式中　$(1+i)^{-n}$——一次支付现值系数，记为 $(P/F,i,n)$。

$F=P(F/P,i,n)$ 与 $P=F(P/F,i,n)$ 互为逆运算，$(F/P,i,n)$ 与 $(P/F,i,n)$ 互为倒数。

**典型例题**

【背景】

某企业计划建造一条生产线,预计 5 年后需要资金 1 000 万元。

**问题:**

若年利率为 10%,则现需要存入银行多少资金?

【答案】

按一次支付现值公式得:

$P=F(1+i)^{-n}=1\,000\times(P/F,10\%,5)=1\,000\times0.620\,9=620.9$(万元)。

### 3. 等额支付类型

多次支付是指现金流入和流出在多个时点上发生,而不是集中在某个时点上。等额支付是多次支付形式中的一种。当现金流序列是连续的,且数额相等,则称之为等额系列现金流。等额支付的特点为:在计算期内,每期支付大小相等、方向相同的现金流,用年值 $A$ 表示;支付间隔相同,通常为 1 年;每次支付均在每年年末。

下面介绍等额系列现金流的四个等值计算公式。

(1)等额支付终值公式(已知 $A$,求 $F$)。

等额支付终值是指已知一个投资项目在每一个计息期期末有年金 $A$ 发生,设收益率为 $i$,求折算到第 $n$ 年末的总收益 $F$。

如图 7-6 所示,从第 1 年末至第 $n$ 年末有一等额的现金流系列,每年的金额均为 $A$,称为等额年值。

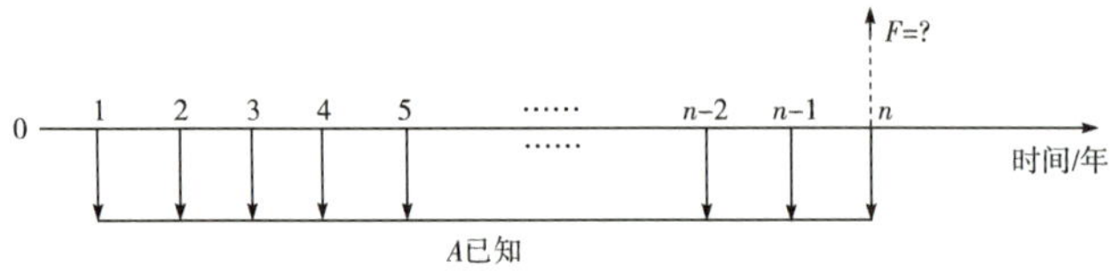


**图 7-6　等额支付终值现金流量图**

计算公式如下:

$$F=A\left[\frac{(1+i)^n-1}{i}\right]=A(F/A,i,n)$$

式中 $\frac{(1+i)^n-1}{i}$——等额支付终值系数,记为$(F/A,i,n)$。

**典型例题**

【背景】

某人每年年末存入银行 5 万元。

**问题:**

若存款年利率为 3%,则第 5 年末可得款多少?

【答案】

按等额支付终值公式得:

$F=A\left[\frac{(1+i)^n-1}{i}\right]=5\times(F/A,3\%,5)=5\times5.309=26.545$(万元)。

(2)等额支付偿债基金公式(已知 $F$,求 $A$)。

等额支付偿债基金公式是等额支付终值公式的逆运算,即已知终值 $F$,求与之等值的等额年值 $A$。也就是为了在未来偿还一笔债务,或为未来积累某笔资金,在利率为 $i$ 的情况下,求每个计息期末应等额存储的金额。如图 7-7 所示。

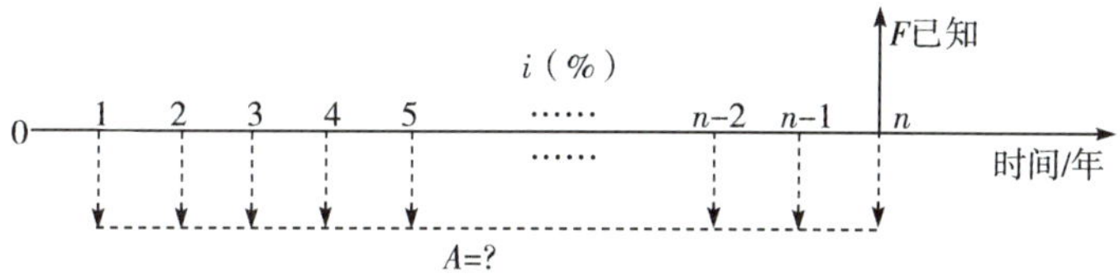


图 7-7　等额支付偿债基金现金流量图

计算公式如下:

$$A=F\left[\frac{i}{(1+i)^{n}-1}\right]=F(A/F,i,n)$$

式中 $\frac{i}{(1+i)^{n}-1}$——等额支付偿债基金系数,记为$(A/F,i,n)$。

**典型例题**

**【背景】**

某公司计划积累一笔资金,用于 3 年后投资一项目,此项目投资总额为 800 万元。

**问题:**

若年利率为 5%,则每年末至少要存多少钱?

**【答案】**

按等额支付偿债基金公式得:

$$A=F\left[\frac{i}{(1+i)^{n}-1}\right]=800\times(A/F,5\%,3)=800\times0.317\ 21=253.768(\text{万元})。$$

(3)等额支付现值公式(已知 $A$,求 $P$)。

如果在收益率为 $i$ 的情况下,希望在今后 $n$ 年内,每年末能取得等额的存款或收益 $A$,现在必须投入多少资金的计算,类似于实际商务中的零存整取。如图 7-8 所示。

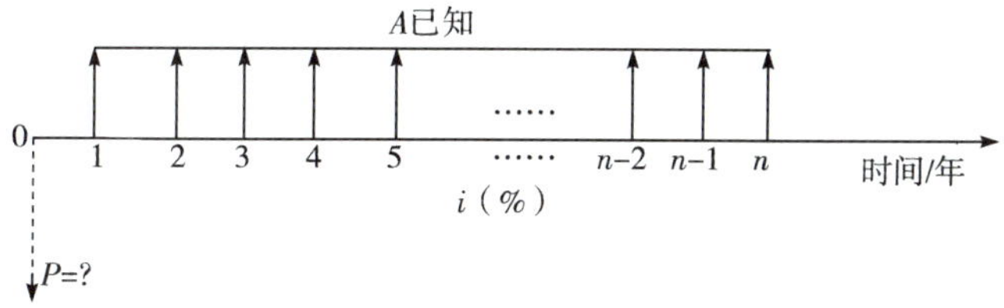


图 7-8　等额支付现值现金流量图

计算公式如下:

$$P=A\left[\frac{(1+i)^{n}-1}{i(1+i)^{n}}\right]=A(P/A,i,n)$$

式中 $\frac{(1+i)^{n}-1}{i(1+i)^{n}}$——等额支付现值系数,记为$(P/A,i,n)$。

**典型例题**

**【背景】**

甲某打算贷款买房，预计他每年能还 5 万元，打算 20 年还清。

**问题：**

若银行的按揭年利率为 5%，则甲某现在最多能贷款多少？

**【答案】**

按等额支付现值公式得：

$$P = A\left[\frac{(1+i)^n - 1}{i(1+i)^n}\right] = 5 \times (P/A, 5\%, 20) = 5 \times 12.462 = 62.31(\text{万元})。$$

(4) 等额支付资本回收公式（已知 $P$，求 $A$）。

等额支付资本回收公式是等额支付现值公式的逆运算，即已知现值 $P$，求与之等值的等额年值 $A$。该公式是指如果现在投资 $P$ 元，按复利计算，希望分 $n$ 期期末等额回收，那么每次可以回收多少才能连本带利全部回收。如图 7-9 所示。

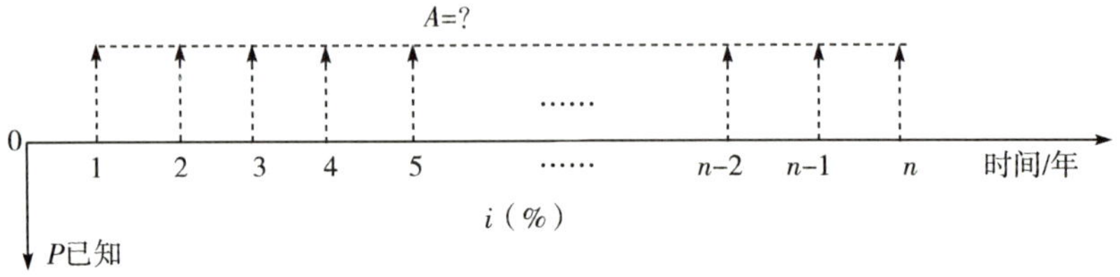


**图 7-9　等额支付资本回收现金流量图**

计算公式如下：

$$A = P\left[\frac{i(1+i)^n}{(1+i)^n - 1}\right] = P(A/P, i, n)$$

式中 $\frac{i(1+i)^n}{(1+i)^n - 1}$——等额支付资本回收系数，记为 $(A/P, i, n)$。

**典型例题**

**【背景】**

甲某为某项目投资 50 万元，希望在 5 年内等额收回全部投资。

**问题：**

若折现率为 15%，则每年至少应收回多少？

**【答案】**

按等额支付资本回收公式得：

$$A = P\left[\frac{i(1+i)^n}{(1+i)^n - 1}\right] = 50 \times (A/P, 15\%, 5) = 50 \times 0.29832 = 14.916(\text{万元})。$$

复利计算公式使用时的注意事项：

(1) 本期末即等于下期初。0 点就是第一期初，也叫零期；第一期末即等于第二期初。

(2) $P$ 是第一计息期开始时（0 期）发生。

(3) $F$ 发生在考察期期末，即 $n$ 期末。

(4) 各期的等额支付 $A$，发生在各期期末。

(5) 当问题包括 $P$ 与 $A$ 时，系列的第一个 $A$ 与 $P$ 隔一期，即 $P$ 发生在系列 $A$ 的前一期。

(6) 当问题包括 $A$ 与 $F$ 时，系列的最后一个 $A$ 是与 $F$ 同时发生。

## 第二节　现金流量分析指标及应用

项目经济评价是项目前期工作的重要内容，对于加强固定资产投资宏观调控，提高投资决策的科学化水平，引导和促进各类资源合理配置，优化投资结构，减少和规避投资风险，充分发挥投资效益，具有重要作用。

进行项目经济评价时，现金流量更有利于科学地考虑时间价值因素，能够为投资者提供重要的价值信息。故现金流量分析是进行投资决策的基础，在项目经济评价中起着不可或缺的作用，本小节着重介绍现金流量分析的相关内容。

### 一、项目经济评价的内容

建设项目经济评价的内容及侧重点，应根据项目性质、项目目标、项目投资者、项目财务主体以及项目对经济与社会的影响程度等具体情况选择确定。具体内容如下：

(1) 项目的盈利能力。项目的盈利能力分析是指分析和测算拟建项目计算期的盈利能力和盈利水平。项目的盈利能力分析可依据财务内部收益率、投资回收期等主要评价指标。根据项目的特点及实际需要，也可选用财务净现值、投资利润率、投资利税率、资本金净利润率等指标。

(2) 项目的偿债能力。项目的偿债能力分析是指分析和判断财务主体的偿债能力。偿债能力分析可依据资产负债率、借款偿还期、流动比率、速动比率、利息备付率、偿债备付率等指标。

(3) 项目的财务生存能力。项目的财务生存能力分析是通过考察拟建项目计算期内的投资、融资和经营活动所产生的各项现金流入和流出，计算净现金流量和累计盈余资金，分析拟建项目是否有足够的净现金流量维持正常运营，以实现财务可持续性。换句话说，也就是项目各年的现金流入足以应付现金流出，以保证项目可以持续运营下去。财务生存能力分析以财务计划现金流量表为基础。财务可持续性应首先体现在有足够大的经营活动净现金流量，其次各年累计盈余资金不应出现负值。若有负值，应进行短期贷款。因此，财务生存能力评价的指标是累计盈余资金，判别准则是：累计盈余资金不小于0，项目具有财务生存能力。

## 二、项目经济评价的方法

项目经济评价的基本方法包括确定性评价方法和不确定性评价方法两类。对同一个项目,必须同时进行确定性评价和不确定性评价。

项目经济评价按照评价方法的性质不同可分为定性分析和定量分析:

(1)定性分析是指对无法精确度量的重要因素实行的估量分析方法。

(2)定量分析是指对可度量因素的分析方法。定量分析,按是否考虑时间因素(资金时间价值)又可分为静态分析和动态分析。

①静态分析方法是不考虑资金的时间价值,对现金流量分别进行直接汇总计算评价指标的方法。静态分析方法的特点是计算简便。因此,在方案初选阶段,可采用静态分析方法。

②动态评价方法是用折算的现金流量来计算评价指标。它能较全面地反映投资方案整个计算期的经济效果。在进行方案比选时,一般以动态分析方法为主。

## 三、现金流量分析原则

现金流量分析原则如下:

(1)现金流入和流出计算口径一致性原则。

(2)费用与效益识别有无对比原则。

(3)现金流量数据确定稳妥原则。

## 四、现金流量分析指标体系

现金流量分析指标体系如图 7-10 所示。

- 按指标经济性质划分
  - 价值型指标:净现值、净年值等
  - 比率型指标:内部收益率、净现值率、总投资收益率、资本金净利润率等
  - 时间型指标:投资回收期、借款偿还期等
- 按指标时间价值划分
  - 静态评价指标:总投资收益率、资本金净利润率、静态投资回收期等
  - 动态评价指标:净现值、内部收益率、动态投资回收期等
- 按指标评价层次划分
  - 财务分析指标:财务净现值、财务内部收益率、投资回收期等
  - 经济分析指标:经济净现值、经济内部收益率等

**图 7-10 现金流量分析指标体系**

针对单一项目投资方案,可用现金流量分析指标衡量方案的经济效益大小与好坏,决定方案的取舍;针对多个项目投资方案,可用现金流量分析指标衡量经济优劣性,进行方案的比选。

## 五、基准收益率

### (一)定义

基准收益率也称基准折现率,是企业或行业或投资者以动态的观点所确定的投资方案

最低标准的收益水平。它包括两层含义:财务基准收益率和社会折现率。基准收益率表明了投资者对项目资金时间价值的估价,是投资资金应当获得的最低盈利率,是评价和判断投资方案在经济上是否可行的依据,是一个重要的经济参数。

### (二)计算公式

基准收益率的计算式为:

$$i_c=(1+i_1)(1+i_2)(1+i_3)-1\approx i_1+i_2+i_3$$

式中 $i_c$——基准收益率;

$i_1$——单位资金成本和单位投资机会成本的较大者;

$i_2$——风险补贴率(又称风险报酬率);

$i_3$——通货膨胀率。

### (三)基准收益率的测定因素

根据不同角度编制的现金流量表,计算所需的基准收益率有所不同。政府投资项目采用行业财务基准收益率,应根据政府的政策导向进行确定;境外投资的建设项目财务基准收益率的测定,应考虑国家风险因素;企业投资建设项目采用行业财务基准收益率,应综合考虑行业特点及资本构成等进行测定。

另外,投资者自行测定项目的最低可接受财务收益率时,除应考虑行业财务基准收益率外,还应考虑以下因素:

(1)为取得资金使用权所支付的费用,即资金成本(包括筹资费和资金的使用费等)。

(2)投资者将有限的资金用于拟建项目而放弃的其他投资机会所能获得的最大收益,即机会成本(如货币形式的销售收入、利润等)。为使资金得到最有效利用,基准收益率应不低于单位资金成本和单位投资的机会成本的较大值。当项目完全由项目法人自有资金投资时,基准收益率可参考行业平均收益水平,即投资的机会成本;当项目的投资有自有资金和贷款时,基准收益率不应低于行业平均收益水平和贷款利息的加权平均值。

(3)投资风险。当投资者做出投资决策时,必然会承担相应的各种风险,因此应以一个适当的风险补贴率 $i_2$ 来提高基准收益率 $i_c$ 值。另外,项目的投资风险越大,风险补贴率越高。

(4)通货膨胀。由于货币(指纸币)的发行量超过商品流通所需要的货币量而引起的货币贬值和物价上涨的现象,即通货膨胀。通货膨胀以通货膨胀率来表示,通货膨胀率主要表现为物价指数的变化,即通货膨胀率约等于物价指数变化率。项目经济分析时,若项目的现金流量是按当年价格预测估算的,则应以年通货膨胀率 $i_3$ 修正基准收益率 $i_c$;若项目的现金流量是按基准年不变价格预测估算的,即预测数据已排除通货膨胀因素的影响,确定基准收益率 $i_c$ 时,则不必考虑通货膨胀率,基准收益率的计算公式可以表达为:

$$i_c=(1+i_1)(1+i_2)-1\approx i_1+i_2$$

总之,确定基准收益率的基础是资金成本和机会成本,而投资风险和通货膨胀则是必须考虑的影响因素。

### （四）基准收益率的测定方法

测定基准收益率时可采用代数和法、资本资产定价模型法、加权平均资金成本法、典型项目模拟法和德尔菲专家调查法等方法。

## 六、按经济性质划分的现金流量分析指标

### （一）价值性指标

#### 1. 净现值（NPV）

（1）定义。

净现值是指按一定的折现率，例如行业的基准收益率，将方案寿命期内各年的净现金流量折现到计算基准年（通常是期初）的现值之和。用于财务分析的净现值称为财务净现值，即 *FNPV*；用于经济分析的净现值称为经济净现值，即 *ENPV*。

（2）计算公式。

$$NPV = \sum_{t=0}^{n}(CI - CO)_t(P/F, i_c, t)$$

$$= \sum_{t=0}^{n}(CI - CO)_t(1 + i_c)^{-t}$$

式中　$NPV$——净现值；

$(CI - CO)_t$——第 $t$ 年的净现金流量；

$n$——项目的计算期；

$i_c$——行业基准收益率或设定的折现率。

（3）评价标准。

财务净现值是评价项目方案盈利能力的绝对指标。

当 $NPV > 0$ 时，说明项目的投资报酬率高于计算现值所用的折现率（即行业基准收益率），该方案能够满足基准收益率要求的盈利水平，因此方案可行。

当 $NPV = 0$ 时，说明项目的投资报酬率刚好等于所采用的折现率，该方案能够满足基准收益率要求的盈利水平，因此方案在财务上是可行的。

当 $NPV < 0$ 时，说明项目的投资报酬率低于所采用的折现率，该方案不能满足基准收益率要求的盈利要求，因此该项目方案不可行。

（4）优缺点比较。

采用净现值来评价项目的可行性的优点：

①考虑了资金的时间价值。

②与投资回收期相比，净现值全面考虑了项目在整个计算期内现金流量的时间分布的状况。

③既能作单一方案费用与效益的比较，又能进行多方案的优劣比较。

④经济意义明确、直观，能够直接以货币额表示项目的盈利水平。

采用净现值来评价项目的可行性的缺点：

①只反映资金的总量使用效果，而不反映资金的使用效率。在一些类别的项目评价时，比如金融资产投资项目，可能更需要关注资金的报酬率。此时净现值无法评定可接受的备选项目的报酬率高低。

②必须预先设定一个较符合经济现实的基准收益率。而基准收益率的确定是一个比较复杂困难的问题。

**典型例题**

**【背景】**

某项目的各年现金流量如表7-4所示。

**表7-4　某项目各年现金流量表**

| 年序 | 0 | 1 | 2 | 3 | 4~19 | 20 |
|---|---|---|---|---|---|---|
| 投资支出/万元 | 40 | 10 | | | | |
| 经营成本/万元 | | | 17 | 17 | 17 | 17 |
| 收入/万元 | | | 25 | 25 | 30 | 50 |
| 净现金流量/万元 | -40 | -10 | 8 | 8 | 13 | 33 |

**问题：**

试用净现值指标判断该项目是否可行（$i_c$取15%）。

**【答案】**

由净现值的计算公式可得：

$$NPV = -40 - 10\times(P/F,15\%,1) + 8\times(P/F,15\%,2) + 8\times(P/F,15\%,3) + 13\times(P/A,15\%,16)\times(P/F,15\%,3) + 33\times(P/F,15\%,20)$$

$$= -40 - 10\times0.8696 + 8\times0.7561 + 8\times0.6575 + 13\times5.9542\times0.6575 + 33\times0.0611 = 15.52(\text{万元})。$$

$NPV = 15.52$万元$>0$，故该方案可行。

### 2. 净年值（NAV）

（1）定义。

净年值是方案在寿命期内的年净现金流量按给定的折现率折算的年均值。

（2）计算公式。

$$NAV = NPV(A/P, i_c, n)$$

式中　$NAV$——净年值；

$NPV$——净现值；

$(A/P, i_c, n)$——等额支付资本回收系数。

(3)评价标准。

净年值和净现值是等效的评价指标。

$NPV \geq 0$ 时,$NAV \geq 0$,则该方案可行。

$NPV < 0$ 时,$NAV < 0$,则该方案不可行。

(4)特点。

在某些特别情况下,净年值有其特别的优越性。用净年值法进行寿命不等的互斥方案比选,实际上隐含着这样一种假定:各备选方案在其寿命结束时均可按原方案重复实施或以与原方案经济效果水平相同的方案接续。通过分别计算各备选方案净现金流量的等额年值($NAV$)并进行比较,以 $NAV \geq 0$ 且 $NAV$ 最大者为最优方案。在对寿命不等的互斥方案进行比选时,净年值是最为简便的方法。

**典型例题**

【背景】

某项目施工拟购置两台机械设备,购置费用为 70 000 元,使用寿命为 4 年,第 4 年年末的残值为 8 000 元。设备试用期内,每年的收入为 35 000 元,经营成本为 11 000 元。该项目现金流量图如图 7-11 所示。

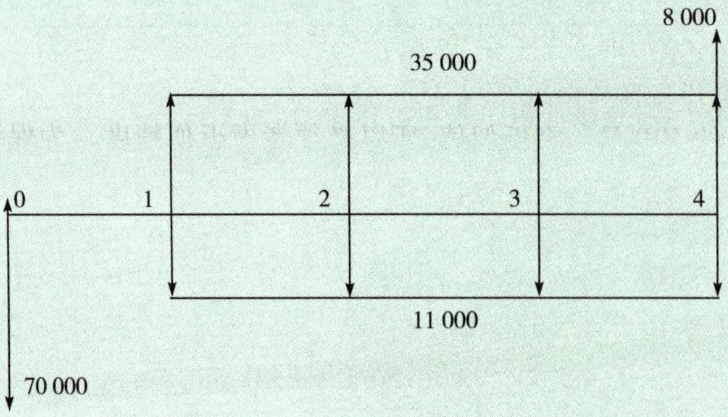


图 7-11 项目现金流量图

**问题:**

若标准折现率 $i_c$ 为 10%,试用净年值法判断该设备购置方案是否可行。

【答案】

由净年值的计算公式可得:

$$
\begin{aligned}
NAV &= -70\,000 \times (A/P,10\%,4) + (35\,000 - 11\,000) + 8\,000 \times (A/F,10\%,4) \\
&= -70\,000 \times 0.315\,5 + 24\,000 + 8\,000 \times 0.215\,5 \\
&= -22\,085 + 24\,000 + 1\,724 \\
&= 3\,639(\text{元})。
\end{aligned}
$$

$NAV = 3\,639$ 元 $> 0$,故该方案可行。

## （二）比率性指标

### 1. 内部收益率（IRR）

（1）定义。

内部收益率（IRR）是使投资方案在计算期内各年净现金流量的现值累计等于零时的折现率。即在该折现率时，项目的现金流入现值和等于其现金流出的现值和。用于财务分析的内部收益率为财务内部收益率，即 FIRR（又称财务内部报酬率）。

（2）计算公式。

$$NPV=\sum_{t=0}^{n}(CI-CO)_t(1+IRR)^{-t}=0$$

式中　IRR——内部收益率；

CI——现金流入量；

CO——现金流出量；

$(CI-CO)_t$——第 $t$ 期的净现金流量；

$n$——项目计算期。

由于 IRR 值可达到的项目净现值等于零，则项目的净年值也必为零。

用试算法计算内部收益率（IRR）的步骤如下：

①初估 IRR 的试算初值。

②试算，找出 $i_1$ 和 $i_2$ 及其相对应的 $NPV_1$ 和 $NPV_2$，要求 $NPV_1>0$，$NPV_2<0$。因为利用线性内插法计算出来的 IRR 是一个近似值，所以必须考虑近似精度。为保证 IRR 的精度，$i_2$ 与 $i_1$ 之间的差距一般以不超过 2% 为宜，最大不宜超过 5%。

③用线性内插法计算 IRR 的近似值：$IRR=i_1+(i_2-i_1)\dfrac{NPV_1}{NPV_1+|NPV_2|}$，如图 7-12 所示。

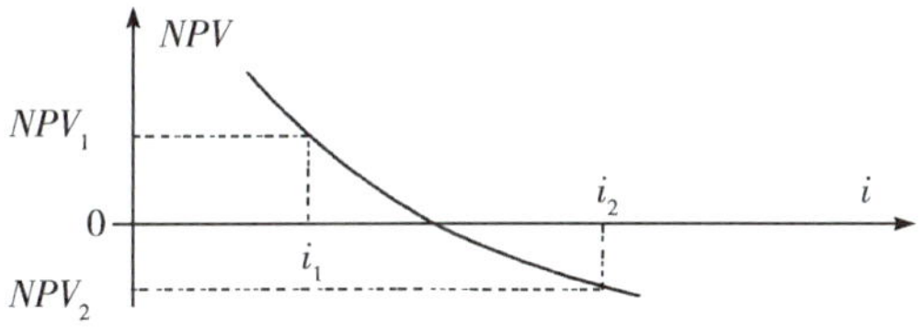


**图 7-12　IRR 的线性内插法计算**

（3）评价标准（与基准收益率 $i_c$ 相比较）。

与基准收益率 $i_c$ 相比，采用内部收益率 IRR 进行评价的标准如下：

①当 $IRR \geqslant i_c$ 时，说明项目的收益率已达到或超过基准收益率水平，项目可行。

②当 $IRR<i_c$ 时，说明项目不可行。

内部收益率容易被人误解为是项目初期投资的收益率。事实上，内部收益率的经济含义是投资方案占用的尚未回收资金的获利能力，它取决于项目内部。由此可见，项目的内部收益率是项目到计算期末正好将未收回的资金全部收回来的折现率。它反映项目自身的盈利能力，其值越高，方案的经济性越好。当用 NPV 判断某项目可行时，那么用 IRR 判断该项目绝对是可行的；用 NPV 判断某项目不可行时，用 IRR 判断该项目也不可行。IRR 不能直接用于多方案比较,因为 IRR 高并不表示 NPV 高。

(4)优缺点比较。

采用内部收益率 IRR 进行项目经济评价具有以下优点:

①考虑了资金的时间价值,并考察了项目在整个计算期内的全部收支情况,且内部收益率完全取决于项目本身净现金流量的情况,不需要事先设定折现率,因而我国进行项目经济评价时往往把内部收益率作为主要的经济评价指标之一。

②IRR 的大小不受外部参数影响,完全取决于项目投资过程净现金流量系列的情况,这种项目内部决定性,使它在应用中具有一个显著的优点,即避免了像财务净现值之类的指标那样需事先确定基准收益率,而只需要知道基准收益率的大致范围即可。

采用内部收益率 IRR 进行项目经济评价具有以下缺点:

①计算繁琐。

②只适用于独立方案的经济评价和可行性判断,一般不能直接用于互斥方案和相关方案的比较和选择,也不能对独立方案进行优劣排序。另外,内部收益率也不适用于只有现金流入或现金流出项目的经济评价。

③对于具有非常规现金流量的项目来讲,其内部收益率在某些情况下甚至不存在或存在多个内部收益率。

**典型例题**

**【背景】**

某企业用 20 000 元购买设备,计算期为 5 年,各年净现金流量如图 7-13 所示。

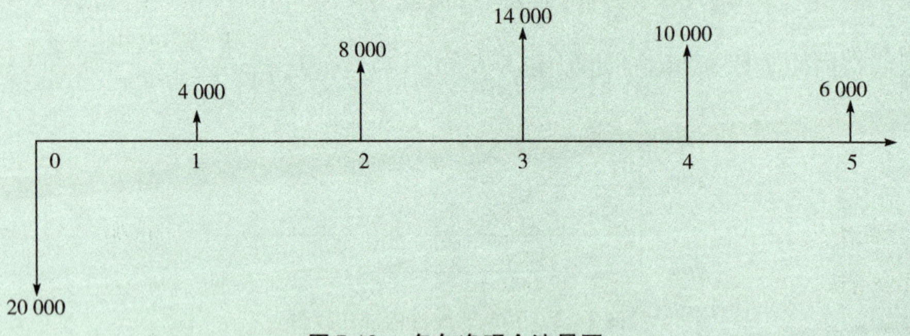


图 7-13　各年净现金流量图

**问题:**

计算其内部收益率。

**【答案】**

$NPV(i) = -20\,000 + 4\,000 \times (P/F,i,1) + 8\,000 \times (P/F,i,2) + 14\,000 \times (P/F,i,3) + 10\,000 \times (P/F,i,4) + 6\,000 \times (P/F,i,5)$;

$NPV(i_1 = 28\%) = 155$(元);

$NPV(i_2 = 30\%) = -700$(元);

$IRR = 28\% + 155/(155 + 700) \times (30\% - 28\%) = 28.36\%$。

## 2. 净现值率（$NPVR$）

（1）定义。

净现值率是指单位投资所产生的净现值。净现值率作为比率型指标，仅能反映资金的使用效率，因此一般不能独立用于方案经济可行性的判别。它通常与净现值指标结合使用。

（2）计算公式。

$$NPVR = \frac{NPV}{I_p}$$

$$I_p = \sum_{t=0}^{n} I_t(P/F, i_c, t)$$

式中　$I_p$——投资现值；

$I_t$——第 $t$ 年投资额；

$n$——建设期年数。

（3）评价标准。

$NPV$ 是绝对指标，$NPVR$ 是相对指标，两个方案比较时，$NPV$ 大的方案，$NPVR$ 不一定大。

当 $NPVR \geq 0$，说明投资方案在经济上可行。

当 $NPVR < 0$，说明投资方案在经济上不可行。

### 典型例题

**【背景】**

某公司拟新建一套装置，有 A，B 两种主流的生产工艺方案可供选择，已知方案 A，B 的生产规模分别为 1 万吨/年、3 万吨/年，两方案建设期均为 1 年，生产期均为 10 年，不考虑期末残值，流动资金均在建设期末投入使用，年生产负荷均为 100%，两方案主要投入产出数据如表 7-5 所示。

**表 7-5　A，B 方案主要投入产出数据表/万元**

| 名称 | A | B |
|---|---|---|
| 建设投资 | 40 000 | 60 000 |
| 年销售收入 | 12 000 | 36 000 |
| 年经营成本 | 4 100 | 24 000 |
| 年总成本费用 | 8 100 | 30 000 |

两方案流动资金按年经营成本的 15% 计，不考虑借贷资金，项目现金流量按年末发生计，上述金额均不含增值税，忽略增值税、税金及附加的影响。项目财务内部收益率、所得税前基准收益率均为 12%，复利系数如表 7-6 所示。

**表 7-6　复利系数表（$i = 12\%$）**

| $n$ | 2 | 9 | 10 |
|---|---|---|---|
| $(P/A, i, n)$ | 1.690 1 | 5.328 2 | 5.650 2 |

**问题：**

1. 项目决策时，对 A，B 两种生产工艺技术比选应考虑哪些主要因素？

2. 分别计算方案 A，B 的财务净现值和净现值率，并分别根据方案整体经济效果，单位投资盈利能力推荐方案。

3. 分别计算方案 A，B 的正常年份产品价格的盈亏平衡点，并根据计算结果推荐方案。

4. 当产品价格下降 5% 时，分别计算方案 A，B 净现值和净现值率的变化幅度，并说明哪个方案抗风险能力较强？

**【答案】**

1. 生产工艺技术比选应考虑的主要因素有先进性、适用性、安全性、可靠性、经济合理性、符合清洁生产工艺要求等。

2. (1) 方案 A 的流动资金 = 4 100 × 15% = 615（万元）；

方案 A 第 1 年末净现金流量 = −40 000 + (−615) = −40 615（万元）；

方案 A 第 2～10 年每年末净现金流量 = 12 000 − 4 100 = 7 900（万元）；

方案 A 第 11 年末净现金流量 = 12 000 − 4 100 + 615 = 8 515（万元）；

方案 A 的财务净现值 = (−40 615)/(1 + 12%) + 7 900 × (P/A, 12%, 9)/(1 + 12%) + 8 515/(1 + 12%)$^{11}$ = 3 767（万元）。

方案 A 净现值率：$NPVR_A$ = 3 767/[(40 000 + 615)/(1 + 12%)] = 0.1。

(2) 方案 B 的流动资金 = 24 000 × 15% = 3 600（万元）；

方案 B 第 1 年末净现金流量 = (−60 000) + (−3 600) = −63 600（万元）；

方案 B 第 2～10 年每年末净现金流量 = 36 000 − 24 000 = 12 000（万元）；

方案 B 第 11 年末净现金流量 = 36 000 − 24 000 + 3 600 = 15 600（万元）；

方案 B 的财务净现值 = (−63 600)/(1 + 12%) + 12 000 × (P/A, 12%, 9)/(1 + 12%) + 15 600/(1 + 12%)$^{11}$ = 4 787（万元）。

方案 B 净现值率：$NPVR_B$ = 4 787/[(60 000 + 3 600)/(1 + 12%)] = 0.08。

根据方案整体经济效果，推荐净现值大的方案 B；根据单位投资盈利能力，推荐净现值率大的方案 A。

3. (1) 假设方案 A 盈亏平衡点的价格为 X，则 1 × X = 8 100，解得 X = 8 100（元）；故方案 A 盈亏平衡点的价格为 8 100 元。

(2) 假设方案 B 盈亏平衡点的价格为 Y，则 3 × Y = 30 000，解得 Y = 10 000（元）；故方案 B 盈亏平衡点的价格为 10 000 元。

盈亏平衡点越低，抗风险能力越强，故推荐 A 方案。

4. 当产品价格下降 5% 时：

(1) 方案 A 第 2～11 年每年末的差额净现金流量 = −(12 000 × 5%) = −600（万元）；

方案 A 差额净现值 = −600 × (*P/A*, 12%, 10)/(1 + 12%) = −3 027（万元）；

方案 A 的净现值变化幅度 = 净现值率变化幅度 = −3 027/3 767 = −0.8。

(2)方案 B 第 2～11 年每年末的差额净现金流量 = -(36 000×5%) = -1 800(万元)；

方案 B 差额净现值 = -1 800×($P/A$,12%,10)/(1+12%) = -9 081(万元)；

方案 B 的净现值变化幅度 = 净现值率变化幅度 = -9 081/4 787 = -1.9。

方案 A 变化幅度更小,所以方案 A 抗风险能力较强。

提示

盈亏平衡分析、风险分析可参照《项目决策分析与评价》进行学习。

### (三)时间性指标

#### 1. 项目静态投资回收期($P_t$)

(1)定义。

项目静态投资回收期($P_t$)是在不考虑资金时间价值的条件下,以项目的净收益回收其总投资(包括建设投资和流动资金)所需要的时间,一般以年为单位。静态投资回收期一般从项目建设开始年算起,如果从项目投产开始年计算,应予以特别注明。

(2)计算公式。

①特殊情况的计算式。

当项目建成投产后各年的净收益(即净现金流量)均相同时,静态投资回收期的计算公式如下:

$$P_t = \frac{I}{A}$$

式中　$P_t$——静态投资回收期；

$I$——总投资；

$A$——每年的净收益,即 $A = (CI - CO)_t$,其中,$CI$ 为现金流入量,$CO$ 为现金流出量。

②一般情况的计算式(累计法)。

当项目建成投产后各年的净收益不相同时,静态投资回收期可根据累计净现金流量求得,也就是在项目投资现金流量表中累计净现金流量由负值变为零的时点。其计算公式为:

$$P_t = T - 1 + \frac{\text{第}(T-1)\text{年的累计净现金流量的绝对值}}{\text{第 }T\text{ 年的净现金流量}}$$

式中　$T$——累计净现金流量首次为正值或零的年份。

(3)评价标准。

静态投资回收期是反映项目财务上投资回收能力的主要指标。静态投资回收期越短,表明项目投资回收越快,抗风险的能力越强。

通常情况下,$P_t \leq P_c$,表明方案可行;反之,表明方案不可行。$P_c$为基准投资回收期。

(4)优缺点比较。

静态投资回收期的优点:静态投资回收期概念清晰,简单易用。该指标不仅在一定程度上反映项目的经济性，而且反映项目风险大小（未收回投资以前承担风险的时间），同时在一定程度上反映了投入资金的周转速度。

静态投资回收期的缺点：静态投资回收期没有反映资金的时间价值。它不能提供回收期以后企业收益的变化情况，对于寿命较长的工程项目来说，这是一个不完整的评价结论；它反映了项目的偿还能力，但反映不出项目投资的可盈利性；基准投资回收期难以确定。项目基准投资回收期无法综合考虑技术、市场需求、经济效益等因素。各行业基准投资回收期不同，不利于资金在企业流通和产业调整。

静态投资回收期一般只在项目初选时使用。

**典型例题**

**【背景】**

某项目的净现金流量如表7-7所示。

**表7-7　某项目净现金流量表**

| 年序 | 1 | 2 | 3 | 4 | 5 | 6 | 7 | 8 | 9 |
|---|---|---|---|---|---|---|---|---|---|
| 净现金流量/万元 | -180 | -200 | -150 | 80 | 120 | 150 | 150 | 150 | 150 |

**问题：**

试求该项目的静态投资回收期。

**【答案】**

计算该项目各年份的累计净现金流量，如表7-8所示。

**表7-8　某项目各年累计净现金流量表**

| 年序 | 1 | 2 | 3 | 4 | 5 | 6 | 7 | 8 | 9 |
|---|---|---|---|---|---|---|---|---|---|
| 净现金流量/万元 | -180 | -200 | -150 | 80 | 120 | 150 | 150 | 150 | 150 |
| 累计净现金流量/万元 | -180 | -380 | -530 | -450 | -330 | -180 | -30 | 120 | 270 |

$$P_t = T - 1 + \frac{\text{第}(T-1)\text{年的累计净现金流量的绝对值}}{\text{第 }T\text{ 年的净现金流量}}$$

$$= (8-1) + 30/150$$

$$= 7.2(\text{年})。$$

### 2. 项目动态投资回收期（$P_t'$）

（1）定义。

动态投资回收是在考虑资金时间价值条件下，按基准收益率收回全部投资所需要的时间。动态投资回收期是把项目各年的净现金流量按基准收益率折成现值之后进行累加，再来推算投资回收期，这是它与静态投资回收期的根本区别。

（2）计算公式。

动态投资回收期的原理公式如下：

$$\sum_{t=0}^{P'_t}(CI-CO)_t(1+i_c)^{-t}=0$$

式中　$P'_t$——动态投资回收期；

$i_c$——折现率；

$(CI-CO)_t$——第 $t$ 年的净现金流量。

动态投资回收期的实用公式如下：

$$P'_t=\left(\begin{matrix}累计净现金流量折现值\\开始出现正值年份数\end{matrix}\right)-1+\frac{上年累计净现金流量折现值的绝对值}{当年净现金流量折现值}$$

式中　$P'_t$——动态投资回收期。

(3)评价标准。

采用动态投资回收期进行项目经济评价时，一般只在项目初选时使用，其评价标准如下：

①当 $P'_t \leq P'_c$(指基准动态投资回收期)，说明该项目方案可行。

②当 $P'_t > P'_c$，说明该方案不可行。

(4)优缺点比较。

采用动态投资回收期进行项目经济评价的优点：

①不仅在一定程度上反映项目的经济性，还能反映项目风险大小(未收回投资以前承担风险的时间)。

②在一定程度上显示了资金的周转速度。资金周转速度愈快，回收期愈短，风险愈小，项目抗风险能力愈强。

③对于那些技术上更新迅速的项目或资金相当短缺的项目或未来的情况很难预测而投资者又非常关心资金补偿的项目，采用投资回收期评价特别有适用意义。

④考虑了资金的时间价值，衡量建设项目指标较为理想。

采用动态投资回收期进行项目经济评价的缺点：

①相对静态投资回收期计算较为复杂。

②投资回收期(包括静态和动态投资回收期)没有全面地考虑投资方案整个计算期内现金流量，即只考虑回收之前的效果，不能反映投资回收之后的情况，故无法准确衡量方案在整个计算期内的经济效果。它只能作为辅助评价指标。

## 典型例题

**【背景】**

某项目的净现金流量如表 7-9 所示。

**表 7-9　某项目的净现金流量表**

| 年序 | 1 | 2 | 3 | 4 | 5 | 6 | 7 | 8 | 9 |
|---|---|---|---|---|---|---|---|---|---|
| 净现金流量/万元 | -180 | -250 | 120 | 150 | 150 | 150 | 150 | 150 | 170 |

**问题：**

试求当基准收益率为15%时，该项目的动态投资回收期。

**【答案】**

根据题目编制累计净现金流量，如表7-10所示。

**表7-10　某项目的累计净现金流量表**

| 年序 | 1 | 2 | 3 | 4 | 5 | 6 | 7 | 8 | 9 |
|---|---|---|---|---|---|---|---|---|---|
| 净现金流量/万元 | -180 | -250 | 120 | 150 | 150 | 150 | 150 | 150 | 170 |
| 累计净现金流量/万元 | -180 | -430 | -310 | -160 | -10 | 140 | 290 | 440 | 610 |
| 折现系数（$i_c=15\%$） | 0.869 6 | 0.756 1 | 0.657 5 | 0.571 8 | 0.497 2 | 0.432 3 | 0.375 9 | 0.326 9 | 0.284 3 |
| 折现净现金流量/万元 | -156.53 | -189.03 | 78.9 | 85.77 | 74.58 | 64.85 | 56.39 | 49.04 | 48.33 |
| 累计折现净现金流量/万元 | -156.53 | -345.56 | -266.66 | -180.89 | -106.31 | -41.46 | 14.93 | 63.97 | 112.3 |

由表7-10可知，累计折现净现金流量出现正值的时间为第7年，代入动态投资回收期的计算公式，可得：

$$P'_t=7-1+\frac{41.46}{56.39}=6.74(\text{年})。$$

# 第八章 工程项目投资估算

## 第一节 建设投资简单估算法

建设投资简单估算法主要包括单位生产能力估算法、生产能力指数法、系数估算法、比例估算法和指标估算法等。其中，指标估算法估算精度最高，可应用于项目可行性研究阶段。其他四种估算方法则主要用于投资机会研究和初步可行性研究阶段（指标估算法也适用于初步可行性研究阶段）。

### 一、单位生产能力估算法

#### （一）概述

单位生产能力估算法是根据性质类似的已建项目的单位生产能力投资（如元/吨、元/千瓦）乘以拟建项目的生产能力来估算拟建项目的投资额。

单位生产能力估算法，估算简便迅速，但精确度较差。

采用单位生产能力估算法时，要求拟建项目与所选取的已建项目相类似，二者仅存在规模大小和时间上的差异。一般只用于投资机会研究阶段。

#### （二）计算方法

$$Y_2 = \frac{Y_1}{X_1} \times X_2 \times CF$$

式中 $Y_1$——已建类似项目的投资额；

$Y_2$——拟建项目的投资额；

$X_1$——已建类似项目的生产能力；

$X_2$——拟建项目的生产能力；

$CF$——不同时期、不同地点的定额、单价、费用变更和其他差异的综合调整系数。

典型例题

【背景】

某公司拟于2019年投资新建一污水处理能力为20万立方米/日的污水处理厂，已知该公司在2011年投资22 000万元建设的污水处理厂污水处理能力为11万立方米/日，该拟建项目工程条件与2011年污水处理厂项目类似，假设综合调整系数为1.25。

问题：

估算该项目的建设投资额。

【答案】

采用单位生产能力估算法进行估算。根据上述公式可知，该项目的建设投资额为：

$Y_2=\frac{Y_1}{X_1}\times X_2\times CF=\frac{22\ 000}{11}\times 20\times 1.25=50\ 000$（万元）。

## 二、生产能力指数法

### （一）概述

生产能力指数法是根据性质类似的已建项目和拟建项目的生产能力计算规模比值，经生产指数调整后利用已建项目的投资额估算拟建项目的投资额。

生产能力指数法计算时较为简单，速度快。

采用生产能力指数法时，要求类似项目提供的资料可靠，项目工程条件基本相同，否则误差很大。

### （二）计算方法

$$Y_2=Y_1\times\left(\frac{X_2}{X_1}\right)^n\times CF$$

式中 $Y_1$——已建类似项目的投资额；

$Y_2$——拟建项目的投资额；

$X_1$——已建类似项目的生产能力；

$X_2$——拟建项目的生产能力；

$n$——生产能力指数；

$CF$——不同时期、不同地点的定额、单价、费用变更和其他差异的综合调整系数。

上述公式中，当$0\leqslant n\leqslant 1$时，其取值范围如下所示：

（1）若已建类似项目的规模和拟建项目的规模相差不大，生产规模比值在0.5～2之间，则指数$n$的取值近似为1。

（2）若已建类似项目的规模和拟建项目的规模相差较大，生产规模比值在2～50之间，且拟建项目规模的扩大仅靠增大设备规模来达到时，则指数$n$的取值约在0.6～0.7之间时。

（3）若已建类似项目的规模和拟建项目的规模相差较大，生产规模比值在2～50之间，且拟建项目规模的扩大仅靠增加相同规格设备的数量达到时，则指数$n$的取值为0.8～0.9之间。

**典型例题**

【背景】

某工厂拟于2019年投资新建一年产80万吨的聚酯项目，已知该厂建设年产20万吨聚酯项目的装置投资为25 000万元，该拟建项目工程条件与已建项目类似，若生产能力指数为0.8，综合调整系数为1.1。

问题：

试估算该项目的建设投资额。

【答案】

采用生产能力指数法进行估算。根据上述公式可知，该项目的建设投资额为：

$Y_2 = Y_1 \times \left(\frac{X_2}{X_1}\right)^n \times CF = 25\ 000 \times \left(\frac{80}{20}\right)^{0.8} \times 1.1 = 83\ 364.41$（万元）。

## 三、系数估算法

### （一）朗格系数法

#### 1. 概述

朗格系数法是以设备购置费为基础，乘以合理系数来推算项目的建设投资。

#### 2. 特点

朗格系数法是国际上估算一个工程项目或一套装置的费用时，使用较为广泛的方法。该计算方法简单但是准确度不高，主要原因为：

(1)装置规模大小发生变化。

(2)不同地区自然、气候条件、经济地理条件的差异。

(3)主要设备材质发生变化时，设备费用变化较大而安装费变化不大。

即便如此，由于朗格系数法是以设备购置费为计算基础，而设备费用在一项工程中所占的比重较大。比如石油、石化、化工工程，设备费用一般占45%～55%，同时一项工程中每台设备所含有的管道、电气、自控仪表、绝热、油漆、建筑等都有一定的规律。因此，只要对各种不同类型工程的朗格系数掌握得准确，估算精度仍可较高。

#### 3. 计算公式

建设投资计算公式为：

$$C = E(1 + \sum K_i)K_c$$

式中　$C$——建设投资；

$E$——设备购置费；

$K_i$——管线、仪表、建筑物等项目费用的估算系数；

$K_c$——管理费、合同费、应急费等间接费在内的总估算系数。

朗格系数 $K_L$ 为建设投资与设备购置费之比，其表达公式为：

$$K_L = (1 + \sum K_i)K_c$$

式中　$K_L$——朗格系数；

$K_i$——管线、仪表、建筑物等项目费用的估算系数；

$K_c$——管理费、合同费、应急费等间接费在内的总估算系数。

**典型例题**

【背景】

某项目流体加工系统的典型经验估算系数如表8-1、表8-2所示，已知主设备购置费用$E$为3 000万元。

表8-1　管线、仪表、建筑物等项目费用的估算系数表

| 费用项目类别 | 管线、仪表、建筑物等项目费用的估算系数 $K_i$ |
| --- | --- |
| 主设备安装人工费 | 0.10～0.20 |
| 保温费 | 0.10～0.25 |
| 管线费 | 0.50～1.00 |
| 基础 | 0.03～0.13 |
| 建筑物 | 0.07 |
| 构架 | 0.05 |
| 防火 | 0.06～0.10 |
| 电气 | 0.07～0.15 |
| 油漆粉刷 | 0.06～0.10 |
| 合计 | $\sum K_i=1.04\sim2.05$ |

表8-2　管理费、合同费、应急费等间接费在内的总估算系数表

| 费用项目类别 | 管理费、合同费、应急费等间接费在内的总估算系数 $K_c$ |
| --- | --- |
| 日常管理费、合同费和利息 | 0.30 |
| 工程费 | 0.13 |
| 不可预见费 | 0.13 |
| 合计 | $K_c=0.56$ |

**问题：**

试估算该项目的建设投资额（小数点后保留两位小数）。

【答案】

采用朗格系数法进行估算。根据上述公式可知，该项目的建设投资额为：

$C=E(1+\sum K_i)K_c=3\ 000\times[1+(1.04\sim2.05)]\times0.56=3\ 427\sim5\ 124$（万元）。

### （二）设备及厂房系数法

设备厂房系数法是在拟建项目工艺设备投资和厂房土建投资估算的基础上，分别利用已建项目的设备系数和厂房土建投资系数计算设备及厂房土建投资，加总后再加上其他有关费用得到拟建项目的建设投资。

典型例题

【背景】

某公司拟投资建设一机械加工厂，该项目工艺设备及安装费用预计为3 200万元，厂房土建费用预计为4 200万元，其他有关费用预计为2 600万元。参照同类项目统计资料，其他各专业工程投资系数如表8-3所示。

表8-3　各专业工程投资系数表

| 工艺设备类 | | 专业工程类 | |
|---|---|---|---|
| 类别 | 系数 | 类别 | 系数 |
| 工艺设备 | 1.00 | 厂房土建 | 1.00 |
| 起重设备 | 0.08 | 给排水工程 | 0.04 |
| 加热炉及烟道 | 0.12 | 采暖通风 | 0.03 |
| 气化冷却 | 0.01 | 工业管道 | 0.02 |
| 余热锅炉 | 0.04 | 电器照明 | 0.01 |
| 供电及转动 | 0.18 | — | — |
| 自动化仪表 | 0.04 | — | — |
| 合计 | 1.47 | 合计 | 1.10 |

**问题：**

试估算该项目的建设投资额。

【答案】

采用朗格系数法进行估算，则该项目的建设投资额为：

该项目的建设投资额 $C = 3\,200 \times 1.47 + 4\,200 \times 1.10 + 2\,600 = 11\,924$（万元）。

## 四、比例估算法

比例估算法是根据已知的同类建设项目主要设备购置费占整个建设项目的投资比例，先逐项估算出拟建项目主要设备购置费，再按比例估算拟建建设项目相关投资额的方法。比例估算法可分为以下两种。

### （一）设备系数法（以拟建项目设备购置费为基数进行估算）

1. 概述

计算已建成的同类项目的建筑工程费和安装工程费等占设备购置费的百分比，以拟建项目设备购置费为基数求出相应的建筑工程费及安装工程费等，再加上拟建项目其他费用（含工程建设其他费和预备费等），得到项目或装置的投资。

2. 计算公式

$$C = E(1 + f_1P_1 + f_2P_2) + I$$

式中 $C$——拟建项目的投资额；

$E$——根据拟建项目当时当地价格计算的设备购置费；

$f_1,f_2$——由于时间、地点等因素引起的定额、价格、费用等的综合调整系数；

$P_1,P_2$——已建项目中建筑、安装及其他工程费用等占设备购置费的百分比；

$I$——拟建项目的其他费用。

**典型例题**

**【背景】**

某建筑施工企业拟建项目设备购置费为20 000万元，根据已建同类项目统计资料，建筑工程费占设备购置费的25%，安装工程费占设备购置费的10%，该拟建项目的其他有关费用占设备购置费的15%，若综合调整系数均为1.1。

**问题：**

试估算该项目的建设投资额。

**【答案】**

采用设备系数法，以拟建项目设备购置费为基数进行估算，根据上述公式可知，该项目的建设投资额为：

$C=E(1+f_1P_1+f_2P_2)+I=20\,000\times(1+25\%\times1.1+10\%\times1.1)+20\,000\times15\%=30\,700$（万元）。

### （二）主体专业系数法（以拟建项目工艺设备投资为基数进行估算）

#### 1. 概述

根据同类型的已建项目数据，计算出各专业工程占工艺设备投资的百分比，以拟建项目工艺设备投资为基数求出各专业工程的投资，求和后再加上其他有关费用，即为拟建项目的建设投资。

#### 2. 计算公式

$$C=E(1+f_1P'_1+f_2P'_2+f_3P'_3+\cdots)+I$$

式中 $C$——拟建项目的投资额；

$E$——拟建项目根据当时当地价格计算的工艺设备投资；

$f_1,f_2,f_3\cdots$——由于时间、地点等因素引起的定额、价格、费用等的综合调整系数；

$P'_1,P'_2,P'_3\cdots$——已建项目中各专业工程费用占工艺设备投资的百分比；

$I$——拟建项目的其他费用。

## 五、指标估算法

估算指标是指单项工程指标（或单位工程指标），是综合项目建设中的各类成本和费用以单项工程（或单位工程）表示的费用指标，具有较强的综合性和概括性。使用估算指标应根据不同地区、不同时期的实际情况进行适当调整，因为地区、时期不同，设备、材料及人工的价格均有差异。

指标估算法是把拟建建设项目以单位工程或单项工程为单位，按建设内容纵向划分为各个主要生产系统、辅助生产系统、公用工程、服务性工程、生活福利设施，以及各项其他工程费用；同时，按费用性质横向划分为建筑工程、设备购置、安装工程等，根据各种具体的投资估算指标，进行各单位工程或单项工程投资的估算，在此基础上汇集编制成拟建建设项目的各个单项工程费用和拟建建设项目的工程费用投资估算。最后，按相关规定估算工程建设其他费用、预备费、增值税、资金筹措费、流动资金等，形成拟建建设项目总投资。

指标估算法是投资估算的主要方法，在设计深度允许的条件下，应首先采用指标估算法。

## 第二节　建设投资分类估算法

建设投资分类估算法即对构成建设投资的各类投资，包括工程费用、工程建设其他费用和预备费分类进行估算的方法。此法是国内常用的一种建设投资估算方法，具体如图 8-1 所示。

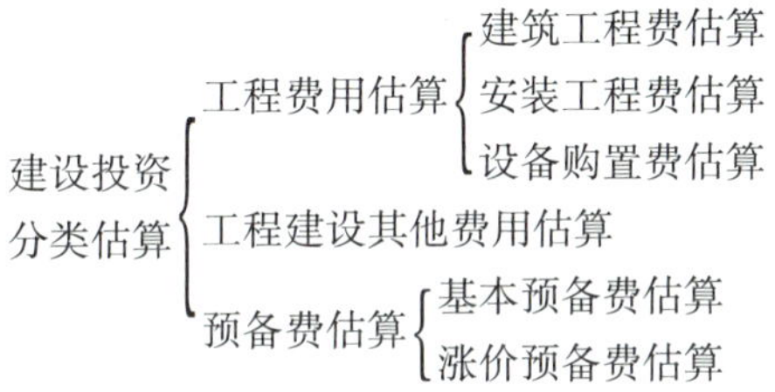


**图 8-1　建设投资分类估算**

建设投资分类估算法的估算步骤如下：

(1)估算建筑工程费、设备及工器具购置费、安装工程费。

(2)估算工程费用，工程费用为上述三项费用之和。

(3)估算工程建设其他费用，该费用以工程费用为基础计算。

(4)估算基本预备费，该费用以工程费用和工程建设其他费用为基础计算。

(5)估算涨价预备费，该费用以工程费用的分年投资计划为基础计算。

(4)相加求得建设投资总额。

建设投资分类估算法的估算流程图如图 8-2 所示。

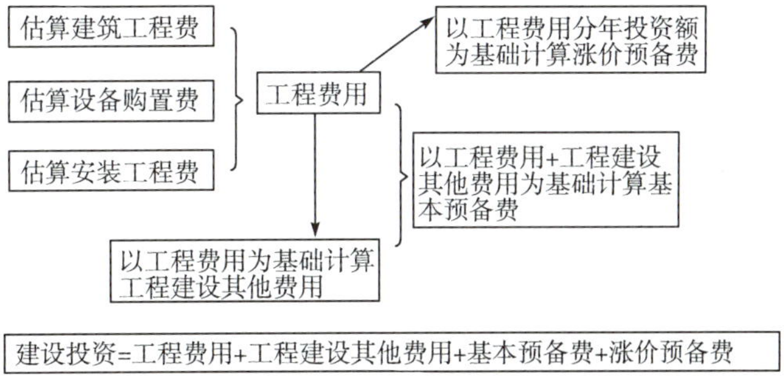


**图 8-2　建设投资分类估算法**

## 一、工程费用估算

### （一）建筑工程费估算

建筑工程费是指为建造永久性建筑物和构筑物所需要的费用，如场地平整、厂房、仓库、电站、设备基础、工业窑炉、矿井开拓、露天剥离、桥梁码头、堤坝、隧道、涵洞、铁路、公路、管线敷设、水库、水坝、灌区等项工程的费用。

建筑工程费估算一般可采用以下三种方法：单位建筑工程投资估算法、单位实物工程量投资估算法和概算指标投资估算法。

#### 1. 单位建筑工程投资估算法

以单位建筑工程量投资乘以建筑工程总量计算。一般工业与民用建筑以单位建筑面积（平方米）的投资，工业窑炉砌筑以单位容积（立方米）的投资，水库以水坝单位长度（米）的投资，铁路路基以单位长度（公里）的投资，矿山掘进以单位长度（米）的投资，乘以相应的建筑工程总量计算建筑工程费。

#### 2. 单位实物工程量投资估算法

以单位实物工程量的投资乘以实物工程总量计算。土石方工程按每立方米投资，矿井巷道衬砌工程按每延长米投资，路面铺设工程按每平方米投资，乘以相应的实物工程总量计算建筑工程费。

#### 3. 概算指标投资估算法

对于没有上述估算指标且建筑工程费占总投资比例较大的项目，可采用概算指标估算法。采用这种估算法，应有较为详细的工程资料、建筑材料价格和工程费用指标，投入的时间和工作量较大。具体估算方法见有关专门机构发布的概算编制办法。

建筑工程费估算表如表 8-4 所示。

**表 8-4　建筑工程费估算表**

| 序号 | 建、构筑物名称 | 单位 | 工程量 | 单价/元 | 费用合计/万元 |
|---|---|---|---|---|---|
| | | | | | |
| | | | | | |
| | | | | | |

### （二）安装工程费估算

#### 1. 估算方法

安装工程费包括安装主材费和安装费。其中，安装主材费可以根据行业和地方相关部门定期发布的价格信息或市场询价进行估算；安装费根据设备专业属性，可按以下方法估算：

（1）工艺设备安装费估算。

以单项工程为单元，根据单项工程的专业特点和各种具体的投资估算指标，采用按设备费百分比估算指标，或根据单项工程设备总重，采用以吨为单位的综合单价指标进行估算。

（2）工艺非标准件、金属结构和管道安装费估算。

以单项工程为单元，根据设计选用的材质、规格，以吨为单位，套用技术标准、材质和规格、施工方法相适应的投资估算指标或类似工程造价资料进行估算。

(3)工业炉窑砌筑和保温工程安装费估算。

以单项工程为单元，根据设计选用的材质、规格，以吨、立方米或平方米为单位，套用技术标准、材质和规格、施工方法相适应的投资估算指标或类似工程造价资料进行估算。

(4)电气设备及自控仪表安装费估算。

以单项工程为单元，根据该专业设计的具体内容，采用相适应的投资估算指标或类似工程造价资料进行估算，或根据设备台套数、变配电容量、装机容量、桥架重量、电缆长度等工程量，采用相应综合单价指标进行估算。

### 2. 计算公式

安装工程费通常按行业或专门机构发布的安装工程定额、取费标准进行估算。计算公式如下：

安装工程费 = 设备原价 × 安装费费率

或 安装工程费 = 设备吨位 × 每吨设备安装费指标

或 安装工程费 = 安装工程实物量 × 每单位安装实物工程量费用指标

安装工程费估算表如表 8-5 所示。

表 8-5 安装工程费估算表

| 序号 | 安装工程名称 | 单位 | 数量 | 指标/费率 | 安装费用/万元 |
|---|---|---|---|---|---|
| 1 | 设备 | | | | |
| 1.1 | A | | | | |
| 1.1 | B | | | | |
| 1.n | …… | | | | |
| 2 | 管线工程 | | | | |
| 2.1 | A | | | | |
| 2.2 | B | | | | |
| 2.n | …… | | | | |
| | 合计 | | | | |

## (三)设备购置费估算

设备购置费指为投资项目购置或自制的达到固定资产标准的各种国产或进口设备、工具、器具所支出的费用。它由设备原价和设备运杂费构成。如各种生产设备、传导设备、动力设备、运输设备等设备的原价及运杂费用。包括需安装的设备和不需安装的设备。需安装的设备：如锅炉、塔、中央空调、发电机组等。不需安装的设备：如汽车、飞机、电焊机、空压机等。设备购置费的估算如图 8-3 所示。

设备购置费估算
- 国内设备购置费 = 设备原价 + 设备运杂费
- 进口设备购置费 = 进口设备货价 + 进口从属费用 + 国内运杂费
- 工器具及生产家具购置费
- 备品备件购置费（无法采用带备件原价估算设备购置费时）

**图 8-3　设备购置费估算**

## 1. 国内设备购置费

（1）国产标准设备原价估算。

国产标准设备在计算时，一般采用带有调试备件的原价。占投资比重较大的主要设备出厂价估算，应在掌握该设备的产能、规格、型号、材质、设备重量的条件下，以向设备供应商询价、市场调研，或选用类似工程设备采购合同价为基础进行估算。其他小型通用设备出厂价估算，可以根据行业和地方相关部门定期发布的价格信息进行估算。

（2）国产非标准设备原价估算。

国产非标准设备费估算，同样应在掌握该设备的产能、材质、设备重量、加工制造复杂程度的条件下，以向非标准设备制造商询价、市场调研或选用类似工程非标准设备制造合同价为基础进行估算。非标准设备估价应考虑完成非标准设备设计、制造、包装、利润、税金等全部费用内容。实践中可以采用有关单位公布的参考价格，根据设备类型、材质、规格等要求选用，估算价格应接近实际出厂价。

（3）设备运杂费。

设备运杂费是指设备原价中未包括的运输费、运输包装费、装卸费、仓库保管费和供销手续费等各项费用构成。费率选取时按部门、行业或省、市的规定执行。计算公式如下：

$$设备运杂费 = 设备原价 \times 设备运杂费费率$$

国内设备购置费估算表如表 8-6 所示。

**表 8-6　国内设备购置费估算表**

| 序号 | 设备名称 | 型号规格 | 单位 | 数量 | 设备购置费 | | |
|---|---|---|---|---|---|---|---|
| | | | | | 出厂价/元 | 运杂费/元 | 总价/万元 |
| | | | | | | | |
| | | | | | | | |
| | | | | | | | |
| | 合计 | | | | | | |

## 2. 进口设备购置费

（1）进口设备的货价。

按交货地点和方式的不同，分为离岸价（FOB）和到岸价（CIF），一般多为离岸价。进口设备货价可依据向有关生产厂商的询价、生产厂商的报价及订货合同价等研究确定。

离岸价，即货物在出口国海岸船上交货的价格，也是货物成本价。

到岸价，即货物经海外运输到达国内口岸时的价格，即货物成本价、海外运输费用及海外运输保险费用之和。

(2)进口从属费用。

进口从属费用的组成如图 8-4 所示。

进口从属费用
- 国外运费
- 国外运输保险费
- 进口关税
- 进口环节消费税
- 进口环节增值税
- 外贸手续费
- 银行财务费

**图 8-4　进口从属费用的组成**

各项费用的计算基础有所差别，一般按以下顺序进行计算：

①国外运费，即从装运港到达目的港的运费。计算公式如下：

国外运费 = 进口设备离岸价(FOB) × 国外运费费率

或　　国外运费 = 单位运价 × 运量

②国外运输保险费，计算公式如下：

国外运输保险费 =(进口设备离岸价 + 国外运费) × 国外运输保险费费率

③进口关税，计算公式如下：

进口关税 = 进口设备到岸价(CIF) × 人民币外汇牌价 × 进口关税税率

④进口环节消费税，计算公式如下：

$$\text{进口环节消费税}=\frac{\text{进口设备到岸价(CIF)}\times\text{人民币外汇牌价}+\text{进口关税}}{1-\text{消费税税率}}\times\text{消费税税率}$$

⑤进口环节增值税，计算公式如下：

进口环节增值税 =［进口设备到岸价(CIF) × 人民币外汇牌价 + 进口关税 + 消费税］× 增值税税率

⑥外贸手续费，计算公式如下：

外贸手续费 = 进口设备到岸价(CIF) × 人民币外汇牌价 × 外贸手续费费率

⑦银行财务费，计算公式如下：

银行财务费 = 进口设备货价 × 人民币外汇牌价 × 银行财务费费率

进口设备的货价与进口从属费用之和，即进口设备的原价。

(3)国内运杂费。

国内运杂费包含运输费、运输保险费、装卸费、包装费和仓库保管费等。计费时，国内运杂费费率依据按部门、行业或省、市的规定执行。计算公式如下：

国内运杂费 = 进口设备离岸价(FOB) × 人民币外汇牌价 × 国内运杂费费率

进口设备购置费估算表如表 8-7 所示，难以按单台(套)计算进口设备从属费用的，可按进口设备总离岸价估算。

表 8-7　进口设备购置费估算表

| 序号 | 设备名称 | 台(套)数 | 离岸价/万(美)元 | 国外运费/万(美)元 | 国外运输保险费/万(美)元 | 到岸价/万(美)元 | 进口关税/万(美)元 | 消费税/万(美)元 | 进口环节增值税/万(美)元 | 外贸手续费/万(美)元 | 银行财务费/万(美)元 | 国内运杂费/万(美)元 |
|---|---|---|---|---|---|---|---|---|---|---|---|---|
| 1 | 设备 A | | | | | | | | | | | |
| 2 | 设备 B | | | | | | | | | | | |
| 3 | 设备 C | | | | | | | | | | | |
| 4 | 设备 D | | | | | | | | | | | |
| 5 | 设备 E | | | | | | | | | | | |
| | … | | | | | | | | | | | |
| | 合计 | | | | | | | | | | | |

## 典型例题

**【背景】**

某工厂拟从国外进口一套机械加工设备，设备重约 2 000 吨，装运港船上交货价，即离岸价为 600 万美元。已知其他相关费用参数为：国外运费标准为 420 美元/吨；海上运输保险费费率为 0.2%；银行财务费费率为 0.1%；外贸手续费费率 1.5%；因中美贸易摩擦，进口关税税率上升至 25%；进口环节增值税的税率为 16%；设备的国内运杂费费率为 2.5%；人民币外汇牌价为 1 美元 =6.8 元人民币。

**问题：**

其他费用不计，试估算该机械加工设备的设备购置费（计算结果保留两位小数）。

**【答案】**

根据上述公式可知，该机械加工设备的设备购置费：

进口设备购置费 = 进口设备货价 + 进口从属费用 + 国内运杂费

故需分别计算该进口设备的进口设备货价、进口从属费用和国内运杂费。

（1）进口设备货价 = 进口设备离岸价（FOB）=600 × 6.8 =4 080（万元）。

（2）进口从属费用 = 国外运费 + 国外运输保险费 + 进口关税 + 进口环节消费税 + 进口环节增值税 + 外贸手续费 + 银行财务费。各项费用具体计算如下：

①国外运费 = 单位运价 × 运量 =420 ×2 000 ×6.8/10 000 =571.20（万元）。

②国外运输保险费 =［进口设备离岸价（FOB）+ 国外运费］× 国外运输保险费费率 =（4 080 +571.20）×0.2% =9.30（万元）。

③进口关税 = 进口设备到岸价（CIF）× 人民币外汇牌价 × 进口关税税率 =（4 080 +571.20 +9.30）×25% =1 165.13（万元）。

④进口环节增值税 =[进口设备到岸价(CIF)×人民币外汇牌价+进口关税+消费税]×增值税税率=(4 080+571.20+9.30+1 165.13)×16% =932.10(万元)。

⑤外贸手续费=进口设备到岸价(CIF)×人民币外汇牌价×外贸手续费费率=(4 080+571.2+9.30)×1.5% =69.91(万元)。

⑥银行财务费=进口设备货价×银行财务费率=4 080×0.1% =4.08(万元)。

故进口从属费用 =571.20+9.30+1 165.13+932.10+69.91+4.08=2 751.72(万元)。

(3)国内运杂费=进口设备离岸价(FOB)×人民币外汇牌价×国内运杂费费率=4 080×2.5% =102(万元)。

则该机械加工设备的设备购置费= 4 080+2 751.72+102=6 933.72(万元)。

#### 3.工器具及生产家具购置费的估算

工器具及生产家具购置费一般根据建设项目性质(新建、改建或扩建),按照行业或地方相关部门的规定,以设备原价、设备运杂费及备品备件费之和的百分比估算。

#### 4.备品备件购置费估算

一般根据设计所选用的设备特点,按设备原价与设备运杂费之和的百分比估算。此费用是指在初期生产运行期间为保证设备的正常运转必须购置的备品备件费用,不包括已计入设备原价的调试备件费用。

## 二、工程建设其他费用估算

工程建设其他费用是根据有关规定应在基本建设投资中支付的,并列入建设项目总概算或单项工程综合概预算的,除工程费用、预备费、增值税、资金筹措费、流动资金以外的费用。

工程建设其他费用主要包括土地使用费和其他补偿费、建设管理费、可行性研究费、专项评价费、研究试验费、勘察设计费、场地准备费和临时设施费、引进技术和进口设备材料其他费、工程保险费、联合试运转费、特殊设备安全监督检验费、市政公用配套设施费、专利及专有技术使用费、生产准备费等。

### (一)土地使用费和其他补偿费

土地使用费是指建设项目使用土地应支付的费用,包括建设用地费和临时土地使用费,以及由于使用土地发生的其他有关费用,如水土保持补偿费等。建设用地费是指为获得工程项目建设用地的使用权而在建设期内发生的费用。取得土地使用权的方式有出让、划拨和转让三种方式。临时土地使用费是指临时使用土地发生的相关费用,包括地上附着物和青苗补偿费、土地恢复费以及其他税费等。

其他补偿费是指项目涉及的对房屋、市政、铁路、公路、管道、通信、电力、河道、水利、厂区、林区、保护区、矿区等不附属于建设用地的相关建构筑物或设施的补偿费用。

### (二)建设管理费

建设管理费是指为组织完成工程项目建设在建设期内发生的各类管理性质费用。包括建设单位管理费、代建管理费、工程监理费、监造费、招标投标费、设计评审费、特殊项目定额研究及测定费、其他咨询费、印花税等。

### （三）可行性研究费

可行性研究费是指在工程项目投资决策阶段，对有关建设方案、技术方案或生产经营方案进行的技术经济论证，以及编制、评审可行性研究报告等所需的费用。

### （四）专项评价费

专项评价费是指建设单位按照国家规定委托有资质的单位开展专项评价及有关验收工作发生的费用。包括环境影响评价及验收费、安全预评价及验收费、职业病危害预评价及控制效果评价费、地震安全性评价费、地质灾害危险性评价费、水土保持评价及验收费、压覆矿产资源评价费、节能评估费、危险与可操作性分析及安全完整性评价费以及其他专项评价及验收费。

#### 1. 环境影响评价及验收费

环境影响评价及验收费是指为全面、详细评价建设项目对环境可能产生的污染或造成的重大影响，而编制环境影响报告书（含大纲）、环境影响报告表和评估等所需的费用，以及建设项目竣工验收阶段环境保护验收调查和环境监测、编制环境保护验收报告的费用。

#### 2. 安全预评价及验收费

安全预评价及验收费是指为预测和分析建设项目存在的危害因素种类和危险危害程度，提出先进、科学、合理可行的安全技术和管理对策，而编制评价大纲，编写安全评价报告书和评估等所需的费用，以及在竣工阶段验收时所发生的费用。

#### 3. 职业病危害预评价及控制效果评价费

职业病危害预评价及控制效果评价费是指建设项目因可能产生职业病危害，而编制职业病危害预评价书、职业病危害控制效果评价书和评估所需的费用。

其计算方法按照国家或建设项目所在省（直辖市、自治区）人民政府有关规定计算。不需评价的建设项目不计取此项费用。

#### 4. 地震安全性评价费

地震安全性评价费是指通过对建设场地和场地周围的地震活动与地震、地质环境的分析，而进行的地震活动环境评价、地震地质构造评价、地震地质灾害评价，编制地震安全评价报告书和评估所需的费用。

#### 5. 地质灾害危险性评价费

地质灾害危险性评价费是指在灾害易发区对建设项目可能诱发的地质灾害和建设项目本身可能遭受的地质灾害危险程度的预测评价，编制评价报告书和评估所需的费用。

#### 6. 水土保持评价及验收费

水土保持评价及验收费是指对建设项目在生产建设过程中可能造成水土流失进行预测，编制水土保持方案和评估所需的费用，以及在施工期间的监测、竣工阶段验收时所发生的费用。

#### 7. 压覆矿产资源评价费

压覆矿产资源评价费是指对需要压覆重要矿产资源的建设项目，编制压覆重要矿床评价和评估所需的费用。

#### 8. 节能评估费

节能评估费是指对建设项目的能源利用是否科学合理进行分析评估，并编制节能评估报告，以及评估所发生的费用。

#### 9. 危险与可操作性分析及安全完整性评价费

危险与可操作性分析（HAZOP）及安全完整性评价（SIL）费是指对应用于生产具有流程性工艺特征的新建、改建、扩建项目进行工艺危害分析和对安全仪表系统的设置水平及可靠性进行定量评估所发生的费用。该项费用计算方法按照国家或建设项目所在省（直辖市、自治区）人民政府有关规定，根据建设项目的生产工艺流程特点计算。

#### 10. 其他专项评价及验收费

其他专项评价及验收费是指除上述九项评价及验收费外，根据国家法律法规、建设项目所在省（直辖市、自治区）人民政府有关规定，以及行业规定需进行的其他专项评价、评估、咨询和验收（如重大投资项目社会稳定风险评估、防洪评价等）所需的费用。

职业病危害预评价及控制效果评价费、地震安全性评价费、地质灾害危险性评价费、水土保持评价及验收费、压覆矿产资源评价费、节能评估费、其他专项评价及验收费等，其计算方法均为按照国家或建设项目所在省（直辖市、自治区）人民政府有关规定计算，不需评价的建设项目不计取相应项费用。

### （五）研究试验费

研究试验费是指为建设项目提供和验证设计参数、数据、资料等所进行必要的研究和试验，以及按照设计规定在施工中必须进行的试验、验证所发生的费用。包括自行或委托其他部门的专题研究、试验所需人工费、材料费、试验设备及仪器使用费等。

### （六）勘察设计费

勘察费是指勘察人根据发包人的委托按照勘察设计规范要求，收集已有资料、现场踏勘、制定勘察纲要，进行勘察作业，以及编制工程勘察文件和岩土工程设计文件等收取的费用。

设计费是指设计人根据发包人的委托按照工程设计规范要求，提供编制建设项目初步设计文件、施工图设计文件、非标准设备设计文件、竣工图文件等服务所收取的费用。

勘察设计费依据勘察设计委托合同计列，也可参照国家或项目所在地有关部门发布的相关文件规定计算。

### （七）场地准备费和临时设施费

场地准备费是指为使工程项目的建设场地达到开工条件，由建设单位组织进行的场地平整等准备工作而发生的费用。

临时设施费是指建设单位为满足施工建设需要而提供的未列入工程费用的临时水、电、路、讯、气等工程和临时仓库等建(构)筑物的建设、维修、拆除、摊销费用或租赁费用,以及铁路、码头租赁等费用。

该项费用计算要求如下:

(1)场地准备及临时设施应尽量与永久性工程统一考虑。建设场地的大型土石方工程应进入工程费用中的室外附属/总体工程费用中。

(2)新建项目的场地准备和临时设施费应根据实际工程量估算,或按工程费用的比例计算。改扩建项目一般只计拆除清理费。

场地准备及临时设施费 = 工程费用 × 费率 + 拆除清理费

(3)发生拆除清理费时可按新建同类工程造价或主材费、设备费的比例计算。凡可回收材料的拆除工程采用以料抵工方式冲抵拆除清理费。

(4)此项费用不包括已列入建筑安装工程费用中的施工单位临时设施费用。

### (八)引进技术和进口设备材料其他费

引进技术和进口设备材料其他费是指引进技术和设备发生的但未计入引进技术费和设备材料购置费的费用。包括图纸资料翻译复制费、备品备件测绘费、出国人员费用、来华人员费用、银行担保及承诺费、进口设备材料国内检验费等。

### (九)特殊设备安全监督检验费

特殊设备安全监督检验费是指对在施工现场安装的列入国家特种设备范围内的设备(设施)检验检测和监督检查所发生的应列入项目开支的费用。

该费用按照建设项目所在省、直辖市、自治区安全监察部门的规定标准计算。无具体规定的,在编制投资估算时,可按受检设备现场安装费的比例估算。

### (十)市政公用配套设施费

市政公用配套设施费是指使用市政公用设施的工程项目,按照项目所在地政府有关规定建设或缴纳的市政公用设施建设配套费用。

该项费用按工程所在地人民政府规定标准计列;不发生或按规定免征项目不计取。

### (十一)联合试运转费

联合试运转费是指新建或新增生产能力的工程项目,在交付生产前按照批准的设计文件规定的工程质量标准和技术要求,对整个生产线或装置进行负荷联合试运转所发生的费用净支出。包括试运转所需材料、燃料及动力消耗、低值易耗品、其他物料消耗、机械使用费、联合试运转人员工资、施工单位参加试运转人工费、专家指导费,以及必要的工业炉烘炉费。

该项费用计算要求如下:

(1)不发生试运转或试运转收入大于或等于费用支出的工程,不列此项费用。

(2)当联合试运转收入小于试运转支出时按下式计算:

联合试运转费 = 联合试运转费用支出 − 联合试运转收入

(3)联合试运转费不包括应由设备安装工程费用开支的单机调试及试车费用,以及在试运转中暴露出来的因施工原因或设备缺陷等发生的处理费用。

(4)试运行期的确定,依照以下规定:引进国外设备项目按建设合同中规定的试运行期执行;国内一般性建设项目试运行期原则上按照批准的设计文件所规定的期限执行。个别行业的建设项目试运行期需要超过规定试运行期的,应报项目设计文件审批机关批准。试运行期一经确定,建设单位应严格按规定执行,不得擅自缩短或延长。

### (十二)工程保险费

工程保险费是指在建设期内对建筑工程、安装工程、机械设备和人身安全进行投保而发生的费用。包括建筑安装工程一切险、工程质量保险、进口设备财产保险和人身意外伤害险等。

该项费用计算要求如下:

(1)不投保的工程不计取此项费用。

(2)不同的建设项目可根据工程特点选择投保险种,根据投保合同计列保险费用。编制投资估算时可按工程费用的比例估算。

(3)此项费用不包括已列入建筑安装工程费中企业管理费项下的财产保险费。

### (十三)专利及专有技术使用费

专利及专有技术使用费是指在建设期内取得专利、专有技术、商标、商誉和特许经营的所有权或使用权发生的费用。包括工艺包费、设计及技术资料费、有效专利、专有技术使用费、技术保密费和技术服务费等;商标权、商誉和特许经营权费;软件费等。

该项费用计算要求如下:

(1)按专利使用许可协议和专有技术使用合同的规定计列。

(2)专有技术的界定应以省、部级鉴定批准为依据。

(3)项目投资中只计取需在建设期支付的专利及专有技术使用费。协议或合同规定在生产期支付的使用费应在生产成本中核算。

(4)一次性支付的商标权、商誉及特许经营权费按协议或合同规定计列。协议或合同规定在生产期支付的商标权或特许经营权费应在生产成本中核算。

### (十四)生产准备费

生产准备费是指在建设期内,建设单位为保证项目正常生产而发生的人员培训、提前进厂费,以及投产使用必备的办公、生活家具用具及工器具等的购置费用。

该项费用计算时可采用综合的生产准备费指标进行计算,也可以按费用内容的分类指标计算。新建项目按设计定员为基数计算,改扩建项目按新增设计定员为基数用下式计算:

$$\text{生产准备费} = \text{设计定员} \times \text{生产准备费指标(元/人)}$$

### (十五)其他费用

其他费用指以上费用之外,根据工程建设需要必须发生的其他费用。

工程建设其他费用估算表如表 8-8 所示。涉及费用名称应根据拟建项目实际发生的具体情况确定。

表 8-8　工程建设其他费用估算表

| 序号 | 费用名称 | 计算依据 | 指标/费率 | 安装费用/万元 |
|---|---|---|---|---|
| 1 | 土地使用费和其他补偿费 | | | |
| 2 | 建设管理费 | | | |
| 3 | 可行性研究费 | | | |
| 4 | 专项评价费 | | | |
| 5 | 研究试验费 | | | |
| 6 | 勘察设计费 | | | |
| 7 | 场地准备费和临时设施费 | | | |
| 8 | 引进技术和进口设备其他费用 | | | |
| 9 | 工程保险费 | | | |
| 10 | 联合试运转费 | | | |
| 11 | 特殊设备安全监督检验费 | | | |
| 12 | 市政公用配套设施费 | | | |
| 13 | 专利及专有技术使用费 | | | |
| 14 | 生产准备费 | | | |
| *n* | …… | | | |
| | 合计 | | | |

## 三、预备费估算

### （一）基本预备费

基本预备费是为在项目实施中可能发生、但在项目决策阶段难以预料的支出，而需要事先预留的费用。

基本预备费估算，一般是以建设项目的工程费用和工程建设其他费用之和为基础，乘以基本预备费费率进行计算。基本预备费费率应根据建设项目的设计深度、采用的各项估算指标的精确度、项目所属行业主管部门的具体规定等综合确定。

基本预备费 =（工程费用 + 工程建设其他费用）× 基本预备费费率

### （二）涨价预备费

价差预备费一般按下式计算：

$$PF = \sum_{t=1}^{n} I_t[(1+f)^m(1+f)^{0.5}(1+f)^{t-1}-1]$$

式中　$PF$——价差预备费；

$n$——建设期年份数；

$I_t$——建设期第 $t$ 年的投资计划额，包括工程费用、工程建设其他费用及基本预备费，即第 $t$ 年的静态投资计划额；

$f$——投资价格指数；

$t$——建设期第 $t$ 年；

$m$——建设前期年限(从编制概算到开工建设年数)。

价差预备费中的投资价格指数按国家颁布的计取，计算式中$(1+f)^{0.5}$表示建设期第 $t$ 年当年投资分期均匀投入考虑涨价的幅度，对设计建设周期较短的项目价差预备费计算公式可简化处理。特殊项目或必要时可进行项目未来价差分析预测，确定各投资价格指数。

涨价预备费是指建设工程在建设期内由于价格等变化引起投资增加，需要事先预留的费用。涨价预备费以建筑安装工程费、设备及工器具购置费之和为计算基数。计算公式为：

$$PC=\sum_{t=1}^{n}I_t[(1+f)^t-1]$$

式中 $PC$——涨价预备费；

$n$——建设期年份数；

$t$——建设期第 $t$ 年；

$I_t$——第 $t$ 年的建筑安装工程费、设备及工器具购置费之和；

$f$——建设期价格上涨指数。

价差预备费和涨价预备费的计算公式、内容、原理几乎一致，但区别究竟如何呢？我们通过借助其相应的现金流量图 8-5、图 8-6 进行分析。

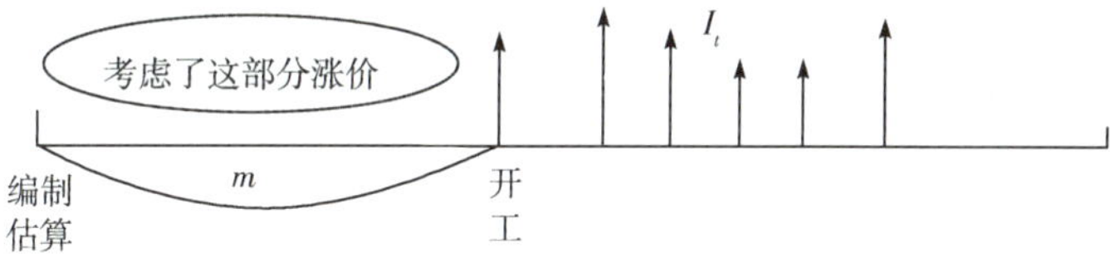


图 8-5 价差预备费现金流量图

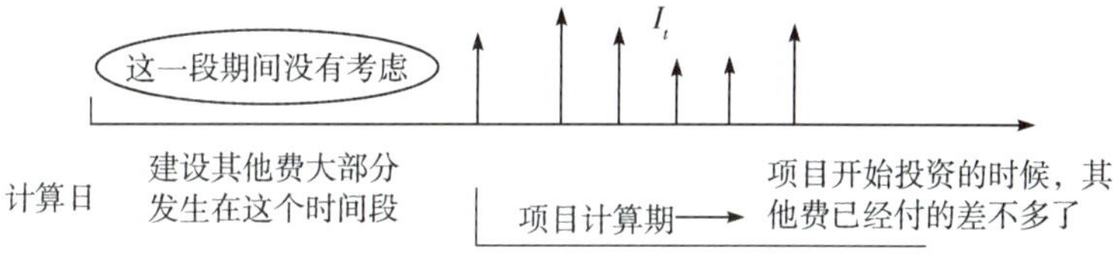


图 8-6 涨价预备费现金流量图

从上图的分析中可以看出，涨价预备费是价差预备费的一部分。而涨价预备费更多的是站在承包人的角度去计算的，因为它没有考虑从编制估算到项目开工这段时间投资的时间价值，而直接考虑从项目开工到竣工这段项目实施阶段的涨价风险。价差预备费是站在发包人的角度，考虑从编制估算开始一直到项目竣工这段时间的涨价风险。实际估算中，可依据具体情况进行估算。

**提示**

价差预备费与涨价预备费只是同一费用的不同表述方法，在情况不同时有不同的取费基数和计算公式。在咨询工程师考试中，一般为简化计算采用涨价预备费公式。

**典型例题**

**【背景】**

某企业为提高产能，计划筹措资金 27 000 万元建设一条新的生产线项目，为此，委托甲咨询公司进行初步可行性研究。

甲咨询公司提交的初步可行性研究报告显示，该项目建设期 2 年，设备购置费估算 15 000 万元；工程建设其他费用估算 3 000 万元，其中办公及生活家具购置费 30 万元；项目流动资金估算 1 200 万元。按项目进度计划，工程费用的分年投入比例均为 50%，基本预备费费率为 10%，涨价预备费以工程费用为计算基数，建设期价格上涨指数取 4%。根据在建及已建成同类项目统计资料，建筑工程费为设备购置费的 24%，安装工程费为设备购置费的 8%。建设投资的 40% 为自有资金，其余为银行借款，不考虑税金因素影响。

**问题：**

1. 采用比例估算法计算该项目的工程费用。

2. 计算该项目基本预备费和涨价预备费。

**【答案】**

1. 建筑工程费 = 15 000 × 24% = 3 600（万元）；安装工程费 = 15 000 × 8% = 1 200（万元）；工程费用 = 3 600 + 1 200 + 15 000 = 19 800（万元）。

2. 基本预备费 = (19 800 + 3 000) × 10% = 2 280（万元）。

第 1 年涨价预备费 = 第 1 年工程费用 × 上涨指数 = 19 800 × 50% × 4% = 396（万元）。第 2 年涨价预备费 = 第 2 年工程费用 × $[(1+上涨指数)^2-1]$ = 19 800 × 50% × $[(1+4\%)^2-1]$ = 807.84（万元）。涨价预备费 = 第 1 年涨价预备费 + 第 2 年涨价预备费 = 396 + 807.84 = 1 203.84（万元）。

## 四、增值税

2016 年 3 月 24 日，财政部、税务总局向社会公布了《营业税改征增值税试点实施办法》。经国务院批准，自 2016 年 5 月 1 日起，在全国范围内全面推开营改增试点，建筑业、房地产业、金融业、生活服务业等全部营业税纳税人，纳入试点范围，由缴纳营业税改为缴纳增值税。

2018 年 4 月 4 日，财政部、税务总局下发《关于调整增值税税率的通知》，通过调整增值税税率，进一步完善增值税制度。

2019 年 3 月 5 日，在第十三届全国人民代表大会第二次会议上，政府工作报告中指出应继续创新和完善宏观调控，确保经济运行在合理区间。坚持以市场化改革的思路和办法破解发展难题，发挥好宏观政策逆周期调节作用，丰富和灵活运用财政、货币、就业政策工具，增强调控前瞻性、针对性和有效性，为经济平稳运行创造条件。

一般纳税人增值税税率如表 8-9 所示。

**表 8-9 一般纳税人增值税税率**

<table>
<tr><th>序号</th><th colspan="2">增值税纳税行业</th><th>增值税税率</th></tr>
<tr><td rowspan="3">1</td><td colspan="2">销售或进口一般货物（另有列举的货物除外）</td><td rowspan="3">13%</td></tr>
<tr><td rowspan="2">提供服务</td><td>提供加工、修理、修配劳务</td></tr>
<tr><td>提供有形动产租赁服务</td></tr>
</table>

（续表）

| 序号 | 增值税纳税行业 | | 增值税税率 |
| --- | --- | --- | --- |
| 2 | 销售或进口货物 | 粮食等农产品、食用植物油、食用盐 | 9% |
| | | 自来水、暖气、冷气、热气、煤气、石油液化气、天然气、沼气、居民用煤炭制品 | |
| | | 图书、报纸、杂志、音像制品、电子出版物 | |
| | | 饲料、化肥、农药、农机、农膜 | |
| | | 国务院规定的其他货物 | |
| | 提供（销售）服务 | 转让土地使用权、销售不动产、提供不动产租赁、提供建筑服务、提供交通运输服务、提供邮政服务、提供基础电信服务 | |
| 3 | 销售（转让）无形资产 | 技术、商标、著作权、商誉、自然资源使用权（不含土地使用权）和其他权益性无形资产 | 6% |
| 4 | 出口货物（国务院另有规定的除外） | | 零税率 |
| | 提供服务 | 国际运输服务、航天运输服务 | |
| | | 向境外单位提供的完全在境外消费的相关服务 | |
| | | 财政局和国家税务总局规定的其他服务 | |

因此，在工程项目投资估算时，应紧跟国家相关政策，按建筑工程费、设备购置费、安装工程费、工程建设其他费和预备费等费用中所含增值税分别计取。估算建设投资时，应按含增值税进项税额的价格进行计算，增值税进项税额应单独列示，以便财务分析中正确计算各类费用。

## 五、建设投资估算表及合理性分析

在对建筑工程费、设备购置费、安装工程费、工程建设其他费用、预备费进行估算后，应编制总的建设投资估算表，如表 8-10 所示。

**表 8-10　建设投资估算表**

| 序号 | 工程或费用名称 | 建筑工程费/万元 | 设备购置费/万元 | 安装工程费/万元 | 其他费用/万元 | 合计/万元 | 投资比例/% |
| --- | --- | --- | --- | --- | --- | --- | --- |
| 1 | 工程费用 | | | | | | |
| 1.1 | 主体工程 | | | | | | |
| … | …… | | | | | | |
| 2 | 工程建设其他费用 | | | | | | |
| 2.1 | 土地使用费和其他补偿费 | | | | | | |

（续表）

| 序号 | 工程或费用名称 | 建筑工程费/万元 | 设备购置费/万元 | 安装工程费/万元 | 其他费用/万元 | 合计/万元 | 投资比例/% |
|---|---|---|---|---|---|---|---|
| … | …… | | | | | | |
| 3 | 预备费 | | | | | | |
| 3.1 | 基本预备费 | | | | | | |
| 3.1 | 涨价预备费 | | | | | | |
| … | …… | | | | | | |
| 4 | 建设投资 | | | | | | |
| | 投资比例/% | | | | | | |

建设投资是否合理主要通过分析单位投资的产出水平和单位产出的投资水平并与该行业类似项目进行比较，进而判断其是否合理。

判断各项建设投资构成是否合理，应参照现有数据、资料，结合各项目实物量和货币量的合理性，分析各项费用占比并与该行业类似项目进行比较，进而进行分析，得出对应结论。

## 第三节　建设期融资成本估算

建设期融资成本（也称建设期融资费用）是指企业为融资和使用资金而付出的代价，包括资金筹集费用和建设期利息（也称资金占用费用）。

### 一、资金筹集费用

资金筹集费用是指企业为筹集资金而付出的一次性费用，包括某些债务融资中发生的手续费、承诺费、管理费、信贷保险费等融资费用。

资金筹集费用的计算根据具体融资情况而定。

### 二、建设期利息

#### （一）建设期利息概述

在建设投资分年计划的基础上可设定初步融资方案，对采用债务融资的项目应估算建设期利息。建设期利息指的是在筹措债务资金时在建设期内发生并按规定允许在投产后计入固定资产原值的利息，即资本化利息。

建设期利息包括银行借款和其他债务资金的利息。

### （二）建设期利息的估算

#### 1. 总贷款分年年内均衡发放时的建设期利息估算

在总贷款分年均衡发放时，建设期利息的计算根据建设期资金用款计划，可按当年借款在年中支用考虑，即当年借款按半年计息，上年借款按全年计息。计算公式为：

$$Q=\sum_{j=1}^{n}q_j=\sum_{j=1}^{n}\left[\left(P_{j-1}+\frac{1}{2}A_j\right)\cdot i\right]$$

式中　$Q$——建设期利息；

$j$——年份；

$q_j$——建设期第 $j$ 年应计利息；

$P_{j-1}$——建设期第$(j-1)$年末累计借款本金与利息之和；

$A_j$——建设期第 $j$ 年借款金额；

$i$——年利率。

**典型例题**

**【背景】**

某新建项目，建设期为 3 年，分年均衡进行贷款，第一年贷款 300 万元，第二年贷款 600 万元，第三年贷款 400 万元，年利率为 12%。

**问题：**

计算建设期贷款利息。

**【答案】**

(1) $q_1=0.5A_1\times i=0.5\times300\times12\%=18$（万元）；

(2) $q_2=(P_1+0.5A_2)\times i=(300+18+0.5\times600)\times12\%=74.16$（万元）；

(3) $q_3=(P_2+0.5A_3)\times i=(300+18+600+74.16+0.5\times400)\times12\%=143.06$（万元）；

(4) 建设期贷款利息 $=18+74.16+143.06=235.22$（万元）。

#### 2. 总贷款分年年初发放时的建设期利息估算

贷款额在建设期各年年初发放的项目，应按照全年进行计息，计算公式为：

$$Q=\sum_{j=1}^{n}[(P_{j-1}+A_j)\cdot i]$$

式中　$Q$——建设期利息；

$j$——年份；

$P_{j-1}$——建设期第$(j-1)$年末累计借款本金与利息之和；

$A_j$——建设期第 $j$ 年借款金额；

$i$——年利率。

## 典型例题

【背景】

某新建项目建设期3年，第1年年初借款200万元，第2年年初借款300万元，第3年年初借款200万元，借款年利率为6%，每年计息2次，建设期内不支付利息。

**问题：**

试计算该项目的建设期利息。

【答案】

(1)已知年利率为6%，则实际利率 $i_{eff}=\left(1+\frac{r}{m}\right)^m-1=\left(1+\frac{6\%}{2}\right)^2-1=6.09\%$；

(2)第1年借款利息 $=200\times6.09\%=12.18$(万元)；

(3)第2年借款利息 $=[(200+12.18)+300]\times6.09\%=31.19$(万元)；

(4)第3年借款利息 $=[(200+12.18)+(300+31.19)+200]\times6.09\%=45.27$(万元)；

(5)该项目的建设期利息 $=12.18+31.19+45.27=88.64$(万元)。

建设期利息估算表如表8-11所示。

表8-11　建设期利息估算表

| 序号 | 项目 | 合计 | 建设期 | | | | | |
|---|---|---|---|---|---|---|---|---|
| | | | 1 | 2 | 3 | 4 | … | $n$ |
| 1 | 借款 | | | | | | | |
| 1.1 | 建设期利息 | | | | | | | |
| 1.1.1 | 期初借款余额 | | | | | | | |
| 1.1.2 | 当期借款 | | | | | | | |
| 1.1.3 | 当期应计利息 | | | | | | | |
| 1.1.4 | 期末借款余额 | | | | | | | |
| 1.2 | 其他融资费用 | | | | | | | |
| 1.3 | 小计(1.1+1.2) | | | | | | | |
| 2 | 债券 | | | | | | | |
| 2.1 | 建设期利息 | | | | | | | |
| 2.1.1 | 期初债务余额 | | | | | | | |
| 2.1.2 | 当期债务金额 | | | | | | | |
| 2.1.3 | 当期应计利息 | | | | | | | |
| 2.1.4 | 期末债务余额 | | | | | | | |
| 2.2 | 其他融资费用 | | | | | | | |

（续表）

| 序号 | 项目 | 合计 | 建设期 | | | | | |
|---|---|---|---|---|---|---|---|---|
| | | | 1 | 2 | 3 | 4 | … | $n$ |
| 2.3 | 小计(2.1+2.2) | | | | | | | |
| 3 | 合计(1.3+2.3) | | | | | | | |
| 3.1 | 建设期利息合计(1.1+2.1) | | | | | | | |
| 3.2 | 其他融资费用合计(1.2+2.2) | | | | | | | |

注：a. 适用于新设法人项目与既有法人项目新增建设期利息的估算。

b. 原则上应分别估算外汇和人民币债务。

c. 如有多种借款或债券，必要时应分别列出。

**提示**

在实际考试中，应明确题中所给出的贷款额计息日期，若题中未给出，一般按全年平均发放考虑。

# 第四节　流动资金估算

流动资金是指生产经营性项目投产后，为进行正常生产运营，用于购买原材料、燃料，支付工资及其他经营费用等所需的周转资金。

流动资金估算分为分项详细估算法和扩大指标估算法。一般采用分项详细估算法，个别情况或者小型项目可采用扩大指标法。

实际应用过程中，流动资金估算的基础主要是营业收入和经营成本，因此，该过程应在营业收入和经营成本估算之后才可进行。

## 一、分项详细估算法

流动资金的显著特点是在生产过程中不断周转，其周转额的大小与生产规模及周转速度直接相关。分项详细估算法是根据周转额与周转速度之间的关系，对构成流动资金的各项流动资产和流动负债分别进行估算的方法。在可行性研究中，流动资产的构成要素一般包括存货、库存现金、应收账款和预付账款；流动负债的构成要素一般包括应付账款和预收账款。流动资金等于流动资产和流动负债的差额，计算公式为：

$$流动资金 = 流动资产 - 流动负债$$

流动资产 = 应收账款 + 预付账款 + 存货 + 库存现金

流动负债 = 应付账款 + 预收账款

流动资金本年增加额 = 本年流动资金 - 上年流动资金

进行流动资金估算时，首先计算各类流动资金的周转次数，然后再分项估算占用资金额。各项流动资金年平均占用额度为流动资金的年周转额度除以流动资金的周转次数。

### （一）周转次数计算

周转次数是指流动资金的各个构成项目在一年内完成多少个生产过程，可用 1 年天数（通常按 360 天计算）除以流动资金的最低周转天数计算，计算公式为：

周转次数 = 360 天/最低周转天数

各类流动资产和流动负债的最低周转天数，可参照同类企业的平均周转天数并结合项目特点确定，在确定最低周转天数时还应考虑储存天数、在途天数，并考虑适当的保险系数。

### （二）流动资产估算

流动资产的估算，一般包括以下几项内容。

#### 1. 应收账款估算

应收账款是指企业对外销售商品、提供劳务尚未收回的资金，包括若干项目，计算公式为：

应收账款 = 年经营成本/应收账款周转次数

#### 2. 预付账款估算

预付账款是指企业为购买各类材料、半成品或服务所预先支付的款项，计算公式为：

预付账款 = 外购商品或服务年费用金额/预付款周转次数

#### 3. 存货估算

存货是指企业为销售或者生产耗用而储备的各种货物，主要有原材料、辅助材料、燃料、低值易耗品、维修备件、包装物、在产品、自制半成品和产成品等。为简化计算，仅考虑外购原材料、燃料、其他材料、在产品和产成品，并分项进行计算，计算公式为：

存货 = 外购原材料 + 外购燃料 + 其他材料 + 在产品 + 产成品

外购原材料、燃料 = 年外购原材料、燃料费用/分项周转次数

其他材料 = 年外购其他材料费用/其他材料周转次数

在产品 =（年外购原材料、燃料费用 + 年工资及福利费 + 年修理费 + 年其他制造费用）/在产品周转次数

产成品 =（年经营成本 - 年其他营业费用）/产成品周转次数

应注意，对外购原材料、燃料应按种类分项确定最低周转天数进行估算。

#### 4. 现金需要量估算

项目流动资金中的现金是指货币资金，即企业生产运营活动中停留于货币形态的那部

分资金，包括企业库存现金和银行存款，计算公式为：

现金 =（年工资及福利费 + 年其他费用）/现金周转次数

年其他费用 = 制造费用 + 管理费用 + 营业费用 －（以上三项费用中所含的工资及福利费、折旧费、摊销费、修理费）

### （三）流动负债估算

流动负债是指在一年或者超过一年的一个营业周期内，需要偿还的各种债务，包括短期借款、应付票据、应付账款、预收账款、应付工资、应付福利费、应付股利、应交税金、其他暂收应付款、预提费用和一年内到期的长期借款等。

在可行性研究中，流动负债的估算可以只考虑应付账款和预收账款两项，计算公式为：

应付账款 = 外购原材料、燃料、动力费及其他材料年费用/应付账款周转次数

预收账款 = 预收的营业收入年金额/预收账款周转次数

根据流动资金各项估算的结果编制流动资金估算表，如表 8-12 所示。

**表 8-12　流动资金估算表**

| 序号 | 项目 | 最低周转天数 | 周转次数 | 投产期费用/万元 | 达产期费用/万元 |
|---|---|---|---|---|---|
| 1 | 流动资产 | | | | |
| 1.1 | 应收账款 | | | | |
| 1.2 | 存货 | | | | |
| 1.2.1 | 原材料、燃料 | | | | |
| 1.2.2 | 其他材料 | | | | |
| 1.2.3 | 在产品 | | | | |
| 1.2.4 | 产成品 | | | | |
| 1.3 | 现金 | | | | |
| 1.4 | 预付账款 | | | | |
| 2 | 流动负债 | | | | |
| 2.1 | 应付账款 | | | | |
| 2.2 | 预收账款 | | | | |
| 3 | 流动资金（1 －2） | | | | |
| 4 | 流动资金当期增加额 | | | | |

## 二、扩大指标估算法

扩大指标估算法是根据现有同类企业的实际资料，求得各种流动资金率指标，亦可依据

行业或部门给定的参考值或经验确定比率。将各类流动资金率乘以相对应的费用基数来估算流动资金。一般可参照同类企业流动资金占销售收入、经营成本比例或者单位产量占用流动资金的数额估算，究竟采用哪种基数依行业习惯而定。计算公式如下：

$$年流动资金额 = 年费用基数 \times 各类流动资金率$$

年费用基数可以是营业收入、经营成本、年产量等，根据与其相对应的流动资金比率，则可大致求得流动资金。

扩大指标估算法是一种简化的流动资金估算方法，但准确度不高，适用于项目建议书阶段的估算。

### 三、流动资金估算注意事项

在采用分项详细估算法时，应根据项目实际情况分别确定现金、应收账款、预付账款、存货、应付账款和预收账款的最低周转天数，并考虑一定的保险系数。因为最低周转天数减少，周转次数将会增加，从而减少流动资金需用量，所以，必须切合实际地选用最低周转天数。对于存货中的外购原材料和燃料，要分品种和来源，考虑运输方式和运输距离，以及占用流动资金的比重大小等因素确定。

流动资金属于长期性（永久性）流动资产，流动资金的筹措可通过长期负债和资本金（一般要求占30%）的方式解决。流动资金一般要求在投产前一年开始筹措，为简化计算，可规定在投产的第一年开始按生产负荷安排流动资金需用量。其借款部分按全年计算利息，流动资金利息应计入生产期间财务费用，项目计算期末收回全部流动资金（不含利息）。

用扩大指标估算法计算流动资金，需以经营成本及其中的某些科目为基数，因此，实际上流动资金估算应在经营成本估算之后进行。不同生产负荷下的流动资金，应按不同生产负荷所需的各项费用金额，根据上述公式分别估算，而不能直接按照100%生产负荷下的流动资金乘以生产负荷百分比求得。

当投入物和产出物价格不含增值税销项税额和进项税额时，估算时候需注意将上述税额包含至对应的收入与支出中。

## 第五节　项目总投资与分年投资计划

### 一、建设项目总投资

建设项目总投资费用项目组成如图8-7所示。

- 建设项目总投资
  - 工程造价
    - 1.工程费用
      - 1.建筑工程费
        - 1.直接费
          - 1.人工费
          - 2.材料费
          - 3.施工机具使用费
          - 4.其他直接费
            - 1.冬雨季施工增加费
            - 2.夜间施工增加费
            - 3.二次搬运费
            - 4.检验试验费
            - 5.工程定位复测费
            - 6.工程点交费
            - 7.场地清理费
            - 8.特殊地区施工增加费
            - 9.文明（绿色）施工费
            - 10.施工现场环境保护费
            - 11.临时设施费
            - 12.工地转移费
            - 13.已完工程及设备保护费
            - 14.安全生产费
        - 2.间接费
        - 3.利润
      - 2.安装工程费
      - 3.设备购置费
    - 2.工程建设其他费用
      - 1.土地使用费和其他补偿费
      - 2.建设管理费
      - 3.可行性研究费
      - 4.专项评价费
      - 5.研究试验费
      - 6.勘察设计费
      - 7.场地准备费和临时设施费
      - 8.引进技术和进口设备材料其他费
      - 9.特殊设备安全监督检验费
      - 10.市政公用配套设施费
      - 11.联合试运转费
      - 12.工程保险费
      - 13.专利及专有技术使用费
      - 14.生产准备费
      - 15.其他
    - 3.预备费
  - 增值税（包括工程费、工程建设其他费和预备费的增值税）
  - 资金筹措费
  - 流动资金

**图 8-7　建设项目总投资费用项目组成**

建设项目总投资是指为完成工程项目建设并达到使用要求或生产条件，在建设期内预计或实际投入的总费用，包括工程造价、增值税、资金筹措费和流动资金。

工程造价是指工程项目在建设期预计或实际支出的建设费用，包括工程费用、工程建设其他费用和预备费。

增值税是指应计入建设项目总投资内的增值税额。

资金筹措费是指在建设期内应计的利息和在建设期内为筹集项目资金发生的费用。包括各类借款利息、债券利息、贷款评估费、国外借款手续费及承诺费、汇兑损益、债券发行费用及其他债务利息支出或融资费用。

流动资金系指运营期内长期占用并周转使用的营运资金，不包括运营中需要的临时性营运资金。

## 典型例题

【背景】

某建设项目部分投资估算如表 8-13 所示。

**表 8-13　建设项目投资估算表**

| 费用名称 | 金额/万元 | 备注 |
|---|---|---|
| 建筑工程费 | 10 000 | |
| 安装工程费 | 3 000 | |
| 设备购置费 | 27 000 | 其中,进口设备费到岸价 5 000 万元,关税税率为 10%,增值税税率为 13%,银行财务费为 5 万元,外贸手续费费率为 1% |
| 工程建设其他费用 | 4 000 | |
| 流动资金 | 1 200 | |

本项目工程建设期为 2 年,建设投资分年使用比例为第一年 40%,第二年 60%,基本预备费费率为 5%,建设期涨价预备费为 3 260 万元。

建设投资的 40% 为自有资金,其余全部贷款,年利率为 6%,每年计息一次,由自有资金按期支付利息。自有资金和贷款在各年内均衡投入。

**问题:**

1. 计算该项目的进口设备购置费。
2. 计算项目工程费用和基本预备费。
3. 计算项目的建设投资和建设期利息。
4. 计算项目总投资。

【答案】

1. 进口关税 = 5 000 × 10% = 500(万元);

进口环节增值税 = (5 000 + 500) × 13% = 715(万元);

外贸手续费 = 5 000 × 1% = 50(万元);

进口设备购置费 = 5 000 + 500 + 715 + 50 + 5 = 6 270(万元)。

2. 工程费用 = 建筑工程费 + 安装工程费 + 设备购置费 = 10 000 + 3 000 + 27 000 = 40 000(万元);

基本预备费 = (工程费用 + 工程建设其他费用) × 基本预备费费率 = (40 000 + 4 000) × 5% = 2 200(万元)。

3. 建设投资 = 工程费用 + 工程建设其他费用 + 基本预备费 + 涨价预备费 = 40 000 + 4 000 + 2 200 + 3 260 = 49 460(万元);

建设期第一年利息 = [49 460 × (1 − 40%) × 40%/2] × 6% = 356. 11(万元);

建设期第二年利息 = [49 460 × (1 − 40%) × 40% + 49 460 × 60% × 60%/2] × 6% = 1 246. 39(万元);

建设期利息 = 356.11 + 1 246.39 = 1 602.50（万元）。

4. 项目总投资 = 建设投资 + 建设期融资费用（本项目只有建设期利息）+ 流动资金 = 49 460 + 1 602.50 + 1 200 = 52 262.50（万元）。

## 二、项目总投资计划

项目总投资计划需根据投资估算内容和估算方法估算并汇总各项投资，分别编制项目总投资估算表和主要单项工程投资估算表，并分析项目投入总资金构成、各单项工程投资比例的合理性以及单位生产能力（使用效益）投资指标的先进性。

项目总投资估算表如表 8-14 所示（外币依据人民币外汇牌价换算成对应金额）。

**表 8-14　项目总投资估算表**

| 序号 | 费用名称 | 投资额/万元 | | 估算说明 |
|---|---|---|---|---|
| | | 合计 | 其中：外币 | |
| 1 | 建设投资 | | | |
| 1.1 | 工程费用 | | | |
| 1.1.1 | 建筑工程费 | | | |
| 1.1.2 | 设备购置费 | | | |
| 1.1.3 | 安装工程费 | | | |
| 1.2 | 工程建设其他费用 | | | |
| 1.3 | 预备费 | | | |
| 1.3.1 | 基本预备费 | | | |
| 1.3.2 | 涨价预备费 | | | |
| 2 | 建设期融资费用 | | | |
| 3 | 流动资金 | | | |
| | 项目总投资（1 + 2 + 3） | | | |

## 三、项目分年投资计划

估算出项目总投资后，应根据项目实施进度的安排，编制项目分年投资计划表，如表8-15所示（外币依据人民币外汇牌价换算成对应金额）。

表 8-15　项目分年投资计划表

| 序号 | 项目 | 人民币/万元 | | | 外币/万元 | | |
|---|---|---|---|---|---|---|---|
| | | 第一年 | 第二年 | … | 第一年 | 第二年 | … |
| 1 | 建设投资 | | | | | | |
| 2 | 建设期融资费用 | | | | | | |
| 3 | 流动资金 | | | | | | |
| | 项目总投资(1+2+3) | | | | | | |

## 四、项目总投资使用计划与资金筹措表

在实际操作中,往往将上述表格与资金筹措表合而为一,编制成项目总投资使用计划与资金筹措表,如表 8-16 所示(外币依据人民币外汇牌价换算成对应金额)。

表 8-16　项目总投资使用计划与资金筹措表

| 序号 | 项目 | 合计 | 计算期 | | | | |
|---|---|---|---|---|---|---|---|
| | | | 第一年 | 第二年 | 第三年 | 第四年 | … |
| 1 | 项目总投资 | | | | | | |
| 1.1 | 建设投资 | | | | | | |
| 1.2 | 建设期融资费用 | | | | | | |
| 1.3 | 流动资金 | | | | | | |
| 2 | 资金筹措 | | | | | | |
| 2.1 | 项目资本金 | | | | | | |
| 2.2 | 银行借款 | | | | | | |

# 第九章 融资方案分析

## 第一节 融资方式与项目资本金制度

### 一、项目融资的概念

项目融资的概念有广义与狭义之分。

从广义上来讲,凡是为了建设一个新项目或是收购一个现有项目以及对已有项目进行债务重组所进行的融资活动,均可称为“项目融资”。

从狭义上来讲,专指具有无追索或有限追索形式的融资活动。

### 二、项目融资方式

出于不同的角度,项目的融资方式有各种划分。按照融资主体的不同,融资方式可分为既有法人融资方式与新设法人融资方式;按照是否借助于金融中介,可分为直接融资与间接融资方式;按照担保来源的不同,可分为企业融资与项目融资方式;按照资金来源的不同,可分为内部融资与外部融资方式;按照资源期限的长短,可分为长期融资和短期融资方式。

#### (一)既有法人融资与新设法人融资方式

##### 1. 既有法人融资

既有法人融资方式是指以现有法人作为项目法人开展的项目融资活动。其特点如下:

(1)拟建项目不组建新的项目法人,由既有法人统一组织融资活动,将资金投资于新项目并承担融资责任和风险。

(2)拟建项目一般是在既有法人资产和信用的基础上进行的,并形成增量资产。

(3)一般从既有法人的财务整体状况考察融资后的偿债能力。

采取既有法人融资方式,项目的融资方案需要与企业的总体财务计划相协调,将项目的融资方案作为企业财务活动及其决策的一部分考虑。所以既有法人融资又称企业融资或企业信用融资。

##### 2. 新设法人融资

新设法人融资方式是指组建新的项目法人并进行项目建设的融资活动。这种方式有三个特点:

(1)项目投资由新设法人筹集的资本金和债务资金构成。

(2)由新设法人承担融资责任和风险。

(3)从项目投产后的经济效益情况考察偿债能力。

在这种方式下,为了实施新项目,由项目的发起人及其他投资人出资,建立新的独立承担民事责任的法人(公司法人或事业法人),承担项目的融资及运营。新组建的法人享有法人财产权,并承担融资责任和风险。

**链接**

既有法人融资与新设法人融资的区别在于:资金控制程度不同;会计处理不同;风险承担不同;债务比例不同;追索程度不同;资信基础不同。既有法人融资,项目风险主要由借款人承担,贷款人承担的风险相对较小,主要承担借款人的资信风险;而新设法人融资,项目风险由项目参与人分担,贷款人承担部分项目风险。由于所承担的风险不同,导致融资成本不同。根据风险与回报均衡的原则,新设法人融资的利率一般要比同等条件的既有法人融资利息率高。此外,新设法人融资的融资成本还包括融资的前期费用,如融资顾问费、项目评估费用、法律费用及承诺费等。

### (二)直接融资与间接融资方式

#### 1. 直接融资

直接融资是指没有金融机构作为中介的融资方式。通过这种方式融资,需要融入资金的单位与融出资金的单位双方通过直接协议后进行货币资金的转移。直接融资的形式有发行股票、债券等有价证券,预付定金和赊销商品,不通过银行等金融机构的货币借贷等。

直接融资的主要金融工具是股票和债券。这种资金供给者与资金需求者通过股票、债券等金融工具直接融通资金的场所,即为直接融资市场,也称证券市场。

直接融资的基本特点是可以直接吸收社会游资,投资于企业生产经营活动,风险由投资人直接承担。

#### 2. 间接融资

间接融资是指拥有暂时闲置资金的单位通过存款的形式,或者通过购买银行、信托、保险等金融机构发行的有价证券的形式,将其暂时闲置的资金先行提供给这些金融中介机构,然后再由这些金融机构以贷款、贴现等形式,或通过购买需要资金的单位发行的有价证券,把资金提供给这些单位使用,从而实现资金融通的方式。

间接融资主要包括银行信用和消费信用。

间接融资的基本特点是资金融通通过金融中介机构进行,它由金融机构筹集资金和运用资金两个环节构成。间接融资具有以下优点:

(1)银行等金融机构网点多,吸收存款的起点低,能够广泛筹集社会各方面闲散资金,积少成多,形成巨额资金。

(2)在直接融资中,融资的风险由投资人独自承担,而在间接融资中,由于金融机构的资产、负债是多样化的,融资风险便可由多样化的资产和负债结构分散承担,从而安全性较高。

(3)降低融资成本,金融机构的出现是专业化分工协作的结果,具有了解和掌握借款者有关信息的专长,而不需要每个资金盈余者自己去搜集资金赤字者的有关信息,因而降低了整个社会的融资成本。

### （三）企业融资与项目融资方式

#### 1. 企业融资

企业融资是指企业以自己的资产、权益和预期收益为基础，筹集项目建设、营运所需资金的融资方式。在这种方式下，企业从自身生产经营现状及资金运用情况出发，根据企业未来经营与发展的需要，通过一定的渠道和方式，利用内部积累或向企业的投资者及债权人筹集生产经营所需的资金。企业融资一般是非金融企业解决长期资金来源问题的主要融资方式。

#### 2. 项目融资

项目融资是指贷款人向特定的工程项目提供贷款协议融资，对于该项目所产生的现金流量享有求偿权，并以该项目资产作为附属担保的融资方式，即以项目的未来收益和资产作为偿还贷款的资金来源和安全保障的融资方式。

项目融资作为国际大型开发项目的一种重要的融资方式，是以项目本身良好的经营状况和项目建成、投入使用后的现金流量作为还款保证来融资的。它不需要以投资者的信用或有形资产作为担保，也不需要政府部门的还款承诺，贷款的发放对象是专门为项目融资和经营而成立的项目公司。

### （四）内部融资与外部融资

融资方式从来源上可以分为内部融资和外部融资。

#### 1. 内部融资

内部融资是指企业依靠自己内部产生的现金流量来满足生产经营以及投资活动的新增资金需求的融资方式。内部融资主要以企业留存的税后利润和计提折旧所形成的资金作为资金来源。

#### 2. 外部融资

外部融资是指从企业外部获得资金的融资方式，具体包括上述的直接融资和间接融资两类方式。直接融资是指企业不通过银行等金融机构，而是通过证券市场直接向投资者发行股票、公司债、信托产品等方式获得资金的一种融资方式。间接融资是指企业通过银行等金融机构获得资金的一种融资方式。外部融资的具体方式，按照融资中产权关系的不同，可分为权益融资（或股权融资）、债务融资。

权益融资是通过扩大企业的所有权益，如吸引新的投资者、发行新股、追加投资等来实现，而不是出让所有权益或出卖股票。权益融资的后果是稀释了原有投资者对企业的控制权。

权益融资的优点：权益融资所筹集的资本具有永久性；权益融资没有固定的股利负担；权益资本是企业最基本的资金来源；权益融资容易吸收资金。权益融资的缺点：成本较高；转移企业的控制权。债务融资是指企业通过银行或非银行金融机构贷款或发行债券等方式融入资金。负债融资是市场经济条件下企业筹集资金的必然选择，负债相对于股权最主要的优点是它可以给企业带来税收的优惠，即负债利息可以从税前利润中扣除，从而减少应纳税所得额而给企业带来价值增加的效用。

债务融资的特点：

（1）短期性，债务融资筹集的资金具有使用上的时间性，需要到期偿还。

（2）可逆性，企业采用债务融资方式获取资金，负有到期还本付息的义务。

（3）负担性，企业采用债务融资方式获取资金，需要支付债务利息，从而形成企业的固定负担。

（4）流通性，债券可以在流通市场上自由转让。

链接

此外，也有将非标准融资归入外部融资的。非标准融资主要是相对银行、债券等标准化融资渠道的产品而言。非标准融资是指银行机构以外的其他机构为企业提供的融资服务，属于比较灵活的融资方式，也称为非公开融资或私募融资。目前国家加大了非标准融资的监管力度，促使非标准融资向标准融资转变。

### （五）长期融资和短期融资方式

长期融资是指资金需用期限在 1 年以上的融资，通常包括各种股权资本和长期借款、应付债券等债权融资。

短期融资是指资金需用期限在 1 年以内的融资，一般包括短期借款、应付账款和应付票据等项目，通常是采用银行贷款、商业信用等筹集方式完成的。

## 三、项目资本金制度

### （一）《关于固定资产投资项目试行资本金制度的通知》

1996 年 8 月，国务院发布《关于固定资产投资项目试行资本金制度的通知》。为了深化投资体制改革，建立投资风险约束机制，有效地控制投资规模，提高投资效益，促进国民经济持续、快速、健康发展，国务院决定对固定资产投资项目（以下简称“投资项目”）试行资本金制度。相关事项要求如下：

（1）对各种经营性投资项目，包括国有单位的基本建设、技术改造、房地产开发项目和集体投资项目，试行资本金制度，投资项目必须首先落实资本金才能进行建设。个体和私营企业的经营性投资项目参照执行。公益性投资项目不实行资本金制度。外商投资项目（包括外商独资、中外合资、中外合作经营项目）按现行有关法规执行。

（2）在投资项目的总投资中，除项目法人（依托现有企业的扩建及技术改造项目，现有企业法人即为项目法人）从银行或资金市场筹措的债务性资金外，还必须拥有一定比例的资本金。投资项目资本金，是指在投资项目总投资中，由投资者认缴的出资额，对投资项目来说是非债务性资金，项目法人不承担这部分资金的任何利息和债务；投资者可按其出资的比例依法享有所有者权益，也可转让其出资，但不得以任何方式抽回。

（3）投资项目资本金可以用货币出资，也可以用实物、工业产权、非专利技术、土地使用权作价出资。对作为资本金的实物、工业产权、非专利技术、土地使用权，必须经过有资格的资产评估机构依照法律、法规评估作价，不得高估或低估。以工业产权、非专利技术作价出资的比例不得超过投资项目资本金总额的 20%，国家对采用高新技术成果有特别规定的除外。投资者以货币方式认缴的资本金，其资金来源有：各级人民政府的财政预算内资金、国家批准的各种专项建设基金、“拨改贷”和经营性基本建设基金回收的本息、土地批租收入、国有企业产权转让收入、地方人民政府按国家有关规定收取的各种规费及其他预算外资金；国家授权的投资机构及企业法人的所有者权益（包括资本金、资本公积金、盈余公积金和未分配利润、股票上市收益资金等）、企业折旧资金以及投资者按照国家规定从资金市场上筹措的资金；社会个人合法所有的资金；国家规定的其他可以用作投资项目资本金的资金。

（4）投资项目资本金占总投资的比例，根据不同行业和项目的经济效益等因素确定，具体规定如下:交通运输、煤炭项目,资本金比例为35%及以上;钢铁、邮电、化肥项目,资本金比例为25%及以上;电力、机电、建材、化工、石油加工、有色、轻工、纺织、商贸及其他行业的项目,资本金比例为20%及以上。

(5)投资项目的资本金一次认缴,并根据批准的建设进度按比例逐年到位。

### (二)《关于调整和完善固定资产投资项目资本金制度的通知》

2015年9月,国务院发布《关于调整和完善固定资产投资项目资本金制度的通知》,相关事项要求如下:

(1)各行业固定资产投资项目的最低资本金比例按以下规定执行。

①城市和交通基础设施项目:城市轨道交通项目由25%调整为20%,港口、沿海及内河航运、机场项目由30%调整为25%,铁路、公路项目由25%调整为20%。

②房地产开发项目:保障性住房和普通商品住房项目维持20%不变,其他项目由30%调整为25%。

③产能过剩行业项目:钢铁、电解铝项目维持40%不变,水泥项目维持35%不变,煤炭、电石、铁合金、烧碱、焦炭、黄磷、多晶硅项目维持30%不变。

④其他工业项目:玉米深加工项目由30%调整为20%,化肥(钾肥除外)项目维持25%不变。

⑤电力等其他项目维持20%不变。

(2)城市地下综合管廊、城市停车场项目,以及经国务院批准的核电站等重大建设项目,可以在规定最低资本金比例基础上适当降低。

### (三)《关于加强固定资产投资项目资本金管理的通知》

2019年11月,国务院发布《关于加强固定资产投资项目资本金管理的通知》,相关事项要求如下:

(1)进一步完善投资项目资本金制度。明确投资项目资本金制度的适用范围和性质;分类实施投资项目资本金核算管理;按照投资项目性质,规范确定资本金比例。

(2)适当调整基础设施项目最低资本金比例。

①港口、沿海及内河航运项目,项目最低资本金比例由25%调整为20%。

②机场项目最低资本金比例维持25%不变,其他基础设施项目维持20%不变。其中,公路(含政府收费公路)、铁路、城建、物流、生态环保、社会民生等领域的补短板基础设施项目,在投资回报机制明确、收益可靠、风险可控的前提下,可以适当降低项目最低资本金比例,但下调不得超过5个百分点。实行审批制的项目,审批部门可以明确项目单位按此规定合理确定的投资项目资本金比例。实行核准或备案制的项目,项目单位与金融机构可以按此规定自主调整投资项目资本金比例。

③法律、行政法规和国务院对有关投资项目资本金比例另有规定的,从其规定。

(3)鼓励依法依规筹措重大投资项目资本金。

①对基础设施领域和国家鼓励发展的行业,鼓励项目法人和项目投资方通过发行权益型、股权类金融工具,多渠道规范筹措投资项目资本金。

②通过发行金融工具等方式筹措的各类资金,按照国家统一的会计制度应当分类为权益工具的,可以认定为投资项目资本金,但不得超过资本金总额的50%。存在下列情形之一

的，不得认定为投资项目资本金：存在本息回购承诺、兜底保障等收益附加条件；当期债务性资金偿还前，可以分红或取得收益；在清算时受偿顺序优先于其他债务性资金。

③地方各级政府及其有关部门可统筹使用本级预算资金、上级补助资金等各类财政资金筹集项目资本金，可按有关规定将政府专项债券作为符合条件的重大项目资本金。

链接

《地方政府专项债券项目资金绩效管理办法》规定，地方政府专项债券（以下简称专项债券）指省级政府为有一定收益的公益性项目发行的、以公益性项目对应的政府性基金收入或专项收入作为还本付息资金来源的政府债券，包括新增专项债券和再融资专项债券等。

申请专项债券资金前，项目单位或项目主管部门要开展事前绩效评估，并将评估情况纳入专项债券项目实施方案。事前绩效评估主要判断项目申请专项债券资金支持的必要性和可行性，重点论证以下方面：项目实施的必要性、公益性、收益性；项目建设投资合规性与项目成熟度；项目资金来源和到位可行性；项目收入、成本、收益预测合理性；债券资金需求合理性；项目偿债计划可行性和偿债风险点；绩效目标合理性；其他需要纳入事前绩效评估的事项。

申报地方政府专项债券的项目单位一般为行政事业单位或国有全资企业，市场化转型尚未完成、存量隐性债务尚未化解完毕的融资平台公司不得作为项目单位。

# 第二节　资金成本分析

## 一、资金成本概述

### （一）资金成本的定义

资金成本是指企业为筹集和使用资金而付出的代价，它是一种机会成本。资金成本包括资金筹集费和资金占用费，也可称为资金筹集成本和资金使用资本。

#### 1. 资金筹集费

资金筹集费是指资金筹集过程中支付的各种费用，如股票、债券发行支付的印刷费、律师费、公证费、担保费、向银行借款支付的手续费等。需要注意的是资金筹集费通常是在投资开始时一次性支付，在获得资金后的使用过程中不再支付，跟使用资金的长短没有必然的联系。

#### 2. 资金占用费

资金占用费是指在项目生产运营、使用资金过程中因使用资金向资金提供者支付的费用。使用时间越长，支付的越多。如利息、红利及向债权人支付的贷款利息。

#### 3. 资金成本

资金成本是选择资金来源、拟定融资方案的依据，也是企业在进行任何同现有资产风险相同投资时要求的“最低收益率”。资金成本通常用资金成本率表示。资金成本率是指使用资金所负担的费用与筹集资金净额之比,其公式为:

资金成本率 = 资金占用费/(筹集资金总额 - 资金筹集费) × 100%

由于资金筹集费一般与筹集资金总额成正比,所以一般用筹集费用率表示资金筹集费,因此,资金成本率公式亦可表示为:

资金成本率 = 资金占用费/[筹集资金总额 × (1 - 筹集费用率)] × 100%

**提示**

在市场经济环境中,多方面因素的综合作用决定着企业资金成本的高低,其中主要有经济环境、证券市场条件、内部的经营状况、融资规模等。

### (二)资金成本的作用

#### 1. 企业筹资决策的主要依据

资金成本是企业选择资金来源和选择筹资方式的依据。项目进行融资的方案有多种形式,每种融资方案的资金成本不同。因此要比较各种资金来源的成本,合理调整资金结构,选择筹资方案。单一筹资方式下,选择个别资金成本最低的方案;不同的筹资组合,选择综合资金成本最低的方案;追加筹资时,选择边际资金成本最低的方案。

#### 2. 评价项目投资的重要经济标准

资金成本是评价投资项目、比较投资的重要经济标准。企业筹资的目的在于投资,投资项目的确定取决于项目的投资报酬率至少要大于资金成本。以资金成本作为折现率,只有项目的预期收益足以弥补资金成本时,项目才可行。

#### 3. 衡量企业经营业绩的重要标准

资金成本可作为衡量企业经营成果的尺度。只有企业投资报酬率高于资金成本,才能说明企业经营业绩好,从而增加企业价值。否则,企业需重新进行调整。

## 二、资金成本的计算

资金成本分析应通过计算权益资金成本、债务资金成本以及加权平均资金成本,分析项目使用各种资金所实际付出的代价及其合理性,为优化融资方案提供依据。

对于不同的来源的资金,其资金成本的计算方法也不尽相同,但大致都符合下列公式:

$$\sum_{t=0}^{n}\frac{F_t - C_t}{(1+i)^t} = 0$$

式中　$F_t$——各年实际筹措资金流入额;

$C_t$——各年实际资金筹集费和对资金提供者的各种付款,包括借款、债券等的偿还;

$I$——资金成本率;

$n$——资金占用期限。

以下介绍几种不同资金的资金成本计算方式。

### (一)权益资金成本

权益资金主要是指企业的优先股和普通股。权益资金成本包括两部分:一是投资者的预期报酬率；二是筹资费用。权益资金成本计算具有较大的不确定性，这是因为投资者的报酬（除优先股外）完全由企业的经营业绩所决定；权益资金的报酬是用税后利润支付的，企业不可能得到抵减所得税的好处。

### 1. 优先股资金成本

优先股成本取决于投资者对优先股收益率的要求。优先股具有普通股和企业债券的双重性质，股利固定且用税后净利润支付，本金不需归还，可视为永续年金。计算公式为：

$$K_p=\frac{D_p}{P_0(1-f)}\text{或}K_p=\frac{P_0 i}{P_0(1-f)}=\frac{i}{1-f}\text{或}K_p=\frac{D_p}{P-F}$$

式中 $K_p$——优先股资金成本（年均）；

$D_p$——优先股股利；

$P_0$——优先股总额（优先股股票面值）；

$f$——筹资费用率；

$i$——股息率；

$P$——优先股发行价格；

$F$——发行费用。

**典型例题**

**【背景】**

某企业发行优先股每股发行价为8元，每股每年支付股利1元，发行费用率为2%。

**问题：**

计算其资金成本。

**【答案】**

该优先股的资金成本为：

$$K_p=\frac{D_p}{P_0(1-f)}=\frac{1}{8\times(1-2\%)}=12.76\%\text{。}$$

### 2. 普通股资金成本

公司向普通股股东支付的股利受公司税后利润及股利分配政策等因素的影响。因此，普通股股利一般是一个变量，确定其资金成本通常比确定优先股成本及债务成本更困难些，常用以下三种方法来确定。

（1）股利增长模型法。

这个模型会因股利政策的不同而不同。如果公司采取固定的股利政策，则资金成本率的计算与优先股资金成本的计算相似；如果公司采取固定增长的股利政策，则资金成本率的计算公式为：

$$K_s=\frac{D_1}{P_0}+G$$

式中 $K_s$——普通股资金成本；

$D_1$——普通股未来第1年股利（预期年股利额）；

$P_0$——普通股的市场价格；

$G$——普通股股利预期增长率。

**典型例题**

【背景】

某企业发行普通股每股市价为 20 元,第一年发放股利 2 元,预计股利年增长率 5%。

**问题:**

计算其资金成本。

【答案】

该普通股的资金成本为:

$K_s = 2/20 + 5\% = 15\%$。

(2)资本资产定价模型法。

在有效的资本市场条件下,可参照项目所属行业的资本市场的股票平均收益率。资本资产定价模型就是一种常用的估计权益融资成本的方法。按照资本资产定价模型法,普通股资金成本的计算公式为:

$$K_s = R_f + \beta(R_m - R_f)$$

式中　$K_s$——普通股资金成本;

$\beta$——项目的投资风险系数;

$R_f$——社会无风险投资收益率;

$R_m$——市场投资组合预期收益率。

(3)税前债务成本加风险溢价模型法。

根据“风险越大,要求报酬率越高”的原理,股票的报酬率应该在债券的报酬率之上再加一定的风险溢价,计算公式为:

$$K_s = K_b + RP_c$$

式中　$K_s$——普通股资金成本;

$K_b$——所得税前的债务资金成本;

$RP_c$——投资者比债权人承担更大风险所要求的风险溢价。

一般企业普通股风险溢价对其发行的债券来讲,大约在 3% ~5% 之间;当市场利率达到历史性高点时,风险溢价通常较低,在 3% 左右;当市场利率处于历史性低点时,风险溢价一般较高,在 5% 左右;而正常情况下,采用 4% 的平均风险溢价。

**典型例题**

【背景】

某公司债券成本为 8%,采用 4% 的平均风险溢价。

**问题:**

计算该项目普通股资金成本。

【答案】

该项目普通股资金成本为:

$K_s = 8\% + 4\% = 12\%$。

## （二）债务资金成本

债务资金成本由债务资金筹集费和债务资金占用费组成。债务资金筹集费是指债务资金筹集过程中支付的费用，如承诺费、发行手续费、担保费、代理费以及债券兑付手续费等；债务资金占用费是指使用债务资金过程中发生的经常性费用，如贷款利息和债券利息。

### 1. 含筹资费用的税后债务资金成本

计算公式为：

$$P_0(1-F)=\sum_{t=1}^{n}\frac{P_t+I_t(1-T)}{(1+K_d)^t}$$

式中 $K_d$——含筹资费用的所得税后债务资金成本；

$F$——债务资金筹资费用率；

$P_0$——债券发行额或长期借款金额，即债务的现值；

$P_t$——约定的第 $t$ 期末偿还的债务本金；

$I_t$——约定的第 $t$ 期末支付的债务利息；

$n$——债务期限；

$T$——所得税税率。

上式中，等号左边为债务人的实际现金流入；等号右边为债务引起的未来现金流出的现值总额。本公式中未计入债券兑付手续费（可忽略不计）。使用该公式时应根据项目具体情况确定债务期限内各年的利息是否应乘以 $(1-T)$，即在项目的建设期内不应乘以 $(1-T)$，在项目运营期内的所得税免征年份也不应乘以 $(1-T)$。

**提示**

所得税后的债务资金成本 = 所得税前的债务资金成本 ×（1 − 所得税税率）。

### 2. 借款资金成本

向银行及其他金融机构以借贷方式筹措资金，应分析各种可能的借款利率水平、利率计算方式（固定利率或者浮动利率）、计息（单利、复利）和付息方式以及偿还期和宽限期，并进行不同方案比选。

### 3. 债券资金成本

债券的发行价格有三种：超价发行，即以高于债券票面金额的价格发行；低价发行，即以低于债券票面金额的价格发行；等价发行，即以债券票面金额的价格发行。

调整发行价格可以平衡票面利率与购买债券收益之间的差距。债券资金成本的计算与借款资金成本的计算类似。

**典型例题**

【背景】

A 公司采用发行 5 年期企业债券方式筹资，债券面值为 100 元，发行价格为 100 元，票面年利率为 5%，到期一次还本付息（单利计息），发行费费率为 0.5%，不考虑债券兑付手续费，所得税税率为 25%。

**问题：**

计算 A 公司发行企业债券的所得税后资金成本。

【答案】

设 A 公司发行企业债券的所得税前资金成本为 $i$，则 $100-100\times0.5\%-\frac{100\times(1+0.5\times5)}{(1+i)^5}=0$，解得 $i=4.67\%$。

A 公司发行企业债券的所得税后资金成本 $=4.67\%\times(1-25\%)=3.50\%$。

### 4. 融资租赁资金成本

采取融资租赁方式所支付的租赁费一般包括类似于借贷融资的资金占用费和对本金的分期偿还额。

### 5. 扣除通货膨胀影响的资金成本

借贷资金等通常包含通货膨胀因素的影响，这种影响既来自于近期实际通货膨胀，也来自于未来预期通货膨胀。扣除通货膨胀影响的资金成本可按下式计算：

$$\text{扣除通货膨胀影响的资金成本}=\frac{1+\text{未扣除通货膨胀影响的资金成本}}{1+\text{通货膨胀率}}-1$$

在计算扣除通货膨胀影响的资金成本时，应当先计算扣除所得税的影响，然后计算扣除通货膨胀的影响，次序不能颠倒，否则会得到错误结果。这是因为所得税也受到通货膨胀的影响。

**典型例题**

**【背景】**

A 公司向银行借款的资金成本为 7.85%（所得税前），所得税税率为 25%，通货膨胀率为 2%。

**问题：**

计算 A 公司扣除通货膨胀后的税后资金成本。

**【答案】**

A 公司税后借款资金成本 =7.85% ×（1 –25%）=5.89%。

A 公司扣除通货膨胀后的税后资金成本 =（1 +5.89%）/（1 +2%）–1 =3.81%。

### （三）加权平均资金成本

当企业采用多种筹资方式时，决策时须计算加权平均资金成本。它以个别资金成本为基数，以个别筹资方式的筹资额占筹资总额的比重为权数计算全部资金的平均资金成本。计算公式为：

$$K_w=\sum_{t=1}^{n}K_t\times W_t\left(\text{其中}\sum_{t=1}^{n}W_t=1\right)$$

式中　$K_w$——加权平均资金成本；

$K_t$——第 $t$ 种融资的资金成本；

$W_t$——第 $t$ 种融资的筹资额占筹资总额的比重；

$n$——融资类型的种类。

**典型例题**

**【背景】**

某公司共有资金 1 000 万元，其中长期借款 300 万元，普通股 500 万元，留存收益 200 万元，各种资金的成本分别为 6%、13% 和 12%。

**问题：**

计算该公司加权平均资金成本。

**【答案】**

该公司加权平均资金成本为：

$K_w$ =300/1 000 ×6% +500/1 000 ×13% +200/1 000 ×12% =10.7%。

### （四）边际资金成本

企业追加筹集资金时，需要计算边际资金成本。企业不可能以固定的成本筹集到无限的资金，当筹集资金超过一定限度时，资金成本就会发生变化。通过计算边际资金成本可以了解筹集资金的总额达到什么水平时会引起资金成本的变化，再将边际资金成本与追加投资项目的收益相比较确定是否追加投资。

计算确定边际资金成本可按以下步骤进行：

(1)确定公司最优资金结构。

(2)确定各种筹资方式的资金成本。

(3)计算筹资总额分界点。筹资总额分界点是某种筹资方式的成本分界点与目标资本结构中该种筹资方式所占比重的比值，反映了在保持某资金成本的条件下，可以筹集到的资金总限度。

筹资总额分界点 = 可用某一特定成本率筹集到的某种资金额/该种资金在资金结构中所占的比重

(4)计算边际资金成本。根据计算出的分界点，可得出若干组新的筹资范围，对各筹资范围分别计算加权平均资金成本，即可得到各种筹资范围的边际资金成本。

### （五）政府投资资金成本

市政项目评价中政府投资的资金成本应视政府投资类型而定：直接投资的项目，由财政拨款，不计算投资回报，资金成本为零；资本金注入的项目，资金成本的下限为长期国债利率；国外贷款转贷项目，资金成本为国外贷款利率加其他融资费用率；投资补助的项目，资金成本为零。

**提示**

本部分内容重点掌握权益资金成本的计算和加权平均资金成本的计算。

**典型例题**

**【背景】**

某咨询机构接受委托，为国家重点扶持的一高新技术企业的新建项目进行可行性研究工作。该项目的融资方案为：发行普通股筹措资金16 000万元；发行优先股筹措资金4 000万元，优先股每股发行价格与面值相同，发行成本2%，固定股息利率12%，每年付息一次；向银行借款20 000万元，借款年利息7%，按年计息。已知社会无风险投资收益率为4%，市场投资组合预期收益率为11%，该项目的投资风险系数为1.2，所得税税率为15%。

该项目建成后，该企业预计未来四年的净收益额分别为1 000万元、1 200万元、1 500万元、2 000万元，根据企业的实际情况推断，从第五年起，企业的净收益额将在第四年的水平上以3%的增长率保持增长（折现率或资本化率为10%）。

**问题：**

1. 计算优先股资金成本，使用资本资产定价模型法计算普通股资金成本。
2. 该项目的加权资金成本是多少（税后）？
3. 以项目建成后第一年年初为基准，采用收益法中的分段法估算企业价值。
4. 咨询机构应提醒该企业在资产证券化过程中需要注意的问题有哪些？

【答案】

1. 优先股资金成本 $=12\%/(1-2\%)\times100=12.24\%$；

普通股资金成本 $=4\%+1.2\times(11\%-4\%)=12.40\%$。

2. 债务资金成本 $=7\%\times(1-15\%)=5.95\%$；

加权资金成本 $=(4\,000\times12.24\%+16\,000\times12.40\%+20\,000\times5.95\%)/(4\,000+16\,000+20\,000)\times100\%=9.16\%$。

3. 企业价值 $P=\frac{1\,000}{(1+10\%)}+\frac{1\,200}{(1+10\%)2}+\frac{1\,500}{(1+10\%)^3}+\frac{2\,000}{(1+10\%)^4}+2\,000\times\frac{(1+3\%)}{(10\%-3\%)}\times(1+10\%)^{-4}=24\,493.94$（万元）。

4. 需注意的问题有：

（1）必须由一定的资产支撑来发行证券，且其未来的收入流可预期。

（2）即资产的所有者必须将资产出售给 SPV，通过建立一种风险隔离机制，在该资产与发行人之间筑起一道防火墙，即使其破产，也不影响支持债券的资产，即实现破产隔离。

（3）必须建立一种风险隔离机制，将该资产与 SPV 的资产隔离开来，以避免该资产受到 SPV 破产的威胁。

# 第三节　资金结构优化比选

## 一、资金结构的概念

资金结构，亦称资本结构，是指企业各种资金的构成及其比例关系。项目使用的资金主要包括权益资金和债务资金两大类。投资总额中权益资金和债务资金所占的比例关系构成了项目的资金结构。

不同的资金结构会给项目带来不同的经济后果。适当利用负债，可以降低项目资金成本，但当项目负债比率太高时，也会带来较大的财务风险。

## 二、资金结构分析

### （一）权益与债务融资比例

项目资本金与项目债务资金的比例是项目资金结构中最重要的比例关系，在确定时要受到如下因素的制约：

（1）项目参与各方的利益平衡。项目投资者希望投入较少的资本金，获得较多的债务资金，尽可能降低债权人对股东人的风险。若资本金比例过低，债权人可能拒绝提供贷款。

（2）资金成本和风险的平衡。由于项目的债务资本和权益资本在资金成本和风险程度上存在差异，因此，项目资本结构的确定事实上是项目资金成本和可承受风险的权衡问题。安排项目资金的一个基本原则是在不会因为借债过多而伤害项目经济强度的前提下尽可能地降低项目的资金成本。

### （二）资本金融资结构

项目资本金融资结构是指项目资本金的出资形式和各方的出资比例。对于采用新设法人融资方式的，应根据投资各方在资金、技术和市场开发方面的优势，通过协商确定各方出资比例、出资形式和出资时间。对于采用既有法人融资方式的，资本金结构与比例要考虑既有法人的财务状况和筹资能力。在进行融资方案分析时，应注意出资人出资比例的合法性。

### （三）债务融资结构

在一般情况下，项目融资中债务融资占有较大的比例，因此，项目债务资金的筹集是解决项目融资的资金结构问题的核心。选择债务融资的结构应该考虑以下几个方面。

(1)债务期限。债务的到期时间是区别长期债务和短期债务的一个重要界限。在资产负债表中，短于1年的债务被称为流动负债，超过1年的债务则被称为长期负债。在项目负债结构中，短期借款利率一般会低于长期借款，适当安排一些短期融资可以降低总的融资成本，但是，如果过多地采用短期融资，会使项目公司的财务流动性不足，项目的财务稳定性下降，产生过高的财务风险。长期负债融资的期限应当与项目的经营期限相协调。

(2)债务偿还。通常，在多种债务中，对于借款人来讲，在时间上，由于较高的利率意味着较重的利息负担，所以，应当先偿还利率较高的债务，后偿还利率较低的债务。但是，为了使所有债权人都有一个比较满意的偿还顺序，在融资方案中应对此作出妥善安排。

(3)境内外借款。对于借款公司来讲，使用境外借款或国内银行外汇贷款，如果贷款条件一样，并没有什么区别。境内外借款主要决定于项目使用外汇的额度，同时可能主要由借款取得可能性及方便程度决定。但是，对于国家来讲，项目使用境外贷款，相对于使用国内银行的外汇贷款而言，国家的总体外汇收入增加，对于当期的国家外汇平衡有利。但是，对于境外贷款偿还期内的国家外汇平衡会产生不利影响。从项目的资金平衡利益考虑，如果项目的产品销售不取得外汇，应当尽量不要使用外汇贷款，投资中如果需要外汇，可以采取投资方注入外汇，或者以人民币购汇。如果项目使用的外汇额度很大，以至于项目大量购汇将会对当期国家的外汇平衡产生难以承受的影响，则需要考虑使用外汇贷款。如果国家需要利用项目从境外借款融入外汇，改善国家当期外汇平衡，也可以考虑由项目公司在国际上借贷融资，包括向世界银行等国际金融机构借款。

(4)利率结构。项目融资中的债务资金利率主要为浮动利率、固定利率以及浮动/固定利率三种机制。

(5)货币结构。不同币种的外汇汇率总是在不断变化。如果条件许可，项目使用外汇贷款需要仔细选择外汇币种。外汇贷款的借款币种与还款币种有时是可以不同的。通常主要应当考虑的是还款成本，选择币值较为软弱的币种作为还款币种。

## 三、最佳资金结构确定的定量方法

资金结构的优化在于寻找最佳的资金结构。最佳资金结构是指在适度财务风险条件下，使其预期的加权平均资金成本率最低，同时使其收益及项目价值最大的资金结构。

### (一)比较资金成本法

#### 1. 概述

比较资金成本法是指企业在筹资决策时，首先拟定多个备选方案，分别计算各个方案的加权平均资金成本，并相互比较来确定最佳资金结构。即：通过计算不同资金结构的加权平均资金成本，并以此为标准相互比较，选择加权平均资金成本最低的资金结构作为最佳资金结构的方法。运用比较资本成本法必须具备两个前提条件：一是能够通过债务筹资；二是具备偿还能力。

比较资金成本法将资金成本的高低作为选择最佳资本结构的唯一标准，简单实用，因而常常被采用。

比较资金成本法的优点是以加权平均资金成本最低为唯一判断标准，因此在应用中体现出直观性和操作上的简便性。另外，资金成本的降低必然给企业财务带来良好的影响，一定条件下也可以使企业的市场价值增大。其缺点是仅仅以加权平均资金成本最低作为唯一标准，没有考虑财务风险，在一定条件下会使企业蒙受较大的财务损失，并可能导致企业市场价值的波动；而且没有直接反映公司市场价值的大小。

#### 2. 比较资金成本法的方法

企业资金结构决策，分为初次利用债务筹资和追加筹资两种情况。前者称为初始融资资金结构决策，后者称为追加融资资金结构决策。

(1)初始融资的资金结构决策。

企业在实际筹资过程中，对拟定的筹资总额可以采用多种筹资方式来筹措，同时对各种筹资方式的筹资数额可有不同的安排，由此就形成了若干个筹资方案可供选择。在个别资金成本已确定的情况下，加权平均资金成本的高低主要取决于各种筹资方式的筹资额占拟定筹资总额比重的高低。

(2)追加融资的资金结构决策。

企业因扩大业务或投资的需要而增加资金，原资金结构就会因追加筹资而发生变化。追加融资的资金结构决策步骤和方法如下：

①计算各筹资方式的加权平均资金成本，即组平均数。

②计算追加资本结构的加权平均资金成本，即总平均数。

③确定最佳资金结构。

### (二)息税前利润—每股利润分析法

将企业的盈利能力与负债对股东财富的影响结合起来，去分析资金结构与每股利润之间的关系，进而确定合理的资金结构的方法，称为息税前利润—每股利润分析法，简写为 *EBIT - EPS* 分析法，也被称为每股利润无差别点法。每股利润无差别点是指每股利润不受融资方式影响的销售水平。根据每股利润无差别点，可分析判断不同销售水平下适用的资金结构。它是利用息税前利润和每股利润之间的关系来确定最优资金结构的方法。根据这一分析方法，可以分析判断在什么样的息税前利润水平下可适用何种资金结构。这种方法确定的最佳资金结构即为每股利润最大的资金结构。

每股利润无差别点的计算公式为：

$$\frac{(EBIT - I_1)(1 - T) - D_{P1}}{N_1} = \frac{(EBIT - I_2)(1 - T) - D_{P2}}{N_2}$$

式中 $EBIT$——每股利润无差别点，即息税前利润平衡点；

$I_1, I_2$——两种增资方式下的债务年利息；

$D_{P1}, D_{P2}$——两种增资方式下的优先股年股利（可以为0）；

$N_1, N_2$——两种增资方式下的普通股股数；

$T$——所得税税率。

每股利润无差别点分析图如图 9-1 所示。

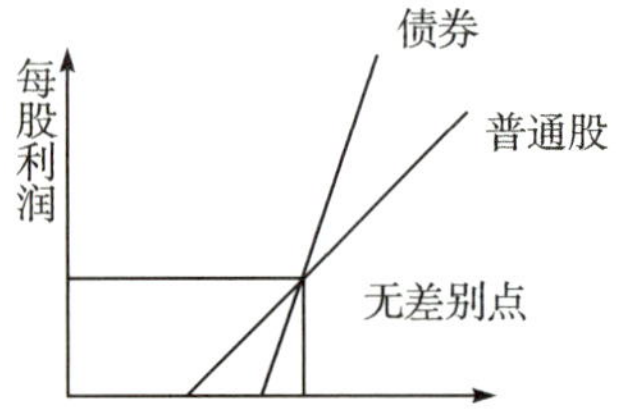


**图 9-1 每股利润无差别点分析图**

通过图 9-1，我们可以发现，当息税前利润大于无差别点时，采用债务融资比采用股权融资的每股利润更高；当息税前利润小于无差别点时，选择股权融资比采用债务融资更能有效利用企业资本。

息税前利润 - 每股利润分析法原理：负债的偿还能力是建立在未来盈利能力基础之上的。研究资金结构，不能脱离企业的盈利能力。企业的盈利能力，一般用息税前盈余（$EBIT$）表示。负债筹资是通过它的杠杆作用来增加财富的。确定资金结构不能不考虑它对股东财富的影响。股东财富用每股盈余（$EPS$）来表示。

息税前利润 - 每股利润分析法的优点是只考虑每股收益最高，简单且容易理解。其缺点是没有考虑风险因素。

## 三、最佳资金结构确定的定性分析

在决定项目资金结构时，除了定量分析以外，还应考虑各种影响因素，进行定性分析，选取能使项目融资成本最低、收益率最高的最佳资金结构。

影响资金结构的因素有以下几方面。

### （一）项目投资和管理人员的态度

项目投资和管理人员是项目资金结构的最终决策者，其态度影响着决策。当股票由众多投资者持有时，就不会担心控制权旁落；当股票由少数股东控制时，就会重视控制权。经营管理者的财务风险意识：风险追求型，追求较高的负债水平；风险回避型、中立型，较少使用债务融资。

### （二）企业经营状况的影响

公司财务状况和发展能力强，获利较多，可用留存收益用于再投资。投资收益高的项目一般较少使用债务资金。公司经营状况良好的较易获得债务资金。公司需保持较好的借债储备能力（控制债务比例），使其有较好的财务状况。

### （三）项目公司财务目标的影响

利润最大化目标：在财务活动中以获得尽可能多的利润作为总目标；尽可能降低资金成

本提高公司的净利润水平；资金结构决策可采用比较资金成本法。股票价值最大化目标：在财务活动中以最大限度提高股票的市场价值为总目标；尽可能降低加权平均资金成本，增加净利润而使股票市场价格上升；资金结构决策可采用息税前利润—每股利润分析法。项目公司价值最大化目标：在财务活动中以最大限度地提高项目公司的总价值为总目标；股权资金与债权资金的价值最大化。

#### （四）投资者动机的影响

在高债务比例时，风险增加，银行不会同意增加贷款。股权投资者的动机是在保证投资资本金的基础上，获得一定的投资收益并使投资价值不断增值。

#### （五）金融机构及评信机构的影响

大型工程项目或大企业集团，其信誉较高，获取资本能力大，融资成本低，负债比例可增加。中小型项目资本获取能力低，银行不会接受大额贷款的要求，或只有抵押担保或相当高的利率条件才可行，其融资成本高，负债比例不宜过大。

#### （六）税收政策的影响

债务的利息可以抵税，而股票的股利不能抵税。所得税越高，利息免税的效应越显著。

#### （七）资金结构的行业差别

所处行业的特点及行业资金的一般水准对资金结构有重要影响作用。基础设施、公用设施和能源工业，资产可抵押，借债较多；电子、电器和医药行业正常利润较高，有足够的资本金，借债较少。

#### （八）项目资产结构的影响

有大量固定资产的项目主要通过长期负债和发行股票来筹集资金；拥有较多流动资产的项目主要通过流动负债来筹集资金；资产适用于抵押的一般举债较多的公司；以技术研究开发为主的项目公司则负债很少。

#### （九）利率水平变动趋势的影响

如利率水平较低，不久有可能上升，项目公司会大量发行长期债券，将债券资金成本固定在较低水平上。

## 第四节　资产证券化方案分析

### 一、资产证券化的概述

#### （一）资产证券化的定义

资产证券化是将原始权益人（发起人或卖方）不易流通的存量资产或可预见的未来收入构造和转变成为资本市场可销售和流通的金融产品即资产支持工具的过程。其目的主要在于实现表外融资、优化资本结构、提高资产流动性等。

资产支持工具是以基础资产未来现金流为支持发行的，是基于基础资产的信用表现，而不是基于发起人或发行人自身的信用。这个“构造”过程实际上是一个资产重组、优化和隔离的过程，其核心是分离和重组资产的收益和风险要素，即选择配置基础资产、组合形成相对稳定的未来现金流，并通过资产池的真实销售实现基础资产与发起人的风险隔离。这个“转变”的过程是通过交易结构设计、相关参与机构提供服务来实现的。“转变”基于一定的制度安排和一系列的信用增级手段，使资产支持工具独立于发起人的整体风险并可能以高于发起人的信用等级发行。资产支持工具不同于一般的企业债券，就某一个交易而言，可能有不同支付顺序、不同信用级别、不同收益率、不同期限的多层产品。

资产证券化的本质和精髓是以资产所产生的现金流为支撑，而不是以资产为支撑，即资产证券化所“证券化”的不是资产本身，而是资产所产生的现金流。因此，基础资产的现金流分析是资产证券化理论的核心原理。

### （二）资产证券化的特点

资产证券化的特点如下：

（1）资产证券化是一种表外融资，在融资过程中，不会扩大融资人资产负债的规模。

（2）资产证券化是一种结构融资，主要体现在成立资产证券化的专门机构 SPV，对基础资产的现金流进行重组，资产在转移过程中必须是真实出售等方面。

（3）资产证券化是资产支持融资，依赖的是基础资产所产生的现金流，不需要考虑发起人的整体信用水平。

### （三）资产证券化的流程

资产证券化的基本过程包括资产池的组建、交易结构的安排、证券的发行以及发行后的管理等环节，具体的流程如下：

#### 1. 确定可实现证券化的资产并组建资产池

资产证券化的发起人根据自身的融资要求、资产情况和市场条件（包括证券需求、定价和其他融资选择等），对资产证券化的目标资产和规模进行规划。较容易实现证券化的资产通常具有稳定的现金流历史记录、预期稳定的现金流、一定的经济规模、良好的运营状况和记录以及高标准高质量的合同条款契约等。

#### 2. 设立特殊目的实体（SPV）

特殊目的实体是资产证券化运作的关键主体，其目的是实现发行人（或原始权益人）和入池资产之间的风险隔离（破产隔离）。SPV 通过发行证券获得资金，并以此来购买基础资产，组建资产池。

#### 3. 资产的“真实出售”

以真实出售的方式将证券化资产从发起人转移给 SPV，实现发行人（或原始权益人）和证券化资产之间的破产隔离。

#### 4. 构架和信用增级

根据市场条件和信用评级机构的意见，对资产池及其现金流进行预测分析和结构重组，以实现最优化的分割和证券设计。在这过程中很重要的一步是利用信用增级措施来强化目标证券的现金流和信用保障,实现证券的目标信用评级和发行的最大经济效益。

5. 信用评级

信用评级机构对交易发行的证券进行分析和评级,为投资者提供证券选择和定价的依据。信用评级机构一般会从交易一开始或计划阶段就参与进来,在资产证券化的整个设计和发行过程提供意见和反馈,而且一般也会在证券发行后一直跟踪观察交易的表现。

6. 发售证券

在经过信用和评级后,SPV 作为发行人,通过各类金融机构向投资者销售资产支持证券(ABS)。

7. 向发起人支付资产购买价款

SPV 将证券发行收入按照事先约定的价格向发起人支付购买证券化资产的价款。

8. 管理资产池

资产支持证券发行完毕后到金融市场上申请挂牌上市,SPV 还需要聘请专门的人员来对基础资产池进行管理和处理。

9. 清偿证券

按照证券发行时的约定,待资产支持证券到期后,由资产池产生的收入在还本付息、支付各项服务费之后。如果资产池产生的现金流还有剩余,将会被返还给交易发起人。

提示

整个资产证券化的运作流程都是以 SPV 为核心展开的。

(四)资产证券化的结构

1. 市场主体

资产证券化主要市场主体包括发起人、SPV、信用增级机构、信用评级机构、资产服务商、投资人和其他服务机构等。

2. 发起人

发起人也称原始权益人,其职能是选择拟证券化的资产,并进行组合和重组,然后将资产组合转移给 SPV 以融资。

3. SPV

SPV 是介于原始权益人和投资者之间的中介机构,是接受发起人的资产组合并发行以此为支持的证券的特殊目的实体。SPV 的原始概念来自防火墙的风险隔离设计,它的设计主要为了达到"破产隔离"的目的。SPV 在资产证券化中具有特殊的地位,它是整个资产证券化过程的核心,各个参与者都将围绕着它来展开工作。

4. 信用增级机构

信用增级机构是指为 SPV 发行的证券提供信用增级的机构,主要有内部增级和外部增级两种。

5. 信用评级机构

信用评级机构是指通过对资产证券化各个环节进行评估而评定证券信用等级的机构。

国外的主要评级机构有标准普尔、穆迪、惠誉。国内的主要评级机构有联合资信评估有限公司(简称“联合资信”)、联合信用评级有限公司(简称“联合评级”)。

#### 6. 资产服务商

资产服务商是指负责按期收取证券化资产所产生的现金流,并将其转移给 SPV 或 SPV 指定的信托机构的实体。

#### 7. 投资人

投资人是指在资本市场上购买 SPV 发行的证券的机构或个人,其对发行的证券代表的基础资产所产生的权益进行投资。一般情况下都是机构投资者。

#### 8. 其他服务机构

其他服务机构包括投资银行、受托人、承销商、会计、律师等。投资银行主要负责协调项目操作、发行证券等。受托人是代表投资者行使职能,负责托管资产组合及相关的一切权利,由 SPV 指定的、负责对资产服务商收取的现金流进行管理并向投资者分配的机构。承销商是为所发行的证券进行承销的实体。会计师负责会计、税务咨询以及对资产组合进行尽职调查。律师主要负责相关法律咨询。

### (五)资产证券化的作用

资产证券化可以使得多方受益,其作用大致可以归为以下几个方面:

(1)有利于各方的利益保护。

(2)降低综合融资成本。

(3)提高信贷资产的流动性。

(4)增强发起人进行资产负债管理的自主性。

## 二、资产证券化风险分析

资产证券化作为一种结构性融资方式,其过程复杂,涉及多个环节和主体,根据风险的传递途径,资产证券化主要有以下几方面的风险。

### (一)系统性风险

资产证券化使不同层次的信贷市场更紧密地相互依存,所以当风险出现时,也就更容易波及优质市场。资产证券化的发行者将初始借款人的信用风险转移给了共同基金、养老基金以及投资银行等众多投资者,投资银行通过各种创新手段将初始的证券化资产进行打包和重组,由此形成了证券化的平方和立方,这些产品被其他的投资者购买后,风险就实现了再次转移。随着监管的放松,这一过程会不断地衍生下去,风险也就在不断转移过程中不可避免地被放大和扩散,积累了系统性风险。政府一旦为了抑制通货膨胀而实行货币紧缩政策,系统性风险就会直接转化为损失。

### (二)道德风险

资产证券化的过程,使所有权与控制权发生了分离,加剧了信息的不对称。一些负责证券打包和发售的公司在购买抵押贷款后又把贷款资产委托给专业公司进行管理，还有债券评级机构，这些以收取手续费为目的的激励机制使他们在提供各种专业服务时容易出现严重的道德风险问题。

### （三）形成资产泡沫

随着以抵押贷款为基础的资产证券化的发售，使得抵押贷款机构流动性大增，也使得他们提供贷款的能力大大增强，大量的信贷资金就会随之流入住房抵押贷款市场，引起房地产的价格不断攀升，形成巨大的价格泡沫。

### （四）导致经济周期的波动幅度放大

在次贷危机之前，由于经济过热，资产证券化因扩大流动性的功能为房市提供大量的资金，使房市出现过泡沫。但当经济过热导致通货膨胀抬头时，政府就会实行紧缩的货币政策，以此刺破价格泡沫，从而导致房价下跌，市场就会出现争先恐后的抛售现象，使得主要以房产为基础资产的证券化的价格和评级下降，银行持有的证券化产品不断减值，证券化产品也渐渐地失去了销路，证券化产品扩大流动性的功能骤停。市场中又因缺少必要的资金，从而爆发流动危机，引起经济过度下滑，最终导致经济周期的波动幅度放大。

## 三、资产证券化定价模式

### （一）定价原理

资产证券化产品的定价原理与普通债券的定价原理具有一定的相似性，都是以资金的时间价值为基础，通过预测产品的未来偿付现金流，并计算相应的收益率作为折现的标准，以此得到的现金流折现值就是产品的价值。但资产证券化产品的特定资产偿付现金流与普通债券不尽相同，还存在着提前还本问题。

资产证券化产品的定价核心问题在于预测未来现金流，即对提前偿还问题的预测，这也是资产证券化定价的难点。

### （二）影响定价的因素

根据资产证券化产品定价受影响的程度，主要有以下影响因素。

#### 1. 利率变化

利率变化是影响固定收益证券价格变动的主要因素，其对证券化的影响主要表现在三个方面：一是利率变动会导致证券价格发生变化；二是利率变化会影响证券利息收入再投资收益率的变化；三是利率变化会影响现金流量的变化，进而影响投资者的收益。对于固定利率的证券，由于票面利率与市场利率存在差异，当市场利率变动时，证券价格也随之变动。如果浮动利率的证券高于利率上限，证券的提供收益率就会低于市场利率，证券价格就会下跌，反之亦然。

#### 2. 利率波动率

利率波动率的上升与下降与证券的内含短期价值成正比，利率波动越高，证券内含价值越高，反之亦然。而证券本身的价值与证券内含短期价值成反比。

### 3. 证券偿还期

偿还期是指债务人在履行债务的过程中所规定的期限。债务人在债券到期时，就必须偿还本金和利息。同时，偿还期影响债券的价格主要是通过以下三个方面：一是投资者心理预期的时间与实际的时间；二是债券的偿还期，长期债券的收益率高于短期债券；三是市场利率变动对于债券价格的影响，长期债券的价格变动小于短期债券。

### 4. 提前偿付

提前偿付是借款人在贷款到期之前偿还部分或全部本金和利息。发行人可以利用这一特征，利用较低的利率来代替旧有负债，以降低融资成本。提前偿付是通过改变资金的未来流向，从而影响证券价格的一种嵌入式的期权。

### 5. 证券流动性

当市场投资者的需求旺盛时，资金供应量就会增加，进而使得证券具有良好的流动性。当证券的流动性高时，投资者预期收益就会变低。反之，证券的流动性低时，投资者预期收益就会变高。

### 6. 信用增级

资产证券化产品信用增级可吸引投资者并降低融资成本，是资产证券化的核心技术之一，对资产证券化产品的定价有不可忽视的作用。

## （三）资产证券化定价常用的模型

资产证券化现在主要有以下三种定价模型。

### 1. 静态现金流折现模型（SCFY）

静态现金流折现是资产证券化中最早的定价模型。该模型在估计未来现金流量中的提前偿付额时，会假定提前偿付是抵押资产账龄的函数，而不直接考虑利率的影响。其最常见的假设是：提前偿付率会随着抵押资产的账龄增加而增加，而在某个抵押账龄之后，提前偿付率将固定不变。

其定价模型为：

$$P = \sum_{t=1}^{n} \frac{CF_t}{(1+y)^t}$$

式中 $P$——证券的价格；

$n$——到期所经历的期数；

$CF_t$——第 $t$ 期的现金流；

$y$——投资者期望的收益率。

未来每期的现金流量（$CF_t$）包括本金的偿还、利息的支付和提前偿付额。前两者根据偿还期及还款方式很容易计算出来，提前偿付额的计算是按照假设中来计算的。静态现金流折现法的关键是求出证券的内含收益率，使证券未来现金流通过这一收益率折现以后的值等于证券的价格。

### 2. 期权调整利差模型（OAS）

期权调整利差模型是资产证券化中使用较多的一种定价模型。这种模型的实质是通过利率情景模拟来量化证券持有者因承担的额外风险而享有超过国库券收益率之上的回报率。具体来讲，就是将债券存续期分为不同的阶段，通过设想每一个阶段利率可能出现的情况，再以模拟利率加上一个期权调整利差的和来贴现未来现金流，建立起一个树状的现金流量模型。在每个利率枝权上，对应不同利率会有一系列现金流。

对于包含提前偿付的资产证券而言，债券价格的变动就被限定在既定的利率枝权上，一旦利率下降，导致该债券价格上涨，借款人就会执行提前偿付期权，即债券被提前偿付（也可以看作是一种赎回）。在这一点上，投资者收到面值加上一个提前偿付期权。超过这一点，未来的现金流就会终止。将每个时点上的全部现金流量按发生的概率相应加总，然后再以相应时段的国库券收益率加上一个固定利差计算前面得出的各时点现金流量的现值，从而得出该证券的理论价值，将这个理论价值与实际价格相比较。若两者相等，则计算中所用的固定利差就定义为期权调整利差；若两者不相等，则利用不同的利率进行试错测算，直到得到一个与实际价格相等的理论值，则此时的利差即为期权调整利差。

将得出的期权调整利差加到整个国库券收益率上，再根据这个调整过的国库券收益率对证券进行定价，则得出的结果就包含了投资者因为需要承担诸如期权风险、提前偿付风险或信用风险等风险而需要的风险溢价。

从数学模型上讲，期权调整利差可以通过下列模型求得：

$$P = \frac{1}{M}\sum_{m=1}^{M}\sum_{t=1}^{T}\frac{cf_m(t)}{\prod_{i=1}^{t}[1 + r_m(t) + \mathrm{OAS}]}$$

式中　$M$——利率变动方式的数量；

$cf_m(t)$——在第 $m$ 种方式下 $t$ 期的现金流量；

$r_m(t)$——在第 $m$ 种方式下 $t$ 期的国库券利率；

$P$——可比证券的实际价格，可比证券通常是指具有相同期限或相同平均寿命的债券。

对于指定的提前偿付模式，指定利率运动轨迹以后，证券的现金流也就唯一确定了。利率的运动本身是不确定的，其可能的轨迹有无数条。在实际计算中，通常取在统计意义上足够的数量就可以了。对于取出的每一条利率轨迹，以利率加一个调整值来贴现现金流，计算出相应的贴现值。

### 3. 蒙特卡罗模拟模型

蒙特卡罗模拟模型的基本思想是通过运用蒙特卡罗模拟的方法，产生随机利率路径来模拟现实的利率变动，由此模拟出的一系列远期利率，利用它再进一步计算出未来的现金流量，并将其贴现为现值，完成证券的定价。

具体的过程如下：

（1）产生随机的短期利率演变路径。

(2)利用短期利率计算出即期利率,作为计算未来现金流量现值的贴现率。

(3)将各期远期利率作为参数代入相应的随机的提前偿付模型,计算出各期的提前偿付额。

(4)根据抵押合同利率和还款期,计算定期本金偿还和应得利息。

(5)将提前偿付额、定期本金偿付额和应得利息汇总,计算出未来各期的总现金流量。

(6)将未来各期的总现金流量贴现为现值,并相加得到与一条利率路径相对应的资产证券的价格。

(7)重复第(1)~(6)步骤,得出足够多路径对应的证券价格。

(8)计算足够多的路径对应的证券价格的算术平均值,即证券的发行价格。

利用蒙特卡罗模拟模型进行定价,最关键的是随机利率路径的选择。具体来看,随机利率路径的产生直接取决于利率的期限结构和波动率。利率期限结构是指基于当前国债利率(无风险利率)而得出的理论上的即期利率。波动率决定了通过模拟所得的利率的分散度。

下面给出一种随机利率路径的选择:

$$\Delta\gamma = m\gamma t + \sigma\gamma\varepsilon\sqrt{t}$$

式中 $\Delta\gamma$——$t$ 时间内 $\gamma$ 的变化;

$\gamma$——短期利率;

$\sigma$——$\gamma$ 的标准差;

$m$——$\gamma$ 的增长率;

$\varepsilon$——从标准正态分布中抽取的一个随机样本。

为了进行模拟,将证券的有效期分为 $N$ 个长度为 $t$ 的小段;每次模拟运算时,必须从标准正态分布中抽取 $N$ 个独立随机样本。当把这些样本代入上式,即可计算出 $t, 2t, 3t, \cdots, Nt$ 时刻的 $\Delta\gamma$ 值,由此提供了一条模拟途径,按照前边的计算步骤和公式可计算出证券的价格。

### 4. 三种定价模型的比较分析

三种定价模型的比较分析如表 9-1 所示。

表 9-1 三种定价模型的比较分析

| 比较项目 | 静态现金流折现模型 | 期权调整利差模型 | 蒙特卡罗模拟模型 |
|---|---|---|---|
| 优点 | 最简单易行,可以为其他各种方法提供一个标准,而且对 SCFY 差价的历史分析结果、对其他定价方法是很好的检验 | 将利率的期限结构及利率的波动性较好地结合了起来。在 OAS 模型中模拟了大量的利率运动轨迹。这使得结果能在更大程度上反映真实情况 | 按时间发展顺序,从前往后生成标的资产每个时间点的价格,也就是价格路径。当标的资产价格受特定信息影响或期权价值对标的资产价格存在路径依赖时,可以较灵活地在每个时间点判断,并得到特定条件下的期权定价 |

（续表）

| 比较项目 | 静态现金流折现模型 | 期权调整利差模型 | 蒙特卡罗模拟模型 |
|---|---|---|---|
| 缺点 | 本法是以单一的贴现率折现所有现金流量，并未顾及收益率曲线上反映的不同期限贴现率不一定相同，也未考虑不同利率路径之下现金流量的波动性 | 各期现金流量在折现时都将各个期限无风险利率加上一个相同的风险贴水（即期权利差 OAS）。这与现实不相吻合。虽然已考虑了隐含在抵押贷款证券上的提前还本期权，但仍然有其他的隐含期权未被考虑到 | 需要繁杂的电脑技术和大量复杂的抽样；对于代表价格变动的随机模型，若是选择不当，则会导致模型风险的产生；模拟所需的样本数只有足够大，才能使估计出的分布得以与真实的分布接近 |
| 适用范围 | 常被用于资产支撑证券的一些定性研究，以及现金流比较稳定、可预测性强的资产证券化产品定价 | 常被用于相同的假设下相似证券之间的价格比较，以及具有期权特征的资产证券化产品定价 | 应用大规模的随机数列模拟复杂系统，以得到某些参数或重要指标，常被用于处理复杂资产结构和市场情况的资产证券化产品定价 |
| 主要步骤 | 预测各时期的现金流→选择合适的折现率→进行折现，得出现值 | 构建利率期限结构模型→模拟未来的利率路径→计算期权调整利差 | 确定模型参数→随机模拟→计算现金流和价值→得出期望价值和风险特征，确定定价 |

**链接**

除上述三种定价模型外，资产证券化定价模型还有信用风险调整模型等。信用风险调整模型常被用于对信用风险比较敏感的资产证券化产品定价，特别是在现金流受信用风险影响显著或者基础资产信用质量差异比较大的情形中较多采用。

## 四、PPP 项目资产证券化

### （一）PPP 的定义及特征

#### 1. PPP 的定义

PPP 模式即 Public Private Partnership 的字母缩写，是指政府与私人组织之间，为了合作建设城市基础设施项目，或是为了提供某种公共物品和服务，以特许权协议为基础，彼此之间形成一种伙伴式的合作关系，并通过签署合同来明确双方的权利和义务，以确保合作的顺利完成（即公私合作模式）。PPP 模式的实质是政府通过给予私营公司长期的特许经营权和收益权，将市场中的竞争机制引入基础设施建设中，从而达到更有效地提供公共服务的目的。

#### 2. PPP 项目资产证券化特征

PPP 项目资产证券化因 PPP 模式的特点而与其他项目的资产证券化有所区别。PPP 项目资产证券化主要有以下特点：

（1）基础资产收益权与特许经营权密切相关，经营管理权与收益权相分离。

（2）产品期限更长。

（3）基础资产的合格标准更高。

（4）纳入财政预算的财政补贴也可以作为 PPP 项目资产证券化的基础资产。

（5）特定项目可在建设期开展资产证券化。

(6)具有一定的政府信用背景。

(7)对项目的权属转让更宽松,除所有权外,还可转让用益物权。

### (二)PPP 项目资产证券化的意义和作用

PPP 项目资产证券化是保障 PPP 持续健康发展的重要机制。资产证券化是基础设施领域重要融资方式之一,对盘活 PPP 项目存量资产、加快社会投资者的资金回收、吸引更多社会资本参与 PPP 项目的建设具有重要意义。

#### 1. 盘活存量资产,拓宽融资渠道

对于符合 PPP 项目基础资产要求的,通过发行 PPP 项目 ABS,能盘活存量资产,提高其流动性和安全性,有效拓宽 PPP 项目的融资渠道,有利于解决项目融资的难题。

#### 2. 吸引更多社会资本参与提供公共服务并丰富退出方式

PPP 项目经过资产证券化后,将凝固的资产转化为流动资本,使项目资产活化并市场化,缓解了政府的资金压力,同时铺设了一条社会投资可进可退的通道,实现资本流动,丰富社会资本参与和退出方式。

#### 3. 优化财务状况,提升项目稳定运营能力

资产证券化通过设立 SPV 可将基础资产和原始权益人的其他资产分离,实现基础资产和其他资产的破产隔离,确保了项目财务的稳定和安全。资产证券化融资具有表外融资的显著特点,有独立的风险隔离功能,进而增强资产流动性,优化资产结构。

### (三)PPP 项目资产证券化的基础资产

按照基础资产类型分类,PPP 项目资产证券化的基础资产主要有债权资产、股权资产和收益权资产三种类型。债权资产主要包括 PPP 项目银行贷款、PPP 项目金融租赁债权和企业应收账款、委托贷款。股权资产主要是指 PPP 项目公司股权或基金份额所有权。收益权资产是 PPP 项目资产证券化最主要的基础资产类型,包括使用者付费模式下的收费收益权、政府付费模式下的财政补贴、可行性缺口补助模式下的收费收益权和财政补贴。

#### 1. 使用者付费模式下的基础资产

在大多数使用者付费的 PPP 项目中,资产证券化的基础资产是收费收益权,这是项目公司在特许经营权范围内直接向最终使用者供给相关服务和基础设施而享有的收益权。此模式下的 PPP 项目往往具有需求量可预测性强、现金流稳定且持续的特点。但特许经营权对被授予方的资金实力、管理经验和技术等要求较高,因此,在使用者付费模式下转让给 SPV 的基础资产一般是特许经营权产生的未来现金流入,而不是特许经营权的直接转让。比如高速公路收费权,而由于收益权都是建立在收费权的基础上的,因此,此类项目都需要把收费权质押给专项计划,以确保基础资产(收费收益权)在专项计划名下,并确保现金流的回收。

#### 2. 政府付费模式下的基础资产

政府付费模式下的基础资产是 PPP 项目公司提供基础设施和服务而享有的财政补贴的权利。这种模式下项目公司获得的财政补贴与提供的基础设施和服务数量、质量以及效率相关联,项目公司不直接向最终使用者提供基础设施和服务。政府财政付费一般分可用性服务费与运维绩效服务费。可用性服务费一般对应着新建及改建项目的建设总投资及其在运营期的回报。运维绩效服务费一般对应运营期运营及维护成本,资产上对应着大量的运营及维护义务,只有通过每年绩效考评后才能获得现金流,能否获得现金流以及能够获得多少存在不确定性。因此,可用性服务费是 PPP 资产证券化最具操作性的基础资产。但政府付费模式下财政补贴应不能超过一般公共预算支出的 10%。

### 3. 可行性缺口补助

可行性缺口补助是指在使用者付费不足以满足社会资本或项目公司的成本回收和合理回报时，由政府以股本投入、优惠贷款、财政补贴和其他优惠政策的形式来补助社会资本或项目公司。对可行性缺口补助模式的项目，在项目运营补贴期间，政府承担部分直接付费责任。通常用于可经营性系数较低、财务效益欠佳、直接向最终用户提供服务但收费收入无法覆盖投资和运营回报的项目，如医院、学校保障房建设等领域。可行性缺口补助模式下的基础资产是收益权和财政补贴，权益人为项目公司，是优良的基础资产。在 PPP 项目合同下，地方政府按照事先公开的收益约定规则，应当支付或承担的财政补贴，可以视为持续、稳定的现金流，是不在负面清单上的基础资产。

## （四）以收益权为基础资产的资产证券化三种模式

### 1. 资产支持专项计划

资产支持专项计划是指将特定的基础资产或资产组合通过结构化方式进行信用增级，以基础资产所产生的现金流作为收益支持，发行资产证券化产品的业务活动。

资产支持专项计划的主要主体：

（1）发起人：为资产支持专项计划的原始权益人，是证券化基础资产的原始所有者，通常是金融机构或大型工商企业。

（2）资产支持证券持有人：是指根据认购协议及标准条款的规定，按期缴纳专项计划的认购资金，并承担相应费用的投资者。资产支持证券持有人有权按照标准条款的规定，取得专项计划利益，并自行承担专项计划的投资风险和损失。

（3）计划管理人：是指计划特定目的机构或特定目的受托人，是接受发起人转让的资产，或受发起人委托持有资产，并以该资产为基础发行证券化产品的机构。计划管理人有权根据标准条款及认购协议的约定将专项计划的认购资金用于购买基础资产，并管理专项计划资产、分配专项计划利益。计划管理人可以委托托管银行托管专项计划资金，并根据托管协议的规定，监督托管银行的托管行为，并针对托管银行的违约行为采取必要措施保护资产支持证券持有人的合法权益。

（4）资金和资产存管机构：为保证资金和基础资产的安全，特定目的机构通常聘请信誉良好的金融机构进行资金和资产的托管。托管银行有权按照托管协议的约定收取专项计划的托管费。

（5）专项计划所涉及的其他机构：包括法律顾问、评级机构、代理推广机构、会计师事务所、监管银行、资产服务机构、登记托管机构等。

PPP 项目在资产支持专项计划模式下的具体操作流程如下：

（1）设立专项计划：券商（或基金子公司）作为专项计划管理人设立资产支持专项计划，并作为销售机构向投资者发行资产支持证券募集资金。次级资产支持证券通常由原始权益人自持。

（2）购买基础资产：管理人以募集资金向原始权益人（PPP 项目公司）购买基础资产，原始权益人通常作为资产服务机构负责基础资产的后续管理和运营。

（3）现金流归集和计划分配：在专项计划存续期间，基础资产产生的现金流将定期归集到原始权益人在监管银行开立的监管账户（或称“资金归集账户”），并按照约定日期划转到管理人在托管人处开立的专项计划账户。管理人对专项计划资产进行管理，托管人根据托管协议对专项计划资产进行托管。若基础资产现金流不足以支付优先级产品当期本息，则由差额支付承诺人（如有）履行差额支付义务，担保人（如有）对差额支付承诺人的差额支付义务提供不可撤销的连带责任保证担保。托管人按照管理人的划款指令进行产品本息分配,向投资者兑付产品本息。

### 2. 资产支持票据

资产支持票据是指非金融企业在银行间债券市场发行的,由基础资产所产生的现金流作为还款支持的,并约定在一定期限内还本付息的债务融资工具。基础资产是指符合法律法规规定,权属明确,能够产生可预测现金流的财产、财产权利或财产和财产权利的组合。基础资产不得附带抵押、质押等担保负担或其他权利限制。

PPP 项目在资产支持票据模式下的操作流程具体如下(以不引入 SPV 结构作为示意):

(1)发行人(PPP 项目公司或其母公司)向投资者发行资产支持票据(ABN),并与主承销商签署《应收账款质押合同》等交易文件。

(2)发行人以其合法享有的基础资产产生的回收款作为第一还款来源,并定期归集到资金监管账户。

(3)发行人对基础资产产生的回收款与 ABN 应付本息差额部分负有补足义务。

(4)在 ABN 本息兑付日前,监管银行将本期应付票据本息划转至上海清算所的账户。

(5)上海清算所将前述资金及时分配给 ABN 持有人。

### 3. 资产支持计划

资产支持计划(以下简称支持计划)是指保险资产管理公司等专业管理机构作为受托人设立支持计划,以基础资产产生的现金流为偿付支持,面向保险机构等合格投资者发行受益凭证的业务活动。

支持计划存续期间,基础资产预期产生的现金流,应当覆盖支持计划预期投资收益和投资本金。国家政策支持的基础设施项目、保障房和城镇化建设等领域的基础资产除外。上述所指基础资产现金流不包括回购等增信方式产生的现金流。基础资产的规模、存续期限应当与支持计划的规模、存续期限相匹配。

PPP 项目在资产支持计划模式下的具体操作流程如下:

(1)原始权益人(PPP 项目公司)与受托人(保险资管公司)签订《资产转让合同》,将基础资产转让给受托人。

(2)委托人通过签署认购协议,委托受托人管理资金,用于购买基础资产。

(3)受托人与托管人签署《托管合同》,由托管人保管资产支持计划资产并负责资产支持计划项下资金拨付。

(4)若当期基础资产现金流不足以偿付资产支持计划该期应付本息,则由增信机构履行补足义务。

(5)托管人根据受托人指令,及时向受益凭证持有人分配资产支持计划本金和收益。

## 五、基础设施领域不动产投资信托基金(REITs)

### (一)推进基础设施 REITs 试点相关工作

2020 年 4 月,中国证监会、国家发展改革委发布《关于推进基础设施领域不动产投资信托基金(REITs)试点相关工作的通知》,相关事项要求如下。

### 1. 充分认识推进基础设施 REITs 试点的重要意义

基础设施 REITs 是国际通行的配置资产,具有流动性较高、收益相对稳定、安全性较强等特点,能有效盘活存量资产,填补当前金融产品空白,拓宽社会资本投资渠道,提升直接融资比重,增强资本市场服务实体经济质效。短期看有利于广泛筹集项目资本金,降低债务风险，是稳投资、补短板的有效政策工具；长期看有利于完善储蓄转化投资机制，降低实体经济杠杆，推动基础设施投融资市场化、规范化健康发展。

### 2. 推进基础设施 REITs 试点的基本原则

(1)符合国家政策，聚焦优质资产。

(2)遵循市场原则，坚持权益导向。

(3)创新规范并举，提升运营能力。

(4)规则先行，稳妥开展试点。

(5)强化机构主体责任，推动归位尽责。

(6)完善相关政策，有效防控风险。

### 3. 基础设施 REITs 试点项目要求

(1)聚焦重点区域。优先支持京津冀、长江经济带、雄安新区、粤港澳大湾区、海南、长江三角洲等重点区域，支持国家级新区、有条件的国家级经济技术开发区开展试点。

(2)聚焦重点行业。优先支持基础设施补短板行业，包括仓储物流、收费公路等交通设施，水电气热等市政工程，城镇污水垃圾处理、固废危废处理等污染治理项目。鼓励信息网络等新型基础设施，以及国家战略性新兴产业集群、高科技产业园区、特色产业园区等开展试点。

(3)聚焦优质项目。

(4)加强融资用途管理。发起人(原始权益人)通过转让基础设施取得资金的用途应符合国家产业政策，鼓励将回收资金用于新的基础设施和公用事业建设，重点支持补短板项目，形成投资良性循环。

## (二)做好基础设施 REITs 试点项目申报工作

2020 年 7 月，国家发展改革委办公厅发布《关于做好基础设施领域不动产投资信托基金(REITs)试点项目申报工作的通知》，相关事项要求如下。

(1)高度重视，切实做好试点项目组织申报工作。

(2)聚焦重点，准确把握试点项目的地区和行业范围。

(3)确保试点项目满足基本条件。

(4)明确试点项目申请材料要求。

(5)规范试点项目申报程序。

(6)严格开展项目合规性审查。

## (三)进一步做好基础设施 REITs 试点工作

2021 年 6 月，国家发展改革委发布《关于进一步做好基础设施领域不动产投资信托基金(REITs)试点工作的通知》，通知要求不断深化认识，加强支持引导，加强项目管理和协调服务，严把项目质量关，促进基础设施 REITs 长期健康发展，加强部门协作和政策落实。

## (四)规范高效做好基础设施 REITs 项目申报推荐工作

2023 年 3 月，国家发展改革委发布《关于规范高效做好基础设施领域不动产投资信托基金(REITs)项目申报推荐工作的通知》，相关事项要求如下。

(1)认真做好项目前期培育。充分认识前期培育工作的重要性；确保申报材料真实客观；组织做好部门协调。

(2)合理把握项目发行条件。支持消费基础设施建设；合理把握项目收益与规模；严把投资管理合规性。

(3)切实提高申报推荐效率。规范项目申报受理流程；完善中央企业申报流程；及时开展咨询评估；加快做好项目推荐。

(4)充分发挥专家和专业机构作用。发挥专家前期辅导作用；确保咨询评估客观公正；督促中介机构履职尽责。

(5)用好回收资金促进有效投资。严格把握回收资金用途；督促回收资金尽快使用；建立回收资金使用直报制度。

(6)切实加强运营管理。充分认识运营管理的重要性；注重项目运营可持续性；加强资产运营管理指导。

### (五)全面推动基础设施REITs项目常态化发行

2024年7月，国家发展改革委发布《关于全面推动基础设施领域不动产投资信托基金(REITs)项目常态化发行的通知》，相关事项要求如下。

#### 1. 全面推动基础设施REITs常态化发行

基础设施REITs试点以来，制度规则持续完善，发行规模稳步增长，资产类型不断丰富，市场表现总体稳健，各方参与积极性显著提升，基础设施REITs对促进投融资机制创新、深化资本市场改革、服务实体经济发展的重要作用日益显现，推动基础设施REITs常态化发行已具备良好条件。各参与方要严格贯彻落实市场化、法治化原则，各司其职、各负其责，依法依规推动基础设施REITs更好实现常态化发行。

#### 2. 积极主动适应常态化发行要求

各参与方要坚持“权责利对等”原则，主动提升项目准备能力、材料编制能力、投资判断能力，积极适应常态化发行要求。发起人(原始权益人)、基金管理人要深入学习理解监管要求，全方位梳理符合条件的项目，对照本通知要求逐项核查基本条件符合性，认真编制申报材料，全面客观、真实准确呈现项目情况，切实担负起项目申报责任。为项目提供服务的律师事务所、会计师事务所、资产评估机构、税务咨询机构以及担任财务顾问的证券公司等中介机构，要严格遵循执业道德和执业标准，全面真实反映项目客观情况，充分披露项目潜在风险。REITs投资人要准确把握基础设施REITs产品的权益属性，正确判断投资价值，自主决策、自担风险。

#### 3. 准确把握推荐重点

国家发展改革委将坚持市场化、法治化精神，按照重点突出、标准明确、规范透明的原则，进一步聚焦宏观政策符合性、投资管理合规性、回收资金使用等推荐重点，改进《基础设施领域不动产投资信托基金(REITs)项目申报要求》(简称《申报要求》)，确保申报推荐有据可依、有章可循。对法规政策、监管规则、公司章程等有明确规定的事项，如企业内部决策、国资转让、分拆上市、融资限制、税收缴纳等，发起人(原始权益人)应依法依规自行办理。发起人(原始权益人)、基金管理人要全面审慎披露项目未来收入预测假设指标，投资人要充分考虑未来收入波动影响因素，做到合理估值、理性投资。

#### 4. 切实提高推荐效率

各地发展改革委要积极协调有关方面，依法依规帮助企业解决重点难点问题，尽可能缩短项目准备周期；要加大工作力度，优化工作流程，切实提高项目申报工作质量和效率。咨询评估机构要着力提升专业能力，全面准确把握评估要求，及时发现并反馈问题，严格落实委托评估时限要求。国家发展改革委将严格按照本通知要求，规范高效开展审核评估，并根据评估结果对项目及时推荐或退回，切实提高推荐效率。国家发展改革委仅对《申报要求》中明确的有关事项负责，并将根据党中央、国务院有关决策部署以及固定资产投资管理和资本市场发展要求等，适时调整更新《申报要求》。

5. 压紧压实各方责任

国家发展改革委将完善工作机制，针对不同主体细化实化相应责任，并用好项目退回机制。发起人（原始权益人）、基金管理人是项目准备、申报等工作的第一责任人，要切实担负起主体责任，并对申报材料的真实性、有效性、合规性、完备性负责。相关中介机构要客观出具相关意见，真实反映项目情况，对隐瞒事实、弄虚造假的，国家发展改革委将商有关方面予以严惩。咨询评估机构要切实提高评估质量，严格遵守廉洁、保密等工作纪律，控制评估反馈次数和评估时限；对评估质量低劣或存在违反工作纪律情形的，国家发展改革委将予以严肃处理。

## 第五节　企业并购估值方法

企业并购估值应采用公允价值。根据《企业会计准则第 39 号——公允价值计量》中的相关规定，公允价值是指市场参与者在计量日发生的有序交易中，出售一项资产所能收到或者转移一项负债所需支付的价格。企业以公允价值计量相关资产或负债，应当考虑该资产或负债的特征。相关资产或负债的特征是指市场参与者在计量日对该资产或负债进行定价时考虑的特征，包括资产状况及所在位置、对资产出售或者使用的限制等。公允价值计量是当前及今后国际会计准则中的一种重要的“国际音标”，采用公允价值计量可以为我国企业进入境外资本市场融资和进行国际贸易创造有利的条件。

公允价值是价值的一种表现方式，其计量原理源自经济学理论中的经济价值理论，在不同的经济价值理论中，商品的价值可以由市场决定、由成本决定或由效益决定。根据价值理论，资产与负债公允价值的来源也就有三种基本途径，即市场途径、成本途径和收益途径，从而形成了公允价值计量的三类基本估值技术：市场法、成本法和收益法。这三类方法有着不同的经济学理论基础、运用原则和运用条件，从而决定了它们的运用范围和所估值公允价值的层级。

### 一、市场法

市场法是指依据相同或可比资产或负债市场交易中产生的价格及其他相关信息进行估价的方法，将评估对象与参考企业、在市场上已有交易案例的企业、股东权益、证券等权益性资产进行比较以确定评估对象价值。换句话说，市场法使用的输入参数来自相同或可比资产或负债（包括业务）的市场交易所产生的价格和其他相关信息，因此，也是公允价值估值方法中最为直接、最具说服力的估值方法。

根据市场法的理论基础，其计量的公允价值来源于市场的均衡价格，可靠性较高。利用市场法估值技术得出的公允价值涉及公允价值的第一和第二两个级次。根据直接法计量得到的公允价值不需要调整，为第一级次，可靠性最高；根据类比法计量得到的公允价值需要调整，调整过程中比较技术参数的选择有一定的人为因素，此时计量所得的公允价值为第二级次或第三级次，可靠性相对较低。

### （一）参考企业比较法

参考企业比较法是指通过对资本市场上与被评估企业处于同一或类似行业的上市公司的经营和财务数据进行分析，计算适当的价值比率或经济指标，在与被评估企业比较分析的基础上，得出评估对象价值的方法。即根据收集的具有可比性的上市公司的相关财务数据，计算适当的比率，经过分析确定评估对象的价值。

在该方法的使用中，可以参考的主要价值比率包括市盈率（PE）、市净率（PB）和市销率（PS）。三个指标各有其适用的要求及条件，其中，市净率指标更适用于周期性较强，拥有大量固定资产并且账面价值相对稳定的公司。其基本计算公式为：

每股评估价值 = 市净率 × 被评估单位每股净资产

市净率 = 市价/净资产

被评估单位每股净资产 = 评估基准日资产占有单位净资产/总股本

具体过程及思路如下：明确选择作为比较参考企业的要求；初步确定可供选择的企业的范围；按照评估方法的要求对初步选定的企业的指标进行分析；确定具体作为参考的企业；按具体参考企业计算确定的指标，分析确定参考企业比较法下待估公司的净资产评估价值。

### （二）并购案例比较法

并购案例比较法是指通过分析与被评估企业处于同一或类似行业的公司的买卖、收购及合并案例，获取并分析这些交易案例的数据资料，计算适当的价值比率或经济指标，在与被评估企业比较分析的基础上，得出评估对象价值的方法。

并购案例比较法的两项核心工作：一是并购案例的选取。属于同一行业，或受相同经济因素的影响；对参考企业的财务报表进行分析调整，使其与被评估企业的财务报表具有可比性；交易标的应当一致；一般选取三个以上案例。二是修正或调整。包括宏观因素的调整、行业因素的调整、企业差异的调整、时间因素的调整、其他因素的调整。

### （三）价值比率的确定

确定价值比率的关键在于两点：一是对可比企业的选择。判断企业的可比性存在两个标准，首先是行业标准。处于同一行业的企业存在着某种可比性。其次是地位标准，在选择时应尽量选择与被评估企业的地位相类似的企业。二是对可比指标的选择。对可比指标的选择只遵循一个原则：即可比指标应与企业的价值直接相关。在企业价值的评估中，现金流量和利润是最主要的候选指标。

价值比率的计算公式为：

$$\frac{V_1}{X_1} = \frac{V_2}{X_2}$$

$$V_1 = X_1 \times \frac{V_2}{X_2}$$

式中 $V_1$——被评估企业价值；

$V_2$——参照可比企业价值；

$X_1$——被评估企业与企业价值相关的可比指标；

$X_2$——参照可比企业与企业价值相关的可比指标。

在选择、计算、使用价值比率时，应当考虑：选择的价值比率应当有利于合理确定评估对象的价值；用于计算价值比率的参考企业或交易案例数据应适当且可靠；用于价值比率计算的相关数据口径和计算方式应当一致；被评估企业和参考企业或交易案例相关数据的计算方式应当一致；合理将参考企业或交易案例的价值比率应用于被评估企业；根据被评估企业特点,对不同价值比率得出的数值予以分析,形成合理评估结论。

## 二、成本法

成本法是一种根据重置一项资产当前服务能力所需支付的金额对资产进行估价的方法,也被称为现行重置成本。换句话说,成本法反映了当前替代资产服务能力所需要的金额。

### (一)成本法的理论基础

成本法的经济学理论源自古典经济学的"生产费用论"。成本法也称资产基础法,是在合理评估企业各项资产价值和负债的基础上确定评估对象的价值。

### (二)成本法的运用原则和前提条件

成本法的运用源自"贡献原则"和"替代原则"。"贡献原则"是指某一资产或资产的某一构成部分的价值,取决于它对其他相关的资产或资产整体的价值贡献,或者根据当缺少它时对整体价值下降的影响程度来衡量确定。"贡献原则"要求在对一项资产估值时,从该资产"在用"的角度而不是从"交换"的角度出发,考虑该项资产在整体资产构成中的重要性,不能孤立地确定该项资产的价值。从成本的角度讲,"替代原则"是指在市场上,卖方资产的价格是否被买方所接受,取决于买方获得或构建一个可比效用替代资产的成本,并根据资产的陈旧贬值予以调整后决定。当市场参与者决定是否替换一项正在使用的资产时,不愿意为该资产付出比更换其服务能力所需成本更高的金额。

由于成本法需要根据资产的陈旧贬值程度对市场上替代资产的价格进行调整,因此,运用成本法对资产进行估值的前提条件是:资产处于"在用"状态;市场上有"类似用途"资产或构建"类似用途"资产材料的报价,类似用途的资产能够替代待估值资产与其他已安装资产一起持续使用;有可利用的历史成本资料,能够对估值资产的状况进行判断和可靠计量,包括资产的实体性损耗、功能性(技术)贬值以及经济性(外部)贬值。

### (三)成本法的运用要求

根据运用成本法的前提条件,成本法只能适用于资产的估值,而不能用于对负债的估值。运用成本法进行企业价值评估,应当考虑被评估企业所拥有的所有有形资产、无形资产以及应当承担的负债。各项资产的价值应当根据其具体情况选用适当的具体评估方法得出。应当对长期股权投资项目进行分析,根据相关项目的具体资产、盈利状况及其对评估对象价值的影响程度等因素,合理确定是否将其单独评估。以持续经营为前提对企业进行评估时,成本法一般不应作为唯一使用的评估方法。

## 三、收益法

收益法是指通过将被评估企业预期收益资本化或折现以确定评估对象价值的评估思路。应当根据被评估企业成立时间的长短、历史经营情况,尤其是经营和收益稳定状况、未来收益的可预测性,恰当考虑收益法的适用性。

运用收益法进行企业价值评估,应当从委托方或相关当事方获取被评估企业未来经营状况和收益状况的预测,并进行必要的分析、判断和调整,确信相关预测的合理性。在对被评估企业收益预测进行分析、判断和调整时,应当充分考虑并分析被评估企业资本结构、经营状况、历史业绩、发展前景和被评估企业所在行业相关经济要素及发展前景,收集被评估企业所涉及交易、收入、支出、投资等业务合法性和未来预测可靠性的证据,充分考虑未来各种可能性发生的概率及其影响,不得采用不合理的假设。

收益法实际上是在预期收益还原思路下若干具体方法的集合。收益法中的具体方法可以分为若干类:针对评估对象未来预期收益有无限期的情况划分,可分为有限期和无限期的评估方法;针对评估对象预期收益额的情况划分,又可分为等额收益评估方法和非等额收益评估方法等。

## (一)企业持续经营

### 1. 年金法

$$P = A/r$$

$$P = \sum_{i=1}^{n}[R_i \times (1+r)^{-i}] \div \sum_{i=1}^{n}[(1+r)^{-i}] \div r$$

式中 $P$——评估值;

$r$——折现率或资本化率;

$A$——年金;

$\sum_{i=1}^{n}[R_i \times (1+r)^{-i}]$——企业前 $n$ 年预期收益折现值之和;

$\sum_{i=1}^{n}[(1+r)^{-i}]$——年净现值系数(复利现值系数之和)。

未来收益稳定且可预测的企业收益适合进行年金化处理。

### 2. 分段法

收益率较为稳定时,计算公式为:

$$P = \sum_{i=1}^{n}[R_i \times (1+r)^{-i}] + \frac{R_n}{r} \times (1+r)^{-n}$$

企业预期年收益率按固定比率 $g$ 保持稳定增长,计算公式为:

$$P = \sum_{i=1}^{n}[R_i \times (1+r)^{-i}] + \frac{R_n(1+g)}{r-g} \times (1+r)^{-n}$$

式中 $P$——评估值;

$r$——折现率或资本化率;

$\sum_{i=1}^{n}[R_i \times (1+r)^{-i}]$——企业前 $n$ 年预期收益折现值之和;

$g$——年收益固定增长率。

## (二)企业有限持续经营

企业有限持续经营时,企业价值评估的计算公式为:

$$P = \sum_{i=1}^{n}[R_i \times (1+r)^{-i}] + P_n \times (1+r)^{-n}$$

式中 $P$——评估值;

$r$——折现率或资本化率;

$\sum_{i=1}^{n}[R_i \times (1+r)^{-i}]$——企业前 $n$ 年预期收益折现值之和;

$P_n$——第 $n$ 年时企业资产的变现值。

# 第十章　工程项目财务分析

## 第一节　财务分析的作用和内容

### 一、财务分析的概念

财务分析是项目经济评价的重要组成部分。

财务分析，也称财务评价。财务分析是在国家现行财税制度和价格体系的前提下，从项目的角度出发，计算项目范围内的财务效益和费用，分析项目的盈利能力和清偿能力，评价项目在财务上的可行性。

具体地讲，财务分析是在财务效益与费用的估算以及编制财务辅助报表的基础上，编制财务报表，计算财务分析指标，考察和分析项目的盈利能力、偿债能力和财务生存能力，判断项目的财务可行性，明确项目对财务主体的价值以及对投资者的贡献，为投资决策、融资决策以及银行审贷提供依据。

### 二、财务分析的作用

财务分析的作用具体如下：

(1)从项目角度出发，财务分析是项目决策和评价的重要组成部分。

(2)为项目决策提供必要的依据。

(3)在项目或方案比选中发挥重要的作用。

(4)配合各方谈判，促进平等合作。

(5)可以全面评价企业在一定时期的各种财务能力，对项目的可持续性考察起重要的作用。

(6)协助企业发掘自身的潜力。

### 三、财务分析的内容

项目在财务上的生存能力取决于项目的财务效益和费用的大小及其在时间上的分布情

况。项目盈利能力、清偿能力等财务状况，是通过编制财务报表及计算相应的评价指标来进行判断的。由此，为判别项目的财务可行性所进行的财务分析应当包括以下基本内容：

(1)财务效益与费用识别与估算。识别清楚财务效益与费用的范围。选取必要的数据进行财务效益与费用估算，包括营业收入、成本费用和相关税金估算等。以上内容是在为财务分析做好准备，也称财务分析基础数据与参数的确定、估算与分析。

(2)财务分析报表编制。在项目财务效益和费用识别与估算的基础上，可着手编制项目的财务报表，包括财务分析辅助报表和财务分析报表。为分析项目的盈利能力需编制的主要报表有现金流量表、利润与利润分配表及相应的辅助报表。为分析项目的清偿能力需编制的主要报表有资产负债表、借款还本付息计划表以及相应的辅助报表。

(3)财务分析指标计算与财务生存能力分析。由上述财务分析报表可以比较方便地计算出各财务分析指标。通过与分析标准或基准值的对比分析，即可对项目的盈利能力、清偿能力、财务生存能力等财务状况做出分析，判别项目的财务可行性。财务分析的盈利能力分析要计算财务内部收益率、总投资收益率、项目资本金净利润率等主要评价指标，清偿能力分析要计算资产负债率、利息备付率、偿债备付率等指标。此外，还需根据财务计划现金流量表进行财务生存能力分析。

按上述三大模块内容完成财务分析后，还应对财务分析指标进行汇总，并结合不确定性分析的结果，做出项目财务分析的结论。

## 第二节　财务分析的步骤和基本原则

### 一、财务分析的步骤

项目决策可分为投资决策和融资决策两个层次。投资决策重在考察项目净现金流的价值是否大于其投资成本，融资决策重在考察资金筹措方案能否满足要求。严格来分，投资决策在先，融资决策在后。根据不同决策的需要，财务分析可分为融资前分析和融资后分析。

财务分析一般宜先进行融资前分析，融资前分析是指在考虑融资方案前就可以开始进行的财务分析，即不考虑债务融资条件下进行的财务分析。在融资前分析结论满足要求的情况下，初步设定融资方案，再进行融资后分析，融资后分析是指以设定的融资方案为基础进行的财务分析。

在项目的初期研究阶段，也可只进行融资前分析。

融资前分析只进行盈利能力分析，并以项目投资折现现金流量分析为主，计算项目投资内部收益率和净现值指标，也可计算投资回收期指标(静态)。融资后分析主要是针对项目资本金折现现金流量和投资各方折现现金流量进行分析，既包括盈利能力分析，又包括偿债能力分析和财务生存能力分析等内容。

具体分析如图 10-1 所示。

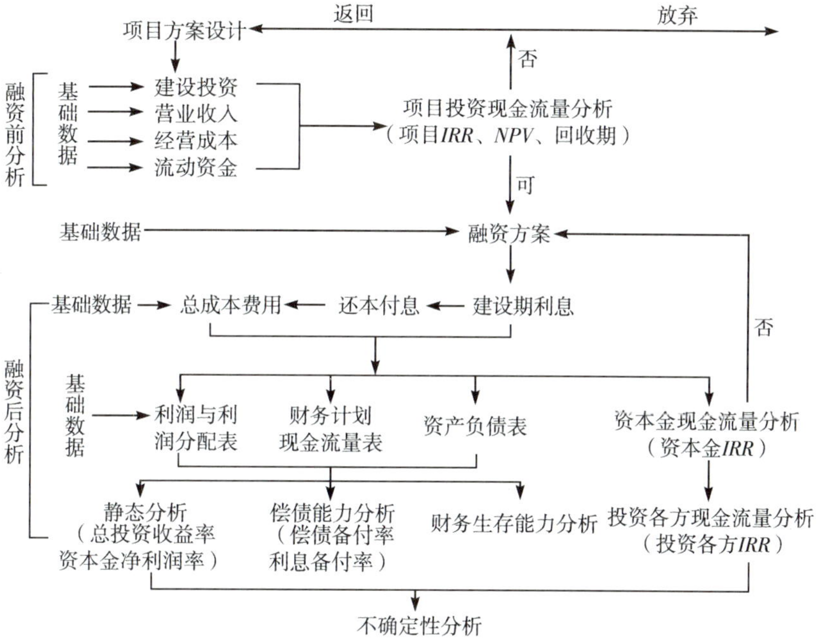


**图 10-1 财务分析图**

## 二、财务分析的原则

### （一）基础数据确定的稳妥原则

基础数据的可靠性直接影响财务分析结果的准确性。基数数据大多是通过预测和估算得到的，带有不确定性。为了避免人为乐观估计所引发的风险，给投资决策提供准确可靠的财务分析结果，在确定基础数据时应坚持稳妥原则。

### （二）费用与效益识别有无对比原则

“有无对比”是指“有项目”相对于“无项目”的对比分析。“无项目”状态是指不对该项目进行投资时，在计算期内，与项目有关的资产、费用与效益的预计发生情况；“有项目”状态指对该项目进行投资后，在计算期内，资产、费用与效益的预计发生情况。在识别项目的效益和费用时，需要注意的是只有“有无对比”的差额部分才是由于项目的建设增加的效益和费用，即增量效益和费用，排除了项目实施以前各种条件的影响，突出了项目活动的效果。

### （三）费用与效益计算口径一致性原则

将效益和费用的估算限定在同一范围内，才有可能进行比较，计算的净效益才是项目投入的真实回报。应避免效益被高估或低估，从而得到投入的真实回报。如果某项工程被包括在投资估算中，则在估算项目效益时应考虑因该项工程增加的效益，否则项目效益容易被低估；反之，如果在估算项目效益时考虑了因该项工程增加的效益，但是投资估算中并未包括该项工程，则高估了项目效益。

### （四）动态分析和静态分析结合，以动态分析为主的原则

动态分析是指利用资金时间价值的原理对现金流量进行折现分析。静态分析是指不对现金流量进行折现分析。财务分析要以动态（折现）指标为主。静态（非折现）指标比较直观，通常作为辅助指标。

# 第三节　财务分析的取价原则

## 一、财务分析的价格体系

### （一）两种价格变动因素

影响市场价格变动的因素很多，也很复杂，归纳起来，总体分为两类：

一是相对价格变动因素。相对价格是指商品间的价格比例关系。一般体现为供求均衡价格发生变化引起商品间的比价发生变化。例如，由于供需量变化、价格政策变化、劳动生产率变化、可替代产品出现等因素引起商品间比价的改变，产生相对价格变动。

二是绝对价格变动因素。绝对价格是指用货币单位表示的商品价格水平。绝对价格变动一般体现为物价总水平的变化，即由于通货膨胀或通货紧缩而引起商品价格总水平的变化，产生绝对价格变动。

### （二）财务分析涉及的三种价格及其关系

财务分析涉及固定价格体系、时价体系、实价体系三种价格体系，对应的价格分别为基价、时价、实价。

基价是指以基年价格水平表示的，不考虑其后价格变动的价格，也称固定价格时价，是指不同时点的当时市场价格。它包含了相对价格变动和绝对价格变动的影响，以当时的价格水平表示。

时价包含了相对价格变动和绝对价格变动的影响，以当时的价格水平表示。以基价为基础，按照各年的时价上涨率即可得到任何一年的时价。

实价，是以基年价格水平表示的，只反映相对价格变动因素影响的价格。可以由时价扣除物价总水平上涨率来求得实价。

三种价格的关系如下：

(1)基价与时价。

以 $P_b$ 表示基价，以 $P_{c_n}$ 表示时价，以 $c_i$ 表示第 $i$ 年的时价上涨率，则有：

$$\text{第 } n \text{ 年的时价 } P_{c_n} = P_b \times (1 + c_1) \times (1 + c_2) \cdots (1 + c_n)$$

若各年 $c_i$ 相同，则有：

$$P_{c_n} = P_b \times (1 + c_i)^n$$

(2)时价与实价。

以 $f_i$ 表示第 $i$ 年的物价总水平上涨率，以 $r_i$ 表示第 $i$ 年的实价上涨率（注意：这里的实价上涨率是相对于基年的实价上涨率），各年的时价上涨率 $c_i$ 和物价总水平上涨率 $f_i$ 都不变，则有

$$第\ i\ 年的实价 = 第\ i\ 年的时价/(1+f_i)$$

$$r_i = \frac{(1+c_i)^i}{(1+f_i)^i} - 1$$

分析公式可知，只有当时价上涨率大于物价总水平上涨率时，该物品的实价上涨率才会大于零，此时说明该物品价格上涨超过物价总水平的上涨。如果物品间的相对价格保持不变，即实价上涨率为零，那么实价值就等于基价值，同时意味着各种物品的时价上涨率相同，也即各种物品的时价上涨率等于物价总水平上涨率。

**典型例题**

**【背景1】**

某种货物2019年年初的价格为150元/件，预计该种货物2019和2020年的时价上涨率分别为15%和6%，同时预计2019和2020年的物价总水平分别上涨4%和3.5%。

**问题：**

计算该种货物2020年底的实价。

**【答案】**

该种货物2020年底的实价 = 150 ×（1 + 15%）×（1 + 6%）/[（1 + 4%）×（1 + 3.5%）] = 169.87（元/件）。

**【背景2】**

某种货物2019年初的价格为100元/件，预计该种货物2019年时价上涨率6%，物价总水平上涨3.5%。

**问题：**

计算该种货物2019年的实价上涨率。

**【答案】**

该种货物2019年的实价上涨率 =（1 + 6%）/（1 + 3.5%）− 1 = 2.42%。

## 二、财务分析的取价原则

财务分析应采用以市场价格体系为基础的预测价格。

财务分析应正确处理价格总水平变动因素，原则上盈利能力分析应考虑相对价格变化，而偿债能力分析应同时考虑相对价格变化和价格总水平变动的影响。为简化起见，可做如下处理：

（1）在建设期间既要考虑价格总水平变动，又要考虑相对价格变化。在建设投资估算中价格总水平变动是通过涨价预备费来体现的。

（2）在项目运营期内，一般情况下盈利能力分析和偿债能力分析可以采用同一套价格，即预测的运营期价格。

(3)项目运营期内,预测的运营期价格可根据项目的具体情况,选用固定价格(项目运营期内各年价格不变)或考虑相对价格变化的变动价格(项目运营期内各年价格不同,或某些年份价格不同)。

(4)在有要求或通货膨胀严重的情况下,原则上应采用时价价格体系对项目偿债能力和财务生存能力进行分析。有利于描述项目计算期内各年当时的财务状况,能够真实地反映项目的偿债能力和财务生存能力。

现金流量分析原则上采用实价体系,实价有利于排除通货膨胀带来的影响,真实地反映投资的盈利能力。

项目运营期内投入与产出采用的价格可以是含增值税的价格,也可以是不含增值税的价格。但无论采用哪种价格,财务分析所采用的价格体系应当协调一致。

# 第四节　财务现金流量的估算

财务现金流量的估算主要是估算财务效益与费用。财务效益的估算应与项目性质和项目目标相联系。项目的财务效益系指项目实施后所获得的营业收入。对于适用增值税的经营性项目,除营业收入外,其可得到的增值税返还也应作为补贴收入计入财务效益;对于非经营性项目,财务效益应包括可能获得的各种补贴收入。项目所支出的费用主要包括投资、成本费用和税金等。

财务效益与费用是财务分析的重要基础,其估算的准确性与可靠程度对项目财务分析影响极大。财务效益和费用估算应遵循"有无对比"的原则,正确识别和估算"有项目"和"无项目"状态的财务效益与费用。财务效益与费用估算应反映行业特点,符合依据明确、价格合理、方法适宜和表格清晰的要求。

## 一、项目计算期

项目计算期是指从资金正式投入开始到项目报废为止的时间,是财务分析的重要参数。计算期包括建设期和运营期(生产期),其中,运营期(生产期)又包括投产期和达产期。

### (一)建设期

建设期是指从项目资金正式投入起到项目建成投产止所需的时间,可按合理工期或预计的建设进度确定。

在项目进度计划中建设工期是指从项目主体工程破土动工起到项目建成投产止所需要的时间。

**提示**

建设期和建设工期的终点相同,但起点不同,应注意区分。

### （二）运营期

运营期分为投产期和达产期两个阶段。投产期是指项目投入生产，但生产能力尚未达到设计能力时的过渡阶段。达产期是指生产运营达到设计预期水平后的时间。

运营期应根据产品寿命期（矿产资源项目的设计开采年限）、主要设施和设备的使用寿命期、主要技术的寿命期等因素确定。

### （三）计算期

项目计算期应根据多种因素综合确定，包括行业特点、主要装置（或设备）的经济寿命等。项目计算期的长短主要取决于项目本身的特性，因此，无法对项目计算期做出统一规定。

有些项目的运营寿命很长，如水利枢纽，其主体工程是永久性工程，其计算期应根据评价要求确定。对设定计算期短于运营寿命期较多的项目，计算内部收益率、净现值等指标时，为避免计算误差，可采用年金折现、未来值折现等方法，将计算期结束以后年份的现金流入和现金流出折现至计算期末。

## 二、收入估算

### （一）营业收入

财务分析中的营业收入包括销售产品或提供服务所获得的收入，其估算的基础数据，包括产品或服务的数量和价格。

营业收入估算应分析、确认产品或服务的市场预测分析数据，特别要注重目标市场有效需求的分析；说明项目建设规模、产品或服务方案；分析产品或服务的价格，采用的价格基点、价格体系、价格预测方法；论述采用价格的合理性。

工业项目中，营业收入的估算基于以下一项重要假定，即当期的产出（扣除自用量后）当期全部销售，也就是当期商品产量等于当期销售量。主副产品（或不同等级产品）的销售收入应全部计入营业收入。某些行业的产品成品率按行业习惯或规定；其他行业提供的不同类型服务收入也应同时计入营业收入。

计算营业收入前，应正确估算各期运营负荷。运营负荷，或称生产能力利用率和开工率，是指项目运营过程中负荷达到设计能力的百分数。

各期运营负荷（产品或服务的数量）应根据技术的成熟度、市场的开发程度、产品的寿命期、需求量的增减变化等因素，结合行业和项目特点，通过制定运营计划，合理确定。具体如下：

（1）按照市场预测的结果和项目具体情况，根据经验直接判定分年的负荷率。判定时应考虑项目性质、技术掌握难易程度、产出的成熟度及市场的开发程度等诸多因素。

（2）根据市场预测的结果，结合项目性质、产出特性和市场的开发程度制定分年运营计划，进而确定各年产出数量。相对而言，这种做法更具合理性，国际上多采用。

运营计划或分年负荷的确定不应是固定的模式，应强调具体项目具体分析。一般开始投产时负荷较低，以后各年逐步提高，提高的幅度取决于上述因素的分析结果。有些项目的产出寿命期较短，更新快，达到一定负荷后，在适当的年份开始减少产量，甚至适时终止生产。

生产多种产品和提供多项服务的，应分别估算各种产品及服务的营业收入。对不便于按详细的品种分类计算营业收入的，可采取折算为标准产品的方法计算营业收入。

### (二)补贴收入

补贴收入是指企业按规定实际收到退还的增值税,或按销量或工作量等依据国家规定的补助定额计算并按期给予的定额补贴,以及属于国家财政扶持的领域而给予的其他形式的补贴。

政府补助是指企业从政府无偿取得货币性资产或非货币性资产。政府补助分为与资产相关的政府补助和与收益相关的政府补助。与资产相关的政府补助是指企业取得的、用于购建或以其他形式形成长期资产的政府补助。与收益相关的政府补助,是指除与资产相关的政府补助之外的政府补助。

一般的补贴收入仅包括与收益相关的政府补助。

## 三、成本与费用估算

### (一)成本与费用的定义

在会计规定中,费用是指企业在日常活动中发生的、会导致所有者权益减少的、与向所有者分配利润无关的经济利益的总流出。费用只有在经济利益很可能流出从而导致企业资产减少或者负债增加且经济利益的流出额能够可靠计量时才能予以确认。

根据费用的定义,费用具有以下特征:

(1)费用是企业在日常活动中形成的。费用必须是企业在其日常活动中所形成的。因日常活动所产生的费用通常包括销售成本(营业成本)、管理费用等。将费用界定为日常活动所形成的,目的是为了将其与损失相区分,企业非日常活动所形成的经济利益的流出不能确认为费用,而应当计入损失。

(2)费用会导致所有者权益的减少。与费用相关的经济利益的流出应当会导致所有者权益的减少。不会导致所有者权益减少的经济利益的流出不符合费用的定义,不应确认为费用。

(3)费用是与向所有者分配利润无关的经济利益的总流出。费用的发生应当会导致经济利益的流出,从而导致资产的减少或者负债的增加(最终也会导致资产的减少),其表现形式包括现金或者现金等价物的流出,存货、固定资产和无形资产等的流出或者消耗等。鉴于企业向所有者分配利润也会导致经济利益的流出,而该经济利益的流出显然属于所有者权益的抵减项目,不应确认为费用,应当将其排除在费用的定义之外。

企业为生产产品、提供劳务等发生的可归属于产品成本、劳务成本等的费用,应当在确认产品销售收入、劳务收入等时,将已销售产品、已提供劳务的成本等计入当期损益。企业发生的支出不产生经济利益的,或者即使能够产生经济利益但不符合或者不再符合资产确认条件的,应当在发生时确认为费用,计入当期损益。企业发生的交易或者事项导致其承担了一项负债而又不确认为一项资产的,应当在发生时确认为费用,计入当期损益。

除了费用之外的当期损益包括管理费用、财务费用和营业费用。

在财务分析中,为了明晰运营期间的总费用,将管理费用、财务费用、营业费用与生产成本合并为总成本费用。这是财务分析与会计规定的不同之处。

### (二)成本与费用的分类

成本费用是指项目生产运营支出的各种费用。按成本计算范围,分为单位产品成本和总成本费用;按成本与产量的关系,分为固定成本和可变成本;按财务评价的特定要求,分为总成本费用和经营成本。成本估算应与销售收入的计算口径对应一致，各项费用应划分清楚，防止重复计算或者低估费用支出。

### （三）总成本费用的估算

#### 1. 总成本费用的组成

总成本费用是指在一定时期（项目分析中一般指一年）内为生产和销售产品或提供服务而发生的全部费用。

总成本费用的构成及估算通常采用以下两种方法：

（1）生产成本加期间费用估算法，计算公式为：

总成本费用 = 生产成本 + 期间费用

生产成本 = 直接材料费 + 直接燃料和动力费 + 直接工资 + 其他直接支出 + 制造费用

期间费用 = 管理费用 + 营业费用 + 财务费用

（2）生产要素估算法，是从估算各种生产要素的费用入手，汇总得到总成本费用。将生产和销售过程中消耗的外购原材料、辅助材料、燃料、动力，职工薪酬，当期应计提的折旧和摊销，以及应付的财务费用相加，得出总成本费用。采用这种估算方法，不必计算内部各生产环节成本的转移，也较容易计算可变成本和固定成本，计算公式为：

总成本费用 = 外购原材料、燃料和动力费 + 职工薪酬 + 折旧费 + 摊销费 + 修理费 + 财务费用（利息支出）+ 其他费用

其他费用是指从制造费用、管理费用和营业费用中扣除了折旧费、摊销费、修理费、工资及福利费以后的其余部分。

#### 2. 总成本费用组成各分项的估算

（1）外购原材料、燃料及动力费的估算。

按“生产要素法”估算总成本费用时，原材料和燃料动力费系指外购的部分。

外购原材料和燃料动力费的估算需要相关专业所提出的外购原材料和燃料动力年耗用量，以及在选定价格体系下的预测价格，该价格应按入库价格计，即到厂价格并考虑途库损耗。采用的价格时点和价格体系应与营业收入的估算一致。

外购原材料和燃料动力费估算要充分体现行业特点和项目具体情况。

应确定适用的增值税税率，以便估算进项税额。

（2）职工薪酬的估算。

职工薪酬是指企业为获得职工提供的服务或解除劳动关系而给予的各种形式的报酬或补偿。职工薪酬包括短期薪酬、离职后福利、辞退福利和其他长期职工福利。企业提供给职工配偶、子女、受赡养人、已故员工遗属及其他受益人等的福利，也属于职工薪酬。

其中，短期薪酬是指企业在职工提供相关服务的年度报告期间结束后 12 个月内需要全部予以支付的职工薪酬，因解除与职工的劳动关系给予的补偿除外。短期薪酬具体包括职工工资、奖金、津贴和补贴，职工福利费，医疗保险费、工伤保险费和生育保险费等社会保险费，住房公积金，工会经费和职工教育经费，短期带薪缺勤，短期利润分享计划，非货币性福利以及其他短期薪酬。

其中，其他长期职工福利是指除短期薪酬、离职后福利、辞退福利之外所有的职工薪酬，

包括长期带薪缺勤、长期残疾福利、长期利润分享计划等。

按“生产要素法”估算总成本费用时，职工薪酬系按项目全部人员数量估算。确定职工薪酬时需考虑项目性质、项目地点、行业特点等因素。依托老企业的项目，还要考虑原企业工资水平。

根据不同项目的需要，项目评价中可视情况选择按项目全部人员年工资的平均数值计算或者按照人员类型和层次分别设定不同档次的工资进行计算。

(3)固定资产折旧费的估算。

固定资产是指为生产商品、提供劳务、出租或经营管理而持有的，同时使用寿命超过一个会计年度的有形资产。

计算折旧，需要先计算固定资产原值。固定资产原值是指项目投产时(达到预定可使用状态)按规定由投资形成固定资产的部分。

固定资产在使用过程中会受到磨损，其价值损失通常是通过提取折旧的方式得以补偿。财务分析中，按生产要素法估算总成本费用时，固定资产折旧可直接列支于总成本费用。

固定资产的折旧方法可在税法允许的范围内由企业自行确定，一般采用直线法，包括年限平均法和工作量法。我国税法也允许对某些机器设备采用快速折旧法，即双倍余额递减法和年数总和法。

固定资产折旧年限、预计净残值率可在税法允许的范围内由企业自行确定，或按行业规定。项目评价中一般应按税法明确规定的分类折旧年限，也可按行业规定的综合折旧年限。

企业一般应按月提取折旧，当月增加的固定资产，当月不提折旧，从下月起计提折旧；当月减少的固定资产，当月照提折旧，从下月起不提折旧。

我国允许的固定资产折旧方法如下：

①年限平均法。

年限平均法又称直线法，是将固定资产的折旧均衡地分摊到各期的一种方法。采用这种方法计算的每期折旧额均是等额的。

其计算公式为：

$$\text{年折旧率}=\frac{1-\text{预计净残值率}}{\text{预计折旧年限}}\times 100\% = \frac{\text{固定资产原值}-\text{预计净残值}}{\text{固定资产原值}\times\text{预计折旧年限}}\times 100\%$$

$$\text{年折旧额}=\text{固定资产原值}\times\text{年折旧率}$$

**典型例题**

**【背景】**

某企业一台专项设备账面原值为160 000元，预计折旧年限为5年，预计净残值为5 000元。

**问题：**

按平均年限法计算年折旧额。

**【答案】**

该设备的年折旧率 $=\frac{1-5\ 000/160\ 000}{5}\times 100\% = 19.375\%$。

该项设备的年折旧额 $=160\ 000\times 19.375\% = 31\ 000$(元)。

固定资产在不同使用年限提供的经济效益是不同的。一般来讲，固定资产在其使用前期工作效率相对较高，所带来的经济利益也就较多；而在其使用后期，工作效率一般呈下降趋势，因而，所带来的经济利益也就逐渐减少。平均年限法不考虑这一事实，明显是不合理的。

②工作量法。

工作量法是根据实际工作量计提折旧额的一种方法。这种方法弥补了平均年限法只重使用时间、不考虑使用强度的缺点。

工作量法又分两种，一是按照行驶里程计算折旧，二是按照工作小时计算折旧。

按照行驶里程计算折旧时，计算公式为：

$$\text{单位里程折旧额}=\frac{\text{固定资产原价}\times(1-\text{预计残值率})}{\text{总行驶里程}}$$

$$\text{年折旧额}=\text{单位里程折旧额}\times\text{年行驶里程}$$

按照工作小时计算折旧时，计算公式为：

$$\text{每工作小时折旧额}=\frac{\text{固定资产原价}\times(1-\text{预计残值率})}{\text{总工作小时}}$$

$$\text{年折旧额}=\text{每工作小时折旧额}\times\text{年工作小时}$$

**典型例题**

【背景】

某企业一辆运货卡车原值为60 000元，预计总行驶里程为500 000 km，其报废时的残值率为5%，本年行驶60 000 km。

**问题：**

该辆车的年折旧额为多少？

【答案】

$$\text{单位里程折旧额}=\frac{60\ 000\times(1-5\%)}{500\ 000}=0.114(\text{元/千米})。$$

年折旧额 $=0.114\times60\ 000=6\ 840$（元）。

③加速折旧法。

加速折旧法也称快速折旧法或递减折旧法，特点是在固定资产有效使用年限的前期多提折旧，后期则少提折旧，目的是使固定资产在使用年限内加快得到补偿。

加速折旧法的计提方法有多种，常用的有双倍余额递减法和年数总和法。

双倍余额递减法是在不考虑固定资产残值的情况下，根据每期期初固定资产账面余额和双倍的直线法折旧率计算固定资产折旧的一种方法。计算公式为：

$$\text{年折旧率}=\frac{2}{\text{预计折旧年限}}\times100\%$$

$$\text{年折旧额}=\text{固定资产净值}\times\text{年折旧率}$$

由于双倍余额递减法不考虑固定资产的残值收入，因此，在应用这种方法时必须注意不能使固定资产的账面折余价值降低到它的预计残值收入以下，即实行双倍余额递减法的，应在折旧年限到期前两年内，将固定资产净值扣除净残值后的净额平均摊销。

**典型例题**

【背景】

某高科技企业进口一条生产线，安装完毕后固定资产原值为200 000元，预计使用年限5年，预计净残值8 000元。

**问题：**

求该生产线按双倍余额递减法计算的各年折旧额。

【答案】

年折旧率 = 2/5 × 100% = 40%。

第1年折旧额：200 000 × 40% = 80 000（元）。

第2年折旧额：(200 000 − 80 000) × 40% = 48 000（元）。

第3年折旧额：(200 000 − 80 000 − 48 000) × 40% = 28 800（元）。

第4年折旧额：(200 000 − 80 000 − 48 000 − 28 800 − 8 000)/2 = 17 600（元）。

第5年折旧额：17 600元。

年数总和法又称合计年限法，是将固定资产的原值减去净残值后的净额乘以一个逐年递减的分数来计算每年的折旧额，这个分数的分子代表固定资产尚可使用的年数，分母代表使用年数的逐年数字总和。特点是固定资产的折旧率逐年递减。计算公式为：

$$\text{年折旧率} = \frac{\text{尚可使用年数}}{\text{折旧年限的年数总和}} \times 100\%$$

$$\text{或：年折旧率} = \frac{\text{折旧年限} - \text{已使用年限}}{\text{折旧年限} \times (\text{折旧年限} + 1) \div 2} \times 100\%$$

$$\text{年折旧额} = (\text{固定资产原值} - \text{预计净残值}) \times \text{年折旧率}$$

**典型例题**

【背景】

某固定资产原值为50 000元，预计使用年限为5年，预计净残值为2 000元。

**问题：**

计算各年折旧额。

【答案】

折旧年限的年数总和 = 5 × (5 + 1)/2 = 15。

第1年折旧额：(50 000 − 2 000) × 5/15 = 16 000（元）。

第2年折旧额：(50 000 − 2 000) × 4/15 = 12 800（元）。

第3年折旧额：(50 000 − 2 000) × 3/15 = 9 600（元）。

第4年折旧额：(50 000 − 2 000) × 2/15 = 6 400（元）。

第5年折旧额：(50 000 − 2 000) × 1/15 = 3 200（元）。

(4)固定资产修理费的估算。

修理费是指为保持固定资产的正常运转和使用,充分发挥使用效能,对其进行必要修理所发生的费用,按修理范围的大小和修理时间间隔的长短可以分为大修理和中小修理。

修理费允许直接在成本中列支,如果当期发生的修理费用数额较大,可实行预提或摊销的办法。

当按“生产要素法”估算总成本费用时,固定资产修理费系指项目全部固定资产的修理费,可直接按固定资产原值(扣除所含的建设期利息)的一定百分数估算。百分数的选取应考虑行业和项目特点。在生产运营的各年中,修理费率的取值,一般采用固定值。根据项目特点也可以间断性地调整修理费率,开始取较低值,以后取较高值。

(5)无形资产和其他资产原值及摊销费的估算。

无形资产是指企业拥有或者控制的没有实物形态的可辨认非货币性资产,包括专利权、商标权、专有技术、著作权、土地使用权、特许经营权等。

无形资产原值是指项目投产时按规定由投资形成无形资产的部分。

按照有关规定,无形资产从开始使用之日起,在有效使用期限内平均摊入成本。法律和合同规定了法定有效期限或者受益期限的,摊销年限从其规定,否则摊销年限应注意符合税法的要求。无形资产的摊销一般采用年限平均法,不计残值。

其他资产是除流动资产、固定资产、无形资产以外的其他资产。

其他资产的摊销可以采用年限平均法,不计残值,摊销年限应注意符合税法的要求。

(6)其他费用的估算。

其他费用包括其他制造费用、其他管理费用和其他营业费用,是指由制造费用、管理费用和营业费用中分别扣除职工薪酬、折旧费、摊销费、修理费后的其余部分。产品出口退税和减免税项目按规定不能抵扣的进项税额也可包括在内。

①其他制造费用的估算。

制造费用指企业为生产产品和提供劳务而发生的各项间接费用,包括企业生产部门(如生产车间)发生的水电费、固定资产折旧、无形资产摊销、管理人员的职工薪酬、劳动保护费、国家规定的有关环保费用、季节性和修理期间的停工损失等。

项目评价中的制造费用系指项目包含的各分厂或车间的总制造费用,为了简化计算常将制造费用归类为管理人员薪酬、折旧费、修理费和其他制造费用几部分。

其他制造费用是指由制造费用中扣除生产单位管理人员薪酬、折旧费、修理费后的其余部分。项目评价中常按固定资产原值(扣除所含的建设期利息)的百分数估算,或者按人员定额估算。具体估算方法可从行业规定。

②其他管理费用的估算。

管理费用是指企业为管理和组织生产经营活动所发生的各项费用,包括公司经费、工会经费、职工教育经费、劳动保险费、待业保险费、董事会费、咨询费、聘请中介机构费、诉讼费、业务招待费、排污费、房产税、车船使用税、土地使用税、印花税、矿产资源补偿费、技术转让费、研究与开发费、无形资产与其他资产摊销、职工教育经费、计提的坏账准备和存货跌价准备等。

为了简化计算,项目评价中可将管理费用归类为管理人员薪酬、折旧费、无形资产和其他资产摊销、修理费和其他管理费用几部分。其他管理费用是指由管理费用中扣除职工薪酬、折旧费、摊销费、修理费后的其余部分。

项目评价中常见的估算方法是按人员定额或取职工薪酬总额的倍数估算。

若管理费用中的技术转让费、研究与开发费与土地使用税等数额较大,应单独核算后并入其他管理费用,或单独列项。

③其他营业费用的估算。

营业费用是指企业在销售商品过程中发生的各项费用以及专设销售机构的各项经费,包括应由企业负担的运输费、装卸费、包装费、保险费、广告费、展览费以及专设销售机构人员薪酬、类似工资性质的费用、业务费等经营费用。

为了简化计算,项目评价中将营业费用归为销售人员薪酬、折旧费、修理费和其他营业费用几部分。其他营业费用是指由营业费用中扣除职工薪酬、折旧费、修理费后的其余部分。

财务分析中常见的估算方法是按营业收入的百分数估算。

④不能抵扣的进项税额。

对于产品出口项目和产品国内销售的增值税减免项目,应将不能抵扣的进项税额计入总成本费用的其他费用或单独列项。

(7)利息支出的估算。

根据会计法规,财务费用是指企业为筹集生产经营所需资金等而发生的费用,包括应当作为期间费用的利息支出(减利息收入)、汇兑损失(减汇兑收益)以及相关的手续费等。在大多数项目的财务分析中,通常只考虑利息支出。

利息支出估算包括长期借款利息、流动资金借款利息和短期借款利息三部分。

①长期借款利息。

长期借款利息是指对建设期间借款余额(含未支付的建设期利息)应在生产期支付的利息。财务分析中可以选择等额还本付息方式或者等额还本、利息照付方式来计算长期借款利息。

等额还本付息,即每年偿还的本利之和相等,而本金和利息各年不等。偿还的本金部分逐年增多,支付的利息部分逐年减少。那么每年偿还的贷款本利和相同。

等额还本付息方式的计算公式为:

$$A = I_c \times \frac{i(1+i)^n}{(1+i)^n - 1}$$

式中 $A$——每年还本付息额(等额年金);

$i$——年利率;

$n$——预定的还款期;

$I_c$——还款起始年年初的借款余额(含未支付的建设期利息);

$\frac{i(1+i)^n}{(1+i)^n - 1}$——资金回收系数,可以自行计算或查复利系数表。

其中：

$$每年支付利息 = 年初借款余额 \times 年利率$$

$$每年偿还本金 = A - 每年支付利息$$

$$年初借款余额 = I_c - 本年以前各年偿还的借款累计$$

举例说明：期初贷款 1 000 元，2 年内等额还本付息，年利率 10%，那么 $A = P \times (A/P, 10\%, 2)$，得到每年偿还贷款本利和 = 576.19（元）。贷款在第 1 年产生的利息 = 1 000 × 10% = 100（元），偿还完利息后，还偿还贷款本金 = 576.19 − 100 = 476.19（元），第 1 年合计还款 576.19 元，剩余尚未偿还的贷款 = 1 000 − 476.19 = 523.81（元）；第 2 年贷款产生的利息 = 523.81 × 10% = 52.38（元），期末偿还剩余的本金 523.81 元，合计还款 = 523.81 + 52.38 = 576.19（元）。

等额还本、利息照付，即各年偿还的本利之和不等，每年偿还的本金相等。每年偿还的贷款本金一样，另外每年偿还当年产生的利息。随着贷款本金的偿还，每年产生的利息也会逐渐减少。

等额还本、利息照付方式下，设 $A_t$ 为第 $t$ 年的还本付息额，则有：

$$A_t = \frac{I_c}{n} + I_c \times (1 - \frac{t-1}{n}) \times i$$

其中：

$$每年支付利息 = 年初借款余额 \times 年利率$$

即：

$$第\ t\ 年支付的利息 = I_c \times \left(1 - \frac{t-1}{n}\right) \times i$$

$$每年偿还本金 = \frac{I_c}{n}$$

举例说明：期初贷款 1 000 元，2 年内等额还本、利息照付，年利率 10%，那么，第 1 年产生的利息 = 1 000 × 10% = 100（元），所以第 1 年偿还贷款利息 100 元，另外偿还贷款本金 500 元，合计 600 元。第 2 年产生的利息 = 500 × 10% = 50（元），第 2 年偿还贷款利息 50 元，另外偿还贷款本金 500 元，合计 550 元。

**典型例题**

**【背景】**

某项目建设期 2 年，生产期 8 年。建设期贷款 2 000 万元，贷款年利率为 8%（按年计息），在建设期第 1 年投入 40%，第 2 年投入 60%。贷款在生产期前 4 年分别按照等额还本付息和等额还本、利息照付的方式偿还。

**问题：**

试按两种方式分别计算项目各年还本付息额。

**【答案】**

建设期第 1 年的贷款利息 = (2 000 × 40%/2) × 8% = 32（万元）。

建设期第 2 年的贷款利息 = [(2 000 × 40% + 32) + 2 000 × 60%/2] × 8% = 114.56(万元)。

建设期贷款利息 = 32 + 114.56 = 146.56(万元)。

建设期期末本息额 2 000 + 146.56 = 2 146.56(万元)。

(1)按照等额还本付息的方式偿还。

等额还本付息金额 = $2\ 146.56 \times 8\% \times (1+8\%)^4/[(1+8\%)^4-1]$ = 648.09(万元)。

项目还本利息表(等额还本付息)如表 10-1 所示。

**表 10-1 项目还本付息表(等额还本付息)** 单位:万元

| 序号 | 项目/年份 | 1 | 2 | 3 | 4 | 5 | 6 |
|---|---|---|---|---|---|---|---|
| 1 | 年初借款余额 | | 832 | 2 146.56 | 1 670.19 | 1 155.72 | 600.09 |
| 2 | 本年新增借款 | 800 | 1 200 | 0 | 0 | 0 | 0 |
| 3 | 本年应计利息 | 32 | 114.56 | 171.72 | 133.62 | 92.46 | 48.00 |
| 4 | 本年应还本金 | | | 476.37 | 514.47 | 555.63 | 600.09 |
| 5 | 年还本付息总额 | | | 648.09 | 648.09 | 648.09 | 648.09 |

(2)按照等额还本、利息照付的方式偿还。

等额还本金额 = 2 146.56/4 = 536.64(万元)。

项目还本利息表(等额还本、利息照付)如表 10-2 所示。

**表 10-2 项目还本付息表(等额还本、利息照付)** 单位:万元

| 序号 | 项目/年份 | 1 | 2 | 3 | 4 | 5 | 6 |
|---|---|---|---|---|---|---|---|
| 1 | 年初借款余额 | | 832 | 2 146.56 | 1 609.92 | 1 073.28 | 536.64 |
| 2 | 本年新增借款 | 800 | 1 200 | 0 | 0 | 0 | 0 |
| 3 | 本年应计利息 | 32 | 114.56 | 171.72 | 128.79 | 85.86 | 42.93 |
| 4 | 本年应还本金 | | | 536.64 | 536.64 | 536.64 | 536.64 |
| 5 | 年还本付息总额 | | | 708.36 | 665.43 | 622.50 | 579.57 |

②流动资金借款利息。

项目评价中估算的流动资金借款从本质上说应归类为长期借款,但目前企业往往有可能与银行达成共识,按期末偿还、期初再借的方式处理,并按一年期利率计息。

流动资金借款利息可以按下式计算:

年流动资金借款利息 = 年初流动资金借款余额 × 流动资金借款年利率

财务分析中对流动资金的借款可以在计算期最后一年偿还,也可在还完长期借款后安排。

③短期借款利息。

项目评价中的短期借款系指运营期间由于资金的临时需要而发生的短期借款,短期借

款的数额应体现在财务计划现金流量表中，其利息应计入总成本费用表的利息支出中。短期借款利息的计算同流动资金借款利息，短期借款的偿还按照随借随还的原则处理，即当年借款尽可能于下年偿还。

### （四）固定成本与可变成本的估算

总成本费用根据成本费用与产量的关系可以分解为可变成本、固定成本和半可变（或半固定）成本。

财务分析进行盈亏平衡分析时，需要将总成本费用分解为固定成本和可变成本。

固定成本是指不随产品产量变化的各项成本费用。固定成本一般包括折旧费、摊销费、修理费、职工薪酬（计件工资除外）和其他费用等。

可变成本是指随产品产量而成正比例变化的各项费用。可变成本主要包括外购原材料、燃料及动力费和计件工资等。

有些成本费用属于半可变（或半固定）成本，例如，不能熄灭的工业炉的燃料费用等。工资、营业费用和流动资金利息等可能既有可变因素，又有固定因素。

在计算时，长期借款利息应视为固定成本，流动资金借款和短期借款利息可能部分与产品产量相关，其利息可视为半可变半固定成本，为简化计算，一般也将其作为固定成本。因此，通常把运营期发生的全部利息作为固定成本。

### （五）经营成本的估算

经营成本是项目评价特有的概念，用于项目财务分析中的现金流量分析。经营成本是项目现金流量表中运营期现金流出的主体部分，应得到充分的重视。经营成本与融资方案无关，因此，在完成建设投资和营业收入估算后，就可以估算经营成本，为项目融资前分析提供数据。

经营成本估算的行业性很强，估算应按照行业的规定，没有规定的也应注意反映行业的特点。

经营成本的计算公式为：

经营成本 = 外购原材料、燃料及动力费 + 职工薪酬 + 修理费 + 其他费用

经营成本 = 总成本费用 − 折旧费 − 摊销费 − 利息支出

经营成本之所以要从总成本费用中剔除折旧费、摊销费，是因为在现金流量分析中，投资已作为一次性支出被计入现金流出，如再将折旧费、摊销费随成本计入现金流出，会造成现金流出的重复计算。经营成本要从总成本费用中剔除利息，利息是使用借贷资金所要付出的代价，对于项目来说是实际的现金流出，但在评价项目全部投资的经济效果时，并不考虑资金来源问题，故在这种情况下也不考虑利息的支出。

### （六）维持运营的投资费用的估算

维持运营投资指的是某些项目在运营期需要投入一定的固定资产投资才能得以维持正常运营，例如，设备的更新费用、油田的开发费用、矿山的井巷开拓延伸费用等。不同类型和不同行业的项目其投资内容可能不同，例如，发生维持运营投资应将其列入现金流量表作为现金流出，同时应调整相关报表。

按照《企业会计准则——固定资产》,该项投资能否予以资本化,取决于其是否能为企业带来经济利益且该固定资产的成本是否能够可靠地计量。

项目评价中,如果该投资投入后延长了固定资产的使用寿命,或使产品质量实质性提高,或成本实质性降低等,使可能流入企业的经济利益增加,那么该固定资产投资应该予以资本化,即应计入固定资产原值并计提折旧。否则该投资只能费用化,不形成新的固定资产原值。

### (七)成本费用估算表

分项估算上述各种成本费用后,编制相应的成本费用估算表,包括总成本费用估算表和各分项成本估算表,如表 10-3、表 10-4、表 10-5、表 10-6 和表 10-7 所示。

**表 10-3　总成本费用估算表(生产要素法)**　　单位:万元

| 序号 | 项目 | 合计 | 计算期 | | | | | |
|---|---|---|---|---|---|---|---|---|
| | | | 1 | 2 | 3 | 4 | …… | $n$ |
| 1 | 外购原材料费 | | | | | | | |
| 2 | 外购燃料及动力费 | | | | | | | |
| 3 | 职工薪酬 | | | | | | | |
| 4 | 修理费 | | | | | | | |
| 5 | 其他费用 | | | | | | | |
| 6 | 经营成本(1+2+3+4+5) | | | | | | | |
| 7 | 折旧费 | | | | | | | |
| 8 | 摊销费 | | | | | | | |
| 9 | 利息支出 | | | | | | | |
| 10 | 总成本费用合计(6+7+8+9) | | | | | | | |
| | 其中:可变成本 | | | | | | | |
| | 固定成本 | | | | | | | |

注:本表适用于新设法人项目与既有法人项目的“有项目”“无项目”和增量成本费用的估算。

**表 10-4　外购原材料费估算表**　　单位:万元

| 序号 | 项目 | 合计 | 计算期 | | | | | |
|---|---|---|---|---|---|---|---|---|
| | | | 1 | 2 | 3 | 4 | …… | $n$ |
| 1 | 外购原材料费 | | | | | | | |
| 1.1 | 原材料 A | | | | | | | |
| | 单价 | | | | | | | |
| | 数量 | | | | | | | |

（续表）

| 序号 | 项目 | 合计 | 计算期 | | | | | |
| --- | --- | --- | --- | --- | --- | --- | --- | --- |
| | | | 1 | 2 | 3 | 4 | …… | $n$ |
| | 进项税额 | | | | | | | |
| 1.2 | 原材料 B | | | | | | | |
| | 单价 | | | | | | | |
| | 数量 | | | | | | | |
| | 进项税额 | | | | | | | |
| | …… | | | | | | | |
| 2 | 辅助材料费用 | | | | | | | |
| | 进项税额 | | | | | | | |
| 3 | 其他 | | | | | | | |
| | 进项税额 | | | | | | | |
| 4 | 外购原材料费合计 | | | | | | | |
| 5 | 外购原材料进项税额合计 | | | | | | | |

注:本表适用于新设法人项目与既有法人项目的“有项目”“无项目”和增量外购原材料费的估算。

**表 10-5　外购燃料和动力费估算表**　　单位:万元

| 序号 | 项目 | 合计 | 计算期 | | | | | |
| --- | --- | --- | --- | --- | --- | --- | --- | --- |
| | | | 1 | 2 | 3 | 4 | …… | $n$ |
| 1 | 燃料费 | | | | | | | |
| 1.1 | 燃料 A | | | | | | | |
| | 单价 | | | | | | | |
| | 数量 | | | | | | | |
| | 进项税额 | | | | | | | |
| | …… | | | | | | | |
| 2 | 动力费 | | | | | | | |
| 2.1 | 动力 A | | | | | | | |
| | 单价 | | | | | | | |
| | 数量 | | | | | | | |
| | 进项税额 | | | | | | | |
| | …… | | | | | | | |
| 3 | 外购燃料及动力费合计 | | | | | | | |

（续表）

| 序号 | 项目 | 合计 | 计算期 | | | | | |
|---|---|---|---|---|---|---|---|---|
| | | | 1 | 2 | 3 | 4 | …… | $n$ |
| 4 | 外购燃料及动力进项税额合计 | | | | | | | |

注：本表适用于新设法人项目与既有法人项目的“有项目”“无项目”和增量外购燃料动力费的估算。

**表 10-6　固定资产折旧费估算表**　　单位：万元

| 序号 | 项目 | 合计 | 计算期 | | | | | |
|---|---|---|---|---|---|---|---|---|
| | | | 1 | 2 | 3 | 4 | …… | $n$ |
| 1 | 房屋、建筑物 | | | | | | | |
| | 原值 | | | | | | | |
| | 当期折旧费 | | | | | | | |
| | 净值 | | | | | | | |
| 2 | 机器设备 | | | | | | | |
| | 原值 | | | | | | | |
| | 当期折旧费 | | | | | | | |
| | 净值 | | | | | | | |
| | …… | | | | | | | |
| 3 | 合计 | | | | | | | |
| | 原值 | | | | | | | |
| | 当期折旧费 | | | | | | | |
| | 净值 | | | | | | | |

注：本表适用于新设法人项目固定资产折旧费的估算，以及既有法人项目的“有项目”“无项目”和增量固定资产折旧费用的估算。当估算既有法人项目的“有项目”固定资产折旧费时，应将新增和利用原有部分固定资产分别列出，并分别计算折旧费。

**表 10-7　无形资产及其他资产摊销费估算表**　　单位：万元

| 序号 | 项目 | 合计 | 计算期 | | | | | |
|---|---|---|---|---|---|---|---|---|
| | | | 1 | 2 | 3 | 4 | …… | $n$ |
| 1 | 无形资产 | | | | | | | |
| | 原值 | | | | | | | |
| | 当期摊销费 | | | | | | | |
| | 净值 | | | | | | | |
| 2 | 其他资产 | | | | | | | |

（续表）

| 序号 | 项目 | 合计 | 计算期 | | | | | |
|---|---|---|---|---|---|---|---|---|
| | | | 1 | 2 | 3 | 4 | …… | $n$ |
| | 原值 | | | | | | | |
| | 当期摊销费 | | | | | | | |
| | 净值 | | | | | | | |
| | …… | | | | | | | |
| 3 | 合计 | | | | | | | |
| | 原值 | | | | | | | |
| | 当期摊销费 | | | | | | | |
| | 净值 | | | | | | | |

注：本表适用于新设法人项目无形资产与其他资产摊销费的估算，以及既有法人项目的“有项目”“无项目”和增量无形资产与其他资产摊销费用的估算。当估算既有法人项目的“有项目”无形资产与其他资产摊销费时，应将新增和利用原有部分的资产分别列出，并分别计算摊销费。

## 四、税费估算

财务分析中合理计算各种税费，是正确计算项目效益与费用的重要基础。财务分析中涉及的税费主要有关税、增值税、资源税、消费税、所得税、城市维护建设税和教育费附加等，有些行业还包括土地增值税。税种和税率的选择，应根据相关税法和项目的具体情况确定。进行分析时应说明税种、税基、税率、计税额等。如有减免税费优惠，应说明政策依据以及减免方式和减免金额。

### （一）关税的估算

关税是以进出口的应税货物为纳税对象的税种。财务分析中涉及引进设备、技术和进口原材料时，可能需要估算进口关税。财务分析中应按有关税法和国家的税收优惠政策，正确估算进口关税。若项目的出口产品属征税货物，应按规定估算出口关税。

引进技术、设备材料的关税体现在投资估算中，而进口原材料的关税体现在成本中。

### （二）消费税的估算

我国对部分货物征收消费税。财务分析中涉及适用消费税的产品或进口货物时，应按税法规定计算消费税。

在中华人民共和国境内生产、委托加工和进口应税消费品的单位和个人，以及国务院确定的销售应税消费品的其他单位和个人，为消费税的纳税义务人，应当按照规定缴纳消费税。

消费税实行从价定率、从量定额，或者从价定率和从量定额复合计税（以下简称复合计税）的办法计算应纳税额。应纳税额的计算公式如下：

实行从价定率办法计算的应纳税额计算公式为：

$$应纳税额 = 销售额 \times 比例税率$$

实行从量定额办法计算的应纳税额计算公式为：

$$应纳税额=销售数量\times定额税率$$

实行复合计税办法计算的应纳税额计算公式为：

$$应纳税额=销售额\times比例税率+销售数量\times定额税率$$

## （三）增值税的估算

增值税是以商品（含应税劳务）在流转过程中产生的增值额作为计税依据而征收的一种流转税。从计税原理上说，增值税是对商品生产、流通、劳务服务中多个环节的新增价值或商品的附加值征收的一种流转税。实行价外税，也就是由消费者负担，有增值才征税，没增值不征税。

在中华人民共和国境内销售货物或者加工、修理修配劳务（以下简称劳务），销售服务、无形资产、不动产以及进口货物的单位和个人，为增值税的纳税人，应当依照规定缴纳增值税。

除小规模纳税人外，纳税人销售货物、劳务、服务、无形资产、不动产（以下统称应税销售行为），应纳税额为当期销项税额抵扣当期进项税额后的余额。应纳税额计算公式为：

$$应纳税额=当期销项税额-当期进项税额$$

$$销项税额=销售额\times税率$$

$$销售额=含税销售额/(1+税率)$$

当期销项税额小于当期进项税额不足抵扣时，其不足部分可以结转下期继续抵扣。

纳税人发生应税销售行为，按照销售额和规定的税率计算收取的增值税额，为销项税额。销售额为纳税人发生应税销售行为收取的全部价款和价外费用，但是不包括收取的销项税额。

纳税人购进货物、劳务、服务、无形资产、不动产支付或者负担的增值税额，为进项税额。

下列进项税额准予从销项税额中抵扣：

（1）从销售方取得的增值税专用发票上注明的增值税额。

（2）从海关取得的海关进口增值税专用缴款书上注明的增值税额。

（3）购进农产品，除取得增值税专用发票或者海关进口增值税专用缴款书外，按照农产品收购发票或者销售发票上注明的农产品买价和规定的扣除率计算的进项税额，国务院另有规定的除外。

（4）自境外单位或者个人购进劳务、服务、无形资产或者境内的不动产，从税务机关或者扣缴义务人取得的代扣代缴税款的完税凭证上注明的增值税额。

**提示**

增值税税率可参考本书第八章的相关内容。

准予抵扣的项目和扣除率的调整，由国务院决定。

财务分析中计算增值税应符合税法计算规定。当采用含增值税价格计算销售收入和原材料、燃料动力成本时，利润和利润分配表以及现金流量表中应单列增值税科目；采用不含增值税价格计算时，利润和利润分配表以及现金流量表中不包含增值税科目。

### （四）企业所得税的估算

企业所得税是针对企业应纳税所得额征收的税种。

企业每一纳税年度的收入总额，减除不征税收入、免税收入、各项扣除以及允许弥补的以前年度亏损后的余额，为应纳税所得额。

企业纳税年度发生的亏损，准予向以后年度结转，用以后年度的所得弥补，但结转年限最长不得超过 5 年。

企业所得税计算公式为：

$$所得税应纳税额 = 应纳税所得额 \times 企业所得税税率$$

财务分析中应注意按有关税法对所得税前扣除项目的要求，正确计算应纳税所得额，并采用适宜的税率计算企业所得税，同时注意正确使用有关的所得税优惠政策，并加以说明。

### （五）土地增值税的估算

土地增值税是对有偿转让国有土地使用权、地上建筑物及其附着物产权（简称房地产），取得增值收入的单位和个人征收的一种税。

土地增值税实行四级超率累进税率。

土地增值税按照纳税人转让房地产所取得的增值额和规定的税率计算征收。

土地增值税纳税人转让房地产所取得的收入减除规定的扣除项目金额后的余额，为增值额。

土地增值税计算公式为：

$$应纳税额 = \sum（每级距的土地增值额 \times 适用税率）$$

### （六）资源税的估算

根据《中华人民共和国资源税暂行条例》，在中华人民共和国领域及管辖海域开采规定的矿产品或者生产盐（以下称开采或者生产应税产品）的单位和个人，为资源税的纳税人，应当依照规定缴纳资源税。

资源税的纳税范围：原油、天然气、煤炭、其他非金属矿原矿、黑色金属矿原矿、有色金属矿原矿、盐。

目前对资源税的征收通常采用从量计征方式，但对原油和天然气等则采用从价计征的方式，将来也有可能对资源税的计征方式进行全面改革。

### （七）城市维护建设税、教育费附加的估算

城市维护建设税和教育费附加是以流转税（包括增值税、消费税）为计税基数征收的一种税。城市维护建设税税率如下：纳税人所在地在市区的，税率为 7%；纳税人所在地在县城、镇的，税率为 5%；纳税人所在地不在市区、县城或者镇的，税率为 1%。教育费附加征收税率为 3%。

城市维护建设税、教育费附加的应纳税额的计算公式为：

$$应纳城市维护建设税（教育费附加）额 =（增值税 + 消费税）的实纳税额 \times 适用税率$$

地方教育附加征收标准为单位和个人（包括外商投资企业、外国企业及外籍个人）实际缴纳的增值税和消费税税额的 2%。

但在财务分析的实际工作中，为方便计算，可将房产税、城镇土地使用税、车船使用税、印花税以及环境保护税等税费计入总成本费用中的管理费用，财务分析的“税金及附加”则主要包括消费税、资源税、土地增值税、城市维护建设税、教育费附加和地方教育附加等。

# 第五节　财务盈利能力分析

## 一、盈利能力分析的概述

财务分析的分类：

（1）从是否考虑资金时间价值角度，包括动态分析和静态分析。

（2）从是否在融资方案的基础上进行分析的角度区分，分为融资前分析和融资后分析。如图 10-2 所示。

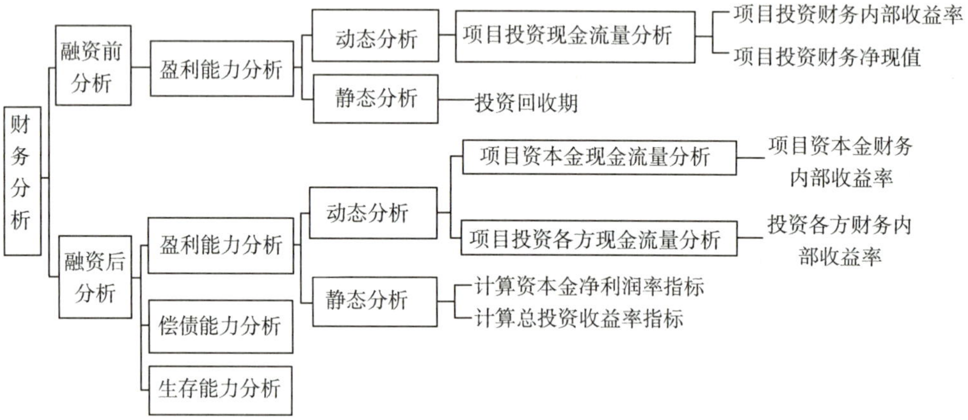


**图 10-2　融资前分析和融资后分析图**

盈利能力是指企业获取利润的能力，它是财务分析的主要内容。

盈利能力指标指工程项目的盈利水平，是反映项目在财务上可行程度的基本标志。其主要分析指标包括财务内部收益率、财务净现值和投资回收期等主要评价指标，也可根据项目的特点和实际需要，计算总投资收益率、项目资本金净利润率等指标。

## 二、动态分析及其指标

盈利能力的动态分析采用现金流量分析方法，可分为项目投资现金流量分析（融资前）、项目资本金现金流量分析（融资后）和投资各方现金流量分析（融资后）三个层次。

### （一）项目投资现金流量分析（融资前）

融资前项目投资现金流量分析，是从项目投资总获利能力角度，考察项目方案设计的合理性。根据需要，可从所得税前和（或）所得税后两个角度进行考察，选择计算所得税前和（或）所得税后指标。

计算所得税前指标的融资前分析(所得税前分析)是从息前税税前角度进行的分析;计算所得税后指标的融资前分析(所得税后分析)是从息前税税后角度进行的分析。

## 1.编制项目投资现金流量表

项目投资现金流量分析应注意以下问题:

(1)进行现金流量分析应正确识别和选用现金流量,包括现金流入和现金流出。

(2)融资前财务分析的现金流量应与融资方案无关。融资前项目投资现金流量分析的现金流量主要包括营业收入、建设投资、流动资金、经营成本、税金及附加和所得税,各项现金流量的估算中都需要剔除利息的影响。

(3)所得税前和所得税后分析的现金流入完全相同,但现金流出略有不同,所得税前分析不将所得税作为现金流出,所得税后分析视所得税为现金流出。

(4)所得税前分析的现金流入主要是营业收入,还可能包括补贴收入,在计算期的最后一年,还包括回收固定资产余值及回收流动资金;现金流出主要包括建设投资、流动资金、经营成本、税金及附加,如果运营期内需要发生设备或设施的更新费用以及矿山、石油开采项目的拓展费用等(记作维持运营投资),也应作为现金流出。净现金流量(现金流入与现金流出之差)是计算分析指标的基础。

根据上述现金流入与流出编制项目投资现金流量表,并依据该表计算项目投资息税前财务内部收益率(*FIRR*)和项目投资息税前财务净现值(*FNPV*)。

项目投资现金流量表如表10-8所示。

**表10-8 项目投资现金流量表** 单位:万元

| 序号 | 项目 | 合计 | 计算期 | | | | | |
|---|---|---|---|---|---|---|---|---|
| | | | 1 | 2 | 3 | 4 | …… | *n* |
| 1 | 现金流入 | | | | | | | |
| 1.1 | 营业收入 | | | | | | | |
| 1.2 | 销项税额 | | | | | | | |
| 1.3 | 回收固定资产余值 | | | | | | | |
| 1.4 | 回收流动资金 | | | | | | | |
| 2 | 现金流出 | | | | | | | |
| 2.1 | 建设投资 | | | | | | | |
| 2.2 | 流动资金 | | | | | | | |
| 2.3 | 经营成本 | | | | | | | |
| 2.4 | 税金及附加 | | | | | | | |
| 2.5 | 维持运营投资 | | | | | | | |
| 3 | 所得税前净现金流量(1-2) | | | | | | | |

（续表）

| 序号 | 项目 | 合计 | 计算期 | | | | | |
| --- | --- | --- | --- | --- | --- | --- | --- | --- |
| | | | 1 | 2 | 3 | 4 | …… | $n$ |
| 4 | 累计所得税前净现金流量 | | | | | | | |
| 5 | 调整所得税 | | | | | | | |
| 6 | 所得税后净现金流量(3－5) | | | | | | | |
| 7 | 累计所得税后净现金流量 | | | | | | | |

计算指标：
项目投资财务内部收益率(%)(所得税前)
项目投资财务内部收益率(%)(所得税后)
项目投资财务净现值(所得税前)($i_c$＝%)
项目投资财务净现值(所得税后)($i_c$＝%)
项目投资回收期(年)(所得税前)
项目投资回收期(年)(所得税后)

注：a. 本表适用于新设法人项目与既有法人项目的增量和“有项目”的现金流量分析。

b. 调整所得税为以息税前利润为基数计算的所得税，区别于“利润与利润分配表”“项目资本金现金流量表”和“财务计划现金流量表”中的所得税。

### 2. 项目投资现金流量分析

项目投资现金流量分析的主要指标包括项目投资财务净现值（*FNPV*）和项目投资财务内部收益率（*FIRR*），此外，还包括静态或动态回收周期等。后文会详细介绍。

### 3. 所得税前和所得税后分析的作用

按所得税前的净现金流量计算的相关指标，即所得税前指标，是投资盈利能力的完整体现，可用以考察由项目方案设计本身所决定的财务盈利能力，它不受融资方案和所得税政策变化的影响，仅仅体现了项目方案本身的合理性。所得税前指标可以作为初步投资决策的主要指标，用于考察项目是否基本可行，并是否值得去为之融资。所谓“初步”是相对而言，意指根据该指标投资者可以做出项目实施后能实现投资目标的判断，此后再通过融资方案的比选分析，有了较为满意的融资方案后，投资者才能决定最终是否出资。所得税前指标应该受到项目有关各方（项目发起人、项目业主、项目投资人、银行和政府管理部门）广泛的关注。所得税前指标还特别适用于建设方案设计中的方案比选。

所得税后分析是所得税前分析的延伸。所得税作为现金流出，可用于在融资的条件下判断项目投资对企业价值的贡献，是企业投资决策依据的主要指标。

## （二）项目资本金现金流量分析（融资后）

项目资本金现金流量分析，应在拟定的融资方案下，从项目资本金出资者整体的角度，确定其现金流入和现金流出，编制项目资本金现金流量表，利用资金时间价值的原理进行折现，计算项目资本金财务内部收益率指标，考察项目资本金可获得的收益水平。

项目资本金现金流量分析是从项目权益投资者整体的角度，考察项目给项目权益投资者带来的收益水平。它是在拟定的融资方案基础上进行的息税后分析，依据的报表是项目资本金现金流量表(见表10-9)。该表将各年投入项目的项目资本金作为现金流出，各年缴付的所得税和还本付息也作为现金流出，因此，其净现金流量可以表示在缴税和还本付息之后的剩余，即项目(或企业)增加的净收益，也是投资者的权益性收益。因此，计算的项目资本金内部收益率指标可反映从投资者整体权益角度考察盈利能力的要求，也就是从项目发起人(或企业)角度对盈利能力进行判断的要求。在依据融资前分析的指标对项目基本获利能力有所判断的基础上，项目资本金内部收益率指标体现了在一定的融资方案下，投资者整体所能获得的权益性收益水平。该指标可用来对融资方案进行比较和取舍，是投资者整体做出最终融资决策的依据，也可进一步帮助投资者最终的决策出资。

项目资本金现金流量表如表10-9所示。

**表10-9 项目资本金现金流量表**

单位：万元

| 序号 | 项目 | 合计 | 计算期 | | | | | |
|---|---|---|---|---|---|---|---|---|
| | | | 1 | 2 | 3 | 4 | …… | *n* |
| 1 | 现金流入 | | | | | | | |
| 1.1 | 营业收入 | | | | | | | |
| 1.2 | 销项税额 | | | | | | | |
| 1.3 | 回收固定资产余值 | | | | | | | |
| 1.4 | 回收流动资金 | | | | | | | |
| 2 | 现金流出 | | | | | | | |
| 2.1 | 项目资本金 | | | | | | | |
| 2.2 | 借款本金偿还 | | | | | | | |
| 2.3 | 借款利息支付 | | | | | | | |
| 2.4 | 经营成本 | | | | | | | |
| 2.5 | 税金及附加 | | | | | | | |
| 2.6 | 所得税 | | | | | | | |
| 2.7 | 维持运营投资 | | | | | | | |
| 3 | 净现金流量(1－2) | | | | | | | |

计算指标：

资本金财务内部收益率(%)

注:a. 项目资本金包括用于建设投资、建设期利息和流动资金的资金。

b. 对外商投资项目,现金流出中应增加职工奖励及福利基金科目。

c. 本表适用于新设法人项目与既有法人项目“有项目”的现金流量分析。

## (三)投资各方现金流量分析(融资后)

投资各方现金流量分析应从投资各方实际收入和支出的角度,确定其现金流入和现金流出,分别编制投资各方现金流量表,计算投资各方的财务内部收益率指标,考察投资各方可能获得的收益水平。当投资各方不按股本比例进行分配或有其他不对等的收益时,可选择对投资各方现金流量进行分析。

投资各方的内部收益率表示了投资各方的收益水平。一般情况下,投资各方按股本比例分配利润和分担亏损及风险,因此,投资各方的利益一般是均等的,没有必要计算投资各方的内部收益率。只有投资者中的各方有股权之外的不对等的利益分配时(契约式的合作企业常常会有这种情况),投资各方的收益率才会有所差异,此时常常需要计算投资各方的内部收益率。计算投资各方的内部收益率可以看出各方收益是否均衡,或者其非均衡性是否在一个合理的水平上,有助于促成投资各方在合作谈判中达成平等互利的协议。

投资各方现金流量表如表10-10所示。

表10-10　投资各方现金流量表　　单位:万元

| 序号 | 项目 | 合计 | 计算期 | | | | | |
|---|---|---|---|---|---|---|---|---|
| | | | 1 | 2 | 3 | 4 | …… | $n$ |
| 1 | 现金流入 | | | | | | | |
| 1.1 | 实分利润 | | | | | | | |
| 1.2 | 资产处置收益分配 | | | | | | | |
| 1.3 | 租赁费收入 | | | | | | | |
| 1.4 | 技术转让或使用收入 | | | | | | | |
| 1.5 | 其他现金流入 | | | | | | | |
| 2 | 现金流出 | | | | | | | |
| 2.1 | 实缴资本 | | | | | | | |
| 2.2 | 租赁资产支出 | | | | | | | |
| 2.3 | 其他现金流出 | | | | | | | |
| 3 | 净现金流量(1-2) | | | | | | | |

计算指标:

投资各方财务内部收益率(%)

注:a. 本表可按不同投资方分别编制。

b. 投资各方现金流量表既适用于内资企业也适用于外商投资企业;既适用于合资企业也适用于合作企业。

c. 投资各方现金流量表中现金流入是指出资方因该项目的实施将实际获得的各种收入;现金流出

是指出资方因该项目的实施将实际投入的各种支出。表中科目应根据项目具体情况调整。

d. 实分利润是指投资者由项目获取的利润。

e. 资产处置收益分配是指对有明确的合营期限或合资期限的项目,在期满时对资产余值按股比或约定比例的分配。

f. 租赁费收入是指出资方将自己的资产租赁给项目使用所获得的收入,此时应将资产价值作为现金流出,列为租赁资产支出科目。

g. 技术转让或使用收入是指出资方将专利或专有技术转让或允许该项目使用所获得的收入。

### (四)现金流量分析指标——财务净现值

#### 1. 定义

财务净现值($FNPV$)是根据项目投资现金流量表,按设定的折现率(一般采用基准收益率 $i_c$)计算的项目计算期内各年净现金流量的现值之和。

财务净现值的计算公式为:

$$FNPV = \sum_{t=1}^{n}(CI - CO)_t(1 + i_c)^{-t}$$

式中 $CI$——现金流入量;

$CO$——现金流出量;

$(CI - CO)_t$——第 $t$ 年的净现金流量;

$n$——项目计算期;

$i_c$——设定的折现率。

财务净现值是考察项目盈利能力的绝对指标,反映项目在满足按设定折现率要求的盈利之外所获得的超额盈利的现值。

一般情况下,财务盈利能力分析只计算项目投资财务净现值,可根据需要计算所得税前净现值或所得税后净现值。

#### 2. 判断标准

当 $FNPV \geqslant 0$ 时,说明项目的盈利能力超过了按设定折现率计算的盈利能力,从财务的角度考虑,项目是可以考虑接受的。

当 $FNPV < 0$ 时,说明项目的盈利能力达不到按设定折现率计算的盈利能力,一般可判断项目不可行。

#### 3. 特点

财务净现值指标的特点:考虑了项目的整个寿命期的现金流,比较全面;是个差额指标,比较直观地反映了项目的经济效益;基准贴现率的选取,影响净现值的计算结果;它只能表明投资项目的盈利能力大于、等于或小于设定的折现率的水平,而不能直接算出项目的盈利能力与设定的折现率的差距。

### (五)现金流量分析指标——财务内部收益率

#### 1. 定义

财务内部收益率($FIRR$)是指能使项目在整个计算期内各年净现金流量现值累计等于零时的折现率,即 $FIRR$ 作为折现率使下式成立:

$$\sum_{t=1}^{n}(CI-CO)_t(1+FIRR)^{-t}=0$$

式中　$CI$——现金流入量；

$CO$——现金流出量；

$(CI-CO)_t$——第 $t$ 年的净现金流量；

$n$——项目计算期。

按分析范围和对象的不同，财务内部收益率分为项目财务内部收益率、项目资本金财务内部收益率和投资各方财务内部收益率。三者都依据上式计算，但所用的现金流入和现金流出不同，判别基准和决策原则也不同。

### 2. 计算方法

财务内部收益率可根据现金流量表中净现金流量，用试差法计算，也可采用专用软件的财务函数计算。

用试差法计算财务内部收益率（$FIRR$）的步骤如下：

（1）初估 $FIRR$ 的试算初值。

（2）试算，找出 $i_1$ 和 $i_2$，及其相对应的 $FNPV_1$ 和 $FNPV_2$。因为利用线性内插法计算出来的 $FIRR$ 是一个近似值，所以必须考虑近似精度。为保证 $FIRR$ 的精度，$i_2$ 与 $i_1$ 之间的差距一般以不超过 2% 为宜，最大不宜超过 5%。

（3）用线性内插法计算 $FIRR$ 的近似值，公式如下：

$$FIRR=i_1+(i_2-i_1)\times\frac{FNPV_1}{FNPV_1+|FNPV_2|}$$

### 3. 决策原则

（1）项目财务内部收益率。

项目财务内部收益率是考察项目融资方案确定前（未计算借款利息）且在所得税前整个项目的盈利能力。

项目财务内部收益率的判别基准是基准收益率 $i_c$。当 $FIRR\geqslant i_c$ 时，说明项目财务内部收益率已达到或超过基准收益率水平，项目方案在财务上可以考虑接受；当 $FIRR<i_c$ 时，说明项目方案在财务上不可行。

（2）项目资本金财务内部收益率。

项目资本金财务内部收益率是以项目资本金为计算基础，考察所得税税后资本金可能获得的收益水平。

项目资本金财务内部收益率的判别基准是项目投资者整体对投资获利的最低期望值，亦即最低可接受收益率。当计算的项目资本金财务内部收益率大于或等于该最低可接受收益率时，说明投资获利水平大于或达到了要求，是可以接受的。最低可接受收益率的确定主要取决于当时的资本收益水平以及投资者对权益资金收益的要求。它与资金机会成本和投资者对风险的态度有关。

（3）投资各方财务内部收益率。

投资各方财务内部收益率是以投资各方出资额为计算基础，考察投资各方可能获得的收益水平。

投资各方财务内部收益率的判别基准是出资方的最低期望收益率。

### （六）现金流量分析指标——基准收益率

财务分析中，基准收益率是一个很重要的指标，其可以用于判别财务内部收益率是否满足要求，也可以作为计算财务净现值的折现率。财务分析中，应根据不同投资主体、不同数据要求选择合适的财务基准收益率，确定时，应考虑下列因素：

（1）是否包含通货膨胀，应与采用的投入和产出价格体系相一致。

（2）把资金成本、资金机会成本作为确定的基础。

## 三、静态分析及其指标

静态分析是不采取折现方式处理数据，相关指标包括静态投资回收期（$P_t$）、项目资本金净利润率（$ROE$）、总投资收益率（$ROI$）等。

**提示**

静态投资回收期相关内容参见本书第七章。

### （一）总投资收益率

总投资收益率（$ROI$）表示总投资的盈利水平，系指项目达到设计生产能力后正常年份的年息税前利润或运营期内年平均息税前利润（$EBIT$）与项目总投资（$TI$）的比率。其计算公式为：

$$ROI=\frac{EBIT}{TI}$$

式中，息税前利润（$EBIT$）是指项目正常年份的年息税前利润或运营期内年平均息税前利润（包括年利润总额和计入年总成本费用的利息费用），其计算公式为：

息税前利润 = 利润总额 + 支付的全部利息 = 营业收入 − 税金及附加 − 经营成本 − 折旧和摊销

决策原则：总投资收益率大于同行业的收益率参考值，表明用总投资收益率表示的盈利能力满足要求，且该指标越大越好。

**典型例题**

**【背景】**

某工业项目建设投资额为 9 000 万元（不含建设期贷款利息），建设期贷款利息为 700 万元，全部流动资金为 800 万元，项目投产后正常年份的息税前利润为 600 万元。

**问题：**

计算该项目的总投资收益率。

**【答案】**

项目总投资（$TI$）= 9 000 + 700 + 800 = 10 500（万元）。

$$ROI=\frac{EBIT}{TI}\times 100\%=\frac{600}{10\ 500}\times 100\%=5.71\%。$$

### （二）资本金净利润率

资本金净利润率（*ROE*）表示项目资本金的盈利水平，系指项目达到设计生产能力后正常年份的年净利润或运营期内年平均净利润（*NP*）与项目资本金（*EC*）的比率。

其计算公式为：

$$ROE=\frac{NP}{EC}\times 100\%$$

式中 *ROE*——资本金净利润率；

*NP*——项目正常年份的年净利润或运营期内年平均净利润；

*EC*——项目资本金。

决策原则：资本金净利润率大于同行业的净利润率参考值，表明用项目资本金净利润率表示的盈利能力满足要求。

**典型例题**

**【背景】**

某项目的总投资 1 700 万元，其中债务资金 1 000 万元，该项目在正常年份年利润总额 500 万元，税金 200 万元，年利息 80 万元。

**问题：**

计算该项目的资本金净利润率。

**【答案】**

资本金（*EC*）=1 700 - 1 000 =700（万元）。

净利润（*NP*）= 利润总额 - 税金 =500 - 200 =300（万元）。

$ROE=\frac{NP}{EC}\times 100\%=\frac{300}{700}\times 100\%=42.9\%$。

### （三）相关报表

静态指标在计算时，需要考虑的报表主要包括“项目总投资使用计划与资金筹措表”和“利润与利润分配表”。

**提示**

项目总投资使用计划与资金筹措表参见本书第八章相关内容。

利润与利润分配表反映的是项目计算期内各年营业收入、总成本费用、利润总额等情况，以及所得税后利润的分配，用于计算总投资收益率、项目资本金净利润率等指标。

利润与利润分配表如表 10-11 所示。

**表 10-11 利润与利润分配表** 单位：万元

| 序号 | 项目 | 合计 | 计算期 | | | | | |
|---|---|---|---|---|---|---|---|---|
| | | | 1 | 2 | 3 | 4 | …… | *n* |
| 1 | 营业收入 | | | | | | | |
| 2 | 税金及附加 | | | | | | | |

（续表）

| 序号 | 项目 | 合计 | 计算期 | | | | | |
|---|---|---|---|---|---|---|---|---|
| | | | 1 | 2 | 3 | 4 | …… | $n$ |
| 3 | 总成本费用 | | | | | | | |
| 4 | 补贴收入 | | | | | | | |
| 5 | 利润总额(1－2－3＋4) | | | | | | | |
| 6 | 弥补以前年度亏损 | | | | | | | |
| 7 | 应纳税所得额(5－6) | | | | | | | |
| 8 | 所得税 | | | | | | | |
| 9 | 净利润(5－8) | | | | | | | |
| 10 | 期初未分配利润 | | | | | | | |
| 11 | 可供分配的利润(9＋10) | | | | | | | |
| 12 | 提取法定盈余公积金 | | | | | | | |
| 13 | 可供投资者分配的利润(11－12) | | | | | | | |
| 14 | 应付优先股股利 | | | | | | | |
| 15 | 提取任意盈余公积金 | | | | | | | |
| 16 | 应付普通股股利(13－14－15) | | | | | | | |
| 17 | 各投资方利润分配 | | | | | | | |
| | 其中：××方 | | | | | | | |
| | ××方 | | | | | | | |
| 18 | 未分配利润(13－14－15－17) | | | | | | | |
| 19 | 息税前利润(利润总额＋利息支出) | | | | | | | |
| 20 | 息税折旧摊销前利润(息税前利润＋折旧＋摊销) | | | | | | | |

注：a. 对于外商出资项目由第 11 项减去储备基金、职工奖励与福利基金和企业发展基金后，得出可供投资者分配的利润。

b. 第 14～16 项根据企业性质和具体情况列项。

c. 法定盈余公积金按净利润计提。

## 典型例题

**【背景】**

某企业拟新建一工业产品生产线，采用同等生产规模的标准化设计资料。项目财务分析相关基础数据如下：

(1)按现行价格计算的该项目生产线设备购置费为720万元，当地已建同类同等生产规模生产线项目的建筑工程费用、生产线设备安装工程费用、其他辅助设备购置及安装费用占生产线设备购置费的比重分别为70%、20%、15%。根据市场调查，现行生产线设备购置费较已建项目有10%的下降，建筑工程费用、生产线设备安装工程费用较已建项目有20%的上涨，其他辅助设备购置及安装费用无变化。拟建项目的其他相关费用为500万元(含预备费)。

(2)项目建设期1年，运营期10年，建设投资(不含可抵扣进项税)全部形成固定资产。固定资产使用年限为10年，残值率为5%，直线法折旧。

(3)项目投产当年需要投入运营期流动资金200万元。

(4)项目运营期达产年份不含税销售收入为1 200万元，适用的增值税税率为13%，增值税附加按增值税10%计取。项目达产年份的经营成本为760万元(含进项税60万元)。

(5)运营期第1年达到产能的80%，销售收入、经营成本(含进项税)均按达产年份的80%计。第2年及以后年份为达产年份。

(6)企业适用的所得税税率为25%，行业平均投资收益率为8%。

**问题：**

1.列式计算拟建项目的建设投资。

2.若该项目的建设投资为2 200万元(包含可抵扣进项税200万元)，建设投资在建设期均衡投入。

(1)列式计算运营期第1年～第3年的应纳增值税额。

(2)列式计算运营期第1年～第3年的调整所得税。

(3)进行项目投资现金流量表(第1～4年)的编制，并填入项目投资现金流量表中，如表10-12所示。

(4)假定计算期第4年(运营期第3年)为正常生产年份，计算项目的总投资收益率，并判断项目的可行性。(计算结果保留两位小数)

**表10-12 项目投资现金流量表** 单位：万元

| 序号 | 项目 | 建设期 | 运营期 | | |
|---|---|---|---|---|---|
| | | 1 | 2 | 3 | 4 |
| 1 | 现金流入 | | | | |
| 1.1 | 营业收入(含销项税额) | | | | |
| 1.2 | 回收固定资产余值 | | | | |
| 1.3 | 回收流动资金 | | | | |

（续表）

| 序号 | 项目 | 建设期 | 运营期 | | |
|---|---|---|---|---|---|
| | | 1 | 2 | 3 | 4 |
| 2 | 现金流出 | | | | |
| 2.1 | 建设投资 | | | | |
| 2.2 | 流动资金投资 | | | | |
| 2.3 | 经营成本(含进项税额) | | | | |
| 2.4 | 应纳增值税 | | | | |
| 2.5 | 增值税附加 | | | | |
| 2.6 | 调整所得税 | | | | |
| 3 | 所得税后现金流量 | | | | |
| 4 | 累计税后现金流量 | | | | |

【答案】

1. 拟建项目的建设投资＝工程费用＋工程建设其他费用＋预备费。具体计算如下：

(1)工程费用＝建筑工程费＋设备购置费＋安装工程费。

拟建项目的设备购置费:720 万元。

已建类似项目的设备购置费:720/(1－10%)＝800(万元)。

已建类似项目的建筑工程费:800×70%＝560(万元)。

已建类似项目的设备安装工程费:800×20%＝160(万元)。

已建类似项目的其他辅助设备购置及安装费:800×15%＝120(万元)。

拟建项目的建筑工程费及设备安装工程费:(560＋160)×(1＋20%)＝864(万元)。

拟建项目的其他辅助设备购置及安装费:120 万元。

则工程费用＝720＋864＋120＝1 704(万元)。

(2)工程建设其他费用及预备费:500 万元。

综上所述,拟建项目的建设投资:1 704＋500＝2 204(万元)。

2. (1)运营期第 1 年应纳增值税额:1 200×13%×80%－60×80%－200＝－123.20(万元)<0,第 1 年应纳增值税为 0。

运营期第 2 年应纳增值税额:1 200×13%－60－123.20＝－27.20(万元)<0,第 2 年应纳增值税为 0。

运营期第 3 年应纳增值税额:1 200×13%－60－27.20＝68.80(万元)。

(2)折旧费:(2 200－200)×(1－5%)/10＝190(万元)。

运营期第 1 年调整所得税:[1 200×80%－(760－60)×80%－190－0]×25%＝52.50(万元)。

运营期第 2 年调整所得税:[1 200－(760－60)－190]×25%＝77.50(万元)。

运营期第3年调整所得税：[1 200 - (760 - 60) - 190 - 68.80 × 10%] × 25% = 75.78(万元)。

(3)第1~4年的项目投资现金流量表，如表10-13所示。

表10-13　项目投资现金流量表　单位：万元

| 序号 | 项目 | 建设期 | 运营期 | | |
|---|---|---|---|---|---|
| | | 1 | 2 | 3 | 4 |
| 1 | 现金流入 | | 1 084.8 | 1 356 | 1 356 |
| 1.1 | 营业收入(含销项税额) | | 1 084.8 | 1 356 | 1 356 |
| 1.2 | 回收固定资产余值 | | | | |
| 1.3 | 回收流动资金 | | | | |
| 2 | 现金流出 | 2 200 | 860.50 | 837.50 | 911.46 |
| 2.1 | 建设投资 | 2 200 | | | |
| 2.2 | 流动资金投资 | | 200 | | |
| 2.3 | 经营成本(含进项税额) | | 608 | 760 | 760 |
| 2.4 | 应纳增值税 | | 0 | 0 | 68.80 |
| 2.5 | 增值税附加 | | 0 | 0 | 6.88 |
| 2.6 | 调整所得税 | | 52.50 | 77.50 | 75.78 |
| 3 | 所得税后现金流量 | -2 200 | 224.3 | 518.5 | 444.54 |
| 4 | 累计税后现金流量 | -2 200 | -1 975.70 | -1 457.2 | -1 012.66 |

(4)运营期第3年息税前利润：1 200 - (760 - 60) - 190 - 68.80 × 10% = 303.12(万元)。

拟建项目总投资收益率：303.12/(2 200 + 200) × 100% = 12.63%。

拟建项目的总投资收益率为12.63%，大于行业平均投资收益率8%，则此项目可行。

# 第六节　偿债能力分析和财务生存能力分析

## 一、偿债能力分析

偿债能力分析应通过计算利息备付率(*ICR*)、偿债备付率(*DSCR*)、资产负债率(*LOAR*)、流动比率、速动比率等指标，分析判断财务主体的偿债能力。

### (一)利息备付率(*ICR*)

利息备付率(*ICR*)又称已获利息倍数，是指项目在借款偿还期内各年可用于支付利息的息税前利润（*EBIT*）与当期应付利息（*PI*）的比值。它从付息资金来源的充裕性角度反映项目偿付债务利息的保障程度和支付能力。

其计算公式为：

$$ICR=\frac{EBIT}{PI}$$

决策原则：利息备付率可以按年计算，也可以按整个借款期计算。利息备付率表示项目的息税前利润偿付利息的保证倍率。对于正常运营的企业，利息备付率应当大于1，一般情况下不宜低于2，并结合债权人的要求确定。

### （二）偿债备付率（*DSCR*）

偿债备付率（*DSCR*）系指在借款偿还期内，用于计算还本付息的资金（$EBITDA-T_{AX}$）与应还本付息金额（*PD*）的比值。其中，*EBITDA* 是指息税折旧摊销前的利润；$T_{AX}$是指所得税。它从还本付息资金来源的充裕性角度反映项目偿付债务本息的保障程度和支付能力。

其计算公式为：

$$DSCR=\frac{EBITDA-T_{AX}}{PD}$$

决策原则：偿债备付率可以按年计算，也可以按整个借款期计算。偿债备付率表示可用于还本付息的资金偿还借款本息的保障倍率。偿债备付率在正常情况应大于1。当指标小于1时，表示当年资金来源不足以偿付当期债务，需要通过短期借款偿付已到期债务。

**典型例题**

**【背景】**

某企业拟进行改扩建，采用增量法进行财务分析。

项目建设期2年，生产期10年。建设期2年内投资比例均为50%。项目建设投资30亿元，其中固定资产27亿元，无形资产3 500万元，其他资产550万元，基本预备费25 950万元。

生产期第一年生产负荷为90%，之后各年均达产，达产年流动资金1.5亿元（投产年流动资金1.39亿元），固定资产折旧年限15年，采用年限平均法折旧，净残值率为3%，无形资产和其他资产原值按6年平均摊销，余值为0。达产年营业收入15亿元，经营成本6.5亿元（其中固定成本1.3亿元），税金及附加1 100万元。

各年建设投资及流动资金中资本金所占比例均为30%，其余70%为借款。建设期借款年利息5%，按年计息，借款在各年内均匀投入，建设期内不考虑本金和利息支付，建设期所产生的利息在建设期结束时计入借款本金，借款在生产期的前6年按等额还本，利息照付方式偿还。流动资金在各年年初投入，流动资金借款年利率4%。

除特别说明外，上述数值均不含增值税。假定项目建设期内，投资增值税当年由老厂抵扣，不考虑投资增值税的影响。项目相近流量按年末发生计。

**问题：**

1. 计算建设期利息。
2. 分别计算项目生产期前两年的应付利息。
3. 分别计算项目生产期前两年的利息备付率。

4. 判断项目自借款偿还期后4年利息备付率走势，并说明原因。

5. 综合上述计算与分析，初步判别本项目的偿债能力。除利息备付率外，偿债能力分析指标还有哪些？

【答案】

1. 建设期贷款总额 = 30 × 70% = 21(亿元) = 210 000(万元)；

建设期两年每年贷款总额 = 210 000 × 50% = 105 000(万元)；

第1年建设期贷款利息 = 105 000/2 × 5% = 2 625(万元)；

第2年建设期贷款利息 = (105 000 + 2 625 + 105 000/2) × 5% = 8 006(万元)；

建设期贷款利息 = 2 625 + 8 006 = 10 631(万元)。

2. (1)长期借款利息：

每年应偿还的本金 = (210 000 + 10 631)/6 = 36 772(万元)；

第1年长期借款利息 = (210 000 + 10 631) × 5% = 11 032(万元)；

第2年长期借款利息 = (210 000 + 10 631 − 36 772) × 5% = 9 193(万元)。

(2)流动资金借款利息：

第1年流动资金借款额 = 1.39 × 70% = 0.973(亿元) = 9 730(万元)；

第2年流动资金借款额 = 1.5 × 70% = 1.05(亿元) = 10 500(万元)；

第1年流动资金利息 = 9 730 × 4% = 389(万元)；

第2年流动资金利息 = 10 500 × 4% = 420(万元)。

(3)项目生产期前两年的应付利息：

第1年应付利息 = 11 032 + 389 = 11 421(万元)；

第2年应付利息 = 9 193 + 420 = 9 613(万元)。

3. 每年折旧额 = (270 000 + 10 631 + 25 950) × (1 − 3%)/15 = 19 826(万元)；

每年摊销费 = (3 500 + 550)/6 = 675(万元)；

第1年息税前利润 = 150 000 × 90% − [13 000 + (65 000 − 13 000) × 90%] − 1 100 × 90% − 19 826 − 675 = 53 709(万元)；

第2年息税前利润 = 150 000 − 65 000 − 1 100 − 19 826 − 675 = 63 399(万元)；

第1年利息备付率 = = 53 709/11 421 = 4.70；

第2年利息备付率 = 63 399/9 613 = 6.60。

4. 还款期后4年的利息备付率是逐年增大的。理由：因为利息在逐年递减，但息税前利润不变，所以利息备付率逐年增大。

5. 本项目利息备付率较高，且逐年增大，具有较好的偿债能力。

偿债能力指标还包括偿债备付率、资产负债率、流动比率、速动比率等。

## (三) 资产负债率 (*LOAR*)

资产负债率(又称举债经营比率)是指期末负债总额(*TL*)与资产总额(*TA*)的百分比，常用来衡量企业利用债权人提供资金进行经营活动的能力，反映债权人所提供的资金占全部资金的比重，以及企业资产对债权人权益的保障程度。同时也可反映项目的长期偿债能力。

其计算公式为：

$$LOAR=\frac{TL}{TA}\times 100\%$$

决策分析：适度的资产负债率，表明企业经营安全、稳健，具有较强的筹资能力，也表明企业和债权人的风险较小。对该指标的分析，应结合国家宏观经济状况、行业发展趋势、企业所处竞争环境等具体条件判定。项目财务分析中，在长期债务还清后，可不再计算资产负债率。

### （四）流动比率

流动比率（又称营运资金比率或者真实比率）是企业在一定经营期间的流动资产与流动负债的比率，可反映项目变现及偿还短期债务的能力。其中，变现能力是指企业流动资产中有多少可在短期转变为现金的能力。

其计算公式为：

流动比率＝流动资产/流动负债

决策原则：流动比率反映企业偿还短期偿债的能力，且流动比率越高，短期偿债能力越强；反之，则短期偿债能力越弱。一般认为，生产企业合理的最低流动比率是2。因为流动资产中变现能力最差的存货金额约占流动资产总额的1/2，所以其余流动性较大的流动资产至少要与流动负债相等，才能保证企业的短期偿债能力。但不同的行业，由于经营的性质不同，营业周期不同，对资产的流动性要求也不同，且具有不同的衡量标准。因此，流动比率只有与同行业平均值和本企业历史值进行比较，才能确定其高低。

### （五）速动比率

速动比率是指企业在一定经营期间的速动资产与流动负债之间的比值。速动比率也能反映企业迅速变现能力，并能更进一步反映企业短期偿债的能力。

其计算公式为：

速动比率＝速动资产/流动负债

速动资产＝流动资产总额－存货

在计算速动比率时把存货从流动资产总额中扣除的原因主要有：

（1）在流动资产中存货的变现速度最慢。

（2）部分存货因某种原因可能已毁损报废还未做处理。

（3）部分存货已抵押给某债权人。

（4）存货估价还存在着成本与合理市价相差悬殊的问题。

将存货从流动资产总额中减去而计算出的速动比率所反映的短期偿债能力更令人可信。

决策原则：速动比率的值越高，偿债能力越强，但并不是越高越好。较为合适的速动比率应视不同行业的具体情况而定，一般认为速动比率为1较为合理。

**典型例题**

【背景】

某公司内部资料显示，该公司在2020年年初的流动资产为58 360 000元，存货为27 380 000元，流动负债为28 560 000元；年末的流动资产为48 650 000元，存货为23 860 000元，流动负债为24 970 000元。

**问题：**

根据以上条件，计算该公司2020年的速动比率。

【答案】

年初速动比率 = (58 360 000 - 27 380 000)/28 560 000 = 1.08；

年末速动比率 = (48 650 000 - 23 860 000)/24 970 000 = 0.99。

### （六）其他辅助指标

借款偿还期是指以项目投产后获得的可用于还本付息的资金，还清借款本息所需的时间，一般以年为单位表示。指标值应满足贷款机构的期限要求。

借款偿还期指标旨在计算最大偿还能力，适用于尽快还款的项目，不适用于已约定贷款偿还期限的项目。

如果能够得知或根据经验设定所要求的借款偿还期，可以直接计算利息备付率和偿债备付率指标；如果难以设定借款偿还期，也可以先大致估算出借款偿还期，再采用适宜的方法计算出每年需要还本和付息的金额，代入公式计算利息备付率和偿债备付率指标。需要估算借款偿还期时，可按下式估算：

借款偿还期 = 借款偿还后开始出现盈余年份 - 开始借款年份 + 当年借款额/当年可用于还款的资金额

需注意的是，该借款偿还期只是为估算利息备付率和偿债备付率指标所用，不应与利息备付率和偿债备付率指标并列。

**典型例题**

【背景】

某企业拟建一生产项目，建设期为2年，运营期为6年。设计年产40万台设备，每件含增值税售价113元(增值税率13%)。运营期第1年达产60%，第2年达产90%，以后各年达产100%。其他基础数据如表10-14所示。

表10-14　基础数据表　　单位：万元

| 序号 | 年份<br>项目 | 1 | 2 | 3 | 4 | 5 | 6 | 7 | 8 |
|---|---|---|---|---|---|---|---|---|---|
| 1 | 建设投资 | | | | | | | | |
| | 其中：<br>自有资金 | 800 | 800 | | | | | | |

（续表）

| 序号 | 年份<br>项目 | 1 | 2 | 3 | 4 | 5 | 6 | 7 | 8 |
|---|---|---|---|---|---|---|---|---|---|
| | 贷款 | 1000 | 1000 | | | | | | |
| 2 | 经营成本 | | | 2 000 | 3 000 | 3 200 | 3 200 | 3 200 | 3 200 |
| | 其中:进项税 | | | 200 | 300 | 320 | 320 | 320 | 320 |
| 3 | 维持运营投资(自有资金) | | | | | 100 | | | |
| 4 | 流动资产 | | | 900 | 1 400 | 1 400 | 1 400 | 1 400 | 1 400 |
| 5 | 流动负债 | | | 300 | 600 | 600 | 600 | 600 | 600 |

其他说明如下：

(1)建设投资中有150万元为可抵扣固定资产进项税，有540万元形成无形资产，其余形成固定资产。固定资产使用年限为10年，期末残值率为5%，采用直线法折旧，固定资产余值在运营期末一次收回。无形资产在运营期内均匀摊入成本。建设期贷款年利率为6%(按年计息)，还款方式为运营期前4年等额还本付息。

(2)流动资金中有200万元为自有资金(于运营期第1年投入)，其余为贷款，流动资金贷款年利率为4%(按年计息)，流动资金贷款本金在项目运营期末一次收回并偿还。

(3)当地政府考虑到本项目对当地经济起到了积极推动作用，在项目运营期第1年给予政府补贴收入500万元。

(4)维持运营投资按当期费用计入年度总成本。

(5)增值税附加税按增值税应纳税额的10%计算，所得税税率为25%。

**问题：**

1. 计算建设期利息、运营期年固定资产折旧费及余值和无形资产摊销费。
2. 列式计算运营期各年需偿还的流动资金贷款本金和利息。
3. 列式计算运营期第1年、第3年需偿还银行的贷款本金和利息。
4. 列式计算运营期前3年企业每年向国家上缴的增值税及增值税附加税。
5. 列式计算运营期第3年总成本费用(不含进项税)、所得税、息税前利润。
6. 分别计算运营期第3年的利息备付率和偿债备付率，判断年度偿债能力。

(计算结果保留两位小数)

【答案】

1. 计算建设期利息、运营期年固定资产折旧费及余值和无形资产摊销费如下：

(1)建设期利息：

第1年利息 $=1\ 000\times 1/2\times 6\% =30$(万元)。

第 2 年利息 $=(1\ 000+30+1\ 000\times 1/2)\times 6\%=91.80$(万元)。

建设期利息 $=30+91.80=121.80$(万元)。

(2)固定资产折旧费:

固定资产原值 $=800\times 2+1\ 000\times 2+121.80-150-540=3\ 031.80$(万元)。

固定资产年折旧费 $=3\ 031.80\times(1-5\%)/10=288.02$(万元)。

固定资产余值 $=(10-6)\times 288.02+3\ 031.80\times 5\%=1\ 303.67$(万元)。

(3)无形资产摊销费 $=540/6=90$(万元)。

2. 运营期第 1 年流动资金贷款本金 $=900-300-200=400$(万元)。

运营期第 2 年流动资金贷款本金 $=1\ 400-600-(900-300)=200$(万元)。

运营期前 5 年无需偿还流动资金贷款本金。

运营期第 6 年流动资金贷款的还本金额 $=400+200=600$(万元)。

运营期第 1 年需偿还的流动资金贷款的利息 $=400\times 4\%=16$(万元)。

运营期第 2 ~ 6 年需偿还的流动资金贷款的利息 $=600\times 4\%=24$(万元)。

3. 由于建设期贷款采用等额还本付息方式在运营期前 4 年还款,则可利用公式 $A=P(A/P,i,n)$,因此,运营期前 4 年每年建设期贷款的还本付息额 $=(2\ 000+121.8)\times(A/P,6\%,4)=612.33$(万元)。

(1)运营期第 1 年还本、付息:

运营期第 1 年偿还本金 $=612.33-2\ 121.8\times 6\%=485.02$(万元)。

运营期第 1 年付息 $=2\ 121.8\times 6\%+16=143.31$(万元)。

(2)运营期第 3 年还本、付息:

运营期第 2 年偿还本金 $=612.33-(2\ 121.8-485.02)\times 6\%=514.12$(万元)。

运营期第 3 年期初借款本金 $=2\ 121.8-485.02-514.12=1\ 122.66$(万元)。

运营期第 3 年偿还本金 $=612.33-1\ 122.66\times 6\%=544.97$(万元)。

运营期第 3 年付息 $=24+1\ 122.66\times 6\%=91.36$(万元)。

4. 运营期前 3 年企业每年向国家上缴的增值税及增值税附加税为:

(1)运营期第 1 年:

增值税应纳税额 $=40\times 113/(1+13\%)\times 13\%\times 60\%-200-150=-38$(万元)$<0$,增值税应纳税额为 0。

增值税附加税:0。

(2)运营期第 2 年:

增值税应纳税额 $=40\times 113/(1+13\%)\times 13\%\times 90\%-300-38=130$(万元)。

增值税附加税 $=130\times 10\%=13$(万元)。

(3)运营期第 3 年:

增值税应纳税额 $=40\times 113/(1+13\%)\times 13\%-320=200$(万元)。

增值税附加税 $=200\times 10\%=20$(万元)。

5. 运营期第 3 年：

总成本费用（不含进项税）=（3 200 − 320）+ 288.02 + 90 + 91.36 + 100 = 3 449.38(万元)。

利润总额 = 40 × 113/(1 + 13%) − 20 − 3 449.38 = 530.62(万元)。

所得税 = 530.62 × 25% = 132.66(万元)。

息税前利润 = 530.62 + 91.36 = 621.98(万元)。

6. 运营期第 3 年：

利息备付率 = 621.98/91.36 = 6.81 > 1，故满足当年偿还付息的能力。

偿还备付率 =（621.98 + 288.02 + 90 − 132.66）/(544.97 + 91.36) = 1.36 > 1，故满足当年还本付息的能力。

## 二、财务生存能力分析

在项目(企业)运营期间，确保从各项经济活动中得到足够的净现金流量是项目能够持续生存的条件。财务分析中应根据财务计划现金流量表，综合项目计算期内各年的投资活动、融资活动和经营活动所产生的各项现金流入和流出，计算净现金流量和累计盈余资金，分析项目是否有足够的净现金流维持正常运营。为此，财务生存能力分析亦可称为资金平衡分析。

财务生存能力分析应结合偿债能力分析进行，如果拟安排的还款期过短，致使还本付息负担过重，导致为维持资金平衡必须筹借的短期借款过多，可以调整还款期，减轻各年还款负担。

通常因运营期前期的还本付息负担较重，故应特别注重运营期前期的财务生存能力分析。

通过以下相辅相成的两个方面可具体判断项目的财务生存能力：

(1)拥有足够的经营净现金流量是财务可持续的基本条件，特别是在运营初期。一个项目具有较大的经营净现金流量，说明项目方案比较合理，实现自身资金平衡的可能性大，不会过分依赖短期融资来维持运营；反之，一个项目不能产生足够的经营净现金流量，或经营净现金流量为负值，说明维持项目正常运行会遇到财务上的困难，项目方案缺乏合理性，实现自身资金平衡的可能性小，有可能要靠短期融资来维持运营；或者是非经营项目本身无能力实现自身资金平衡，提示要靠政府补贴。

(2)各年累计盈余资金不出现负值是财务生存的必要条件。在整个运营期间，允许个别年份的净现金流量出现负值，但不能容许任一年份的累计盈余资金出现负值。一旦出现负值时应适时进行短期融资，该短期融资应体现在财务计划现金流量表中，同时短期融资的利息也应纳入成本费用和其后的计算。较大的或较频繁的短期融资，有可能导致以后的累计盈余资金无法实现正值，致使项目难以持续运营。

链接

财务分析主要以新建项目为主，但该扩建项目也有涉及。以下为改扩建项目财务分析的相关内容。

1. 改扩建项目的特点

改扩建项目通过既有法人融资并承担债务偿还，以“增量”投资（费用），使用一部分“存量”资产与资源，带来“总量”效益。

改扩建项目具有下列特点：

（1）项目效益和费用会因改扩建项目的目标不同而有很大差别。

（2）既需要考查项目带来的效益，也需要考查企业的财务状况。

（3）项目在不同程度上利用了企业的原有资产和资源。

（4）建设期内，企业生产（运营）与项目建设一般同时进行。

（5）如不改建或扩建，企业原有的生产状况也会发生变化，项目效益和费用的识别与计算较为复杂。

（6）改扩建项目所需要的费用可能不止包括新增的费用，还可能包括因此而带来的原有项目的停产损失。

2. 改扩建项目财务分析注意事项

改扩建项目财务分析应处理好计算期的可比性、沉没成本等问题。

（1）注意计算期的可比性。

根据“费用与效益口径一致”的原则，既有企业改扩建项目财务分析的计算期一般取“有项目”情况下的计算期。如果“无项目”的计算期短于“有项目”的计算期，可以通过追加投资（局部更新或全部更新）来维持“无项目”的计算期，延长其寿命期至“有项目”的结束期，并于计算期末回收资产余值；若在经济或技术上延长寿命不可行，则适时终止“无项目”的计算期，其后各期现金流量计为零。

（2）沉没成本处理。

沉没成本是既有企业过去投资决策发生的、非现在决策能改变（或不受现在决策影响）、已经计入过去投资费用回收计划的费用。如前期工程为后期工程预留的场地与设备，均为前期工程的沉没成本，不计入后期投资决策费用。

一般来说，在设计项目改扩建方案时，会尽量考虑到利用企业以前闲置不用的设备或厂房。这部分资产是企业以前投资决策的结果，在会计上可能已停止计提折旧，是企业的沉没成本。例如，某企业计划进行技术改造，那些可利用的固定资产是“无项目”投资，也是“有项目”的“继续利用”部分，其增量投资为零；过去预留发展的准备用来新建生产线用的厂房或土地，在没有新项目的情况下，可出租或发展其他项目，其变现收入可作为“无项目”效益，增量投资也为零。因此，“继续利用”部分虽然继续发挥作用，但它不会随着是上项目还是不上项目而改变，与“有无对比”最终的增量数据无关。

沉没成本是“有项目”和“无项目”都存在的成本，对于实现项目的效益不会增加额外的费用。对于项目是否应当实施的决策来说，沉没成本不应当包括在项目增量费用之中。改扩建项目的经济效果不取决于项目开始前已经支出多少费用，而仅仅取决于在改扩建过程中新投入的费用。改扩建项目的效益也只能是超出原有项目效益之上的部分。对沉没成本的这种处理办法可能导致项目的内部收益率很高，但这恰恰反映了当前决策的性质。如果为了弄清原来投资决策是否合理，可以计算整个项目（有项目状态，包括已经和计划实施的项目）的收益率，这时就应把沉没成本计算在内。

(3)考虑机会成本。

机会成本是做出一项决策时所放弃的其他可供选择的最好用途，并不是企业生产经营活动中的实际支出或费用，而是失去的收益。这种收益不是实际发生的，而是潜在的。机会成本在决策中的意义，在于它有助于全面考虑可能采取的各种方案，以便使既定资源寻求到最为有利的使用途径。机会成本总是针对具体方案来说的，离开被放弃的方案就无从计量确定。

机会成本不涉及项目目前的现金收支，但是，它属于相关成本，我们不应因其不作为交易事项在企业入账而将其忽略。改扩建项目在不同程度上利用了企业原有的资产和资源，如厂房、仓库、土地等。在此种情况下，应考虑这些资源是否有明确的其他用途，如果有其他用途（出售、出租或有明确的使用效益），那么就应计算因此而放弃的现金收入，将其视为项目使用该资产的机会成本；如果某些资源在不进行改扩建项目的情况下不能为企业创造现金收入，即把这些资源看成没有备选用途，就不应该考虑机会成本。

在财务分析中，按照有无对比识别效益和费用的原则，通常将机会成本作为无项目时的现金收入。

3. 改扩建项目盈利能力分析

项目经济评价的基本原则是利用时间价值的原理，通过比较“有项目”与“无项目”的净现金流，求出增量净现金流，并依此计算内部收益率，考查项目实施的效果。

由于既有企业不实施改扩建项目的“无项目”数据是固有的且是非零的，在进行既有企业改扩建项目的盈利能力分析时，要将“有项目”的现金流量减去“无项目”的现金流量，得出“增量”现金流，依“增量”现金流量判别项目的盈利能力。

“增量”现金流量包括“增量权益资金”“增量借贷资金”“增量营业收入”“增量补贴收入”“增量经营成本”“增量所得税”等。

4. 改扩建项目偿债能力和财务生存能力分析

从法律上讲，改扩建项目是由既有企业出面向银行借款，当然还款的财务主体是既有企业，也就只应考虑既有企业的偿债能力。然而，既有企业借款是为了项目，不管项目将来是否独立核算，都应当考察项目本身的还款能力，这是企业财务管理本身的需要。因此，改扩建项目的偿债能力分析宜进行两个层次的分析。

(1)项目层次的偿债能力分析。

编制借款还本付息计划表并分析拟建项目“有项目”时的收益偿还新增债务的能力,计算利息备付率和偿债备付率,考察还款资金来源(折旧、摊销、利润)是否能按期足额偿还借款利息和本金,若还款资金来源足以还款或尚有节余,表明项目自身的还款能力强;若项目自身的还款资金来源不足,应由既有企业动用自有资金补足,或采用其他方式还款。

若项目范围内“无项目”时尚有借款(整体改扩建),应用“有项目”的整体收益一并偿还,需要编制“有项目”的借款还本付息计划表,包括新增借款和原有借款。

计算出的项目偿债能力指标,表示项目用自身的各项收益(包括折旧)抵偿债务的最大能力,显示项目对企业整体财务状况的影响。项目最大偿债能力与项目债务实际还款方式和责任不同。

由于项目的债务是由既有法人借入并负责偿还的,因此,计算出的项目偿债能力指标,可以给既有法人两种提示:一是靠拟建项目自身收益可以偿还债务,不需要另筹资金偿还;二是拟建项目自身收益不能偿还债务,需要另筹资金偿还债务。

同样的道理,计算出的拟建项目偿债能力指标,对银行等金融机构也显示两种情况,一是拟建项目自身有偿债能力;二是拟建项目自身无偿债能力,需要企业另外筹资偿还。由于银行贷款是贷给企业法人而不是贷给项目的,因此,银行评审时,一般是根据企业的整体资产负债结构和偿债能力决定是否贷款。有的时候,虽然项目自身无偿债能力,但是整个企业信誉好,偿债能力强,银行也可能给予贷款;也有的时候,虽然项目有偿债能力,但企业整体信誉差,负债高,偿债能力弱,银行也可能不予贷款。银行等金融机构决定是否贷款,需要考察企业的整体财务能力,评价既有企业的财务状况和各笔借款的综合偿债能力。为了满足债权人的要求,企业不仅需要提供项目建设前3~5年企业的主要财务报表,还需要编制企业在拟建项目建设期和投产后3~5年内的损益和利润分配表、资金来源与运用表、资产负债表、企业借款偿还计划表,分析企业偿债能力。

(2)企业层次的借款偿还能力。

项目决策人(既有企业)要根据企业的经营与债务情况,在计入项目借贷及还款计划后,估算既有企业总体的偿债能力。

银行等金融部门在做贷款决定之前,往往要了解现有企业财务状况,尤其是企业的债务情况(含原有贷款、其他拟建项目贷款和项目新增贷款),考虑企业的综合偿债能力,企业应根据债权人的要求提供相应的资料。

(3)偿债能力分析的注意事项。

在项目范围与企业范围一致时(整体改扩建),“有项目”数据与报表都与企业一致,可直接利用企业财务报表进行借款偿还计算、资金平衡分析和资产负债分析。

在改扩建项目范围与企业范围不一致时（局部改扩建），偿债能力分析就有可能出现项目和企业两个层次。

在直接用增量进行简化时，仅有项目一个层次，同时应结合企业现行财务状况进行分析。

对于一些信誉好的公司，或者银行已通过信用评级，并授以一定的授信额度的公司，这些公司的贷款项目一般只需进行项目层次的偿债能力分析。

对于财务状况良好的大公司进行建设的小项目，一般也只需进行项目层次的偿债能力分析。

（4）财务生存能力分析。

改扩建项目只进行“有项目”状态的财务生存能力分析，分析的内容同一般新建项目。

5. 改扩建项目财务分析的简化处理

改扩建项目一般要用到“有项目”“无项目”“现状”“新增”和“增量”数据，增大了数据预测的工作量；在企业规模比较大时，有些必要的企业数据比较难于获得，或者即使得到了其可靠性也比较差；还款主体与经营主体异位，一般要进行项目层次与企业层次的分析。因此，改扩建项目财务分析比较复杂。在实践中，往往简化处理按新建项目进行财务分析。

符合下列特定条件之一的改扩建项目，可按一般项目财务分析的方法，简化处理：

（1）项目与既有企业的生产经营活动相对独立。

（2）以增加产出为目的的项目，增量产出占既有企业产出比例较小。

（3）利用既有企业的固定资产量与新增量相比较小。

（4）效益和费用的增量流量较容易确定。

（5）其他特定情况。

## 典型例题

【背景】

某企业拟筹资金实施一项技术改造项目，内容为新建一套加工装置，该装置建设投资25 000 万元，计算期 6 年（建设期 1 年，运营期 5 年），新装置所需流动资金5 000 万元，全部运营期第 1 年投入。假设该装置投资所含增值税可在其建设期内由原企业抵扣，忽略其带来的影响。新装置拟利用企业原投资 1 500 万元建成的目前处于闲置状态的地下管道，并利用企业一处闲置临时厂房，该厂房出售，买方出价 2 200 万元。预计在新装置建设期内停减产损失 1 000 万元，新装置投产后年销售收入 25 000 万元，年经营成本 15 000 万元。预计受新装置建成投产的影响，原企业销售收入降低2 000 万元，年经营成本降低 500 万元，现金流年末发生，上述数据不含增值税，忽略税金及附加，不考虑余值回收，基准收益率 12%。

问题：

1. 该企业作为既有企业，改扩建项目资本金的来源通常有哪些？

2. 计算项目各年所得税前增量净现金流量。

3. 计算项目所得税前增量净现值，判断项目在财务上是否可行。

4. 可否根据项目所得税前增量净现金流量判断该项目的财务生存能力？为什么？项目在财务上可持续的必要条件是什么？

【答案】

1. 该企业作为既有企业，改扩建项目资本金的来源通常有：企业可用于项目的现金，企业资产、经营权等变现获得的资金，扩充权益资本，政府财政性资金等。

2. (1)项目计算期第1年所得税前：

增量现金流入 = -1 000 - 2 200 = -3 200(万元)；

增量现金流出 = 25 000 万元；

增量净现金流量 = -3 200 - 25 000 = -28 200(万元)。

(2)项目计算期第2年所得税前：

增量现金流入 = 25 000 - 2 000 = 23 000(万元)；

增量现金流出 = 5 000 + 15 000 - 500 = 19 500(万元)；

增量净现金流量 = 23 000 - 19 500 = 3 500(万元)。

(3)项目计算期第3~5年所得税前：

增量现金流入 = 25 000 - 2 000 = 23 000(万元)；

增量现金流出 = 15 000 - 500 = 14 500(万元)；

增量净现金流量 = 23 000 - 14 500 = 8 500(万元)。

(4)项目计算期第6年所得税前：

增量现金流入 = 25 000 - 2 000 + 5 000 = 28 000(万元)；

增量现金流出 = 15 000 - 500 = 14 500(万元)；

增量净现金流量 = 28 000 - 14 500 = 13 500(万元)。

3. 所得税前增量净现值 $= -28\ 200/(1+12\%) + 3\ 500/(1+12\%)^2 + 8\ 500/(1+12\%)^3 + 8\ 500/(1+12\%)^4 + 8\ 500/(1+12\%)^5 + 13\ 500/(1+12\%)^6 = 726.29$(万元) > 0，故该项目在财务上可行。

4. 不能根据该项目所得税前增量净现金流量判断该项目的财务生存能力。因为该项目为既有法人改扩建项目，该既有法人原有项目的现金流量会对改扩建项目造成直接影响，因此，考查财务生存能力应该考虑整个既有法人的净现金流量情况。

项目在财务上可持续的必要条件是项目各年累计盈余资金不出现负值。

# 第十一章 工程项目经济分析

## 第一节　经济分析的作用和适用范围

### 一、工程项目经济分析的作用

进行工程经济分析可以起到以下主要作用：

(1)正确反映项目对社会福利的净贡献，有利于对项目的经济合理性进行评价。

(2)为政府的资源配置提供依据。

(3)为政府审批或核准项目提供依据。

(4)在方案比选和优化中，起到重要的作用。

(5)为市场化运作的基础公益项目提供制定财务方案的依据。

(6)有助于实现企业利益、地区利益与全社会利益有机结合和平衡。

### 二、工程项目经济分析的基本方法

工程项目经济分析的基本方法如下：

(1)采用费用效益分析或费用效果分析方法，寻求以最小的投入(费用)获取最大的产出(效益、效果)。

(2)采取“有无对比”的方法。

(3)采取影子价格估算。

(4)遵循效益和费用计算范围应一致的基本原则。

(5)经济效益与费用分析采用费用效益流量分析方法，采用内部收益率、净现值等经济盈利性指标进行定量经济效益分析。

### 三、需进行工程项目经济分析的项目范围

在完全竞争的完善的市场经济体系下，竞争市场机制能够对经济资源进行有效配置，产出品市场价格将以货币形态反映边际社会效益，而投入品的市场价格将反映边际社会机会成本。利润最大化自然会导致资源的有效配置，财务分析与工程项目经济分析的结论一致，

不需单独进行工程项目经济分析。在现实经济中，由于市场本身的原因及政府不恰当的干预，都可能导致市场配置资源的失灵，市场价格难以反映建设项目的真实经济价值，客观上需要通过工程项目经济分析来反映建设项目的真实经济价值，判断投资的经济合理性，为投资决策提供依据。市场配置资源失灵的项目主要包括：

(1)自然垄断项目。对于电力、电信、交通运输等行业的项目，存在着规模效益递增的产业特征，企业一般不会按照帕累托最优规则进行运作，从而导致市场配置资源失效。

(2)公共产品项目。即项目提供的产品或服务在同一时间内可以被共同消费，具有"消费的非排他性"(未花钱购买公共产品的人不能被排除在此产品或服务的消费之外)和"消费的非竞争性"特征(一人消费一种公共产品并不以牺牲其他人的消费为代价)。由于市场价格机制只有通过将那些不愿意付费的消费者排除在该物品的消费之外才能得以有效运作，因此，市场机制对公共产品项目的资源配置失灵。

(3)具有明显外部效果的项目。外部效果是指某一个体或厂商的行为对另一个体或厂商产生了影响，而该影响的行为主体又没有负相应的责任或没有获得应有报酬的现象。产生外部效果的行为主体由于不受预算约束，因此，常常不考虑外部效果带给承受者的损益情况。这类行为主体在其行为过程中常常会低效率甚至无效率地使用资源，造成消费者剩余与生产者剩余的损失及市场失灵。

(4)涉及国家控制的战略性资源开发及涉及国家经济安全的项目。这些项目往往具有公共性、外部效果等综合特征，不能完全依靠市场配置资源。

(5)政府对经济活动的干预过度已经干扰了正常经济活动效率的项目。

对于上述无法完全依靠市场配置资源的项目，往往具有下列特征：

(1)项目的产出物不具有市场价格。由于公共产品和外部效果等因素的影响，无法对其进行市场定价。

(2)市场价格虽然存在，但无法确切地反映投入物和产出物的边际社会效益和成本，因而在竞争性市场上提供这些服务得到的收益将无法充分地反映这些供给所产生的社会净效益。

工程项目财务分析是从项目角度考虑项目的盈利能力和偿债能力，在市场经济条件下，大部分项目财务评价结论可以满足投资决策要求。但有些项目需要进行工程项目经济分析，从国民经济角度评价项目是否可行。

从投资管理的角度，现阶段需要进行工程项目经济分析的项目具体包括：

(1)政府预算内投资(包括国债资金)中用于关系国家安全、国土开发和市场不能有效配置资源的公益性项目和公共基础设施建设项目、保护和改善生态环境项目、重大战略性资源开发项目。

(2)政府各类专项建设基金投资中用于铁路、公路等交通运输项目，农林水利等基础设施、基础产业建设项目。

(3)需凭借政府主权信用进行担保，借用国际金融组织和外国政府贷款，动用较大社会资源(自然资源)的建设项目。

(4)由企业投资建设,需进行政府核准的建设项目,如涉及国家经济安全、影响环境资源、公共利益、可能出现垄断、涉及整体布局等公共性问题的项目。

(5)法律、法规规定的其他政府性资金投资的建设项目。

# 第二节　经济分析与财务分析的异同与联系

## 一、经济分析与财务分析的相同点与联系

经济分析和财务分析的联系非常紧密,其主要的相同点体现在:

(1)两者都使用效益与费用比较的理论方法。

(2)遵循效益和费用识别的有无对比原则。

(3)采用现金流量分析方法与指标。

(4)以资金的时间价值原理为依据进行动态分析。

两者的联系:经济分析是在财务分析的基础上进行的,利用财务分析中的数据资料进行调整计算。经济分析也可以独立进行,即在项目的财务分析之前进行经济分析。

## 二、经济分析和财务分析的差异

工程项目经济分析与财务分析的差异如表11-1所示。

**表11-1　工程项目经济分析与财务分析的异同差异**

| 项目 | 经济分析 | 财务分析 |
| --- | --- | --- |
| 适用项目 | 一般项目(包括市场资源无法合理配置、市场的调节失调的项目) | 只包括市场资源无法合理配置、市场自行调节失调的项目 |
| 计算期 | 相对较长 | 相对较短 |
| 基准参数 | 社会折现率 | 财务基准收益率 |
| 研究内容 | 只进行盈利能力分析 | 盈利能力分析、偿债能力分析、财务生存能力分析 |
| 分析的角度和出发点 | 站在国民经济综合平衡的角度 | 从企业的角度或者项目的角度 |
| 采用的价格体系 | 使用影子价格体系 | 使用预测的财务收支价格体系 |
| 项目效益与费用的含义和范围 | 既包括项目的直接效益和费用,又包括间接效益和费用 | 根据项目直接发生的财务收支,计算项目的直接效益和费用 |

# 第三节　经济效益与费用的识别与计算

经济效益与费用分析应从资源合理配置的角度，分析项目投资的经济效率和对社会福利所做出的贡献，评价项目的经济合理性。对于财务现金流量不能全面、真实地反映其经济价值，需要进行经济效益与费用分析的项目（主要为市场配置资源失灵的项目），应将经济效益与费用分析的结论作为项目决策的主要依据之一。

## 一、经济效益与费用识别的注意事项

在经济效益与费用分析中，应尽可能全面地识别建设项目的经济效益和费用，对项目涉及所有社会成员的有关经济效益与费用进行识别和计算，全面分析项目投资及运营活动耗用资源的真实价值，以及项目为社会成员福利的实际增加所做出的贡献。具体分析内容如下：

（1）分析体现在项目实体本身的直接费用和效益，以及项目引起的其他组织、机构或个人发生的各种外部费用和效益。

（2）分析项目的近期影响，以及项目可能带来的中期、远期影响。

（3）分析与项目主要目标直接联系的直接费用和效益，以及各种间接费用和效益。

（4）分析具有物资载体的有形费用和效益，以及各种无形费用和效益。

## 二、经济效益与费用的估算原则

项目投资所造成的经济效益与费用的估算，应在利益相关者分析的基础上，研究在特定的社会经济背景条件下相关利益主体获得的收益及付出的代价，计算项目相关的经济效益与费用。经济效益与费用的估算原则如下：

（1）支付意愿原则。项目产出物的正面效果的计算遵循支付意愿（WTP）原则，用于分析社会成员为项目所产出的效益愿意支付的价值。

（2）接受补偿意愿原则。项目产出物的负面效果的计算遵循接受补偿意愿（WTA）原则，用于分析社会成员为接受这种不利影响所得到补偿的价值。

（3）机会成本原则。项目投入的经济效益与费用的计算应遵循机会成本原则，用于分析项目所占用的所有资源的机会成本。机会成本应按资源的其他最有效利用所产生的效益进行计算。

（4）实际价值计算原则。项目经济效益与费用分析可不考虑通货膨胀因素带来的影响，但应考虑相对价格变动，采用反映资源真实价值的实际价格进行计算。

## 三、经济效益与费用的识别与计算

项目的国民经济效益是指项目对国民经济所做的贡献，分为直接效益和间接效益。项目的国民经济费用是指国民经济为项目付出的代价，分为直接费用和间接费用。

### （一）直接效益与直接费用——内部效果

#### 1. 直接效益与直接费用的区别

项目的直接效益和直接费用都是在项目范围内计算的，统称为项目内部效果，二者的区别如表 11-2 所示。

表 11-2　直接效益与直接费用的区别

| 类别 | 概念 | 表现方式 |
| --- | --- | --- |
| 直接效益 | 由项目产出物直接生成，并在项目范围内计算的经济效益 | (1)增加项目产出物或者服务的数量以满足国内需求的效益。<br>(2)替代效益较低的相同或类似企业的产出物或者服务，使被替代企业减产（停产）从而减少国家有用资源耗费或者损失的效益。<br>(3)增加出口或者减少进口从而增加或者节支的外汇等 |
| 直接费用 | 项目使用投入物所形成，并在项目范围内计算的费用 | (1)其他部门为本项目提供投入物，需要扩大生产规模所耗用的资源费用。<br>(2)减少对其他项目或者最终消费投入物的供应而放弃的效益。<br>(3)增加进口或者减少出口从而耗用或者减少的外汇等 |

#### 2. 转移支付

在项目的投资建设和生产经营过程中，某些货物收付并不真正反映资源投入和产出的变化，只是反映资源在系统内部转移，这种纯属货币转移而不影响资源增减的财务收支称为转移支付。

在项目财务效益评价中，常见的转移支付是折旧和摊销费；在经济效益与费用分析中，常见的转移支付项目有：与项目有关的各种税金；政府补贴；国内贷款利息等。

项目的某些财务收益和支出，从国民经济角度看，并没有造成资源的实际增加或者减少，而是国民经济内部的“转移支付”，不计做项目的国民经济效益与费用。转移支付的主要内容包括：

(1)国家和地方政府的税收。税收只是企业和国家之间的资金转移，不能算作直接费用。

(2)国内银行借款利息。利息是利润的转化形式,是企业与银行之间的资金转移,不能作为经济费用或效益。

(3)国家和地方政府给予项目的补贴。补贴虽然增加了项目的财务收益,但它是从财政收入中抽出的部分资金转给了企业,不能作为经济效益。

某些财务收益和支出,从国民经济角度看,并没有引起资源的变化,而是国民经济内部的"转移支付",不计为项目的经济效益与费用。

转移支付的处理,一般情况下,企业所得税和补贴应予以剔除,但是如果一些税收和补贴用于校正"外部效果",则这类转移支付不可剔除,可用于计算外部效果;对于项目投入产出中的流转税,如果按照支付意愿法确定影子价格时,应包含流转税。如果按照机会成本法确定影子价格时,则不包含流转税。

### (二)间接效益与间接费用——外部效果

#### 1. 间接效益与间接费用的区别

间接效益与间接费用是指项目对国民经济做出的贡献与国民经济为项目付出的代价中,在直接效益与直接费用中未得到反映的那部分效益与费用。通常把与项目相关的间接效益(外部效益)和间接费用(外部费用)统称为外部效果,二者的区别如表 11-3 所示。

表 11-3 间接效益与间接费用的区别

| 类别 | 概念 | 例证 |
|---|---|---|
| 间接效益 | 项目本身并未得益而对社会做出的贡献。这种效益是由项目引起的、对整个国民经济其他部门(行业)和社会或其他项目的影响,但在项目直接经济效益中没有得到反映的效益 | 兴建大型水利工程除了发电以外,还给当地农田灌溉、农产品加工业、防洪、渔业和旅游业带来了好处;交通运输项目给附近的工厂、居民、商业以及为该项目配套和有关项目带来了收益;在建设一个钢铁厂时修建了一条厂外铁路运输线,这条线路除了为钢铁厂服务以外,还可以为当地的生产和生活服务,降低了该地区的运输费用,使当地工业、农业和居民获益等 |
| 间接费用 | 国民经济为项目付出代价,而项目本身并不实际支付的费用。它是由项目所引起而在项目的直接费用中并未得到反映的外部费用 | 工业项目产生的废水、废气和废渣引起的环境污染,造成自然环境的损害和生态平衡的破坏;项目产品大量出口从而引起该种产品出口价格下降;在某一流域的上游建造一座水库,却造成了下游水资源供给不足,从而导致了农作物减产,减产部分就是国民经济中其他部门为项目所付出的代价,也就是项目的间接费用(或间接成本)等 |

## 2. 间接效益的识别与计算

间接效益在项目本身反映不出来，而在国民经济的其他部门中有所反映。其主要表现如表 11-4 所示。

表 11-4　间接效益的主要表现

| 间接效益 | 主要表现 |
|---|---|
| 乘数效果 | 由于项目的实施，可能会利用原来闲置的资源，从而产生连锁反应，刺激经济发展。一般对经济发展欠发达的地区影响较大 |
| 产业延伸 | 由于项目的实施，可能会刺激其上下游产业的发展，如增加新的生产能力或者扩大现有规模，可以刺激其上游产业进行技术升级，也会对其下游产业的生产能力起到促进作用 |
| 技术扩散 | 在先进技术的项目中，随着技术工人的流动，使先进技术快速在社会中扩散和传播，从而使得整个社会的升级。这类外部效果难以定量计算，一般只作定性说明 |
| 人力资源增值 | 项目可以使参与其生产的劳动力得到能力上的升级 |
| 生态环境改善 | 某些项目在生产过程中可以对环境起到一定的积极作用，降低社会治理环境问题的难度 |

外部效果进行识别和计算时，需注意以下事项：

(1)为防止外部效果计算扩大化，项目的外部效果一般只计算一次相关效果，不应连续计算。

(2)外部效果应明确项目“范围”的边界。根据具体的项目情况，合理确定项目扩展的边界。有条件时，可将具有相互关联的项目拴在一起作为“项目群”进行评价，使外部效果的处理内部化。对无法量化的外部效果，应进行定性分析。外部效果有时候可以通过扩大项目的计算范围，使原来的外部效果转变成内部效果，也可以通过采用理论价格消除因价格失真而引起的“外部效果”，但仍会有一些外部效果不能包涵进来，需要单独计算。

(3)超大项目应简化。对于超大型项目，其外部效果往往影响到区域经济和宏观经济，可以适当简化其外部效果分析。

提示

编制项目投资经济费用效益流量表可以采用直接计算法和调整计算法两种。其中，调整计算法是以财务分析项目投资现金流量表为基础，调整费用与效益范围、数值两部分后得到经济费用效益流量表。调整时，一般需要对以下内容进行剔除：属于转移支付的内容，如国家对项目的各种补贴、项目向国家支付的大部分税金、国内借款利息；流动资金估算中涉及的不属于社会资源消耗的应收、应付、预收、预付款项和现金部分；建设投资中包含的涨价预备费。

# 第四节　投入产出经济价格的确定

## 一、投入产出经济价格的相关内容

投入产出经济价格也称为影子价格。

影子价格是进行项目工程项目经济分析，计算国民经济效益与费用时专用的价格，是指依据一定原则确定的，能够反映投入物和产出物真实经济价值，反映市场供求状况，反映资源稀缺程度，使资源得到合理配置的价格。进行工程项目经济分析时，项目的主要投入物和产出物价格，原则上都应采用影子价格。

作为工程项目经济分析的重要参数，广义的影子价格不仅包括一般商品货物的影子价格，而且包括劳动力、土地、资金和外汇等主要要素的影子价格。其中，为方便确定影子价格一般商品货物又分为外贸货物和非外贸货物。而劳动力、土地、资金和外汇的影子价格则分别称为影子工资、土地影子费用、社会折现率和影子汇率。

确定影子价格时，对于投入物和产出物，首先要区分为市场定价货物、政府调控价格货物和特殊投入物三大类别，然后根据投入物和产出物对国民经济的影响分别处理。

影子汇率系指用于对外贸货物和服务进行经济效益与费用分析的外币的经济价格，应能正确反映外汇的经济价值，计算公式如下：

影子汇率 = 外汇牌价 × 影子汇率换算系数

## 二、市场定价货物的经济价格确定

随着我国市场经济发展和贸易范围的扩大，大部分货物的价格由市场形成，价格可以近似反映其真实价值。进行工程项目经济分析可将这些货物的市场价格加上或者减去国内运杂费等，作为投入物或者产出物的影子价格。

### （一）可外贸货物的影子价格

可外贸货物影子价格，是以口岸价为基础，按下列公式计算：

出口产出的影子价格（出厂价）= 离岸价（FOB）× 影子汇率 - 国内运杂费 - 贸易（出口）费用

进口投入的影子价格（到厂价）= 到岸价（CIF）× 影子汇率 + 国内运杂费 + 贸易（进口）费用

若货物可以直接进口和出口，国内运杂费可忽略不计。

贸易费用是指外经贸机构为进出口货物所耗用的，用影子价格计算的流通费用，包括货物的储运、再包装、短途运输、装卸、保险、检验等环节的费用支出，以及资金占用的机会成本，但不包括长途运输费用。贸易费用，一般用货物的口岸价乘以贸易费率计算。

贸易费率由项目评价人员根据项目所在地区流通领域的特点和项目的实际情况测定。

**典型例题**

**【背景】**

假定煤在离新建煤矿最近的口岸价格为每吨 50 美元；汇率按 6.8 元计算。新建煤矿项目所在地到最近口岸的距离为 300 千米，每吨煤铁路运费的影子价格为 0.53 元/千米。贸易费用的影子价格按口岸价格的 6% 计算（以下举例中的汇率、铁路每吨千米运价、贸易费用系数均按本例假设数据计算）。

问题：

计算出口煤（产出物）的影子价格。

**【答案】**

根据上述公式可知，出口煤（产出物）的影子价格为：

出口产出的影子价格（出厂价）= 离岸价（FOB）× 影子汇率 - 贸易（出口）费用 = 50 × 6.8 - [（300 × 0.53）+ 50 × 6.8 × 6%] = 160.6（元/吨）。

## （二）非外贸货物影子价格

对于非外贸货物，其投入或产出的影子价格应根据下列要求计算：

（1）如果项目处于竞争性市场环境中，应采用市场价格作为计算项目投入或产出的影子价格的依据。

（2）如果项目的投入或产出的规模很大，项目的实施将足以影响其市场价格，导致“有项目”和“无项目”两种情况下市场价格不一致，在项目评价中，取二者的平均值作为测算影子价格的依据。

价格完全取决于市场时，非外贸货物影子价格是以市场价格加上或者减去国内运杂费作为影子价格。投入影子价格为到厂价，产出影子价格为出厂价。

投入影子价格（到厂价）= 市场价格 + 国内运杂费

产出影子价格（出厂价）= 市场价格 - 国内运杂费

影子价格中流转税（如消费税、增值税、营业税等）宜根据产品在整个市场中发挥的作用，分别计入或不计入影子价格。

非外贸货物影子价格的调整方法主要有：

（1）投入物。

①能通过原有企业挖潜（即不增加投资）增加供应的，按可变成本分解定价。

②在拟建项目计算期内需要通过增加投资扩大生产规模来满足拟建项目需要的，按全部成本（包括可变成本和固定成本）分解定价。当难以获得分解成本所需要的资料时，可参照国内市场价格定价。

③项目计算期内无法通过扩大生产规模增加供应的（减少原用户的供应量），参照国内市场价格、国家统一价格加补贴（如有时）中较高者定价。

④投入物按上述原则定价后，再计算到厂价格。

(2)产出物。

①增加供应数量满足国内消费的产出物。供求均衡的，按财物价格定价；供不应求的，参照国内市场价格并考虑价格变化的趋势定价，但不应高于相同质量产品的进口价格；无法判断供求情况的，取上述两价格中较低者。

②不增加国内供应数量，只是替代其他相同或类似企业的产出物，致使被替代企业停产或减产的，质量与被替代产品相同的，应按被替代企业相应的产品可变成本分解定价；提高产品质量的，原则上应按被替代产品的可变成本加提高产品质量而带来的国民经济效益定价，其中，提高产品质量带来的效益，可近似地按国际市场价格与被替代产品的价格之差确定。

③产出物按上述原则定价后，再计算出厂价格。

## 三、不具备市场价格的产出效果经济价格确定

当项目的产出效果不具有市场价格，或市场价格难以真实反映其经济价值时，按下列方法重新测算其影子价格：

(1)按照消费者支付意愿的原则，通过其他相关市场价格信号，采用“显示偏好”的方法，寻找揭示这些影响的隐含价值，对其效果进行间接估算。如项目的外部效果导致关联对象产出水平或成本费用的变动，通过对这些变动进行客观量化分析，作为对项目外部效果进行量化的依据。

(2)按照消费者接受补偿意愿的原则，采用“陈述偏好”的意愿调查方法，进行间接估算。

一般通过对被评估者的直接调查，直接评价调查对象的支付意愿或接受补偿的意愿，从中推断出项目造成的有关外部影响的影子价格。应注意调查评估中可能出现的以下偏差：

(1)调查对象相信他们的回答能影响决策，从而使他们实际支付的私人成本低于正常条件下的预期值时，调查结果可能产生策略性偏倚。

(2)调查者对各种备选方案介绍得不完全或使人误解时，调查结果可能产生资料性偏倚。

(3)问卷假设的收款或付款方式不当，调查结果可能产生手段性偏倚。

(4)调查对象长期免费享受环境和生态资源等所形成的“免费搭车”心理，导致调查对象将这种享受看作是天赋权利而反对为此付款，从而导致调查结果产生假想性偏倚。

## 四、政府调控价格货物经济价格确定

有些货物或者服务不完全由市场机制形成价格，而是由政府调控价格，例如由政府发布

指导价、最高限价和最低限价等。这些货物或者服务的价格不能完全反映其真实价值。在进行工程项目经济分析时，应对这些货物或者服务的影子价格采用特殊方法确定。确定影子价格的原则，投入物按机会成本分解定价，产出物按消费者支付意愿定价。

### （一）由政府调控价格的产品及服务的影子价格

电价。电价作为项目投入物的影子价格，一般按完全成本分解定价，电力过剩时按可变成本分解定价。电价作为项目产出物的影子价格，可按电力对当地经济边际贡献率定价。

交通运输服务。交通运输服务作为项目投入物的影子价格，一般按完全成本分解定价，对运能富裕的地区，按可变成本分解定价。交通运输服务作为产出品时，需采取专门方法测算时间节约效益、运输成本节约效益、交通事故减少效益以及运输量诱增效益等，此时不考虑服务收费收入。

水价。水价作为项目投入物的影子价格，按后备水源的边际成本分解定价，或者按恢复水功能的成本计算。水价作为项目产出物的影子价格，按消费者支付意愿或者按消费者承受能力加政府补贴计算。

### （二）影子价格测定的常用方法

#### 1. 成本分解法

成本分解法就是将非外贸货物的国内市场价格，分解为各个组成部分，然后根据各种资源的影子价格、换算系数、资本回收系数等进行一系列调整，具体步骤如下：

（1）列出该非外贸货物按生产费用要素计算的单位财务成本。基本要素有：原材料、燃料和动力、工资、提取的职工福利基金、折旧费、大修理基金、流动资金利息支出及其他支出、对其中重要的原材料、燃料和动力，要详细列出价格、耗用量和耗用金额。

（2）列出该单位货物的总投资及该货物生产厂的建设期限、建设期各年投资比例。

（3）对建设投资进行调整和等值计算。根据建设期各年投资比例，把调整后的建设投资额分摊到建设期各年。计算时可把建设投资额换算至生产期初，如下式所示：

$$I_F=\sum_{t=1}^{n_1} I_t(1+i_s)^{n_1-t}$$

式中　$I_F$——等值计算到生产期初的单位固定资产投资；

$n_1$——建设期（年）；

$I_t$——建设期各年调整后的单位固定资产投资；

$i_s$——社会折现率（%）。

（4）用固定资金回收费用取代财务成本中的折旧费。

①不考虑固定资产残值回收时，计算公式如下：

$$M_F=I_F\cdot(A/P,i_s,n_2)=I_F\frac{i_s\cdot(1+i_s)^{n_2}}{(1+i_s)^{n_2}-1}$$

式中　$M_F$——该货物每单位的固定资金回收费用；

$I_F$——等值计算到生产期初的单位固定资产投资；

$(A/P,i_s,n_2)$——资金回收系数；

$i_s$——社会折现率(%)；

$n_2$——生产期。

②考虑固定资产残值回收时，由财务成本中扣除折旧费，代之以固定资金回收费用。计算公式如下：

$$M_F = (I_F - S_V)\cdot(A/P,\ i_s,n_2) + S_V\cdot i_s$$

$$= (I_F - S_V)\frac{i_s\cdot(1+i_s)^{n_2}}{(1+i_s)^{n_2}} + S_V\cdot i_s$$

式中　$M_F$——该货物每单位的固定资金回收费用；

$I_F$——等值计算到生产期初的单位固定资产投资；

$S_V$——计算期末回收的固定资产残值；

$(A/P,i_s,n_2)$——资金回收系数；

$i_s$——社会折现率(%)；

$n_2$——生产期。

(5)用流动资金回收费用取代财务成本中的流动资金利息。由财务成本中扣除流动资金利息支出，代之以流动资金回收费用。计算公式如下：

$$M_w = W\cdot i_s$$

式中　$M_w$——每单位该货物的流动资金回收费用；

$W$——单位该货物占用的流动资金；

$i_s$——社会折现率(%)。

(6)用口岸价格或影子价格对各种物料投入进行调整。

(7)剔除成本要素中的各种税金。

(8)用影子工资对实际工资进行调整。

(9)必要时对上述重要的非外贸货物进行第二轮分解。

(10)完成上述调整后，各项费用新计算的总额即为该货物的出厂影子价格。

## 典型例题

【背景】

某外贸货物X为某拟建项目的主要原料，需新增投资来扩大X的产量，以保证对拟建项目的供应。由于缺乏边际成本资料，现采用平均成本进行分解。

通过调查得知，货物X的单位财务成本如表11-5所示。生产每吨货物X占用的固定资产原值为1 164元，占用流动资金180元。

根据经验，设定生产货物 X 的项目建设期 2 年，各年投资比为 1:1，投资发生在年初，项目生产期 20 年，固定资产形成率为 95%。固定资产投资中建筑工程费用占 20%，根据估算的三材（钢材、木材、水泥）用量、三材影子价格与财务价格的差价，测算出调整后的建筑费用与调整前的建筑费用换算系数为 1.1，社会折现率为 12%。

**问题：**

试计算货物 X 的出厂影子价格。

【答案】

货物 X 的单位财务成本分解计算如表 11-5 所示。

**表 11-5　货物 X 的单位财务成本分解计算表**

| 序号 | 项目 | 单位 | 耗用量 | 耗用金额/元 | 调整后的耗用金额/元 |
|---|---|---|---|---|---|
| ① | 原料 A | $m^3$ | 1.5 | 398.45 | 540.6 |
| | 原料 B | 吨 | 0.25 | 21.64 | 8.27 |
| | 燃料 C | 吨 | 1.4 | 65.82 | 111.3 |
| | 燃料 D | 吨 | 0.07 | 43.68 | 57.12 |
| | 电力 | 千度 | 0.33 | 28.74 | 66 |
| | 其他 | | | 94.31 | 94.31 |
| | 铁路货运 | | | 59.24 | 106.6 |
| | 汽车货运 | | | 9.37 | 12.18 |
| ② | 工资及福利费 | — | — | 43.81 | 43.81 |
| ③ | 折旧费 | | | 58.2 | 198.64 |
| ④ | 修理费 | | | 23.24 | 23.24 |
| ⑤ | 利息支出 | | | 7.24 | 21.6 |
| ⑥ | 其他费用 | | | 26.48 | 26.48 |
| ⑦ | 单位成本 | — | — | 880.22 | 1 351.65 |

具体分解过程如下（小数点后保留两位小数）：

（1）计算重要原材料的影子价格。

①外购原料 A 为外贸货物，直接进口，到岸价为 50 美元/$m^3$，影子汇率按 6.8 元计算。贸易费用率为 6%。用影子价格重新计算该项费用为：

$50 \times 6.8 \times 1.5 \times (1+6\%) = 540.6$（元）。

②外购燃料 C 为非外贸货物，影子价格为 75 元/吨，另加贸易费。该项费用调整为：

$75 \times 1.4 \times (1+6\%) = 111.3$（元）。

③外购燃料 D 可以出口，为外贸货物，出口离岸价扣除运费和贸易费后为 120 美元/吨（此价格为产地出厂价），该项费用调整为：

$120 \times 6.8 \times 0.07 = 57.12$（元）。

④确定该地区电力影子价格为 0.2 元/度，则该项费用调整为：

$0.2 \times 0.33 \times 10^3 = 66$（元）。

⑤铁路货运影子价格换算系数为 1.8，则该项费用调整为：

$59.24 \times 1.8 = 106.6$（元）。

⑥汽车货运影子价格换算系数为 1.3，则该项费用调整为：

$9.37 \times 1.3 = 12.18$（元）。

⑦外购原料 B 为非外贸货物，可通过老企业挖潜增加供应，按可变成本进行第二轮分解，如表 11-6 所示。

**表 11-6　原料 B 的单位财务可变成本分解计算表**

| 项目 | 单位 | 耗用量 | 耗用金额/元 | 调整后的耗用金额/元 |
|---|---|---|---|---|
| a | $m^3$ | 0.01 | 0.62 | 3.60 |
| b | 吨 | 0.002 | 1.59 | 5.05 |
| c | 吨 | 0.01 | 0.44 | 0.85 |
| d | 吨 | 0.12 | 0.78 | 1.27 |
| 电力 | 千度 | 0.06 | 3.79 | 12 |
| 铁路货运 | | | 0.16 | 0.29 |
| 汽车货运 | | | 0.08 | 0.08 |
| 其他 | | | 8.07 | 8.07 |
| 可变成本合计 | — | — | 15.53 | 31.21 |

具体分解过程如下（小数点后保留两位小数）：

a. a 为外贸货物，到岸价为 50 美元/$m^3$，贸易费用率为 6%，用影子价格计算的费用为：

$50 \times 6.8 \times (1 + 6\%) \times 0.01 = 3.60$（元）。

b. b 为外贸货物，到岸价为 350 美元/吨，用影子价格计算的费用为：

$350 \times 6.8 \times (1 + 6\%) \times 0.02 = 5.05$（元）。

c. c 为非外贸货物，影子价格为 80 元/吨，该项费用调整为：

$80 \times (1 + 6\%) \times 0.01 = 0.85$（元）。

d. d 为非外贸货物，影子价格为 10 元/吨，该项费用调整为：

$10 \times (1 + 6\%) \times 0.12 = 1.27$（元）。

e. 该地区电力影子价格为 0.2 元/度，该项费用调整为：

$0.2\times0.06\times10^3=12$（元）。

f. 铁路货运费按影子价格换算系数 1.8 调整为：

$0.16\times1.8=0.29$（元）。

g. 工资及福利费、修理费、其他费用等不予调整。

由上述分析可知，原料 B 分解可变成本为 31.21 元。用原料 B 的出厂影子价格计算原料 B 到项目的影子价格，还需考虑 6% 的贸易费用，则货物 X 中原料 B 的费用最后调整为：

$31.21\times(1+6\%)\times0.25=8.27$（元）。

（2）计算固定资产资金回收费用。

①每吨货物 X 占用的固定资产投资为：

$1\,164\div95\%=1\,225.26$（元）。

②考虑建筑费用的调整，则单位固定资产投资调整为（为计算方便，此处取整数）：

$1\,225.26\times20\%\times1.1+1\,225.26\times80\%=1\,249.77$（元）$=1\,250$（元）。

③将固定资产投资换算为生产初期的数值为：

$I_F=\frac{1\,250}{2}(F/P,12\%,2)+\frac{1\,250}{2}(F/P,12\%,1)=1\,483.75$（元）。

④单位货物年固定资金回收费用为：

$M_F=I_F\cdot(A/P,i_s,n_2)=1\,483.75/(P/A,12\%,20)=198.64$（元）。

（3）计算流动资金回收费用。

单位货物年流动资金回收费用为：

$M_w=W\cdot i_s=180\times12\%=21.6$（元）。

经过以上各步的计算，求出单位货物 X 的分解成本为 1 351.65 元，即作为货物 X 的出厂影子价格，要作为拟建项目投入物的影子价格（到项目或到厂价格），还应加上运输费用和贸易费用（按影子价格调整后的），用于拟建项目的经济分析。

上述方法计算影子价格，通常只适用于主要的外贸产出和投入物。在实际工作中，通常利用换算系数可方便计算。换算系数是经调整所得到的经济价格同国内市场价格的一个估计平均比率。其计算公式为：

换算系数 = 调整后的经济价格/国内市场价格

影子价格 = 国内市场价 × 换算系数

换算系数一般由国内或上级部门制定并定期修正。应用换算系数时，应注意其适用性。影子价格换算系数仅适用于项目建议书阶段项目的投入物和非主要产出物，项目可行性研究阶段项目的非主要投入物和非主要产出物。项目的主要投入物和产出物的影子价格应由项目评价人员自行测定。

### 2. 支付意愿法

支付意愿法是指消费者为获得某种商品或服务所愿意付出的价格。在完善的市场中，市场价格可以正确地反映消费者的支付意愿。

### 3. 机会成本法

机会成本法是指用于投资项目的某种资源若不用于本项目而用于其他替代机会时，在所有其他替代机会中所能获得的最大经济效益。机会成本就是所放弃的所有投资机会中可获得的最大的净效益。

## 五、特殊投入物的影子价格

### （一）特殊投入物的影子价格确定要求

项目的特殊投入物是指项目在建设、生产运营中使用的劳动力、土地和自然资源等。项目使用这些特殊投入物所发生的国民经济费用，应依据下列要求确定其影子价格：

（1）项目因使用劳动力所付的工资，是项目实施所付出的代价。劳动力的影子工资等于劳动力机会成本与因劳动力转移而引起的新增资源消耗之和。

（2）土地是一种重要的资源，项目占用的土地无论是否支付费用，均应计算其影子价格。项目所占用的农业、林业、牧业、渔业及其他生产性用地，其影子价格应按照其未来对社会可提供的消费产品的支付意愿及因改变土地用途而发生的新增资源消耗进行计算；项目所占用的住宅、休闲用地等非生产性用地，市场完善的，应根据市场交易价格估算其影子价格；无市场交易价格或市场机制不完善的，应根据支付意愿价格估算其影子价格。

（3）项目投入的自然资源，无论在财务上是否付费，在经济效益费用分析中都必须测算其经济费用。不可再生自然资源的影子价格应按资源的机会成本计算；可再生自然资源的影子价格应按资源再生费用计算。

### （二）特殊投入物的影子价格计算

#### 1. 影子工资

影子工资是指建设项目使用劳动力、耗费劳动力资源而使社会付出的代价，在建设项目工程项目经济分析中以影子工资计算劳动力费用。影子工资按下式计算：

$$影子工资 = 劳动力机会成本 + 新增资源消耗$$

影子工资反映国民经济为项目使用劳动力所付出的真实代价，由劳动力机会成本和劳动力转移而引起的新增资源耗费两部分构成。劳动力机会成本是指劳动力如果不就业于拟建项目而从事于其他生产经营活动所创造的最大效益。它与劳动力的技术熟练程度和供求状况（过剩与稀缺）有关，技术越熟练，稀缺程度越高，其机会成本越高，反之越低。新增资源耗费是指项目使用劳动力，由于劳动者就业或者迁移而增加的城市管理费用和城市交通等基础设施投资费用。

### 2. 土地影子价格

土地影子价格系指建设项目使用土地资源而使社会付出的代价。在工程项目经济分析中以土地影子价格计算土地费用。土地影子价格代表对土地资源的真实价值衡量，在工程项目经济分析中要正确衡量土地资源的影子价格，提高土地资源的利用效率。

项目使用土地，占用了国家的土地资源，应当计算由此所带来的费用。按照项目工程项目经济分析的基本方法，土地的影子价格应当等于土地的机会成本加上土地转变用途所导致的新增资源消耗。土地影子价格计算公式如下：

$$\text{土地影子价格} = \text{土地机会成本} + \text{新增资源消耗}$$

土地机会成本按拟建项目占用土地而使国民经济为此放弃的该土地“最佳替代用途”的净效益计算；土地改变用途而发生的新增资源消耗主要包括拆迁补偿费、农民安置补助费等。在实践中，土地平整等开发成本通常计入工程建设费用中，在土地影子价格中不再重复计算。土地机会成本具体计算公式如下：

$$OC = NB_0(1+g)^{\tau+1} \times [1-(1+g)^n(1+i_s)^{-n}]/(i_s-g)$$

式中　$OC$——土地的机会成本；

$NB_0$——基年土地的“最佳替代用途”的单位面积年净效益；

$g$——土地“最佳替代用途”的年平均净效益增长率；

$\tau$——净效益计算基年距项目开工年的年数；

$n$——项目占用土地的期限，一般为项目的计算期；

$i_s$——社会折现率。

工程项目经济分析中，应根据项目计算期内未来土地用途的可能变化，合理预测项目占用土地的影子价格。对土地机会成本的计算应按以下要求进行：

（1）通过政府公开招标取得的国有土地出让使用权，以及通过市场交易取得的已出让国有土地使用权，应按市场交易价格计算其影子价格。

（2）未通过正常市场交易取得的土地使用权，应分析价格优惠或扭曲情况，参照当地正常情况下的市场交易价格，调整或类比计算其影子价格。

（3）当无法通过正常市场交易价格类比确定土地影子价格时，应采用收益现值法或以土地开发成本加开发投资应得收益确定。

（4）由于土地开发规划许可的取得，会对土地市场价格产生影响，土地价值的估算应反映实际的或潜在的规划批准情况，应分析规划得到批准的可能性及其对地价的影响。如果土地用途受到限制，其影子价格就会被压低。应分析这些限制被解除的可能性，以及解除限制对土地价值的影响。

（5）项目征用农村用地，应按土地征用费调整计算其影子价格。其中耕地补偿费及青苗补偿费应视为土地机会成本，地上建筑物补偿费及安置补偿费应视为新增资源消耗。这些费用如果与农民进行了充分协商并获得认可，可直接按财务成本计算其影子价格；若存在征地费优惠，或在征地中没有进行充分协商，导致补偿和安置补助费低于市场定价，应按当地正常征地补偿标准调整计算土地的影子价格。

(6)在征地过程中收取的征地管理费、耕地占用税、耕地开垦费、土地管理费、土地开发费等各种税费，应视为转移支付，不列入土地经济费用的计算。

在项目的工程项目经济分析中，占用土地的机会成本和新增资源消耗应当充分估计。土地影子价格计算时，按项目占用的土地区域，可分为农用土地影子价格与城镇土地影子价格；按用地的性质，可分为生产性用地影子价格和非生产性用地影子价格。具体分析如下：

(1)农用土地影子价格与城镇土地影子价格。

①农用土地影子价格。农用土地影子价格是指项目占用农用土地后国家放弃的收益，由土地的机会成本和占用该土地而引起的新增资源消耗两部分构成。土地机会成本按项目占用土地后国家放弃的该土地最佳可替代用途的净效益计算。土地影子价格中新增资源消耗一般包括拆迁费用和劳动力安置费用。

农用土地影子价格可从机会成本和新增资源消耗两方面计算，也可在财务评价中土地费用的基础上调整计算。后一种具体做法是：属于机会成本性质的费用，如土地补偿费、青苗补偿费等，应按机会成本的计算方法调整计算；属于新增资源消耗费用，如拆迁费用、剩余劳动力安置费用、养老保险费用等，应按影子价格调整计算；属于转移支付的，如粮食开发基金、耕地占用税等，应予以剔除。

②城镇土地影子价格。城镇土地影子价格通常按市场价格计算，主要包括土地出让金、征地费、拆迁安置补偿费等。

(2)生产性用地影子价格和非生产性用地影子价格。

①生产性用地影子价格。生产性用地，主要指农业、林业、牧业、渔业及其他生产性用地，按照这些生产用地未来可以提供的产出物的效益及因改变土地用途而发生的新增资源消耗进行计算。

②非生产性用地影子价格。如住宅、休闲用地等，应按照支付意愿的原则，根据市场交易价格测算其影子价格。

### 典型例题

**【背景】**

某投资项目建设期为2年，生产期为18年，占用农田500亩。根据评估人员的调查，该农田的最佳替代用途为种植水稻。该农田占用前3年平均每亩产量为1吨，且该地区水稻单产预计可以每年递增3%。每吨稻谷的生产成本为600元。稻谷系外贸货物，按直接出口处理，其出口离岸价为300美元/吨。项目所在地离口岸距离为300公里，稻谷运费为0.10元/吨·公里，贸易费用为货价(假定)的6%，影子汇率换算系数为1.08，官方牌价为6.8，社会折现率为12%，货物的影子费用换算系数为2(假设)。

**问题：**

请计算土地的机会成本（小数点后保留三位小数）。

【答案】

根据题干描述可知：

(1)每吨稻谷按口岸价格计算的影子价格为：

$300 \times 6.8 \times 1.08 - 300 \times 0.10 \times 2 - 300 \times 6.8 \times 1.08 \times 6\% = 2\ 011.008$（元）。

(2)该地区每亩稻谷的净收入：

$2\ 011.008 - 600 = 1\ 411.008$（元）。

(3)投资项目占用20年内每亩稻田的净收入现值为：

$\sum 1\ 411.008 \times 1 \times [(1+3\%)/(1+12\%)]^t = 13\ 124.71$（元）。

(4)投资项目占用500亩20年内的净收入现值为：

$13\ 124.71 \times 500 = 6\ 562\ 355$（元）。

则该土地的机会成本为6 562 355元。

建设项目如需占用农村土地，以土地征用费调整计算土地影子价格。具体应符合下列规定：

(1)项目占用农村土地，土地征收补偿费中的土地补偿费及青苗补偿费应视为土地机会成本，地上附着物补偿费及安置补助费应视为新增资源消耗，征地管理费、耕地占用税、耕地开垦费、土地管理费、土地开发费等其他费用应视为转移支付，不列为费用。

(2)土地补偿费、青苗补偿费、安置补助费的确定，如与农民进行了充分的协商，能够充分保证农民的应得利益，土地影子价格可按土地征收补偿费中的相关费用确定。

(3)如果存在征地费用优惠，或在征地过程中缺乏充分协商，导致土地征收补偿费低于市场定价，不能充分保证农民利益，土地影子价格应参照当地正常土地征收补偿费标准进行调整。

### 3. 自然资源影子价格

自然资源是指自然形成的，在一定的经济、技术条件下可以被开发利用以提高人们生活福利水平和生存能力，并同时具有某种“稀缺性”的实物性资源的总称，包括土地资源、森林资源、矿产资源和水资源等。

各种自然资源是一种特殊的投入物，项目使用的矿产资源、水资源、森林资源等都是对国家资源的占用和消耗。矿产等不可再生自然资源的影子价格按资源的机会成本计算，水和森林等可再生自然资源的影子价格按资源再生费用计算。

项目经济效益与费用分析将自然资源分为资源资产和非资产性自然资源，在影子价格的计算中只考虑资源资产。资源资产是指所有权已经界定，或者随着项目的实施可以界定，所有者能够有效控制并能够在目前或可预见的将来产生预期经济效益的自然资源。资源资产属于经济资产范畴，包括土地资产、森林资产、矿产资产、水资产等。经济效益与费用分析中，项目的建设和运营需要投入的自然资源，是项目投资所付出的代价，这些代价要用资源的经济价值而不是市场价格表示，可以用项目投入物的替代方案的成本，对这些资源资产用于其他用途的机会成本进行分析测算。

## 六、特殊产出物价值的估算

### （一）人力资本和生命价值的估算

如果项目的产出效果表现为对人力资本、生命延续或疾病预防等方面的影响，如教育项目、卫生项目、环境改善工程或交通运输项目等，应根据项目的具体情况，测算人力资本增值的价值、可能引起的死亡增加或减少的价值，以及对健康影响的价值，并将量化结果纳入项目经济效益与费用分析的框架之中。如果货币量化缺乏可靠依据，应采用非货币的方法进行量化。

对于项目的实施可能引起人力资本增值的效果，如教育项目引起的人才培养和素质提高，在劳动力市场发育成熟的情况下，其价值应根据“有项目”和“无项目”两种情况下的税前工资率的差别进行估算。

如果项目的效果表现为增加或减少死亡的价值，应尽可能地分析由于死亡风险的增加或减少的价值，并根据社会成员为避免死亡而愿意支付的价格进行计算。在缺乏估算人们对生命的支付意愿的资料时，可利用人力资本法，通过分析人员死亡所带来的为社会创造收入的减少来评价死亡引起的损失，以测算生命的价值，或者通过分析不同工种的工资差别来测算人们对生命价值的支付意愿。

如果项目的效果表现为对人们健康的影响时，一般应通过分析疾病发病率与项目影响之间的关系，测算发病率的变化所导致的收入损失和看病、住院、医药等医疗成本及其他各种相关支出的变化，并综合考虑人们为避免疾病而获得健康生活所愿意付出的代价，测算其经济价值。

### （二）节约价值的估算

对于表现为时间节约的项目效果的，应按照有无对比的原则分析“有项目”和“无项目”情况下的时间耗费情况，区分不同人群、货物，根据项目具体的特点测算时间节约的价值。具体分析如下：

#### 1. 出行时间节约

出行时间节约的价值是指为了得到这种节约受益者所愿意支付的货币数量。在项目经济效益与费用分析中，应根据所节约时间的具体性质分别测算。

（1）如果所节约的时间用于工作，时间节约的价值应为将节约的时间用于工作所带来的产出增加的价值，由企业负担的所得税前工资、保险、退休金及有关的其他劳动成本综合分析计算。

(2)如果所节约的时间用于闲暇,应从受益者个人的角度,综合考虑个人家庭情况、收入水平、对闲暇的偏好等因素,采用意愿调查评估的方法进行估算。

2. 货物或服务时间节约

货物或服务时间节约的价值是指应为得到这种节约受益者所愿意支付的货币数量。在项目经济效益与费用分析中,应根据不同货物对时间的敏感程度测算其时间节约价值。

(三)环境价值估算

对于表现为对改善环境质量做出贡献效果的,一般可采用环境价值评估的方法,对其经济价值进行评估。

# 第五节　费用效益分析

## 一、经济效益与费用分析指标

### (一)经济内部收益率(EIRR)

经济内部收益率(EIRR)是项目在计算期内经济净效益流量的现值累计等于0时的折现率,是经济效益与费用分析的辅助评价指标。计算公式为:

$$\sum_{t=1}^{n}(B-C)_t(1+EIRR)^{-t}=0$$

式中　$n$——项目计算期;

$B$——经济效益流量;

$C$——经济费用流量;

$(B-C)_t$——第 $t$ 期的经济净效益流量;

$EIRR$——经济内部效益率。

经济内部收益率的经济含义是:项目占用的投资对国民经济的净贡献能力,经济内部收益率大于或等于社会折现率,表明项目投资对国民经济的净贡献能力达到了要求的水平,因而该项目是可以接受的。

### (二)经济净现值(ENPV)

经济净现值(ENPV)是项目按照社会折现率将计算期内各年的经济净效益流量折现到建设期初的现值之和,是经济效益与费用分析的主要评价指标。计算公式为:

$$ENPV=\sum_{t=1}^{n}(B-C)_t(1+i_s)^{-t}$$

式中　$ENPV$——经济净现值;

$n$——项目计算期;

$B$——经济效益流量；

$C$——经济费用流量；

$(B-C)_t$——第 $t$ 期的经济净效益流量；

$i_s$——社会折现率。

经济净现值是反映项目对国民经济所做贡献的绝对指标，它是用社会折现率将项目计算期内各年的净收益折算到建设起点（建设初期）的现值之和，当经济净现值大于0时，表示国家为拟建项目付出代价后，除得到符合社会折现率的社会盈余外，还可以得到以现值计算的超额社会盈余。在经济效益与费用分析中，如果经济净现值等于或大于0时，说明项目可以达到社会折现率要求的效率水平，因此，可认为该项目从经济资源配置的角度可以被接受。

经济净现值率（$ENPVR$）是反映项目单位投资为国民经济所做贡献的相对指标，它是经济净现值与投资现值之比。

### （三）效益费用比（$R_{BC}$）

效益费用比（$R_{BC}$）是项目在计算期内效益流量的现值与费用流量的现值的比率，是经济效益与费用分析的辅助评价指标。计算公式为：

$$R_{BC}=\frac{\sum_{t=1}^{n}B_t(1+i_s)^{-t}}{\sum_{t=1}^{n}C_t(1+i_s)^{-t}}$$

式中　$R_{BC}$——效益费用比；

$n$——项目计算期；

$B_t$——第 $t$ 期的经济效益；

$C_t$——第 $t$ 期的经济费用；

$i_s$——社会折现率。

如果效益费用比大于1，表明项目资源配置的经济效率达到了可以被接受的水平。

## 二、经济费用效益分析报表

### （一）经济费用效益分析流量表

经济费用效益分析应编制下列分析报表及辅助报表：

(1)项目投资经济费用效益流量表。

(2)经济费用效益分析投资费用估算调整表。

(3)经济费用效益分析经营费用估算调整表。

(4)项目直接效益估算调整表。

(5)项目间接费用估算表。

(6)项目间接效益估算表。

其中最主要的报表是项目投资经济费用效益流量表,如表11-7所示。

**表11-7　项目投资经济费用效益流量表**

| 序号 | 项目 | 计算期 | | | | |
|---|---|---|---|---|---|---|
| | | 1 | 2 | 3 | … | $n$ |
| 1 | 效益流量 | | | | | |
| 1.1 | 项目直接效益 | | | | | |
| 1.2 | 资产余值回收 | | | | | |
| 1.3 | 流动资金回收 | | | | | |
| 1.4 | 项目间接效益 | | | | | |
| 2 | 费用流量 | | | | | |
| 2.1 | 建设投资 | | | | | |
| 2.2 | 流动资金 | | | | | |
| 2.3 | 经营费用 | | | | | |
| 2.4 | 项目间接费用 | | | | | |
| 3 | 净效益流量(1-2) | | | | | |

计算指标:

项目投资经济净现值($i=\%$)

项目投资经济内部收益率(%)

### (二)经济费用效益流量表的编制

国民经济效益费用流量表一般在项目财务评价基础上进行调整编制,有些项目也可以直接编制。

直接编制国民经济效益费用流量表的步骤如下:

(1)确定国民经济效益、费用的计算范围,包括直接效益、直接费用和间接效益、间接费用。

(2)测算各种主要投入物的影子价格和产出物的影子价格(交通运输项目国民经济效益不按产出物影子价格计算,而是采用节约价值的估算方法计算效益),并在此基础上对各项国民经济效益和费用进行估算。

(3)编制国民经济效益费用流量表。

对于可货币化的外部效果,应将货币化的外部效果计入经济效益费用流量;对于难以进行货币化的外部效果,应尽可能地采用其他量纲进行量化。难以量化的,进行定性描述,以全面反映项目的产出效果。

总之,经济费用效益流量表的编制,可以按照经济费用效益识别和计算的原则和方法直接进行,也可以在财务分析的基础上将财务现金流量转换为反映真正资源变动状况的经济费用效益流量。

### （三）在财务评价的基础上编制国民经济效益费用流量表（调整）

以项目财务评价为基础编制国民经济效益费用流量表，应注意合理调整效益与费用的范围和内容，调整的主要项目和方法，如表 11-8 所示。

表 11-8　经济效益费用流量表调整方法

| 调整项目 | 具体调整方法 |
| --- | --- |
| 调整直接效益流量 | 产出物需要采用影子价格的，用影子价格重新计算营业收入 |
| | 对于某些直接效益比较复杂且在财务效益中未能反映的项目，可视具体情况采用不同的方式估算 |
| 调整建设投资 | 剔除涨价预备费 |
| | 劳动力按影子工资计算费用；土地费按土地的影子价格调整；其他费用一般不做调整 |
| | 有进口用汇的应按影子汇率进行换算调整并剔除进口关税和进口环节增值税等转移项目 |
| | 含有的增值税进项税额可根据市场定价的非外贸货物影子价格的定价原则处理 |
| 调整流动资金 | 若财务分析中流动资金按扩大指标法估算，则在经济分析中仍可按扩大指标法，以调整后的销售收入，经营费用等乘以相应的流动资金指标系数进行估算 |
| | 若财务分析中流动资金按分项详细估算法估算，则应用影子价格估算剔除了现金、应收账款、预收账款、预付账款和应付账款后的剩余存货 |
| 调整经营费用 | 对需要采用影子价格的，采用影子价格计算 |
| | 一般投资项目的人工工资可不做调整 |
| | 工资用外币计算的，应按影子汇率进行调整 |
| | 在经营费用中，原材料和燃料动力费用用影子价格进行调整，其余费用可不做调整 |
| 回收资产原值可不调整 | |
| 识别并估算间接效益和间接费用 | |
| 在以上各项基础上编制项目经济费用效益流量表 | |

# 第六节　费用效果分析

## 一、费用效果分析的内涵

费用效果分析系通过比较项目预期的效果与所支付的费用，判断项目的费用的有效性或经济合理性。当效果难于或不能货币化，或货币化的效果不是项目目标的主体时，在经济评价中应采用费用效果分析法，其结论作为项目投资决策的依据之一。

费用效果分析，也称成本效果分析或成本效用分析等，有广义和狭义之分。广义的费用效果分析泛指通过比较所达到的效果与所付出的耗费，来分析判断所付出的代价是否值得。它是项目经济评价的基本原理。广义费用效果分析并不刻意强调采用何种计量方式。狭义的费用效果分析专指耗费采用货币计量，效果采用非货币计量的分析方法。而效果和耗费均用货币计量的称为费用效益分析。在项目评价中，一般采用狭义的概念。

## 二、费用效果分析的条件

费用效果分析的条件如下：

(1)备选方案不少于两个，且为互斥方案或转化为互斥型方案。

(2)备选方案应具有共同的目标，且满足最低效果的要求。

(3)备选方案的费用应能货币化，并采用同一计量单位，且资金用量未突破资金限额。

(4)备选方案应具有可比的寿命周期。

## 三、费用效果分析的步骤

费用效果分析应按下列步骤进行：

(1)确立项目目标。

(2)构想和建立备选方案。

(3)将项目目标转化为具体的可量化的效果指标。

(4)识别费用与效果要素，并估算各个备选方案的费用与效果。

(5)利用相关指标，综合比较、分析各个方案的优缺点。

(6)推荐最佳方案或提出优先采用的次序。

## 四、费用效益分析与效果分析的比较

### (一)费用效益分析

费用效益分析的优点是简洁、明了、结果透明，易于被人们接受。在市场经济中，货币是最为统一和认可的参照物，在不同产出物(效果)的叠加计算中，各种产出物的价格往往是市场认可的公平权重。总收入、净现金流量等是效果的货币化表达。财务盈利能力、偿债能力分析必须采用费用效益分析方法。在项目经济分析中，当项目效果或其中主要部分易于货币化时也采用费用效益分析方法。

### (二)费用效果分析

费用效果分析回避了效果定价的难题，直接用非货币化的效果指标与费用进行比较，方法相对简单,最适用于效果难于货币化的领域。在项目经济效益与费用分析中,当涉及代内公平(发达程度不同的地区、不同收入阶层等)和代际公平(当代人福利和未来人福利)等问题时,对效益的价值判断将十分复杂和困难。环境的价值,生态的价值,生命和健康的价值,人类自然和文化遗产的价值,通过义务教育促进人的全面发展的价值等,往往很难定价,而且不同的测算方法可能有数十倍的差距。勉强定价,往往引起争议,降低评价的可信度。另外,在可行性研究的不同技术经济环节,如场址选择、工艺比较、设备选型、总图设计、环境保护、安全措施等,无论进行财务分析,还是进行经济效益与费用分析,都很难直接与项目最终的货币效益直接挂钩测算。上述情况,都适宜采用费用效果分析。

费用效果分析既可以应用于财务现金流量,也可以用于经济费用效益流量。前者主要用于项目各个环节的方案比选,项目总体方案的初步筛选;后者除了可以用于上述方案比选、筛选以外,对于项目主体效益难以货币化的,应取代费用效益分析,并作为经济分析的最终结论。

根据社会和经济发展的客观需要直接进行费用效果分析的项目,一般情况下,在充分论证项目必要性的前提下,重点是制定实现项目目标的途径和方案,并根据以尽可能少的费用获得尽可能大的效果原则,通过多方案比选,提供优先选定方案或进行方案优先次序排队,以供决策。正常情况下,进入方案比选阶段,不再对项目的可行性提出质疑,且不能得出无可行方案的结论。费用效果分析只能比较不同方案的优劣,不能像费用效益分析那样保证所选方案的效果大于费用,因此,需要更加强调充分挖掘方案的重要性。

## 五、费用效果分析的计算周期

费用的测算强调采用寿命周期费用,它是项目从建设投资开始到项目终结整个过程期限内所发生的全部费用,包括投资、经营成本、末期资产回收和拆除、恢复环境的处置费用等。寿命周期费用一般按现值或年值计算。

## 六、费用效果分析的量纲

项目的效果可以采用有助于说明项目收效的任何量纲。在选择计量单位时,既要能够切实度量项目目标的实现程度,又要便于计算。

效果用非货币指标计算时,应选择能真实反映项目目标实现程度的指标。例如,供水工程选用供水量(吨)。效果指标有时可能是多个,因此,需要采用加权平均法处理为一个统一的当量。费用一般采用货币指标。正常情况下,应计算包括投资、运营及寿命期末处理全过程的折现费用,即项目寿命周期费用。根据分析的需要和便利性,费用可以选用现值或年值。

## 七、费用效果分析的基本指标

基准指标是项目可以接受的效果费用比的最低要求。基准指标决定因素较为复杂，受经济实力、技术水平、社会需求等多方面的影响，需按项目行业类别等专门制定。有些行业定额，可以作为测定基准指标的重要参考。基准指标有时也采用倒数形式，例如，每吨供水的费用、每吨污水处理的费用、学校每个学生的费用等，使用时要注意与分析计算公式保持一致。这里所说的费用是寿命周期费用，原则上要避免简单化地用单位投资或单位运营成本代替。

费用效果分析可采用效果费用比为基本指标，计算公式如下：

$$R_{E/C}=E/C$$

式中 $R_{E/C}$——效果费用比；

$E$——项目效果；

$C$——项目的计算期费用，用现值或年值表示。

有时为方便或习惯起见，也可采用费用效果比指标，即单位效果可接受的费用，项目不得突破。计算公式如下：

$$R_{C/E}=C/E$$

**典型例题**

**【背景】**

某流感免疫接种计划可使每10万个接种者中有6人免于死亡，一人在注射疫苗时有致命反应。该计划每人接种费用为4元，但因此可以不动用流感救护车，可节省费用每8万元/10万人。

**问题：**

试用效果费用分析决定是否实施该计划？

**【答案】**

该项目效果是避免6例死亡减去造成1例死亡，即避免5例死亡。

其费用是：$4\times10-8=32$（万元）。

$R_{E/C}=E/C=5/32=1/6.4$。

结果表明，若社会认可用6.4万元的代价挽救一个生命时，则该计划应予实施。

## 八、费用效果分析的基本方法

### （一）最小费用法

最小费用法也称固定效果法，即在要求达到的项目效果相同的条件下，选取费用最小的备选方案。

### （二）最大效果法

最大效果法，也称固定费用法，即在投入费用相同的情况下，选取效果最大的备选方案。

### （三）增量分析法

增量分析法，即在上述两种条件都不满足的情况下，且分别具有较大幅度的差别时，可以比较两个备选方案之间的费用差额和效果差额，分析获得增量效果所付出的费用是否值得，不可盲目选择效果费用比（$R_{E/C}$）大的方案或费用效果比（$R_{C/E}$）小的方案。

采用费用效果增量分析法时，应先确定基准指标（截止指标）$[E/C]_0$或$[C/E]_0$。如果增加的效果能够抵补增加的费用，则选择费用高的方案，否则，选择费用低的方案。

如果项目有两个以上的备选方案进行增量分析，应按照下列方案选取最优的方案：

（1）将方案费用由小到大排队。

（2）从费用最小的两个方案开始比较，通过增量分析选择较优的方案。

（3）将优势方案与紧邻的下一个方案进行增量分析，并选出新的优势方案。

（4）重复第三步，直至最后一个方案，最终被选定的优势方案则为最优方案。

**典型例题**

【背景】

某研究机构新研究了 4 种新型水压机，以可靠性作为评价效果的主要指标，即在一定条件下不发生事故的概率。4 种水压机的有关数据如表 11-9 所示。

表 11-9　4 种水压机的有关数据表

| 方案 | 费用/万元 | 可靠性/(1 - 事故概率) |
|---|---|---|
| 1 | 240 | 0.99 |
| 2 | 240 | 0.98 |
| 3 | 200 | 0.98 |
| 4 | 200 | 0.97 |

**问题：**

若预算限制为 240 万元，试进行方案评选。

【答案】

（1）首先采用固定费用法淘汰方案 2 和方案 4。

（2）进行费用效果分析。

方案 1：$R_{E/C} = E/C = 0.99/240 = 0.41‰$。

方案 3：$R_{E/C} = E/C = 0.98/200 = 0.49‰$。

（3）按每万元取得的可靠性判断：方案 3 为最优方案。

# 第十二章 涉及其他科目的内容

实务科目考查中，一般都会结合其他科目的内容，通常以案例题中某一小问的形式考查，也可能只是在某一小题中的分析过程中有所体现。因此，在实际做题过程中，应掌握一些其他科目的基础知识点，以方便理解题意。本章就考试过程中主要用到的知识点进行梳理，详细内容可参考其他各科目进行学习。

## 一、宏观经济管理

宏观经济管理中的某些基本概念可以与财务分析和经济分析相结合考查，因此，考生应熟悉相关的概念与计算方法，涉及的主要内容有：

(1)国内生产总值(*GDP*)的类型和核算方法。

(2)失业的类型和就业衡量指标。

(3)通货膨胀和衡量价格水平的指标。

(4)经济周期。

详细内容可参照《宏观经济政策与发展规划》。

## 二、投融资政策、财税政策、产业政策

国家发布的一些投融资政策、财税政策、产业政策常常作为案例分析题的解题背景出现，同时也会对这些政策的详细内容进行考查，如 2020 年就考查了“国家重大发展战略”的主要内容，因此，考生应对该部分内容作相应的了解。

详细内容可参照《宏观经济政策与发展规划》。

## 三、工程项目招标投标管理和合同管理

工程项目招投标管理应着重掌握与招标投标相关的法律规定，如必须招标的范围、招投标基本流程、投标人资格审查、最高投标限价、投标文件的有效性、评标委员会、工程咨询服务的招标等。

工程项目合同管理中涉及合同变更、索赔、合同争议、违约责任等。

详细内容可参照《工程项目组织与管理》。

## 四、工程项目进度管理与投资控制

工程项目进度管理主要应掌握网络计划的识图和优化。

工程项目投资控制应掌握建筑安装工程费用的组成和计算方式以及工程量偏差的分析方法。

详细内容可参照《工程项目组织与管理》。

## 五、建设方案研究与比选

建设方案研究与比选与实务科目联系较为紧密,应当作为重点掌握。主要应掌握比选的方法及相应的计算指标。

详细内容可参照《项目决策分析与评价》。

## 六、不确定性分析与风险分析

不确定性分析与风险分析在实务科目中考查的相对较多,应重点对敏感性分析、盈亏平衡点的计算、风险应对策略进行掌握。

详细内容可参照《项目决策分析与评价》。

## 七、社会评价

主要了解基本的社会评价内容和评价方法。

详细内容可参照《项目决策分析与评价》。

## 八、后评价

主要了解项目后评价的基本内容。

详细内容可参照《项目决策分析与评价》。

## 九、咨询报告编制

主要了解咨询报告的组成和编制方法。

详细内容可参照《项目决策分析与评价》。